LA RUTA DE LA CAMPAÑA

PUBLICIDAD
ESTRATÉGICA

PARA INEXPERTOS

LA RUTA DE LA CAMPAÑA

PUBLICIDAD ESTRATÉGICA

PARA INEXPERTOS

Julian S. Neumann

ALFERATZ

Título: La Ruta de la Campaña: Publicidad Estratégica para Inexpertos
Autor: Julián S. Neumann Gómez

© Julian S. Neumann 2021
Suite 265, 1500 14th Street SW
T3C 1C9. Calgary, Alberta. Canadá.
info@alferatz.com
www.alferatz.com

Primera edición: 2021
ISBN: 978-1-7776790-1-9

'La Ruta de la Campaña: Publicidad Estratégica para Inexpertos' y 'Alferatz' son marcas registradas.

Los enlaces a sitios web provistos en las siguientes páginas eran correctos y funcionales en el momento de la publicación de este libro.

Aviso del autor:

Si bien se han hecho todos los esfuerzos posibles para asegurar que el contenido de esta publicación sea correcto, ni el autor ni la empresa editorial aceptan cualquier responsabilidad derivada de los contenidos publicados en este libro, incluidos, entre otros: errores, omisiones, inexactitudes en el contenido o las traducciones originales o posteriores, o las consecuencias que se deriven de ellos. Nada en este aviso excluirá responsabilidad que no pueda ser excluida por ley.

While every effort has been made to ensure that the contents of this publication are factually correct, neither the authors nor the publisher accepts, and they hereby expressly exclude to the fullest extent permissible under applicable law, any and all liability arising from the contents published in this book, including, without limitation, from any errors, omissions, inaccuracies in original or following translation, or for any consequences arising therefrom. Nothing in this notice shall exclude liability which may not be excluded by law.

DEDICATORIA

Dedico este libro y proyecto a todas las personas de Hispanoamérica que están en vías de iniciar o consolidar un proyecto empresarial o social. Aquellas personas que están buscando aprender una nueva habilidad que les permita promover sus productos, sus servicios o sus causas para ofrecer algo que sea de valor para sí mismos y para los demás.

En estos tiempos extraordinarios, tan inciertos y agitados, necesitamos apoyar más que nunca a las personas que emprenden proyectos con altos propósitos. Especialmente en la comunidad latinoamericana, donde el emprendimiento y la resiliencia siempre han sido y serán una alternativa para alcanzar la prosperidad y el desarrollo de nuestras comunidades.

Finalmente quisiera también dedicar este libro a mi pequeña familia, que me ha acompañado a lo largo de todo este proceso; escuchándome, reconfortándome y apoyándome. Especialmente quisiera agradecer a mi esposa, Rosi, mi compañera de viaje y aventuras, pues su apoyo, cariño y paciencia han hecho posible la realización de esta obra.

TABLA DE CONTENIDOS

PREFACIO

Este libro es una guía para personas con nula o poca experiencia en comunicación publicitaria, personas con la necesidad de promover sus productos, servicios o causas y que desean aprender cómo hacer publicidad desde una perspectiva integral y estructurada.

La cercanía que tiene la publicidad en nuestro día a día ha llevado a algunos a sobresimplificar su naturaleza y función. Poner un anuncio pareciera a veces algo tan obvio y sencillo de hacer, hasta que los resultados nos confrontan.

Sin duda hay mucha información con soluciones fáciles e instantáneas allá afuera, pero los mejores chefs no se forman siguiendo recetas improvisadas; hay principios y procesos que se deben aprender, no solo para probar fórmulas nuevas que encontramos por ahí, si no mejor aún, para crear platillos propios que conquisten el corazón de las personas.

LA RUTA DE LA CAMPAÑA: PUBLICIDAD ESTRATÉGICA PARA INEXPERTOS no es un recetario con soluciones instantáneas, es un libro que "enseña a cocinar", construyendo la capacidad en el lector y mostrando la fotografía completa; la forma de desarrollar e implementar una campaña publicitaria estratégica, con un enfoque de "manos a la obra" y pocos recursos.

Para facilitar el proceso de aprendizaje, el libro emplea una variedad de ejemplos y diagramas amigables que permiten visualizar y entender los diferentes componentes del proceso publicitario, usando un lenguaje sencillo, pero siempre enfocado en ayudar al lector a asimilar y adoptar la terminología propia del mundo publicitario, específicamente en el contexto latinoamericano.

En resumen, este libro es un compañero de viaje que puede usarse para seguir el proceso completo de creación de una campaña o también para tenerlo como material de consulta para estudiantes, empresarios y mercadólogos. Es un mapa que describe el trayecto por las etapas en el desarrollo de una campaña publicitaria, dando respuesta a las siguientes preguntas:

1) ¿Cómo y por qué es necesario **investigar el mercado**?
2) ¿Cómo identificar a la **audiencia** objetivo?
3) ¿Cómo definir **objetivos** que guíen el curso de la campaña?
4) ¿Cómo crear un **mensaje** publicitario consistente con la identidad de marca?

5) ¿Cómo evaluar y seleccionar **medios de comunicación** para la campaña?
6) ¿Cómo **producir** los anuncios?
7) ¿Qué aspectos considerar **antes, durante y después del lanzamiento** de una campaña?

Sin embargo, antes de continuar quisiera destacar los siguientes puntos.

- **Aspectos legales:** Durante la planeación de una campaña existen ciertos aspectos legales o regulatorios asociados a diferentes partes del proceso publicitario. Si bien es relevante para este libro mencionarlos, estas referencias no son ni exhaustivas ni constituyen una forma de asesoría o consejo legal. Por lo mismo es importante que cuando tengas dudas en este ámbito busques la información que es específica de tu país o localidad, así como asesoría legal especializada.

- **Referencias a proveedores de servicios:** Para facilitar el aprendizaje y explicar o ilustrar ciertos procesos a lo largo del libro, se hace referencia a un número de empresas relevantes que proveen una variedad de servicios, incluyendo la venta de espacios publicitarios. Aún cuando algunas de estas empresas cuentan con una gran reputación internacional es importante aclarar que dichas referencias en ningún caso son proporcionadas al lector como una recomendación, por lo que no asumimos responsabilidad sobre los servicios o productos proporcionados por los proveedores referidos.

- **La cambiante naturaleza de la publicidad digital:** A lo largo de este libro describiremos las cualidades y procesos de configuración y contratación de anuncios en diferentes plataformas digitales, incluyendo a las redes sociales, con información que fue vigente en otoño de 2020. Sin embargo, es bien sabido que dichas plataformas podrían realizar ajustes a sus sistemas y procesos en cualquier momento, por lo cual es recomendable consultar sobre posibles actualizaciones directamente a través de los sitios web de los medios referidos.

- **La moneda:** A menos que se indique lo contrario, los valores monetarios referidos como ejemplo en los diferentes diagramas o tablas se expresan en dólares estadounidenses (USD).

INTRODUCCIÓN

¿Por qué estás aquí?

Este libro es un mapa: un compañero que ilumina el camino en la odisea de las campañas publicitarias. Es una herramienta que ahora tienes para orientarte y para navegar uno de los procesos más emocionantes en el mundo del *marketing*.

Para ilustrar la forma en la cual diseñamos una campaña publicitaria, visualizaremos el proceso como si fuese un viaje, a través de un número de etapas que debemos completar:

1) Establece el contexto
2) Identifica a tus clientes potenciales
3) Define los objetivos
4) Desarrolla el mensaje
5) Identifica los medios
6) Produce la campaña
7) Lanza y controla la campaña

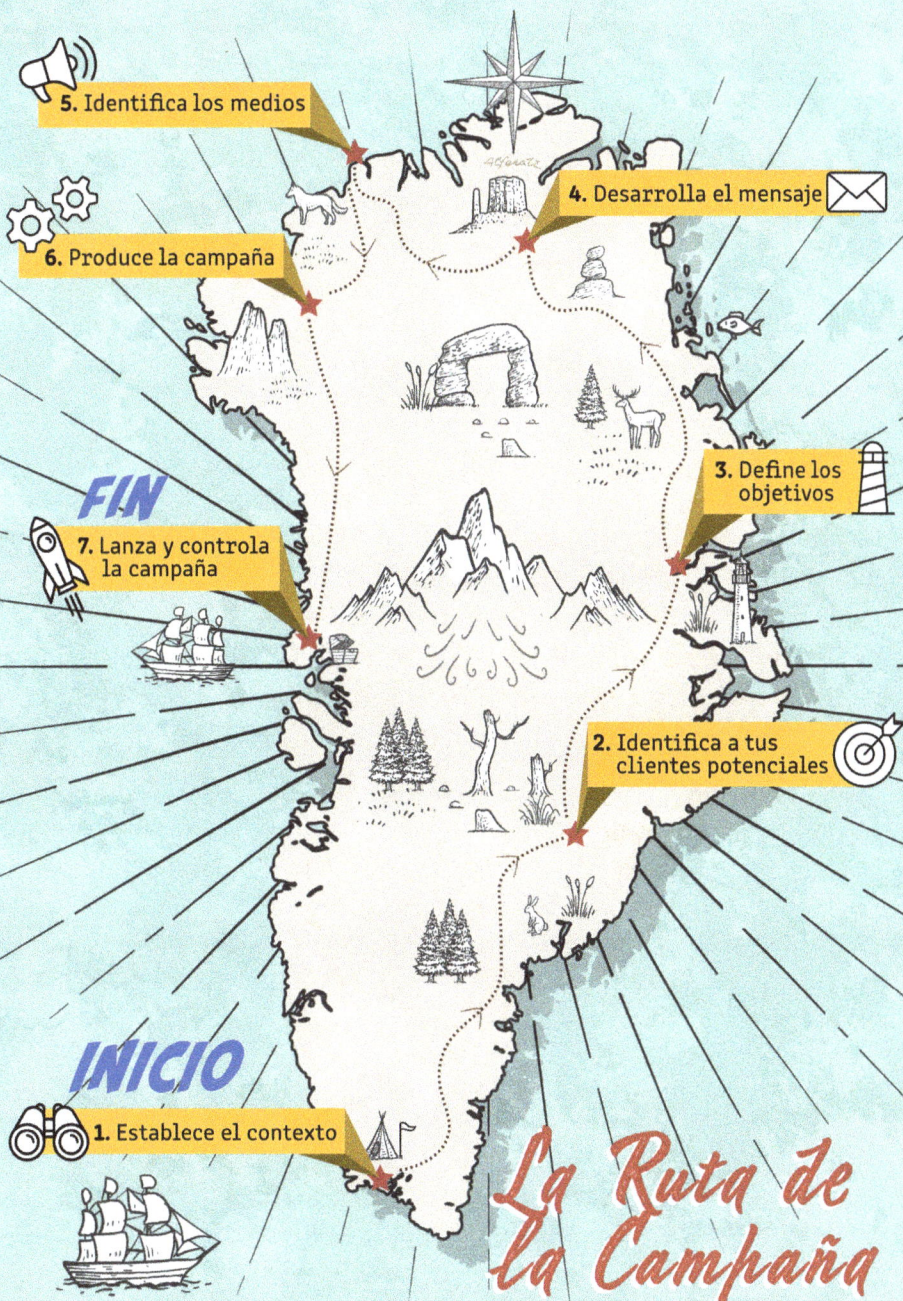

La Ruta de la Campaña

INICIO
1. Establece el contexto

2. Identifica a tus clientes potenciales

3. Define los objetivos

4. Desarrolla el mensaje

5. Identifica los medios

6. Produce la campaña

FIN
7. Lanza y controla la campaña

Si estás aquí es porque te encuentras en una situación en la que necesitas hacer publicidad. Sea cual sea tu proyecto o empresa; un negocio, una causa social, ¿una candidatura, quizá?

Ahora es cuando debemos entender primero que la publicidad es solo la parte más visible y "glamorosa" de un proceso de comunicación y es también solo una herramienta más en el mundo del *marketing*.

Por lo que la publicidad efectiva y eficaz necesariamente siempre se complementa de otras herramientas para funcionar como una verdadera campaña integrada que construye la marca influyendo positivamente en los demás.

Empecemos preguntándonos, ¿por qué consideras que necesitas hacer publicidad?

- ¿Para incrementar ventas?
- ¿Lanzar un nuevo producto?
- ¿Crear nuevos clientes?
- ¿Necesitas que más personas conozcan tu producto o servicio?
- ¿Cambiar una mala imagen?
- ¿Convencer a un grupo de gente que tome una acción específica?
- ¿Solo informar?

Puede haber diversos motivos, aunque antes te pido reflexionar un poco para tener contexto. Como consultor, una de las razones más comunes que escucho cuando alguien quiere hacer publicidad es porque *"las ventas están bajas"*. Pero aquí hay que considerar: un problema de ventas puede ser causado por muchos factores, los cuales la publicidad no puede arreglar, ¿qué factores?

- Mala calidad en los productos o servicios.
- Procesos de fabricación o distribución deficientes.
- Mal servicio al cliente.
- Tiempos de entrega excesivos.
- Catálogos de producto o sitios web confusos o disfuncionales.
- Canales de distribución o precios inadecuados.
- Productos o servicios que no ofrecen ventajas a los clientes, entre otros.

La publicidad claro que nos puede ayudar a conseguir más clientes, a darnos a conocer, a expresar de una forma concreta los beneficios que ofrecen nuestros productos y servicios, ¡esencialmente a vender más!

Pero si hay fallas considerables en otras áreas del negocio, el éxito logrado con la publicidad no podría sostenerse a través del tiempo; porque al final del día todo es parte de un sistema, un engranaje donde los componentes dependen unos de otros.

Consideremos entonces, que para que tu proyecto de publicidad tenga mejores posibilidades de éxito y sea sostenible, las otras áreas funcionales de la empresa u organización tienen que trabajar razonablemente bien.

Me refiero, en especial, a aquellas áreas de nuestro negocio que actuarán antes, durante o después de lanzar una campaña publicitaria.

Entonces, cuando finalmente lances tu campaña:

- ¿La calidad y funcionalidad de los productos será la prometida por la publicidad?

- ¿Las fechas de entrega de los productos anunciados estarán alineadas con las expectativas de los clientes?

- ¿El producto estará disponible en el canal de distribución?

- ¿Los precios permitirán ganancias razonables a los distribuidores y a tu organización?

En esencia, en el momento de lanzar la campaña, ¿estarás en capacidad de atender más clientes y pedidos? Es importante reflexionar en ello.

Empecemos entonces estableciendo: ¿quién podría sacar mayor ventaja de este libro?, ¿cuáles son los objetivos que podemos alcanzar?, ¿cuál es el lugar de la publicidad en el proceso de *marketing*?, ¿qué precede y antecede a la campaña publicitaria? y finalmente, ¿qué vas a necesitar para poder arrancar?

¿Para quién es este libro?

Me gustaría decir que es para todos, pero estaría quebrando uno de los principios más esenciales del *marketing*; nadie puede ni debe ser todo para todos. Pero de esto hablaremos más adelante.

Esta ruta de la campaña publicitaria que he trazado puede ser especialmente útil para:

- Pequeños y medianos empresarios, *startups* y emprendedores no expertos en *marketing* que ya cuentan con un negocio o que están en proceso de abrir uno.

- Personas u organizaciones (con y sin fines de lucro), que necesitan promover una idea, una causa o un proyecto. Aquellos que requieren motivar a la acción social, política, ambiental o altruista a través de la comunicación.

- Empleados en agencias u organizaciones que recién inician una carrera o un rol en áreas relacionadas con la publicidad y la comunicación.

- Y por supuesto, estudiantes de administración de empresas, mercadotecnia y comunicación.

Cuando escribí este libro no lo hice pensando en los expertos. Pensé en los aventureros que están iniciando sus proyectos o que cuentan con pocos recursos para hacer publicidad, o que desconocen el tema y necesitan de referencias más cercanas y aterrizadas a la realidad de la pequeña empresa.

Durante mi vida profesional he trabajado en ambos mundos; en trasnacionales con grandes presupuestos y también como consultor para pequeños empresarios.

Más recientemente he tenido oportunidad de colaborar en organizaciones sin fines de lucro con presupuestos muy pequeños, por lo que la idea es presentarte algunas de las técnicas que emplean "los grandes" y que también pueden ser útiles para empresas y organizaciones pequeñas.

Los objetivos del libro

Lo que lograremos con 'La Ruta de la Campaña' es:

- Educar sobre los principios fundamentales de mercadotecnia que están detrás de cualquier esfuerzo publicitario, con la finalidad de facilitar la comprensión del proceso de planeación e implementación de campañas publicitarias desde un punto de vista estratégico, pero accesible.

- Construir capacidad para sembrar ideas e influir en tus audiencias o clientes, mejorando tu autosuficiencia como mercadólogo.

- Estimular tu interés y curiosidad por el tema, para que adquieras más conocimientos a través de otras lecturas y cursos que te permitan mejorar a través del tiempo.

- Democratizar el uso de las herramientas del *marketing* en los sectores productivos más pequeños, para mejorar su autonomía y sus perspectivas económicas.

A lo largo de este libro daremos respuesta a las siguientes preguntas:

- ¿Qué es y qué no es la publicidad?
- ¿Qué involucra hacer una campaña publicitaria?
- ¿Cuándo pedir ayuda profesional y cómo buscarla?
- ¿Cómo investigar al mercado para diseñar campañas efectivas?
- ¿Cómo definir una audiencia objetivo?
- ¿Cómo definir los objetivos de campaña?
- ¿Cómo desarrollar una identidad de marca y cómo integrarla en el mensaje?
- ¿Cuáles son los principios básicos para crear un anuncio?
- ¿Cómo diseñar un plan de medios?
- ¿Cómo coordinar la producción de los anuncios?
- ¿Cómo controlar y medir el desempeño de una campaña?

La idea es enseñarte a realizar campañas publicitarias de una forma sencilla y pragmática, a veces anecdótica, pero sin caer en el simplismo y sin perder rigor técnico. Este no es un libro para expertos en *marketing*, aunque si podría ser una herramienta de trabajo y de consulta para personas que trabajan con diferentes niveles de experiencia.

Los conceptos están cimentados en años de estudio y práctica, tanto en grandes como en pequeñas organizaciones. Esta experiencia la he construido tanto en negocios que venden productos o servicios a consumidores (*Business-to-Consumer* o 'B2C') o negocios que venden productos o servicios a otras empresas (*Business-to-Business* o 'B2B') ya sea en el sector privado, público y en organizaciones sin fines de lucro en México, Sudamérica y Canadá.

Esta experiencia en una diversidad de industrias, sectores y mercados me permite ofrecerte algunas técnicas y procesos que funcionan y que han sido probados en la práctica.

> **Nota:**
> • **B2C:** *Business to Consumer*, se traduce como 'Negocio a Consumidores', y es un término que se emplea para identificar a aquellas empresas que venden sus productos directamente a personas o consumidores, como alimentos, electrodomésticos, ropa, etc.
>
> • **B2B:** *Business to Business*, se traduce como 'Negocio a Negocio'; y es un término que se utiliza para identificar a empresas que venden sus productos o servicios a otras empresas u organizaciones, como equipo industrial, servicios contables, materia prima, etc.

CAPÍTULO 1

CONSIDERACIONES Y REFLEXIONES INICIALES

1. CONSIDERACIONES Y RELFEXIONES INICIALES

En este capítulo daremos respuesta a las siguientes preguntas:

- *¿Qué es la publicidad?*
- *¿Qué no es la publicidad?*
- *¿Cuál es la función de la publicidad?*
- *¿Cuál es el lugar de la publicidad en el proceso de negocios?*
- *¿Qué necesitas saber y hacer antes de empezar la planeación de tu campaña?*

1.1 ¿Qué es la publicidad?

La publicidad es uno entre varios componentes que conforman una campaña. Hago esta distinción porque hay varias acciones que realizamos durante el proceso de desarrollo de una campaña que no son estrictamente anuncios, como podría ser la investigación del mercado, el *branding* o el desarrollo de herramientas de venta, entre otros.

Una campaña, de hecho, puede estar contenida dentro de un '**Plan de Comunicación**', especialmente en aquellos casos cuando trabajamos para una organización donde se lanzan varias campañas dentro de un mismo periodo. De esta forma, el plan de comunicación puede concentrar varias campañas publicitarias a realizar, usualmente durante el transcurso de un año. Esto, junto con otras acciones de comunicación no relacionadas, como la actualización de un sitio web corporativo o la creación de una sala de exhibición (*showroom*). Y es en ese plan de comunicación anual, donde se establecen objetivos, estrategias, tiempos y presupuestos que regirán todas las campañas junto con otras acciones de comunicación corporativa.

Por otro lado, un plan de comunicación podría estar a su vez contenido en un '**Plan de *Marketing***'; que atiende otros aspectos del negocio como aquellos que se relacionan con los productos, los canales de distribución y el precio.

LAS 4 PES DEL *MARKETING*

PRODUCTO

Estrategias relacionadas con las características que debe tener un **producto** o **servicio**.

Ejemplos: color, tamaño, sabor, talla, diseño, etc.

PRECIO

Estrategias relacionadas con la fijación de **precios**.

Ejemplos: margen de utilidad, descuentos, precios de venta al público, etc.

PLAZA

Estrategias relacionadas con la **distribución**.

Ejemplos: distribuidores mayoristas o minoristas, tienda física o virtual, etc.

PROMOCIÓN

Estrategias relacionadas con la publicidad.

Ejemplos: anuncios, plan de medios, *branding*, relaciones públicas, materiales POP, etc.

Figura 1.1 *Las 4 pes del marketing*

De hecho, estos cuatro aspectos: 'Promoción' (publicidad), 'Producto', 'Precio' y 'Plaza' (o canales de distribución), son las famosas '*4 Pes del Marketing*' (McCarthy *et al.* 1960), un concepto que sigue siendo muy vigente ya que representa las variables mínimas de negocio que uno tiene que considerar cuando se diseña un plan de mercadotecnia.

Pero regresando al tema específico que nos toca aprender en este libro, empecemos entendiendo, **¿qué es la publicidad?**

Para empezar a entender la dimensión completa del concepto de publicidad, primero tomemos en cuenta lo siguiente: cualquier entidad (sea empresa, organización con o sin fines de lucro, agencia de gobierno, asociación, persona, lugar, etc.) que compita con otras organizaciones por la atención y la preferencia de una audiencia, necesita hacer *marketing* y publicidad para el caso, no importa el giro o el sector en el que se desenvuelva.

En este libro cada vez que hablemos de una *empresa* nos podemos referir a cualquier entidad, y cada vez que hablemos de *producto* nos podemos referir a cualquier cosa tangible o intangible (servicios, ideas, causas, proyectos, etc.), la cual buscamos promover a través de la publicidad.

¿Y por qué querríamos promover algo a través de la publicidad?

Típicamente porque queremos informar sobre su existencia en este mundo, sus características o cualidades; decir ¡Aquí estoy!, y en muchos casos porque también queremos persuadir a la acción; ya sea comprar, donar, participar, votar, involucrarse, inscribirse, afiliarse o simplemente cambiar una opinión.

La definición de publicidad que propongo:

'La publicidad es un proceso de comunicación diseñado para crear y entregar mensajes con la intención de informar e influir en la forma de sentir y pensar de una audiencia objetivo, esto con la finalidad última de motivar a dicha audiencia a tomar una acción determinada.

En este proceso la publicidad también construye, en el largo plazo, una identidad de marca en la mente de dicha audiencia, esto a través de los elementos empleados en el mensaje y en la experiencia de uso del producto.'

En este último caso la creación de esta imagen o percepción en la mente del consumidor toca el terreno del **branding**, o *construcción de marcas*, el cual complementa estratégicamente a la publicidad. Aquí cabe aclarar que el *branding* es de hecho un conjunto de técnicas que va mucho más allá de la identidad gráfica; una confusión común, incluso en mercadólogos experimentados, que aclararemos más adelante en el capítulo 5 (*Desarrolla el mensaje*).

Es importante considerar también que cuando decimos que la publicidad va a influir en la forma en que alguien piensa o siente, podría parecer que hay una intención de manipular. Pero como en cualquier arte, ciencia o técnica, el que la publicidad tenga fines egoístas o no, dependerá siempre del propósito que hay detrás de la campaña misma.

Influir para cambiar la forma de sentir y pensar en las personas puede ser un esfuerzo de campaña con los objetivos más nobles, como convencer a un grupo de personas de hacer más ejercicio, combatir adicciones o donar para una causa social positiva, entre otros.

1.2 Los cinco componentes fundamentales de la publicidad

A finales de los años 40, dos ingenieros norteamericanos desarrollaron uno de los modelos más esenciales de la comunicación llamado 'Modelo *Shannon-Waver*' (Shannon y Weaver, 1949), el cual básicamente integra cuatro elementos: transmisor, mensaje, canal y receptor.

Posteriormente, este modelo fue adaptado por diferentes académicos y profesionales del *marketing*; transformando dicho concepto para explicar cómo funciona la comunicación desde diferentes ámbitos.

En nuestro caso entenderemos el proceso moderno de la publicidad de una forma un poco diferente, considerando que, sin importar el tamaño de la empresa, el presupuesto o el contexto; en cualquiera de nuestras campañas publicitarias, siempre habrá que considerar los siguientes elementos básicos:

1) Propósito
2) Emisor
3) Mensaje
4) Medios de comunicación
5) Audiencia objetivo

Propósito	Emisor	Mensaje	Medios	Audiencia
¿Por qué?	¿De quién?	¿Qué?	¿Dónde? ¿Cuándo?	¿A quién?

Figura 1.2 Los cinco componentes fundamentales de la publicidad

1) **El propósito:** Siempre necesitamos establecer un objetivo para realizar publicidad. ¿Qué queremos conseguir con la campaña y por qué? Cuando hay propósito es posible medir resultados, inspirar a los involucrados y ofrecer un contexto o una razón que soporta la decisión de hacer la publicidad misma. Porque vaya que hacer publicidad cuesta tiempo, esfuerzo y dinero. El propósito o intención también definirá de alguna forma el tono y la energía detrás de ese esfuerzo de comunicación.

2) **El emisor del mensaje:** Típicamente el emisor es la empresa u organización que emite el mensaje o hace la publicidad. Pero el nombre de la empresa que realiza la campaña no siempre es el mismo que el nombre de la marca anunciada, entonces ¿quién firmará el anuncio?, ¿la empresa o la marca de los productos?

Por otro lado, hay campañas publicitarias conocidas como *teaser campaigns* donde de hecho nadie firma el anuncio, justamente para crear expectativa y curiosidad en la audiencia. Esto es un acto claramente planeado donde, algunos días después se revela la marca detrás de la campaña, mostrando más del producto y construyendo sobre el misterio y las expectativas que fueron creadas en la audiencia.

Otro posible ángulo que resaltar, en relación con este componente (emisor), es un escenario donde tenemos un anuncio desafortunado, mal ejecutado, donde la presencia del nombre de la marca es tan tímida o invisible que pasa desapercibida ante la audiencia, donde las personas -después de ver el anuncio-, solo recuerdan la historia, olvidando por completo la marca.

3) **El mensaje:** Puede tener forma de texto, discurso, imágenes, sonidos, sensaciones, experiencias, o una mezcla de todo lo anterior.

El mensaje es básicamente lo que nuestra audiencia pueda percibir, interpretar y asimilar a través de los sentidos. En la creación de un anuncio es importante entender la diferencia entre crear conocimiento para una marca, informar, persuadir o llamar a la acción, lo cual aprenderemos a distinguir y realizar.

Hay casos claros de campañas publicitarias, especialmente en el sector gobierno o sin fines de lucro, donde el único interés aparente es informar, aunque en la mayoría de los casos la publicidad debe diseñarse no solo para presentar un producto y decir "aquí esta", sino también para llamar a la acción.

La publicidad, a través del mensaje, debe informar y persuadir usando argumentos, apelando a las emociones, dando información objetiva y llamando a la acción, además de establecer claramente cuál es el beneficio central del producto que se anuncia.

A su vez, dicho mensaje también debe facilitar referencias o herramientas para que esa acción (o acto de compra) sea llevada a cabo con la menor fricción posible, por ejemplo: proporcionando datos de contacto o medios con los cuales los clientes puedan conocer, probar, evaluar, comparar y experimentar los productos anunciados de una forma sencilla.

4) **Los medios de comunicación:** Son canales impresos, electrónicos, tangibles o intangibles a través de los cuales se emite el mensaje. Mientras más cercanos y accesibles sean estos canales a la audiencia objetivo, mejor.

El número y tipo de canales de comunicación disponibles es enorme, pues en teoría cualquier cosa se podría convertir en un medio para entregar un mensaje, siempre y cuando lo hagamos evidentemente con un sentido ético y legal, y el canal seleccionado sea además cercano a la audiencia.

Los medios de comunicación son un tema muy amplio que revisaremos más adelante (capítulo 6), aunque de forma muy general estos se pueden dividir en *'medios tradicionales'* (TV, radio y prensa) y *'medios no tradicionales'* (internet, publicidad exterior, experiencias de marca, etc.). Aunque en años más recientes se les ha comenzado a clasificar como *'medios online'* y *'offline'*, donde *online* significa 'en línea', en este caso, conectado a internet, que incluye anuncios en sitios web o redes sociales, y *offline*, que significa 'fuera de línea' (esto es, fuera de internet), e incluye a medios tradicionales como televisión, radio y prensa.

5) **La audiencia objetivo:** Es el grupo de personas, o de empresas a las cuales queremos dirigir el producto y el mensaje que promovemos a través de la publicidad.

La audiencia objetivo (también llamada '*target*') podría ser una sola persona o una sola empresa, o podrían ser millones de personas o miles de empresas, pues el tamaño de esta audiencia dependerá de una serie de factores que expondremos en el capítulo 3 (*Identifica a tus clientes potenciales*). Sin embargo, una definición clara y profunda de tu audiencia objetivo te dará un mejor entendimiento de quiénes son tus clientes y consecuentemente, mejores resultados en tus campañas.

Considerando todo esto, no es raro encontrar campañas publicitarias (en empresas de todos los tamaños) donde se olvida o subestima alguno de estos cinco componentes básicos, creando algunas situaciones riesgosas. Por esta razón es importante identificar algunos de los **errores u omisiones más comunes** en la planeación de campañas.

Componente	Errores Comunes y Riesgos
Propósito	La falta de propósito genera confusión y dificulta la medición de resultados. Los esfuerzos se diluyen y la campaña puede perder relevancia, congruencia o incluso mérito desde el punto de vista de la audiencia.
Emisor	El anuncio crea confusión con relación a la marca, empresa o familia de productos a la cual pertenece el producto anunciado, o bien la presencia de la marca "se diluye" y desaparece dentro de la historia que nos cuenta el anuncio (como se dice; *"la historia se come a la marca"*).
Mensaje	El mensaje no interesa, no emociona, no llama la atención, no se entiende o no motiva a la acción. El mensaje está desconectado de la marca, de los beneficios principales del producto o de aquello que es relevante para la audiencia misma.
Medios	Los medios de comunicación empleados no son afines a los hábitos y preferencias de la audiencia objetivo. No hay un balance adecuado entre los medios empleados que atienda las diferentes etapas del proceso de compra del *target*, o bien, se apuesta todo a un solo medio o a crear *conocimiento de marca*, ignorando otras etapas en el recorrido del *target* a través del proceso de compra.
Audiencia	No hay una definición clara del *target*; la definición es demasiado ambigua o tan amplia que no existen similitudes reales entre las personas que pertenecen a dicha audiencia. La definición del *target* empleada no está alineada con la naturaleza del producto y los beneficios que ofrece.

Tabla 1.1 Errores comunes y riesgos en la publicidad

Estos cinco elementos pasan a ser de esas cosas tan obvias que a veces se olvidan cuando hacemos publicidad. De todos los errores quizá el más común sea una definición del *target* deficiente; en ocasiones me he encontrado con grupos de trabajo que lo han pasado por alto, o que cuentan con una definición que es extremadamente ambigua.

Esto puede ser un gran problema porque si no hay una definición clara que nos diga a quién va dirigido el producto, y por consecuencia la campaña, entonces no hay forma de saber cómo formular el mensaje del anuncio y tampoco hay manera de identificar los medios de comunicación más apropiados para difundir el mensaje.

Cuando me he encontrado en alguna de estas situaciones a veces sale el viejo cuento de que *"el producto es para todos"*. Hay gente que cree que al no definir una audiencia objetivo entonces permite que cualquier persona compre los productos, porque *"si el producto es para cualquiera, entonces así vendemos más"*. Esto es un grave error que expondremos de forma más amplia en el capítulo 3.

Son entonces estos los componentes más fundamentales de un proceso publicitario, y por muy obvios que puedan parecer, estos no deben omitirse o tomarse a la ligera. Al iniciar cada nueva campaña en nuestro rol de mercadólogos, **no importa cuanta experiencia tengamos, debemos siempre recordar estos cinco elementos** como si fuese el *checklist* de un piloto antes de iniciar el vuelo.

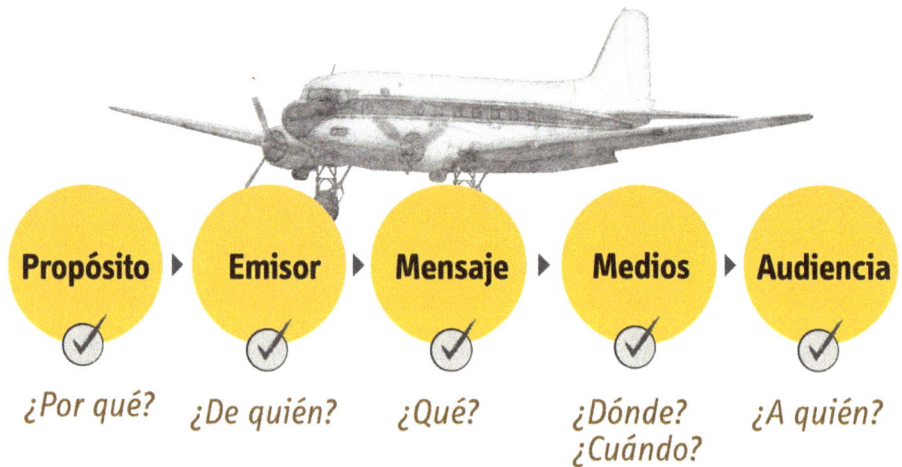

Figura 1.3 *Los cinco componentes fundamentales de la publicidad (checklist)*

1.3 ¿Qué no es la publicidad?

Quizá para la mayoría de los mercadólogos hay una clara diferencia entre publicidad y propaganda. Personalmente asocio la idea de propaganda con una forma negativa, o sombría, en el mejor de los casos, de hacer comunicación.

Mucha gente asocia la propaganda con guerras, campañas políticas o ciertos movimientos que usan un estilo de comunicación que busca manipular o engañar a las personas; imponiendo una idea o forma de pensar, o usando mensajes que buscan destruir o desacreditar a un oponente, o incluso, construir una "verdad" alterna, casi siempre con la intención de desinformar o confundir a la audiencia.

En esta forma de hacer comunicación no hay duda de que la manipulación está presente. De hecho, podríamos considerar a las ya famosas *fake news* de la actualidad como la manifestación en contenido editorial de un ejercicio propagandístico. Aunque cabe destacar que si retrocedemos un poco en el tiempo, encontraremos que la palabra 'propaganda' originalmente tenía un significado más neutro, el cual al paso de los años se ha ido asociando con las formas más oscuras de hacer comunicación.

En estos casos, donde se busca manipular, hay también áreas grises o formas más sutiles o distintas. Podría haber personas o empresas que tienen la intención de inducir al engaño, lo cual consiguen de muchas formas (el límite es la imaginación), como por ejemplo; exagerando deliberadamente las propiedades de un producto, como sucede con los llamados "productos milagro" (e.g, la *píldora mágica* que cura todos los males), o también con los anuncios que maquillan los aspectos menos favorables de algún producto. En otros casos algunas campañas promueven productos que simplemente no cumplen con lo que prometen.

Ya sea en un grado extremo o no, cualquier nivel de engaño es reprobable. Recordemos que una de las formas más poderosas y rápidas de hacer publicidad sigue siendo la comunicación de boca en boca, (*word of mouth*); en cualquier mercado y en cualquier parte del planeta, y especialmente ahora, en un mundo que ya es digital y vive inmerso en las redes sociales.

De esta forma quisiera resaltar lo importante que es evitar caer en la publicidad engañosa, pues no siempre es una acción deliberada del anunciante, a veces el engaño podría ser producto de una omisión accidental, una mala comunicación o negligencia.

1.4 **Primero entiende tu producto**

Tampoco debemos desarrollar una campaña publicitaria sobre un producto que no entendemos o del cual no nos hemos asegurado de que cumple con las características anunciadas.

Dentro de lo razonable debemos asegurarnos de que el producto a anunciar funciona y cumple su promesa. En ocasiones nos veremos en situaciones donde personalmente no podemos probar los productos, porque se trata de algo muy técnico o complejo; quizá algo como un transformador, o una maquinaria muy sofisticada. En estos casos debemos buscar referencias y pedir ayuda a los expertos técnicos para realizar las pruebas o evaluaciones necesarias y así estar seguros que el producto se desempeña de la misma forma en la que lo anunciaremos.

Las empresas distribuidoras que importan decenas o cientos de variedades de productos nuevos a un ritmo constante podrían enfrentar, por ejemplo, estos riesgos por omisión pues normalmente confían en lo que dice el fabricante sin tomarse el tiempo de hacer las pruebas y verificar la capacidad y funcionalidad del producto.

Como responsable de la comunicación de un producto debes tomarte el tiempo y hacer el esfuerzo de entender lo que vas a vender; pedir ayuda a colaboradores o incluso visitando clientes que ya hayan probado el producto en cuestión. Esto puede ayudarte a entender las cualidades, sin necesariamente convertirte en un experto de cada cosa que anuncies.

De hecho, no me imagino de qué forma podríamos interesar a una audiencia -ya no se diga convencer- de comprar un producto que no entendemos. Para entusiasmar a alguien primero tengo que entusiasmarme yo, y para lograr esto tengo que entender qué es lo que estoy vendiendo.

En algún momento de mi etapa profesional tuve que desarrollar una campaña para un nuevo tablero de distribución, algo muy ajeno a mi formación y experiencia profesional. El tablero de distribución es un gabinete metálico con componentes en el interior, el cual permite recibir energía eléctrica para después distribuirla a través de conductores. Estos se usan en todo tipo de edificios.

Las características del famoso tablero estaban disponibles en los catálogos, pero dado que no soy un ingeniero, me era difícil entender estas cualidades, lo cual me ponía en una posición algo complicada para idear una campaña publicitaria que justamente promoviese esos atributos.

Después de algunos días decidí pedir ayuda a mis compañeros del equipo técnico e incluso a algunos clientes de confianza. Me tomó varios días y reuniones para realmente entender qué es un tablero de distribución, cuál es su función, por qué es importante, quién compra este tipo de productos, qué funciones o cualidades aprecian los clientes, y por último, cuál es la razón por la cual alguien debería comprar este modelo en específico que vamos a anunciar.

Al final, recorrer esa milla extra para tener un entendimiento real nos ayudó a crear una campaña que consideraría razonablemente exitosa. Nos tomó algunas semanas más, pero valió la pena. De hecho, esta curiosidad e interés por conocer, experimentar y entender los productos antes de anunciarlos es una clara cualidad que resalta en las mejores agencias publicitarias.

En mi opinión, este es de hecho un criterio importante para identificar a una buena agencia creativa; el interés, tiempo y esfuerzo que dedican a entender los productos de sus clientes. No es solo ver los productos, es tocarlos, probarlos e incluso conocer y platicar con las personas que los venden y los usan.

Todo esto toma tiempo y esfuerzo, por eso no es fácil encontrar buenas agencias creativas.

Así es la responsabilidad con aquellos a cargo de contar las historias; ya sea que vendas papas fritas, tableros de distribución o cohetes espaciales, para vender primero hay que entender.

1.5 El estigma de la publicidad

Ahora es momento de hacer una reflexión sobre la estigmatización de la mercadotecnia y la publicidad en general.

Ocurre que, a lo largo de muchos años de estudiar y trabajar en esta profesión, especialmente por mi contacto en sectores distintos al privado, uno se encuentra con personas que tienen la idea de que el *marketing* y la publicidad son una especie de "instrumento del mal"; responsables del consumismo, el hípermaterialismo y la superficialidad en nuestra sociedad.
De hecho, existen libros muy populares que hacen un gran esfuerzo por demostrarlo; etiquetando a la mercadotecnia como la responsable de varias miserias sociales, pues *"crea el deseo por cosas que no necesitamos".*

Por lo mismo este conjunto de disciplinas (*marketing, branding*, publicidad, etc.) en ocasiones han sido estigmatizadas y condenadas especialmente en sectores que, paradójicamente, están en mayor necesidad de usar el *marketing* para promover con eficacia sus ideales y sus causas de transformación social.

Habría que aclarar primero que **el *marketing* no puede crear necesidades** en las personas; esto ya es un viejo debate de salón de clase.

Las necesidades en las personas siempre han estado ahí: la necesidad por comunicarse, informarse, alimentarse, transportarse, socializar, pertenecer, etcétera.

Algunos empresarios visionarios han logrado encontrar formas muy creativas e innovadoras de satisfacer esas necesidades a través de productos y campañas de comunicación que nos entusiasman y nos llegan al corazón. Quizá estas formas ingeniosas y atractivas crean la ilusión de que alguien nos implantó una necesidad.

Estoy totalmente de acuerdo que, desde un punto de vista filosófico, se puede decir que somos puro deseo; incluso a veces un barril sin fondo. Aunque también es cierto que es mérito y responsabilidad de cada persona (o consumidor en este caso), ejercitar el sentido común y elevar la conciencia; llevando una vida equilibrada y practicando la restricción a los deseos mundanos, sean estos consumistas o de cualquier otro tipo. Especialmente cuando estos deseos se salen de los límites razonables y se convierten en excesos. Nadie dice que sea fácil, pero tenemos que hacerlo todos los días.

De cualquier forma, ¿no es cierto que si la publicidad desapareciera mañana aún habría otros deseos que el ser humano debería controlar?

De hecho, en el mundo de los críticos de la mercadotecnia se piensa que un anuncio debería únicamente establecer las cualidades funcionales de un producto para que así los consumidores tomen decisiones de compra de manera objetiva e informada, es decir, sin apelar a las emociones o al uso de situaciones peliculescas, pues se piensa que esto más bien empuja a que la gente compre cosas que no necesita.

Sin duda, todos hemos comprado algo que no necesitamos, probablemente varias veces, pero aquí hay otro ángulo: Primero podríamos confirmar que, efectivamente; mucha de la publicidad usa más emociones que argumentos racionales para vender. Pero la razón es simple y legítima: Somos seres que respondemos más a emociones que a datos; conectamos mejor con historias interesantes que con fichas técnicas, aunque de hecho las fichas técnicas y la información factual y objetiva también son importantes, y también necesitamos divulgarlas como publicistas, aunque claramente no en los anuncios de televisión, sino en etapas posteriores del proceso de comunicación a través de materiales que en *marketing* llamamos '*colateral*'.

Las personas, aún fuera del ámbito de la publicidad y el consumo, ya toman decisiones no informadas e impulsivas que afectan su vida de una forma negativa. Estoy seguro que ya podrás imaginarte varios ejemplos al respecto, pero en muchas ocasiones estas decisiones no tienen absolutamente nada que ver con un acto de compra, o para nuestro tema, con la publicidad. Es decir, los excesos (en ambos extremos) pueden malamente darse en cualquier aspecto de nuestra vida: comida, ejercicio, alcohol, trabajo, sexo, descanso, estudio, vida social, etcétera.

¿Por qué responsabilizar entonces a la publicidad del consumismo desenfrenado?

Finalmente, ¿no es la publicidad la misma herramienta que ayuda a vender los libros, los videos, las *apps* y las conferencias de algunos de sus más fervientes críticos? Seguramente encontraremos organizaciones y personas muy ambiciosas que persiguen fines egoístas, no hay duda. Eso obviamente está mal, pero nuevamente, ¿debemos culpar a la herramienta?

La combinación de la física y la ingeniería nos permiten crear un puente que resulta útil y necesario para estrechar distancias, para tener movilidad, para reunirnos o distribuir bienes esenciales. Sin embargo, estas mismas disciplinas permitieron también crear la bomba atómica.

En mi opinión cualquier disciplina profesional puede emplearse tanto para altos propósitos -que transforman positivamente la vida de las personas-, o para fines egoístas. De esta forma la publicidad es una herramienta que ayuda a las marcas a crear una relación útil y relevante con sus clientes. Es una obligación moral de los responsables de la marca que esas conexiones sean honestas y transparentes.

1.6 La función de la publicidad

Como ya sabemos la publicidad puede cumplir varios propósitos, todo dependerá del contexto y de tus necesidades.

En general, desde el punto de vista de una empresa, la publicidad sirve para:

- Lanzar o presentar productos, programas o iniciativas.
- Informar sobre sus características y cualidades.
- Persuadir a una audiencia objetivo de probar o adoptar ciertos productos.
- Captar clientes nuevos, retener clientes existentes o recuperar clientes perdidos.

Aunque en realidad todo esto podría reducirse a una sola cosa: **vender.**

Puede ser la campaña más genial, divertida, épica, memorable o inspiradora de la última década, pero si no vende, en realidad no sirve.

Aunque **esto no se limita al sector privado,** pues la publicidad también debe ser una herramienta útil en otros ámbitos, como las organizaciones sin fines de lucro, la acción social o el sector público, por lo que la palabra 'vender', quizá no sea la más adecuada.

Desde el punto de vista del sector privado, 'vender' podría ser el acto de convertir inventario en dinero, como un político quiere convertir personas indecisas en votos, o una ONG convierte personas indiferentes en simpatizantes o benefactores. La publicidad entonces 'convierte', o dicho de otra forma, '**transforma**'.

Entonces, la publicidad tiene la capacidad de transformar la **percepción** de las personas, aunque esto siempre debe ser atendiendo el interés de ambas partes: marca y consumidor. Considerando además que estas percepciones son ideas, sueños, conceptos o imágenes mentales que una marca debe construir en el largo plazo, a través del diseño de mensajes y de experiencias asociadas a cosas que su audiencia objetivo reconoce y valora.

1.6.1 El proceso o ciclo de compra

Para entender este proceso de transformar personas con potencial de compra (prospectos) en clientes, tenemos que revisar rápidamente un antiguo pero importante modelo conocido como '*Purchase Funnel*', '*Marketing Funnel*' o 'AIDA', siglas en inglés que significan:

- **A** – *Attention* (Reconocimiento o conocimiento de una marca o producto)

- **I** – *Interest* (Interés por un producto)

- **D** – *Desire* (Deseo del producto)

- **A** – *Action* (Acción o compra del producto)

La autoría original del modelo AIDA es atribuida a un publicista estadounidense de nombre Elias St. Elmo Lewis (1898). Dicho modelo ha sido adaptado en la actualidad de diferentes formas, donde algunos autores han quitado, modificado o agregado elementos para hacerlo más contemporáneo. En todo caso este modelo esencialmente describe las etapas por las que atraviesa una persona o entidad, desde que es solo un consumidor potencial, hasta que es transformado en un cliente recurrente, donde cada inicial ('A', 'I', 'D', 'A') representa una etapa en dicho proceso de compra.

Nota: Cabe aclarar que en *marketing* la diferencia entre *consumidor* y *cliente* es que el **consumidor** es cualquier persona que tiene el potencial de comprar (o consumir) nuestro producto, aunque no necesariamente nos compre. En el momento en que esta persona compra nuestro producto se convierte en un *cliente.*

Una de tantas maneras de representar el modelo AIDA es en la forma de un embudo, de ahí el termino *marketing funnel,* o 'embudo de mercadotecnia' (o *sales pipeline*) pues a través de dicho proceso se convierte a un gran grupo de consumidores potenciales en un puñado de clientes.

Por ejemplo; 100 personas ven un anuncio en TV donde descubren una marca nueva, de las cuales 50 deciden visitar la página web de la marca anunciante. De ellos, 20 deciden visitar una tienda para conocer el nuevo producto a detalle. Finalmente, de las 100 que originalmente vieron el anuncio solo 10 personas deciden realizar la compra del producto.

Sin embargo, por un embudo tarde o temprano todo pasa al otro lado, por lo que creo que es mejor usar otra analogía; una donde realmente haya un proceso de filtración, como un **destilador**; pues en la realidad algunos prospectos ven los anuncios pero nunca llegan a completar una transacción (se quedan en el camino).

Por otro lado, habrá otros que si completan todo el proceso hasta realizar una compra. Ese extracto o elixir resultante son entonces los clientes que se interesaron progresivamente por nuestro producto, a través de las distintas tácticas publicitarias y medios empleados en la campaña.

De esta manera visualicemos este proceso de una forma más consistente con los procesos de comunicación y compra en el mundo digital, por lo que llamaremos a este proceso de filtración de prospectos como la *'destilación de clientes'.*

Entonces, nuestro proceso de *destilación de clientes* tendrá cinco etapas, las cuales describen la transformación de un prospecto (*target*) en un cliente recurrente; desde que se entera de la existencia de un producto hasta que lo compra y lo recomienda.

LAS 5 ETAPAS DE LA
DESTILACIÓN DE CLIENTES

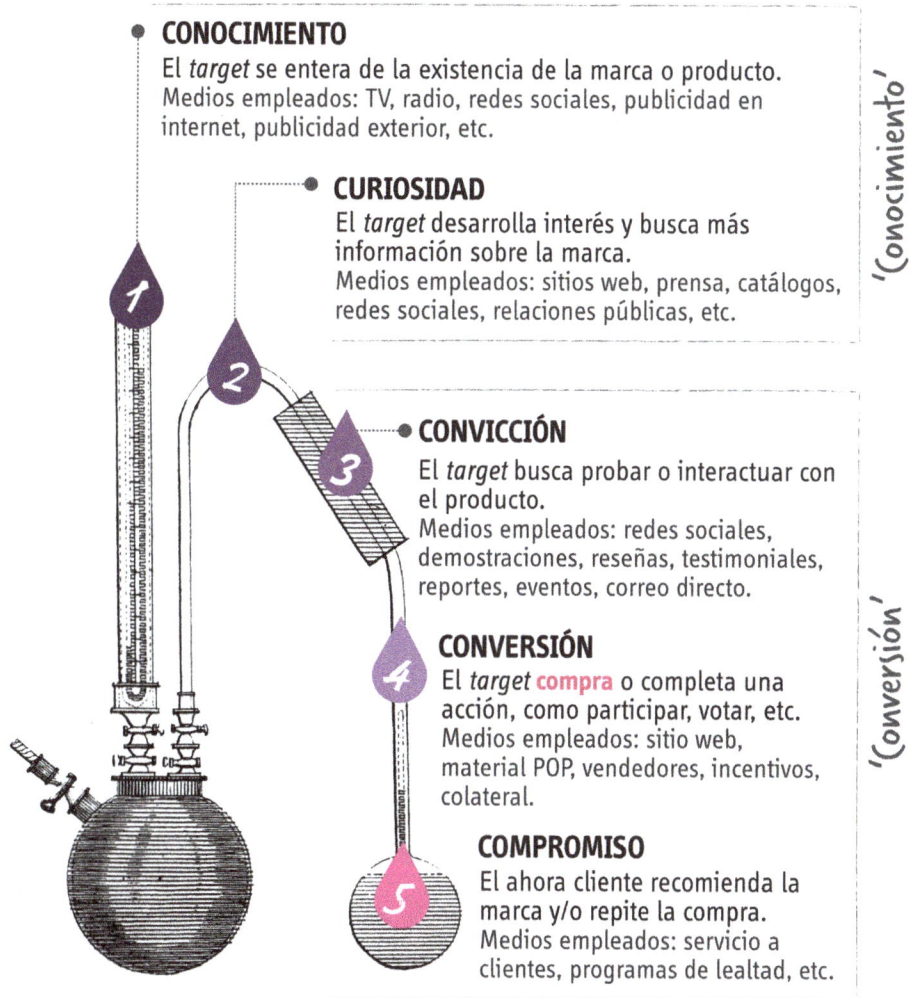

• CONOCIMIENTO
El *target* se entera de la existencia de la marca o producto. Medios empleados: TV, radio, redes sociales, publicidad en internet, publicidad exterior, etc.

• CURIOSIDAD
El *target* desarrolla interés y busca más información sobre la marca.
Medios empleados: sitios web, prensa, catálogos, redes sociales, relaciones públicas, etc.

• CONVICCIÓN
El *target* busca probar o interactuar con el producto.
Medios empleados: redes sociales, demostraciones, reseñas, testimoniales, reportes, eventos, correo directo.

CONVERSIÓN
El *target* compra o completa una acción, como participar, votar, etc.
Medios empleados: sitio web, material POP, vendedores, incentivos, colateral.

COMPROMISO
El ahora cliente recomienda la marca y/o repite la compra.
Medios empleados: servicio a clientes, programas de lealtad, etc.

'Conocimiento'

'Conversión'

Figura 1.4 *Las cinco etapas del proceso de 'destilación de clientes'*

Las cinco etapas tienen las siguientes características:

1) *Conocimiento:* El proceso de *destilación de clientes* inicia cuando el *target* de una campaña se entera por primera vez de la existencia de un producto o marca, usualmente a través de anuncios en medios masivos.

2) **Curiosidad:** Si el producto resulta lo suficientemente interesante para el *target*, este investiga más a través de catálogos o visitando sitios web que expanden la información sobre el producto.

3) **Convicción:** Derivado de la información que encuentra el *target* este podría decidir visitar una tienda física o en línea para realizar comparaciones, también puede buscar reseñas o acceder a demostraciones disponibles del producto.

4) **Conversión:** Si todo se ve bien, en esta etapa el *target* despeja sus últimas dudas con ayuda de un vendedor o una plataforma de ventas en línea y adquiere el producto, o dependiendo del giro del anunciante, vota, se registra, se afilia o participa.

5) **Compromiso:** El ahora ya cliente repite la compra, recomienda e incluso defiende a la marca frente a amigos y familiares.

Adicionalmente, este modelo también nos sirve para entender que la publicidad se tiene que complementar de otras herramientas, medios y tácticas, que son útiles y específicas de cada etapa, para que de esta forma el *target* de la campaña recorra exitosamente todo el ciclo de compra.

> **Por ejemplo:** La televisión es un canal de comunicación que funciona muy bien creando *conocimiento de marca* porque tiene la capacidad de impactar a mucha gente en muy poco tiempo, pero no nos sirve en la siguiente etapa, donde buscamos satisfacer la curiosidad de los consumidores ampliando la información del producto anunciado. Esto por la sencilla razón de que un anuncio en TV usualmente dura solo 30 segundos y no está hecho para consultar información, a diferencia del contenido en sitios web o revistas.

Para lograr esto hay un mundo de plataformas o medios de comunicación que permiten atender cada etapa de este proceso y así balancear la '*mezcla de medios*', concepto que describiremos ampliamente en el capítulo 6 (*Identifica los medios*).

En todo caso, por ahora es muy importante enfocarnos en entender el concepto y las etapas del proceso de *destilación de clientes*, pues cuando nos encontremos definiendo los objetivos de campaña -o ya incluso configurando anuncios *online*- te darás cuenta que las principales plataformas publicitarias (Google, Facebook, YouTube, Twitter, etc.) siguen el mismo proceso. Aunque algunos de ellos han sintetizado la *destilación de clientes* en un menor número de etapas, en algunos casos en solo dos; '*conocimiento*' y '*conversión*'.

La razón es que estas dos etapas, *conocimiento* y *conversión*, resultan ser las más esenciales en todo el *proceso de destilación*, por lo que más adelante comenzaremos a hablar de **campañas de *conocimiento*,** (*'awareness campaigns'* en inglés) para referirnos a aquellos esfuerzos que buscan informar al *target* sobre la existencia de una marca y también hablaremos de **campañas de *conversión*** (*'conversion campaigns'*) para referirnos a los esfuerzos que específicamente buscan motivar a la acción o compra.

1.7 El lugar de la publicidad en el proceso de planeación de negocios

Ahora nos debería quedar más claro que nuestra campaña publicitaria debe agrupar un conjunto de acciones y medios que recorren las cinco diferentes etapas en el proceso de comunicación y de *destilación de clientes*.

Si queremos hacer publicidad, entonces tenemos que comenzar a pensar de forma integral, pues debemos ver todos estos esfuerzos como actividades que forman parte del proceso de diseño de una **campaña publicitaria.**

De esta forma, para poder visualizar y realizar nuestra campaña publicitaria necesitaremos obligadamente escribir un plan; a ese plan le llamaremos el **'plan de campaña'**, y este es el tema de este libro, representado como los pasos a seguir en nuestro mapa.

5. Identifica los medios

4. Desarrolla el mensaje

6. Produce la campaña

3. Define los objetivos

FIN

7. Lanza y controla la campaña

2. Identifica a tus clientes potenciales

INICIO

1. Establece el contexto

La Ruta de la Campaña

Cuando escribimos un plan para nuestra campaña debemos entonces plantear y responder a preguntas que nos ayudarán a diseñar los anuncios de forma apropiada, como, por ejemplo, decidir a quién van dirigidos y cuáles son los canales de comunicación más eficaces y eficientes que podemos emplear.

Estas preguntas deben entonces responderse de manera realista y objetiva, y la única forma de mantener la objetividad es **investigando el mercado.** Así es que antes de poner anuncios es fundamental definir aspectos como:

- ¿Cuál es la mejor forma de crear interés en tu audiencia?
- ¿Cuáles son los argumentos de venta que utilizarás en el mensaje?
- ¿Cuál de todos esos argumentos es el más sostenible, convincente e importante para tu audiencia objetivo?
- ¿Cuáles son los mejores medios de comunicación que podemos emplear?, etcétera.

Entonces, si queremos hacer una campaña efectiva necesitamos antes investigar el mercado. Aunque este proceso de investigación siempre dependerá de las circunstancias; quizá no cuentas con nada de información, pues apenas inicias un proyecto o recién estás abriendo tu empresa, o quizá trabajas en una organización donde ya existe un área de mercadotecnia la cual podría contar con algunos estudios de mercado -relevantes para tu campaña- o incluso un plan de *marketing* ya elaborado.

Sea cual fuere el caso, la investigación de mercados es un tema muy específico, del cual hablaremos con más detalle en el siguiente capítulo. Aunque debes tener en cuenta que en este libro siempre nos enfocaremos en realizar investigación de mercados específicamente para servir a los propósitos de la campaña publicitaria.

1.7.1 El orden que rige nuestras campañas

Con este título quiero destacar que hay una jerarquía, un orden, que rige nuestra publicidad, y a pesar de que este libro se centra específicamente en el proceso de campañas publicitarias, quiero mostrarte brevemente la estructura que tenemos "arriba", es decir, los planes dentro de una organización que dan dirección a las campañas. Quizá esta información parezca innecesaria, pero la gente que no entiende esta jerarquía usualmente tiene problemas en la etapa de planeación.

Entonces, una **campaña publicitaria** puede estar contenida dentro de un **plan de comunicación**. Y si hay un plan de comunicación es porque típicamente tenemos más de una campaña a realizar, además de otras acciones de comunicación corporativa. Dicho plan de comunicación puede a su vez estar contenido dentro de un **plan de *marketing***; que atiende otros aspectos del negocio (además de la publicidad), como es la definición de las estrategias de precio, producto, canales de distribución, etcétera.

> **Nota:** Personalmente he trabajado en empresas que tienen un plan de *marketing*, el cual contiene varias campañas publicitarias (sin un plan de comunicación), o en empresas que tienen un plan de *marketing* y un plan de comunicación que concentra un número de campañas publicitarias. Entonces, en el sector privado, el plan de *marketing* siempre está ahí, y el que haya o no un plan de comunicación realmente depende de las preferencias de cada empresa.
>
> En el sector público y en Organizaciones No Gubernamentales (ONGs), he observado que es más común emplear un plan de comunicación en lugar de un plan de *marketing*, lo cual creo que es estratégicamente desafortunado, pues la ausencia del plan de *marketing* desconecta la comunicación de los productos (o servicios) que ofrecen dichas entidades.

En cualquier caso, un plan de *marketing*, debería a su vez estar contenido en un '**plan de negocios**'.

El plan de negocios evidentemente contempla aspectos generales de otras áreas de la empresa como es la producción, la logística, las finanzas, los recursos humanos, las ventas, etc. Pero de hecho hay todavía un nivel más alto que rige el plan de negocios, el cual se conoce como '**plan estratégico**'.

Todo esto para decirte que tu campaña publicitaria debe siempre estar alineada con el plan estratégico, y evidentemente con los eslabones que hay en el medio: el plan de negocios, el plan de *marketing*, y si aplica en tu caso, el plan de comunicación.

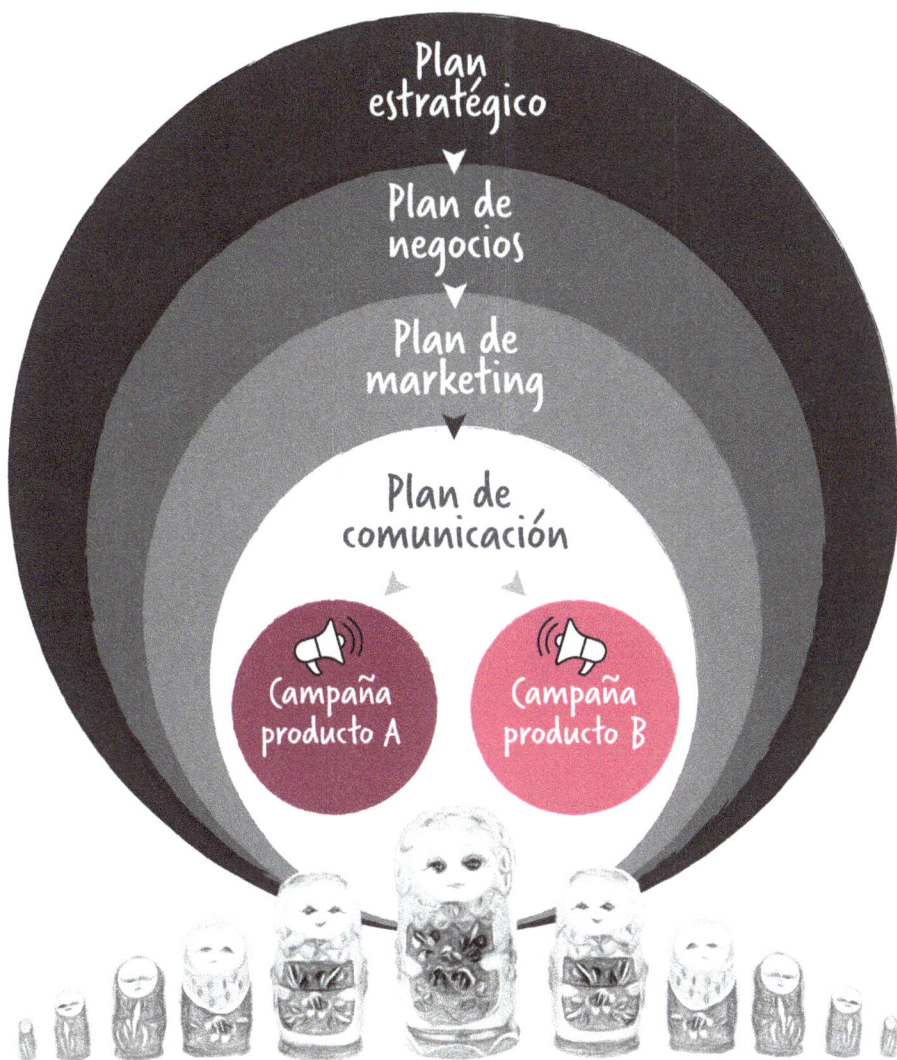

Figura 1.5 *La jerarquía de los diferentes tipos de planes en una organización*

Las campañas publicitarias normalmente se diseñan para durar días, semanas o algunos meses. Los planes de *marketing* o de comunicación normalmente duran un año y los planes de negocio son a mediano plazo (tres a cuatro años), pero el plan estratégico es definitivamente un documento de largo plazo (más de cinco años), y a grandes rasgos define cuatro aspectos básicos de la empresa:

- **¿Dónde estoy?** Describe la situación actual en la que se encuentra la organización, en términos de ventas, participación de mercado, cartera de productos, etc.

- **¿A dónde quiero llegar?** El lugar (objetivo) al que se desea llegar en el largo plazo.

- **¿Cómo llego ahí?** La forma (en general, sin detalles) en que se planea llegar a ese objetivo, lo cual se describe a través de una serie de estrategias.

- **¿Cuál es el ambiente?** La descripción general del entorno que rodea a la empresa y que afectará el proceso de llegar al objetivo o meta.

¿CUÁL ES EL AMBIENTE?

Identifica qué aspectos del entorno podrían afectar de manera **positiva** o **negativa** tus planes de negocio.

En el ámbito político, social, económico, etc.

¿Dónde estoy?

¿Qué debo hacer para llegar ahí?

¿A dónde quiero llegar?

Establece cuál es la situación actual.

Define los objetivos y acciones que debes tomar para llegar a la meta.

Define la visión o meta del plan.

Figura 1.6 *El proceso de la planeación estratégica*

En el mundo de los negocios este 'ambiente' se refiere típicamente al entorno **político, económico, social y tecnológico** que rodea a la empresa, y para entender ese entorno se debe realizar un análisis que es comúnmente conocido como '*P.E.S.T. Analysis*' (Aguilar, 1967), por sus siglas en inglés. La concepción original de este modelo es atribuida a Francis J. Aguilar, bajo el nombre ETPS *(Economical, Technical, Political, Social)* y su función principal es **analizar variables** que típicamente están fuera de nuestro control y que pueden afectar de forma positiva o negativa nuestros planes de negocio a través del tiempo.

Entonces, cuando analizamos el entorno de un negocio debemos considerar variables como: posibles devaluaciones, fluctuaciones en el precio del petróleo, elecciones, proyectos de infraestructura, cambios en los hábitos de los consumidores, pandemias o crisis políticas o sociales, nuevas tecnologías, etc. Básicamente cualquier fenómeno social, económico, político, tecnológico (y ahora también climático) que podría afectar nuestros planes, los cuales debemos considerar antes de planear una campaña.

De hecho, si lo pensamos, estas cuatro preguntas que acabamos de plantear como pilares de un plan estratégico podrían aplicar hasta en cosas tan simples como planear un viaje de placer.

¿CUÁL ES EL AMBIENTE?

Clima   Seguridad   Ocupación

¿Qué debo hacer para llegar ahí?

¿Dónde estoy?

Tiempo de traslado, medios de transporte, presupuesto, etc...

¿A dónde quiero llegar?

- El punto de partida.
- Acompañantes.
- Tiempo y dinero disponible.

- Tipo de destino.
- Tipo de vacación.
- Expectativas.

Figura 1.7 La representación del proceso de planeación estratégica en un viaje de placer

- **¿Dónde estoy?** - El punto de partida: dinero y tiempo disponibles, experiencias de viaje o visitas anteriores, etcétera.

- **¿A dónde quiero llegar?** – ¿Cuál es el destino de dicho viaje de placer? ¿Playa?, ¿montaña?, ¿ciudad? ¿En qué tipo de alojamiento?

- **¿Cómo llego ahí?** - Lo que necesitamos hacer para llegar; ¿cuánto tiempo y dinero?, ¿en cuáles medios de transporte?, ¿con qué acompañantes?, etcétera.

- **¿Cuál es el ambiente?** - El entorno en este caso, factores que están fuera de nuestro control y que pensamos podrían afectar el proceso de llegar al destino. Aspectos como el clima, la seguridad, la disponibilidad de habitaciones en esa temporada del año, vacunas que podríamos necesitar y las posibles rutas o escalas a tomar, etcétera.

De hecho, es en un plan estratégico donde las empresas definen su 'misión', 'visión' y 'valores', conceptos que finalmente confieren -respectivamente-; propósito, dirección e identidad al negocio. Entonces, resulta importante entender que entre el plan estratégico y nuestros anuncios debe haber una conexión, pues la misión, visión y valores tienen que ser siempre congruentes y consistentes con el mensaje que se desea promover en las campañas publicitarias.

En pocas palabras, lo que digas o muestres en un anuncio no solo debe atender los objetivos de tu campaña y plan de *marketing* o comunicación, sino también debe tener congruencia con lo definido en tu plan de negocio y finalmente en tu plan estratégico.

La distancia entre un anuncio y la misión, visión y valores definidos por la dirección general parece enorme, pero no deberíamos lanzar una campaña publicitaria que exalte o promueva valores de un producto o marca que son demasiado diferentes a aquellos definidos en el plan estratégico, porque entonces estamos en riesgo de perder congruencia, y si perdemos congruencia perdemos clientes.

Por ejemplo: Digamos que una popular marca de ropa casual o informal, que asociamos con valores como libertad, juventud, aventura y rebeldía se debilita cuando (bajo el mismo nombre) lanza una línea de trajes de vestir.

Estas dos categorías de ropa (ropa deportiva y trajes de vestir) son evidentemente opuestas, y un movimiento de este tipo haría perder congruencia a la marca, porque los valores de la marca de ropa casual (libertad, rebeldía, aventura) entrarían en conflicto con aquellos valores que podrían distinguir a la categoría de ropa formal (sofisticación, porte y mesura); valores que normalmente son apreciados por grupos de personas con intereses opuestos o al menos en situaciones contrarias.

La congruencia es muy importante en el mundo del *marketing*, la cual se expresa a través de nuestra publicidad, productos, precios, canales de distribución y servicio y finalmente también a través de la cultura al interior de la empresa. Y la cultura, nuevamente, estará afectada por lo que hayamos definido, o no, en nuestra misión, visión y valores.

Si una empresa no ha definido su misión, visión y valores no significa que no tenga una 'cultura', significa más bien que esta puede ser débil, confusa, errática o incongruente. Cualquier anuncio debe estar alineado con la misión, la visión y los valores, y contar con una adecuada definición de estos conceptos en el plan estratégico beneficiará nuestros esfuerzos por construir una marca en el largo plazo.

Desafortunadamente muchas empresas aún ven esto como un mero trámite. La definición de la misión, visión y valores frecuentemente son tomadas a la ligera, definidas en un fin de semana de retiro, en un documento que después cuelgan en un marco dorado que se empolva en algún pasillo de la empresa.

Estas misiones, visiones y valores que se hacen con poco esfuerzo, parecieran más poesía corporativa, pues en muchos casos son frases sin sustancia que incluso obligan a los empleados a memorizar. Muy frecuentemente estas definiciones contienen *clichés* tan genéricos, tan carentes de pasión, creatividad e identidad propia que parecen intercambiables; podríamos colgar estas definiciones mediocres en el muro de cualquier otra empresa, de cualquier giro, sin que nadie perciba la diferencia.

> **Nota:** Un *cliché* es un concepto o idea que ha sido usado de forma tan repetida que ha perdido su originalidad. En publicidad hacemos un gran esfuerzo por evitar el uso de *clichés*, pues estos restan autenticidad y originalidad a nuestro mensaje. Por ejemplo, una empresa que usa el eslogan: *"el mejor precio y calidad".*

Es por eso que resulta esencial tener una definición estratégica y adecuada de estos tres elementos, porque esto afectará positiva o negativamente, por acción o por omisión, lo que finalmente hagamos en el mercado.

Con esto quiero sugerir que si con frecuencia encontramos difícil tener éxito con nuestras campañas publicitarias, un punto a observar es lo que hemos definido por misión, visión y valores, lo que finalmente no solo representa la esencia de nuestra empresa y productos, sino una forma de conciencia que vive en todas nuestras campañas y en aquellos que las producen.

A pesar de que este no es un libro sobre planeación estratégica, ofrecemos en el capítulo 4 (*Define los objetivos*) algunas referencias para poder elaborar o mejorar nuestra misión, visión y valores. Sin embargo, siempre puedes buscar artículos y/o literatura especializada sobre el tema.

1.8 La importancia de planear

Como en cualquier otro proceso administrativo, planear resulta fundamental, y aunque la improvisación a veces es percibida como una cualidad deseable en algunas empresas, es de lo peor que podemos hacer.

Planear nos ayuda a establecer a dónde queremos llegar con nuestros esfuerzos y qué recursos (tiempo, dinero, personas) necesitamos para llegar ahí, y también nos ayuda a definir cuál será el plan de trabajo para llegar a ese destino.

Tener un plan de trabajo, producto de este proceso de planeación, nos permite tener una idea clara de lo que se tiene que hacer día con día, evitando la pérdida de tiempo y dinero, y ese pánico que nos entra cuando tenemos demasiadas cosas por hacer y no sabemos por donde empezar. Tener un plan de trabajo también reduce el estrés en los empleados, en los proveedores y naturalmente en nuestros clientes.

Aunque, como todo en la vida, cualquier exceso es malo. Planeación en exceso equivale a inacción, demasiadas juntas, escenarios, supuestos, cambios, o una neurótica obsesión por los detalles para que el plan quede perfecto, todo esto seguramente no nos acerca al objetivo. En la vida siempre debemos buscar un balance, por lo cual definitivamente debemos planear nuestras campañas de comunicación de una forma y en un periodo de tiempo que sean razonables, sin excesos, pero sin caer en la improvisación.

En el mundo de la planeación estratégica se dice que lo importante no es la exactitud de nuestro plan sino el impulso que conseguimos al planear nuestras acciones. Es decir, no hay forma de que las cosas resulten tal cual las describimos, más bien nuestro plan de campaña debe ser flexible, debe permitir ajustes, debe ser un documento vivo, el cual vamos ajustando conforme avanzamos y nos adaptamos a las circunstancias.

A pesar de todas las situaciones no planeadas, que con absoluta certeza se van a presentar, el plan de campaña nos será útil mientras establezca claramente hacia dónde vamos, permitiéndonos visualizar un punto de llegada.

Entonces nuestra campaña publicitaria, como cualquier otro proceso de negocios, requiere de un esfuerzo de planeación. De hecho, nos tendremos que hacer las mismas preguntas que plantea el proceso de planeación estratégica:

- **¿Dónde estoy?** Esto, desde el punto de vista de nuestra publicidad actual o pasada y también desde el punto de vista del producto que será promovido en la campaña. Al dar respuesta a esta pregunta establecemos los antecedentes y nuestra situación actual, es decir, ¿dónde estamos parados?, ¿cómo describimos nuestra situación actual? (que aprenderemos a realizar en el siguiente capítulo).

- **¿A dónde quiero llegar?** Representa los objetivos de nuestra campaña. Si no sé a dónde quiero llegar, ¿cómo puedo saber que ya llegué? (descrito en el capítulo 4).

- **¿Cómo llego ahí?** Esta pregunta representa todo lo demás que necesitamos hacer para concebir, producir, implementar, controlar y medir una campaña de publicidad, lo cual explicaremos en el resto de los capítulos que componen este libro.

El **plan de campaña** es entonces un proceso y un documento escrito, pero flexible, que te deber guiar, permitiéndote administrar o controlar todo el proceso, que será descrito en siete pasos, explicados en los siguientes capítulos:

1) Establece el contexto (Capítulo 2)
2) Identifica a tus clientes potenciales (Capítulo 3)
3) Define los objetivos (Capítulo 4)
4) Desarrolla el mensaje (Capítulo 5)
5) Identifica los medios (Capítulo 6)
6) Produce la campaña (Capítulo 7)
7) Lanza y controla la campaña (Capítulo 8)

Estos siete pasos son secuenciales, no hay atajos y todos son importantes.

1.9 ¿Qué necesitas antes de empezar?

Un producto, que sabemos también puede ser un servicio, persona, lugar, causa, candidato o cualquier cosa que deseamos promover para motivar la acción o transformación.

No quisiera parecer disco rayado, pero insisto que el producto o lo que sea que queramos promover a través de la publicidad obviamente debe funcionar, debe ser atractivo (para el *target*) y debe ofrecer ventajas respecto a la competencia, pues la publicidad tampoco hace milagros. Además, debe tener un precio razonable, debe ser un producto distribuido a través de canales, tiendas o sitios web que sean accesibles a los clientes potenciales, realizando la entrega en los tiempos esperados, y todo esto soportado por un servicio a clientes razonablemente funcional y de calidad que motive a los clientes a repetir la compra y recomendar la marca.

Nada de lo anterior lo puede resolver la campaña publicitaria, por lo que antes de empezar con la publicidad asegúrate que los aspectos recién descritos (producto, precios, canales de distribución, servicio al cliente, procesos de venta) se desempeñan de forma adecuada. Para poder hacer una campaña publicitaria apropiadamente, además necesitaras:

- **Presupuesto:** No quiero decir que necesitas millones. Puedes de hecho tener mucho presupuesto que podría desperdiciarse si no hay un buen plan. Asigna una cantidad de dinero, lo que sea que por el momento te parezca razonable, usa tu experiencia y sentido común. También podría ayudarte, que estimes lo que invierte tu competencia en publicidad, mapeando sus actividades de comunicación. De cualquier forma, define un presupuesto; si tienes $1,000 dólares solamente, pues que sean $1,000 dólares, pero trata de identificar un monto preliminar desde un inicio. Si quieres una referencia se sabe que algunas empresas establecen el presupuesto de publicidad entre el 2 y el 3% del valor de las ventas anuales, sobre esto expandiremos un poco más la información en los siguientes capítulos.

- **Tiempo:** Ya sabemos que el tiempo es un recurso tan o más importante como el dinero. Tenemos que estar dispuestos a dedicar el tiempo necesario con disciplina, compromiso y profesionalismo, como en todo. Aunque haya dinero y un buen plan, la campaña no se va a producir sola. Si cuentas con algún tipo de ayuda y piensas delegar a alguien más la implementación de tu plan de campaña, hazlo con cautela; recuerda que quien está leyendo el libro eres tú. En los últimos capítulos te daré algunas pistas para plasmar las acciones del plan en una línea de tiempo.

- **Estructura:** Para producir e implementar la campaña necesitas algún tipo de estructura, si estás tú solo en el proyecto y no hay empleados o gente que te pueda ayudar, debes entonces empezar a construir un círculo de proveedores que finalmente serán tus colaboradores.

Dependiendo de tus habilidades, tu nivel de experiencia y tus recursos podrías considerar la contratación de los servicios de profesionistas en aquellas áreas donde flaqueas, como el desarrollo y producción de la creatividad, la investigación de mercado y/o la planeación de medios. Si no tienes muchos recursos, puedes recurrir a agencias pequeñas o incluso con profesionistas independientes que hacen trabajos *freelance*, como diseñadores gráficos, correctores de estilo, creativos, productores, diseñadores web, fotógrafos, expertos en medios, expertos en investigación de mercados, etcétera.

Construir una red adecuada de colaboradores y proveedores es una de las acciones más importantes, ya que eso le dará un valor estratégico a tus campañas.

- **Condiciones que soporten la demanda adicional de productos:** Si la campaña funciona, ten en cuenta que la cantidad de pedidos de tus productos o servicios podría incrementar. ¿Tienes procesos, materia prima, medios de distribución, personal de servicio, etcétera, que soporten un eventual incremento en la demanda de tus productos? He visto campañas muy exitosas que incrementan las ventas, pero la capacidad de entrega de los productos es rebasada.

Los objetivos y pronósticos de venta nos ayudan a establecer el volumen de productos que queremos vender, por lo que las áreas funcionales de la empresa (materia prima, producción, logística, soporte técnico, servicio a clientes, etc.) deben estar alineadas y preparadas, asumiendo que la campaña tenga el éxito esperado.

- **Tu experiencia:** Aunque no seas mercadólogo, tus años de trabajo, conocimientos técnicos y del mercado, contactos y relaciones van a ser muy útiles, siempre y cuando mantengamos la objetividad. La publicidad es una de esas profesiones (como directores técnicos o nutriólogos) que pareciera que cualquiera puede realizar, y esta creencia es responsable de que muchas campañas desafortunadas hayan sido diseñadas solo tomando en cuenta los gustos del dueño del negocio, sin considerar las preferencias de los clientes. Estudiando y practicando seguramente mejoraremos nuestra capacidad.

¿Qué más? Constancia, paciencia y obviamente muchas ganas. La publicidad y el *marketing* siempre deben ser emocionantes, ¡aunque vendas tornillos! La campaña debe apasionar a todos los involucrados, a los empleados, a tus socios, también a tus proveedores, a ti, pero sobre todo a los clientes.

¡Empecemos!

CAPÍTULO 2

Establece el contexto

2. **ESTABLECE EL CONTEXTO**

En este capítulo daremos respuesta a las siguientes preguntas:

- *¿Por qué y cómo establecer el contexto de una campaña?*
- *¿Cuáles son los parámetros básicos que necesitas para prepararla?*
- *¿Qué son los insights de mercado y para qué nos sirven?*
- *¿Cuáles son las fuentes y técnicas más comunes para obtener dicha información?*
- *¿Cómo recopilar y analizar la información obtenida?*
- *¿Cuál es la información mínima de mercado que necesitas?*

2.1 **La importancia de entender el contexto**

Establecer un '**contexto**' significa describir la situación actual de la marca que deseas anunciar, para entender el entorno del mercado al que va dirigida, lo cual debería representar el punto de partida de cualquier campaña publicitaria.

Establecer el contexto es entonces una parte esencial del proceso de planeación de *marketing*, algo similar a lo que se conoce en negocios como '*análisis situacional*', concepto que a su vez está estrechamente relacionado con la **investigación de mercados.**

Empleando la analogía de las batallas, ningún general va a la guerra sin inteligencia que le permita tener una idea clara del terreno, el clima, la geografía, las rutas de entrada y salida, la capacidad enemiga, los recursos existentes, etcétera.

Hacer mercadotecnia, sin inteligencia de mercado, es como entrar a un cuarto a oscuras, los riesgos son demasiado altos. Aunque hay que reconocer que la investigación de mercados tampoco elimina esos riesgos, solo los reduce.

Por otro lado, quiero aclarar que **hay una diferencia sustancial entre realizar investigación de mercados para un plan de** *marketing* **en comparación con realizar investigación para un plan de campaña.**

El proceso de investigación de mercados para un plan de *marketing* es más amplio, más complejo, más extenso, por la sencilla razón que investigamos para recolectar datos del mercado y de la competencia, cuando menos sobre las famosas *4 pes del marketing*; producto, precio, plaza ('distribución') y promoción ('publicidad').

En este caso particular la investigación de mercado para nuestro plan de campaña va a tomar un enfoque más sencillo, pues nuestros esfuerzos se centrarán únicamente en obtener información de mercado, principalmente sobre los aspectos que tienen que ver con el **producto** a anunciar y con la **publicidad** asociada a ese producto.

Adicionalmente, cuando establecemos el contexto, también queremos identificar cuáles son los **'parámetros básicos'** de la campaña:

- ¿Cuál es el propósito de campaña?
- ¿Cuál es la definición del producto a anunciar?
- ¿Cuál es nuestro target preliminar?
- ¿Cuánto dinero y tiempo tenemos para realizar la campaña?

De esta forma, definir el contexto de tu campaña implica: primero, establecer cuáles son tus parámetros básicos y segundo, investigar el mercado para obtener *insights*.

¿Y qué es un *'insight'*? *Insight* es un anglicismo empleado en este ámbito para describir la esencia de lo que los clientes piensan y sienten en relación con nuestros productos, o los de la competencia. Los *insights* son una especie de pensamiento interiorizado; una reflexión que hacen los clientes cuando usan o piensan en las marcas que consumen, y estos *insights* resultan ser fundamentales no solo para desarrollar productos y servicios, sino también para saber cómo posicionarlos, es decir, para decidir cómo comunicar sus atributos en la publicidad.

A través de la investigación de mercados las empresas y sus marcas buscan de forma constante adquirir todo tipo de *insights* sobre sus clientes, esto con la finalidad de mejorar su productos y campañas.

Los *insights*, idealmente, pueden describir desde varios ángulos cómo es la relación de los clientes con los productos que consumen; ¿cómo los usan?, ¿por qué los usan?, ¿cuándo los usan?, ¿quién los usa?, o si es el caso, ¿por qué no los usan?

> **Por ejemplo:** Imaginemos a una empresa que fabrica y comercializa alimento para perros, quienes encargan un estudio de mercado donde se descubre que a algunos clientes no les gusta dar croquetas a sus mascotas porque prefieren cocinarles como una forma de demostrar su afecto. Esto es un *insight*, el cual la empresa debería considerar para el desarrollo de nuevos productos y también para realizar futuras campañas.

Sin embargo, no toda la información que vamos a adquirir a través de la investigación de mercados será reveladora. En muchas ocasiones nuestras ideas preconcebidas sobre el mercado solo se confirman. Pero a veces, la revelación de un solo *insight* puede hacer toda la diferencia, cuando sabemos interpretarlo y usarlo para transformar o mejorar nuestros productos y en este caso concreto, para hacer mejor publicidad.

De esta manera, para obtener dichos *insights* -así como otro tipo de información importante que nos dé un contexto para la campaña- lo podemos representar de la siguiente forma:

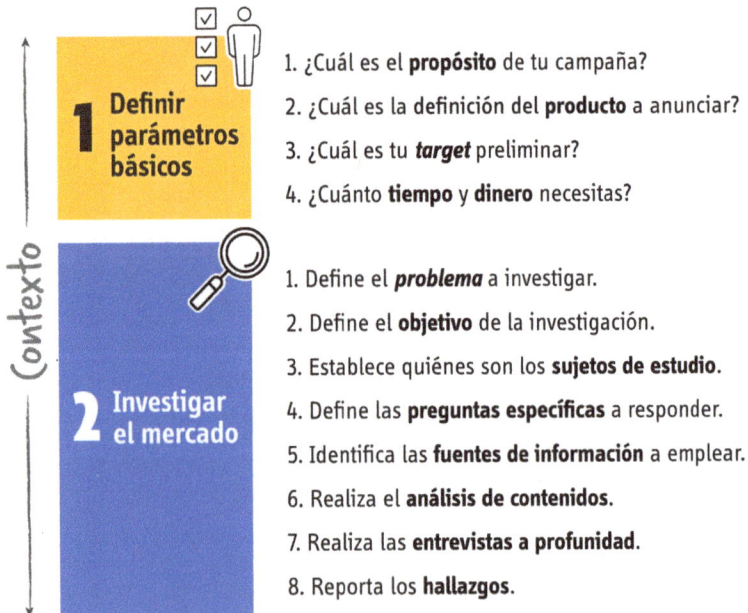

Contexto

1 Definir parámetros básicos

1. ¿Cuál es el **propósito** de tu campaña?
2. ¿Cuál es la definición del **producto** a anunciar?
3. ¿Cuál es tu *target* preliminar?
4. ¿Cuánto **tiempo** y **dinero** necesitas?

2 Investigar el mercado

1. Define el *problema* a investigar.
2. Define el **objetivo** de la investigación.
3. Establece quiénes son los **sujetos de estudio**.
4. Define las **preguntas específicas** a responder.
5. Identifica las **fuentes de información** a emplear.
6. Realiza el **análisis de contenidos**.
7. Realiza las **entrevistas a profunidad**.
8. Reporta los **hallazgos**.

Figura 2.1 *Componentes en el desarrollo del contexto para una campaña*

2.1.1 **Los riesgos de no investigar el mercado**

Casi siempre las empresas tienen prisa por desarrollar sus campañas, pues hay ese sentido de urgencia por lanzar lo antes posible, y es por esto que saltarse la investigación de mercados puede ser tentador. En estos casos, las campañas son improvisadas y se diseñan con base a puro *feeling* u opiniones personales, despreciando el valor de la investigación del mercado por los "altos" costos en tiempo y dinero, o por las complejidades técnicas percibidas.

En otros casos hay ideas preconcebidas, prejuicios o una confianza ciega sobre lo que creemos saber acerca de nuestros clientes o productos, y de la forma en que debemos hacer la publicidad. Puede incluso haber preferencias personales del dueño del negocio que dictan la creatividad, el mensaje o los medios de comunicación por emplear, esto bajo la creencia de que los años de experiencia superan el valor de la información que se podría obtener del mercado.

También podemos encontrar casos en algunas empresas donde existe una sobreidentificación del gerente o el responsable de la marca, con la marca misma. Es decir, el gerente de marca cree que él o ella la personifica, o bien, considera que es *target* de los productos que va a anunciar.

Puede de hecho que seas *target* de los mismos productos que anuncias, pero aun cuando sea el caso, tu opinión no necesariamente representa las preferencias de tu mercado. Ayuda sin duda que seas parte del *target* de la campaña que estás planeando, pero la opinión de una persona está lejos de representar la opinión del mercado.

Entonces, cuando creemos que somos la marca o cuando somos *target* de nuestros propios productos, hay el riesgo de descartar creatividad, mensajes, medios o tácticas que no nos gustan a nivel personal, aunque estos en realidad sean relevantes para nuestra audiencia objetivo. Ahí el valor de tener contexto, pues nos ayuda a ser más imparciales, realistas y objetivos en nuestras decisiones de *marketing*.

Es por esto que hay riesgos muy específicos que pueden afectar el desempeño de tu campaña cuando no se cuenta con la información necesaria; cuando no se establece un contexto. De esta forma:

- Para definir objetivos de campaña que tengan sentido, primero necesitas saber dónde estás parado; y esto tiene que ver, en concreto, con entender el mercado y el entorno social en el cual lanzarás tu campaña.

- Si no sabes quién es tu audiencia, la campaña podría llegar a personas que no tienen interés o posibilidad de comprar tus productos.

- Si no tienes claro cuáles son las prioridades y necesidades de esa audiencia o *target*, es muy difícil formular un mensaje y un anuncio que sean persuasivos.

- Si no sabes a cuáles medios de comunicación está expuesto el *target*, es más difícil llegar a ellos.

Por ejemplo: Para ilustrar y cerrar este punto pensemos en una empresa que quiere desarrollar y vender aplicaciones (*apps*) para dispositivos móviles, en especifico videojuegos para *smartphones*.

Imaginemos ahora que necesitamos definir quién sería el *target* para una *app* de este tipo.

¿Quién compra *apps* de videojuegos para *smartphones*? Quizá la mayoría de la gente podría pensar de primera mano que podrían ser:

> *'Jóvenes de entre 10 a 20 años, de clase media a alta que poseen un smartphone y que viven en los principales centros urbanos de nuestro país'.*

Pero, si en lugar de tomar decisiones con base en ideas preconcebidas, nos tomamos el tiempo de establecer el contexto de nuestra campaña, haciendo un poco de investigación nos podríamos enterar que:

"Los adolescentes no son los principales consumidores de juegos para plataformas móviles", "Son de hecho los padres de estos adolescentes quienes representaron hasta el 60% de los usuarios para este tipo de aplicaciones", "Más mujeres que hombres utilizan videojuegos en plataformas móviles" (RealityMine.com, 2015). Traducción del autor.

Tras hacer una sencilla búsqueda en internet, es posible acceder a este tipo de información, y con este simple ejemplo espero que quede clara la importancia de establecer un contexto durante el desarrollo de una campaña publicitaria.

2.2 **Los parámetros básicos de la campaña**

2.2.1 **Estableciendo el propósito**

Veamos entonces cuál es el primer paso para establecer el contexto de tu campaña.

Si necesitas realizar una campaña publicitaria es porque hay un problema de *marketing* en tu negocio que necesitas resolver, por ejemplo:

- Introducir un nuevo producto al mercado.
- Incrementar las ventas de un producto existente.
- Posicionar (*construir marca*) o reposicionar un producto (cambiar una mala imagen).

Y más allá del problema de *marketing*, debe haber una **necesidad** que tu producto o servicio satisfaga en los clientes.

Entonces, **para formular el propósito de tu campaña**, necesitas dar respuesta a las siguientes preguntas, en no más de un par de párrafos:

- ¿Por qué necesitas hacer una campaña publicitaria?
- ¿Qué problema específico de *marketing* pretendes resolver a través de la campaña (¿cuál es tu objetivo de *marketing* o de negocio?)
- ¿De qué forma la campaña contribuirá a resolver ese problema de *marketing*?

Aquí un ejemplo de lo que podría ser el borrador de un propósito de campaña:

*Para el último trimestre del año próximo queremos incursionar en el mercado de videojuegos en México; **lanzando una nueva app** para plataformas móviles Android y iOS que **enseñe al target a invertir dinero en el mercado bursátil a través de un juego**, posicionándose como una opción de entretenimiento educativo.*

*Nuestra meta es lograr alrededor de 20 mil descargas de la aplicación al término del primer año de operaciones. Para esto **necesitamos una campaña que promueva y diferencie a nuestra app**; generando exposición de marca para nuestro producto y descargas en línea en las principales metrópolis del país.*

La definición del propósito tiene entonces un valor estratégico en el proceso de planeación de campañas, pues nos ayuda a establecer un marco, guiándonos durante el desarrollo de la investigación del mercado y subsecuentemente nos servirá como referencia para la definición permanente de nuestro *target* (capítulo 3), así como para el establecimiento de los objetivos específicos de la campaña (capítulo 4).

Entonces piensa, ¿cuál sería el propósito de tu campaña publicitaria?

2.2.2 Definición de producto

Si no tenemos una idea clara y concisa del producto que vamos a promover a través de la campaña, difícilmente vamos a convencer a alguien de comprarlo. Porque incluso, podríamos nosotros tener claro lo que vendemos, pero esto no significa que podemos explicarlo de forma sencilla a los demás.

A lo largo de los años he conocido a más de un emprendedor, que después de varios intentos simplemente no logra puntualizar lo que ofrece. Y entonces, ¿cómo alguien podría comprarles algo que no se entiende?

Lo mismo podría suceder en una empresa establecida, si el responsable del producto -quien sea que lo desarrolló-, no puede explicar a sus colegas claramente qué es lo que se va a vender, tampoco se puede esperar que el equipo de *marketing* y ventas lo haga. Y si este es el caso, entonces tenemos que juntarnos para conversar con el responsable de ese producto y hacer las preguntas adecuadas hasta tener una definición clara del producto y sus beneficios.

Entonces, para **definir el producto** necesitamos responder las siguientes preguntas:

- **¿Qué es el producto (o servicio, causa, etc.)?**

  Ejemplo: *"Un videojuego para dispositivos móviles (app) que enseña a las personas a invertir dinero en el mercado accionario, a través de un divertido simulador que imita las transacciones del mercado bursátil".*

- **¿Cómo funciona?**

Ejemplo: *"Nuestro videojuego esta ambientado en un viejo mercado o bazar, donde hay puestos de comida, ropa, herramientas, especias, etc. Los usuarios deben entonces poner un puesto en ese bazar para vender diversos productos. Las interacciones con clientes, proveedores y condiciones económicas ficticias que rodean a este bazar, simulan los principios básicos del mercado. Quien mejores operaciones comerciales realice, más recursos acumula y más posibilidades crea para expandir su puesto en el bazar virtual. Conforme los jugadores suban de nivel las condiciones del mercado serán más complejas y parecidas al mercado bursátil real".*

- **¿Cuál es el beneficio para los clientes?**

Ejemplo: *"Aprender de forma divertida, y durante los tiempos de ocio, los principios básicos para invertir en el mercado bursátil".*

La última pregunta podría ser ¿para quién es este juego?, lo cual nos lleva al siguiente parámetro que debemos establecer en nuestra definición del contexto. Pero antes, **¿podrás realizar ya una descripción concisa de tu producto?**

2.2.3 ¿A quién queremos dirigir la campaña?

Tenemos todo un capítulo en este libro que explica los principios básicos de segmentación, los cuales son necesarios para definir una audiencia objetivo final (*target*), sin embargo, es importante entender que antes de segmentar el mercado, debemos contar con una idea **general** (y preliminar) de quién es esta audiencia objetivo, respondiendo a una simple pregunta:

¿A quién consideramos que debe ir dirigida nuestra campaña publicitaria?

Es decir, ¿quiénes son aquellas personas, organismos o instituciones, que podrían tener necesidad e interés en el producto y el potencial de compra para adquirirlo?

Usualmente cuando concebimos la necesidad de desarrollar una campaña publicitaria ya tenemos una noción de quiénes son los clientes potenciales, por lo que responder a esta pregunta no debería causarnos mucha dificultad. Usando nuestro ejemplo de la aplicación de videojuegos, esta definición preliminar del *target* podría quedar más o menos así:

"Adultos, entre 25 y 45 años de edad de clase media alta y alta, que viven en los principales centros urbanos de México y que cuentan con al menos un smartphone o tablet".

Ahora establece, de manera breve, ¿cuál podría ser la definición preliminar de tu audiencia objetivo?

2.2.4 Dinero y tiempo disponible

De manera similar a la audiencia objetivo, necesitamos tener una noción o idea preliminar de la fecha de lanzamiento de nuestra campaña y de la cantidad de dinero que podemos invertir en ella. Aunque, hay que dejar claro que este monto es solo un punto de partida, este presupuesto lo tendremos que ajustar en etapas posteriores del plan; es decir durante desarrollo del plan de medios (capítulo 6) y la producción de la campaña (capítulo 7).

2.2.4.1 El presupuesto

El presupuesto de una campaña publicitaria debe cubrir al menos dos aspectos.

1) **El plan de medios:** Es decir, el costo total de contratar los canales o medios de comunicación que vamos a emplear durante la campaña (televisión, radio, prensa, sitios web, etc.) y otros costos asociados, como las comisiones de las agencias de medios, en caso de contar con una.

2) **La producción de los anuncios:** Esto se relaciona con los costos de contratación de una agencia creativa y/o el pago a diseñadores gráficos, empresas productoras y todas las personas o proveedores asociados a la creación de los anuncios, incluidos también el talento, es decir las regalías que pagamos a los modelos que aparecen en esos anuncios, o bien los costos de renta de fotos o video de bancos de imágenes (en plataformas como www.istockphoto.com).

Es entonces importante establecer un presupuesto preliminar para dimensionar el tamaño del esfuerzo que vamos a realizar. Evidentemente no es lo mismo empezar a conceptualizar y planificar una campaña cuando el presupuesto es de $2,000 dólares, en contraste con una campaña donde se tienen $200,000 dólares, por eso necesitamos una cifra preliminar.
Al final del capítulo 1 establecimos que típicamente un presupuesto publicitario anda en el rango de 2 y 3% del valor total de las ventas anuales.

Es decir, si tus ventas anuales son de $10 millones, entonces tu presupuesto anual de publicidad podría andar entre $200 mil y $500 mil al año. Aunque ojo, 2 o 3% del valor total de tus **ventas para todas tus campañas a realizar en un año.** Si estas planeando realizar más de una campaña ese mismo año tendrás que distribuir tu presupuesto.

También hay que considerar que el presupuesto de publicidad siempre estará contenido dentro del presupuesto de mercadotecnia, el cual puede representar hasta 10% del total de las ventas, teniendo en cuenta que un presupuesto de mercadotecnia también fondea otro tipo de actividades, además de la publicidad, como es el desarrollo de nuevos productos o la investigación de mercados.

Más adelante, durante el desarrollo del plan de medios y la producción de la campaña (capítulos 6 y 7), tendremos mejor información que nos permita afinar nuestro presupuesto, sin embargo, lo importante por ahora es solo tener una noción general de cuánto dinero tienes para invertir en tu campaña.

2.2.4.2 El tiempo

Establecer los tiempos de la campaña implica: 1) Estimar cuánto tiempo tomará planear y producir la campaña y 2) Fijar una fecha para lanzar y finalizar dicha campaña.

1) Estimar cuánto tiempo te tomará planear y producir la campaña:

- **Planear la campaña:** Esto involucra la mayor parte del proceso que estamos aprendiendo en este libro, como establecer un contexto, segmentar el mercado, definir los objetivos, desarrollar el mensaje (y la creatividad de los anuncios) e identificar los medios de comunicación.

- **Producir la campaña:** Se refiere al trabajo que debes realizar junto con diseñadores gráficos, programadores web, productores y/o videógrafos para crear los anuncios, los cuales posteriormente tendrás que adaptar en diferentes formatos y para diferentes medios, como revistas, sitios web, radio, televisión, etc.

2) **Fijar una fecha objetivo para lanzar la campaña y establecer su duración:**

- **La fecha de lanzamiento de la campaña:** Esta debe considerar, por un lado, el tiempo que necesitas para planear la campaña, y por otro, el tiempo requerido para producir los anuncios. Planear y producir una campaña en menos de dos semanas sería demasiado optimista. Dependiendo de cada caso, lo ideal sería contar cuando menos con un par de meses de antelación y, conforme vayas adquiriendo experiencia, ese plazo podría reducirse. En los últimos capítulos del libro proporcionaré algunos datos adicionales sobre cómo estimar fechas de lanzamiento, pero por ahora piensa en una fecha de lanzamiento preliminar.

- **La duración de la campaña:** Una campaña típicamente puede durar días, semanas o, de manera menos frecuente varios meses. No hay una fórmula para saber exactamente cuántos días debe durar una campaña, pues todo depende de varios factores como tus objetivos, los medios empleados, la frecuencia con la cual esos anuncios serán mostrados, cuántos tipos diferentes de anuncios podrás mostrar, tu presupuesto, etc. De cualquier manera, por ahora trata de establecer un plazo de duración preliminar usando tu sentido común.

Para cerrar este tema entonces debemos asegurarnos que está claro por qué necesitamos establecer un contexto, así como el método a emplear para definir los **parámetros básicos de nuestra campaña**, que en resumidas cuentas contempla lo siguiente:

- Propósito de la campaña
- Definición del producto
- Audiencia objetivo (preliminar)
- Dinero y tiempo disponibles (estimación)

Antes de empezar a investigar el mercado asegúrate de haber definido estos cuatro elementos.

2.3 Elementos clave de la investigación de mercados

2.3.1 Definiendo el *problema de investigación*

De la misma forma en que una campaña publicitaria necesita tener un contexto, un esfuerzo de investigación de mercados necesita de lo mismo, para lo cual debemos establecer ¿cuál es nuestro '*problema de investigación*'?

¿Por qué problema? En teoría no hay una situación en la que alguien hace investigación de mercados si no tiene un problema específico por resolver, especialmente considerando que la investigación cuesta tiempo, esfuerzo y dinero.

Hacemos investigación de mercados cuando necesitamos responder una pregunta crítica y concreta que se nos presenta cuando empezamos a concebir la campaña, pues evidentemente es un problema no tener la información necesaria para determinar cómo vamos a anunciar nuestros productos. Entonces, en el proceso de la investigación de mercados se plantean esos problemas; estableciendo preguntas críticas y luego formulando acciones para obtener las respuestas necesarias para diseñar la campaña.

Cuando no hay *insights*, las campañas normalmente son más grises, más tibias, algunas terminan empleando mensajes y *clichés* que todo el mundo ya usa, o se emplean medios que no necesariamente llegan al *target*.

Además, la investigación de mercados también nos puede ser útil para priorizar los beneficios de los productos que deseamos anunciar, pues si no sabemos cuál de todos los beneficios, es el que más valoran los clientes, no hay certeza de que la publicidad vaya a ser relevante para ellos, lo cual hará más difícil la diferenciación con nuestra competencia. Vamos, sin estos *insights*, sin un pequeño esfuerzo de investigación, podríamos incluso no estar seguros de quién es el mercado objetivo al que deberíamos llegar, como ya hemos dejado claro con el ejemplo de la empresa que vende videojuegos.

No saber estas cosas es **un problema**, el cual se debe atender planteando las preguntas correctas.

Por ejemplo: Imagina que tienes una agencia de diseño gráfico. Tienes ya algunos buenos clientes, pero hay un interés en crecer.

Para lograrlo has integrado a equipo y personal que te ayudará a expandir tu empresa, ofreciendo un servicio nuevo: la producción de videos.

Sin embargo, no todos tus clientes actuales están enterados de este nuevo servicio, lo cual puede frenar tus planes de crecimiento, pues tu agencia no ha sabido cómo promover y vender el nuevo servicio de producción de videos, tanto a clientes existentes como a clientes potenciales.

Entonces, es evidente que necesitas una campaña publicitaria, pero, ¿cómo vender tu nuevo servicio de video? y ¿dónde anunciarlo?

Aquí claramente hemos planteado un problema de investigación. Como podrás notar, establecimos la situación en la que nos encontramos (antecedentes), así como las razones por las cuales pensamos que es necesario investigar el mercado:

- *"¿Cómo debemos vender nuestro nuevo servicio de video?"*
- *"¿En dónde debemos anunciarlo?"*

Notarás también que hay otras pistas en esa definición del problema que serán útiles para planear el proceso de investigación, pues también se está estableciendo:

- ¿Quiénes tienen la información que necesitamos para diseñar la campaña?: En este ejemplo *"los clientes existentes y los clientes potenciales (empresas que usan video)".*

- ¿Cuál es nuestro objetivo como negocio?: *"Crecer y que más clientes contraten el servicio de video".*

- Y finalmente ¿cuál es nuestro objetivo de comunicación y de campaña?: *"Posicionar y promover el nuevo servicio de video"*.

De esta forma, todos estos elementos que surgen a partir de la descripción del *problema de investigación* pueden usarse como ingredientes para estructurar los estudios de mercado.

Te pido entonces que, usando como referencia el ejemplo de la agencia de diseño gráfico, ahora plantees tu *problema de investigación*, explicando brevemente los antecedentes; piensa en aquellas cosas que no sabes actualmente de tus clientes, del mercado, o de la forma en que perciben tus productos o los de la competencia. Estas son preguntas cuyas respuestas te podrían aportar datos importantes para el diseño tu campaña.

2.3.2 **Definiendo los objetivos de investigación de mercados**

Un esfuerzo de investigación sin un objetivo claro es una hoja en blanco con el potencial de convertirse en una lista de deseos interminable; cosas que queremos saber ahora o que siempre quisimos saber, incluso aunque no se relacionen con la campaña. Esta es una situación muy común que se debe evitar; el **objetivo de investigación** de mercado debe siempre, como cualquier otro objetivo, ser claro, específico, realizable y medible, además de estar alineado con el propósito de la campaña.

Es importante resistir a las presiones de colegas y la tentación de investigar temas que se salen estrictamente del alcance y de los objetivos del estudio. Considera que cada elemento en las *4 pes del marketing* siempre puede generar preguntas que podríamos despejar, sin embargo, el plan de *marketing* usualmente antecede al plan de campaña, por lo que es durante el proceso de elaboración del plan de *marketing* que se deben aclarar las preguntas generales sobre el producto, el precio, la plaza y la promoción.

Cuando estamos haciendo investigación de mercados para diseñar una **campaña publicitaria** ya no deberíamos estarnos preguntando ¿cómo debe ser el empaque?, ¿cuál es el mejor sabor?, ¿qué canales de distribución usar? o ¿cuál sería un precio justo por el producto?

En este caso las incógnitas que deseamos despejar deben de limitarse estrictamente a responder preguntas relacionadas con la publicidad y algunas sobre el producto, por ejemplo:

- ¿Qué factores en el **entorno de mercado** debemos considerar?
- ¿Qué características tiene nuestra **audiencia objetivo**?
- ¿Cuál debe ser el **mensaje o atributo central** por resaltar en los anuncios?
- ¿Qué **imagen** o concepto creativo debería envolver al mensaje?
- ¿Cuáles son los mejores **canales de comunicación** para llegar al *target*?

Entonces, lo primero que debemos hacer para definir nuestro objetivo de investigación de mercados es echarle un vistazo al propósito de campaña que ya definiste al inicio de este capítulo. Ya una vez establecido lo que se quiere lograr con la campaña, entonces pregúntate; ¿qué información necesitas recabar del mercado para que ese propósito de campaña se cumpla?

Trata de establecer esto en un párrafo, fijando claramente los tiempos y los entregables que esperas obtener al concluir el estudio.

Adicionalmente, si la investigación de mercados la planeas realizar con ayuda de una agencia, también es importante establecer cuánto dinero puedes invertir para realizar dicho estudio, aunque considera que este es un monto (el presupuesto de investigación de mercados), que comúnmente se establece y se maneja de manera independiente al presupuesto de la campaña.

Por ejemplo: Volviendo al caso de la agencia de diseño que quiere ofrecer producción de video a sus clientes, el objetivo podría quedar como algo así:

Objetivo de investigación:

Para finales del mes de junio del año en curso necesitamos entender;

- ¿Cuáles empresas tienen el mayor potencial de compra para nuestro servicio de video en la ciudad de Santiago?
- ¿Cuáles son las características en común que tienen estas empresas?
- ¿Cuáles son sus necesidades y prioridades, en relación con la producción de videos?
- ¿A través de cuáles medios de comunicación podemos llegar a estos clientes actuales y potenciales?

2.3.3 Definiendo los sujetos de estudio

Una vez que hemos definido a grandes rasgos qué es lo que queremos investigar ahora debemos identificar a aquellas personas que nos va a ayudar a contestar nuestras preguntas, es decir los **'sujetos de estudio'.**

Establecer esto no debe ser complicado, pues **típicamente los sujetos de estudio son las mismas personas, empresas u organizaciones que ya forman parte de nuestra audiencia objetivo.** Es decir, son el *target* de la campaña publicitaria en sí.

Si bien aún solo contamos con una definición preliminar de nuestro *target*, esta será suficiente para tener una idea de por dónde podemos empezar a investigar, pero siempre considerando que una de las razones por las cuales investigamos el mercado es justamente para confirmar, validar y/o expandir nuestra definición preliminar del *target* de la campaña.

Por ejemplo: La empresa que quiere vender *apps* de videojuegos. Si estamos haciendo un estudio de mercado para saber cómo posicionar nuestro videojuego para dispositivos móviles, entonces los sujetos de estudio son:

- Adultos 25-45 años, clase media alta y alta, que cuentan con al menos un dispositivo móvil Android o iOS en México.
- Que usan o han usado videojuegos en sus dispositivos móviles
- Que quieren aprender cómo invertir en el mercado bursátil.

Es importante mencionar que, aunque casi siempre el *target* de la campaña y los sujetos de estudio de nuestra investigación son lo mismo, puede haber excepciones.

Por ejemplo: Imaginemos a un nutriólogo que quiere hacer publicidad para su consultorio.

El *target* de la campaña podrían ser personas que necesitan de una dieta. Sería entonces lógico pensar que ese nutriólogo buscaría entrevistarse con algunos de sus pacientes actuales, que vendrían a ser los sujetos de estudio.

Sin embargo, es posible que este nutriólogo quiera reunirse también con algunos médicos familiares para entender un poco más sobre el perfil y los hábitos de las personas que comúnmente requieren de una dieta especial, esto sin que esos médicos sean necesariamente *target* de la campaña.

De esta forma tendríamos, un solo *target* para la campaña (personas que requieren dieta especial) y dos grupos de sujetos de estudio: a) personas que requieren dieta especial y b) médicos familiares.

Una vez aclarado esto, te pido que visualices y describas quiénes podrían ser los sujetos de estudio para tu investigación de mercado.

2.3.4 Estableciendo las variables de investigación

Continuando con el diseño de nuestra pequeña investigación de mercado, y una vez definido *el problema*, los objetivos de investigación, los sujetos de estudio, así como las fechas en las que esperas obtener la información ahora debes establecer a detalle:

¿Qué es lo que específicamente deseas saber del mercado?

Esto implica desarrollar una lista con todas tus preguntas específicas, a las cuales llamaremos '**variables de investigación**'.

Ahora, para ayudarte a identificar tus variables de investigación puedes revisar el o los objetivos de investigación que ya has definido, pues en cierta manera establecer estas variables es una forma de deshebrar esos mismos objetivos, los cuales ya sabemos, deberían girar alrededor de alguno de los siguientes temas:

1) ¿Qué factores en el **entorno de mercado** debemos considerar?
2) ¿Qué características tiene nuestra **audiencia objetivo**?
3) ¿Cuál debe ser el **mensaje o atributo central** por resaltar en los anuncios?
4) ¿Qué **imagen** o concepto creativo debería envolver al mensaje?
5) ¿Cuáles son los mejores **canales de comunicación** para llegar al *target*?

Para ser más claros, veamos ejemplos de lo que podrían ser algunas **variables de investigación** para que puedas inspirarte. Solo ten en cuenta que los ejemplos expuestos a continuación no son una lista exhaustiva, ni aplican en todos los casos.

Figura 2.2 *Posibles variables de investigación de mercados para una campaña*

1) **Variables de investigación del entorno del mercado:**

Dependiendo de lo que esté sucediendo en nuestro alrededor (en las noticias, con otras campañas, en redes sociales, etc.), nuestra campaña podría conectarse, intencionalmente o no, con algún acontecimiento que esté bajo los reflectores de los medios de comunicación, o vincularse con un tema que en ese momento es sensible o controversial para la opinión pública o para ciertos sectores sociales.

Evidentemente, las organizaciones más grandes son usualmente más propensas al escrutinio público y a la crítica. Y mientras más presupuesto se tenga para invertir en publicidad mayor es la visibilidad, las recompensas y los riesgos en este sentido.

Cuando el producto o la marca tiene aspectos comunes con algún momento político, una tragedia, algún debate nacional, algún *trending topic* o un tema controversial o sensible este podría ser vinculado accidentalmente a la campaña.

Por otro lado, hay casos donde una coyuntura mediática podría de hecho jugar a favor de una marca, se haya planeado o no. Cuando hay una intención deliberada de vincular una nota o acontecimiento actual con la campaña se le conoce en el medio como *newsjacking*. Sin embargo, habrá que aclarar que es evidentemente reprobable explotar acontecimientos o circunstancias que se relacionan con el sufrimiento, la vulnerabilidad, o la desgracia de terceros en favor de una campaña.

Sin embargo, el análisis de variables del entorno de mercado no solo es útil para evitar vinculaciones indeseables (o propiciar vinculaciones deseables), también sirve para identificar tendencias del mercado.

Aquí algunos ejemplos de variables del entorno del mercado:

- *¿Es nuestra empresa, o son sus productos percibidos por el mercado y/o la comunidad como algo controversial?*

- *¿Hay alguna tendencia o circunstancia social, política, tecnológica, económica, climática o mediática de consideración que pueda relacionarse directa o indirectamente con nuestro producto o lanzamiento?*

- *¿Qué sabemos respecto a esas controversias o circunstancias?, ¿de qué forma podría afectar esto a nuestro lanzamiento y reputación?, ¿cuál es la mejor forma de plantear nuestra campaña ante estas circunstancias?*

- *¿De qué forma podemos adaptar nuestra comunicación para estar en armonía con aquellas tendencias del mercado que se pueden relacionar con nuestros productos?, ¿cómo han adaptado nuestros competidores sus estrategias de comunicación considerando las tendencias ya identificadas?*

2) Variables de investigación de la audiencia objetivo (*target*):

Incluir este tipo de variables de investigación te puede ayudar a confirmar, afinar o expandir la definición preliminar de tu *target*, lo cual será de gran utilidad cuando revisemos el proceso de segmentación de mercados (capítulo 3).

Aquí algunos ejemplos de posibles variables:

- *¿Quiénes tienen el mayor interés y potencial de compra de nuestros productos?, ¿por qué?*

- *¿Quiénes compran actualmente nuestros productos y por qué?, o ¿quiénes compran productos de la competencia (similares al nuestro) y por qué?*

- *¿Hay alguien (fuera del target) que influya en la decisión de compra de nuestros productos?, ¿hay más de una audiencia objetivo que debamos contemplar para nuestra campaña?*

- *¿El que compra nuestro producto es la misma persona que lo usa?*

- *¿Qué características tienen en común nuestros clientes potenciales? Es decir, ¿qué aspectos, rasgos de personalidad, cualidades, gustos, preferencias, necesidades, prioridades, situaciones de vida, valores o ideologías comparten las personas que integran nuestro target?, ¿cuáles de esos aspectos tienen relación con nuestro producto y campaña?*

La clave en las preguntas anteriores es encontrar y describir los puntos en común que comparten las personas que forman parte de nuestro *target*. Esos puntos en común serán la base para establecer nuestro mensaje, imagen y medios de comunicación.

3) Variables de investigación relacionadas con el mensaje:

La idea central de este grupo de variables de investigación es obtener *insights* para entender cuál es la mejor forma de posicionar tu marca. Esto es, identificando aquellas características de producto que son más importantes para tu *target* y que podrían ayudarte a que destaques respecto a tu competencia.

Si bien un producto puede tener cinco, diez o más cualidades diferentes, en nuestra publicidad no podemos mencionarlas todas. Por eso debemos entender cuáles son aquellas que tienen mayor valor para el *target* y que además sean relativamente únicas en el mercado. De esta forma podrás priorizar y enfocarte en resaltar las cualidades que son mejor valoradas.

Aquí algunos ejemplos de variables de investigación que te podrían ayudar a elaborar tu **mensaje** publicitario:

- *En general, ¿cuáles son los beneficios de producto que resultan más importantes para nuestro target? Esto, al margen de que dichos atributos los tenga o no nuestra marca o las marcas competidoras. Dicho de otra forma ¿cuáles son los atributos más importantes para el target en esta categoría de productos?*

- *¿Cuáles son los beneficios **específicos de nuestros productos**, que más valoran nuestros clientes?*

- *De todos esos beneficios que ofrecen nuestros productos, ¿cuál es el que más importa a nuestro target?, ¿cuál beneficio del producto o servicio deberíamos resaltar en la campaña?*

- *Si ya hemos hecho publicidad para nuestro producto en el pasado, ¿cómo lo posicionamos? Esto es, ¿cuál fue el beneficio del producto que más resaltamos en campañas publicitarias anteriores? Y por último, ¿qué tan relevantes fueron esos beneficios o esa campaña para nuestro target?*

- *Si aplica, ¿cómo juzgamos nuestra publicidad anterior?, ¿fue relevante para el target?, ¿fue clara y concisa?, ¿fue creativa?, ¿explicó claramente qué es el producto y cómo y cuándo se usa?, ¿mostró quién debe usar los productos?, ¿de que forma fue o es diferente nuestra publicidad a la publicidad de la competencia?, ¿le gustó a nuestros clientes?, ¿logró sus objetivos?*

- *¿Qué otras marcas **competidoras** conoce nuestro target?, ¿qué otras marcas similares compran y por qué?*

- *¿Qué opinión tiene el target de los productos de nuestros competidores? (calidad, desempeño, funciones, presentaciones, etc.).*

- *¿Cuáles son los beneficios, **en los productos de nuestra competencia**, que más aprecia nuestro target?, ¿por qué?, ¿cuáles no?*

- ***Observando objetivamente la publicidad de nuestra competencia:** ¿cómo diríamos que están posicionando sus productos? Es decir, ¿cuál es el supuesto beneficio central del producto que más destacan en su publicidad?*

- *Si pudiese nuestro target describir el beneficio o atributo central de nuestros productos en una sola palabra, ¿cuál usarían? ¿Qué palabra escogerían para describir el beneficio o atributo central de los productos competidores?*

> **Nota:** Aquí te puede resultar útil realizar una simple tabla, describiendo el posicionamiento de cada marca competidora para su posterior análisis.

- *¿Es el posicionamiento de la competencia congruente con los beneficios que más aprecia el target en este tipo o categoría de productos?, ¿son los beneficios del producto ofrecidos por la competencia únicos en el mercado?*

- *¿Existe algún tipo de conexión o relación entre el posicionamiento de los productos de la competencia y los rasgos de personalidad, intereses o prioridades de nuestro target?*

- *En relación con los productos que deseamos anunciar, ¿qué temas o palabras clave (keywords) está buscando el target en motores de búsqueda?, ¿cuáles son los keywords más empleados para realizar dichas búsquedas?*

4) **Variables de investigación relacionadas con la imagen:**

Si bien 'el mensaje' en un anuncio es algo que se relaciona más con la comunicación directa y explícita, con 'la imagen', me estoy refiriendo a todos esos **otros elementos** en la publicidad que tienen la capacidad de crear una atmósfera y evocar emociones, pero no necesariamente a través de las palabras (o texto). Dicho de otra forma, si nuestra publicidad fuese una obra de teatro, 'el mensaje' sería el guion y 'la imagen' sería el escenario, el vestuario, la iluminación, los personajes, la decoración y la música de fondo.

No se trata de preguntarle directamente a nuestro *target* qué imagen usar en los anuncios, eso sería ridículo. Pero sí podemos inferirlo al entender qué les gusta y con qué cosas se identifican más.

Veamos algunos ejemplos de variables que podemos usar para determinar que **'imagen'** emplear en la campaña:

- *¿Qué imagen debemos emplear en nuestros anuncios?, ¿qué imagen resulta más congruente con los atributos de nuestros productos?, ¿qué imagen podría establecer la atmósfera correcta en nuestra publicidad para crear un fuerte vínculo emocional entre nuestra marca y la audiencia objetivo?*

- *Si ya hemos hecho publicidad para este producto, ¿existió una clara conexión entre el mensaje y la imagen empleada en el anuncio?*

- *¿Qué imágenes, sonidos, colores, personajes o elementos hemos usado en nuestra publicidad anterior?, ¿qué emociones o ideas hemos intentado evocar en nuestros clientes a través de nuestra publicidad anterior?, ¿son estos elementos congruentes con los valores de nuestra marca?, ¿son estos elementos congruentes con aquellas cosas que importan y con las que se identifica nuestra audiencia objetivo?*

- *¿Qué valores de marca deberíamos buscar reflejar en la nueva campaña?, ¿son esos valores congruentes con la personalidad que ya hemos identificado en nuestro target?, ¿son esos valores congruentes con los beneficios o atributos que ofrecen nuestros productos?*

- *¿Quién es el líder en la categoría de los productos que vamos a anunciar? Es decir, de todos los competidores que venden productos similares al nuestro; ¿quién vende más?, ¿cuál de todos los competidores consideramos tiene la publicidad más exitosa y atractiva.*

- ***Observando*** *la comunicación de nuestra **competencia**, sus catálogos, sus tiendas, páginas web y/o materiales punto de venta (POP); ¿qué imagen están tratando de proyectar?, ¿cómo describiríamos esta imagen?, ¿qué valores están intentando comunicar?, ¿qué ideas o emociones están tratando de evocar?, ¿la calidad creativa y de producción de sus campañas fue igual, mejor o peor que nuestras campañas anteriores?, ¿dirigen su publicidad exactamente al mismo target que nosotros?*

- *Observando y comparando la publicidad de diversos competidores con la nuestra, ¿cuáles son los elementos comunes (mensajes, imágenes, historias, tono)? ¿Por qué resulta atractiva la publicidad de nuestra competencia (o por qué no)?*

- *¿Consideramos que la producción de los anuncios empleados por nuestra competencia se ha desarrollado de forma profesional?, ¿diríamos que la calidad y creatividad de estos anuncios (video, imágenes, audio, elementos gráficos, etc.) es alta, promedio o baja?*

- ¿Cuál es el tono de voz o estado de ánimo que refleja la publicidad de nuestros competidores?, ¿es acaso un tono bromista?, ¿compasivo?, ¿divertido?, ¿seductor?, ¿atrevido?, ¿inteligente?, ¿presuntuoso?, ¿misterioso?, ¿amigable?, ¿informado?, ¿formal?, ¿casual?, ¿inspirador?, ¿impersonal?, etc.

- ¿Cuál de todos estos tonos de voz sobresale en la publicidad de nuestros competidores?, ¿hay acaso algún tono de voz o emoción que se repita en la publicidad de varios de nuestros competidores o que domine la publicidad en esta categoría de productos?

> **Nota:** Los conceptos de *posicionamiento*, *tono de voz* y *atributos del producto* los explicaremos con mayor claridad en el capítulo 5 ('*Desarrolla el mensaje*'), en caso de que no estés familiarizado con estos términos.

5) Variables de investigación relacionadas con los canales de comunicación (medios):

Este tipo de variables te pueden ayudar a identificar los canales de comunicación (TV, radio, prensa, internet, etc.), a los cuales está expuesto tu *target* así como la forma en que los usan. También podrían ser útiles para encontrar otras formas menos convencionales de llegar ellos. Aquí algunos ejemplos:

- En general, ¿cuáles consideras son los canales de comunicación más efectivos y eficientes para llegar a nuestro target?

- Si ya hemos hecho publicidad para este producto en el pasado, ¿qué medios de comunicación hemos empleado?, ¿cuáles medios funcionaron y cuáles no?, ¿por qué?, ¿qué medios de comunicación no empleamos y por qué?, ¿en cuáles medios pudimos medir el desempeño y en cuáles no?

- ¿Qué medios de comunicación prefiere usar nuestro target?

- *¿Cómo buscan información las personas que son parte de nuestro target?, ¿qué canales o plataformas de comunicación usan para entretenerse o relajarse?, ¿qué canales usan para estar conectados y/o socializar?, ¿cuáles usan para ver noticias?, ¿cuáles usan para trabajar o aprender?, ¿cuáles usan para tomar decisiones?, ¿cuáles usan para inspirarse o soñar?, ¿cuáles de esos canales tenemos a nuestro alcance para emplearlos en nuestra campaña?*

  > **Nota:** Aquí las preguntas deben ser muy específicas. Por ejemplo; si el *target* usa redes sociales, es necesario identificar cuáles redes, si ven videos en YouTube necesitamos saber de qué tipo (música, belleza, videojuegos), etc.

- *¿Qué canales de comunicación usa el target específicamente para informarse y tomar decisiones con relación a la compra y uso de productos como el nuestro?*

- *Considerando los espacios por donde se mueven (física o virtualmente) las personas que son parte de nuestro target, ¿podemos identificar alguna otra oportunidad para conectar con ellos? (Aunque no se trate de canales de comunicación convencionales).*

- *¿Qué canales de comunicación emplea nuestra competencia?, ¿usan los mismos canales que nosotros o diferentes? Si usan canales diferentes ¿por qué no hemos considerado esas opciones? Suponiendo que usamos los mismos canales de comunicación ¿acaso ellos los usan de forma diferente?*

- *Observando la publicidad de nuestros diferentes competidores; ¿quién diríamos que gasta más en medios de comunicación?, ¿podemos estimar cuánto dinero han invertido en medios de comunicación? (esto es, identificando, contando y luego cotizando los anuncios).*

- *De todos los medios que hemos usado en el pasado, ¿sabemos cuál fue el desempeño de cada uno de ellos?*

En conclusión, las variables de investigación son preguntas cuya respuesta nos dará una base de información para diseñar nuestra campaña.

Considera que estas variables son solo una representación de las preguntas a las cuales podría interesarte dar respuesta. Esto no significa que en todos los casos estas preguntas se deben plantear tal cual fueron presentadas en los ejemplos anteriores, especialmente si vas a realizar encuestas o entrevistas.

Todas las variables de investigación que pienses responder a través de encuestas o entrevistas debes primero "traducirlas" en preguntas que sean entendibles para tu *target* antes de incluirlas en los cuestionarios, para que de esta forma tengan sentido desde el punto de vista de quien responde.

Por otro lado, habrá preguntas que no puedan ser directamente contestadas por los sujetos de estudio, ejemplos de esto pueden incluir variables de investigación que de hecho podrías contestar tú mismo o que solo pueden responderse contestando primero dos o más preguntas.

Por ejemplo: Imaginemos que una de tus variables de investigación es, *¿existe algún tipo de conexión entre el posicionamiento de la competencia y los rasgos de personalidad de nuestro target?*

Esta sería una pregunta a la cual solo nosotros podemos dar respuesta. No podríamos preguntarlo así a un encuestado, y de hecho una pregunta de este tipo no se podría responder hasta la etapa del análisis de la información, pues antes deberías poder contestar: a) ¿Cómo se esta posicionando la competencia? y b) ¿Cuáles son los rasgos de personalidad de tu target?

Adicionalmente, responder ciertas preguntas también puede requerir la consulta de datos del mercado que quizá solo podemos encontrar a través de fuentes secundarias de información, como artículos en periódicos o reportes en internet, no a través de encuestas o entrevistas.

Una vez que hayas definido tus variables de investigación será necesario que identifiques cuáles son las fuentes de información y las metodologías de investigación que tendrás que emplear para poder dar respuesta a todas tus preguntas.

2.4 Fuentes de información

2.4.1 Consideraciones iniciales

Antes de iniciar el tema, quisiera resaltar la importancia de no dejarse intimidar por el proceso de investigación que estamos aprendiendo a realizar. Necesito que visualices este esfuerzo de investigación de mercados como algo tan simple y sencillo como invitar a un cliente a tomar un café para saber qué opina de tus productos o los de la competencia.

Puede ser así de simple, aunque necesitamos tener un poco de estructura para que tu investigación se haga de la mejor forma posible. Claramente este no es un libro sobre investigación de mercados, ni la investigación que vamos a desarrollar es para informar un plan de *marketing*. Por esta razón no profundizaremos demasiado en técnicas y metodologías, de hecho, solo propondré aquellas herramientas que personalmente uso cuando diseño campañas. La idea es mantener las cosas sencillas, pero sin caer en el simplismo.

2.4.2 Información primaria *vs.* información secundaria

Hay dos tipos de fuentes de información que debemos usar cuando investigamos el mercado:

1) **Información de fuentes primarias:** Esta información la adquirimos a través de encuestas, entrevistas, *focus groups* (grupos de enfoque), observación o etnografía, entre otras técnicas y usualmente a través de una agencia de investigación de mercados. Por definición, la información que se obtiene a través de este tipo de fuentes es de primera mano, ya que atiende las necesidades muy particulares de quien la encarga, por lo que usualmente es original y muy específica.

2) **Información de fuentes secundarias:** Este es el tipo de información que obtenemos a través de artículos, libros, *blogs*, portales, directorios, semanarios, conferencias o estudios realizados por terceros. Usualmente es información pública, la cual puede estar ya digerida, sintetizada y/o analizada.

Ambas fuentes, primarias y secundarias, son igualmente importantes y útiles para realizar investigación de mercados, por lo que es común combinar el uso de ambas fuentes en un solo proyecto de investigación, ya que se complementan.

Sin embargo, habrá ocasiones donde solo podemos responder a algunas de nuestras variables de investigación empleando fuentes **primarias**, como, por ejemplo:

- *¿Cuáles son los beneficios del producto que resultan más importantes para nuestros clientes?*

¿Quién más en el mundo podría estar interesado en responder esta pregunta? Aparte de nosotros, quizá solo nuestros competidores. Por lo mismo, la mejor manera de obtener este tipo de información es preguntando directamente a nuestro *target*.

Habrá otras ocasiones en donde solo podremos dar respuesta a nuestras variables de investigación empleando fuentes **secundarias**, por ejemplo:

- *¿Cuántas personas se estima que consumen videojuegos en México?*

A diferencia de la información de fuentes primarias, datos como estos se pueden encontrar fácilmente realizando una simple búsqueda en Google.

De esta forma, las fuentes de información secundaria nos pueden ayudar a despejar muchas de nuestras preguntas si buscamos reportes en línea de asociaciones, empresas, agencias de medios y/o portales web alrededor del mundo.

En muchos casos la información de fuentes secundarias es gratuita, a veces es necesario pagar para tener acceso a ella, pero en todo caso puede ser mucho más accesible adquirir este tipo de información a través de informes y reportes en línea que contratando una agencia de investigación.

Hay sin embargo consideraciones cuando decidimos qué tipo de información obtendremos a través de fuentes primarias o de fuentes secundarias:

Fuentes Primarias	Fuentes Secundarias
La información que obtenemos por este tipo de fuentes podría tener más credibilidad, dependiendo de la objetividad y de las habilidades de quien la genera.	La información proveniente de estas fuentes podría ser imprecisa, o estar incompleta o sesgada con base en los intereses que un grupo de personas u organismos promueve (quien paga, encarga y/o publica el estudio).
Obtener este tipo de información usualmente implica un mayor costo en tiempo, dinero y esfuerzo.	Obtener información secundaria puede ser una forma más eficiente de adquirir datos, pues el costo y el tiempo de recolección son menores y no siempre se requiere de habilidades técnicas específicas.
Emplear fuentes primarias, como encuestas, grupos de enfoque o estudios observacionales, requieren ciertos conocimientos técnicos y experiencia.	La información de fuentes secundarias normalmente es accesible para cualquier persona que tenga una conexión a internet.
La información que obtenemos a través de las fuentes primarias es hecha a la medida y casi siempre solo responde a nuestras preguntas específicas.	La información secundaria podría no dar una respuesta precisa, lo que haría requerir mayor análisis o el uso de otras fuentes de información para responder a preguntas muy específicas.

Tabla 2.1 Cualidades de las fuentes primarias y secundarias

En mi experiencia, y especialmente pensando en pequeñas o medianas empresas, recomendaría **contestar la mayor cantidad de preguntas (o sea, variables de investigación) empleando primero fuentes secundarias,** y todo lo demás que no es posible contestar con fuentes secundarias, podemos intentar responderlo a través de fuentes primarias.

Hace algunos años tuve que estudiar hábitos y costumbres de diversos grupos multiculturales que viven en Canadá, donde de hecho pude dar respuesta a más de la mitad de mi lista de variables de investigación consultando solo información de fuentes secundarias. De aquellas preguntas que se quedaron sin respuesta posteriormente las aclaré a través de fuentes primarias, como entrevistas a profundidad.

De hecho, investigar primero a través de fuentes secundarias también me ayudó a tener un marco de referencia, que dio a mis entrevistas cara a cara mayor efectividad, permitiéndome entender e interpretar con mayor facilidad el sentido y significado de muchas de las respuestas que obtuve de aquellas entrevistas.

Habrá, sin embargo, información muy específica que claramente no podrás encontrar con fuentes secundarias, pero aun así es probable que puedas reducir tu lista de variables de investigación de manera considerable y con rapidez.

Hay también una consideración importante sobre la consulta de información en fuentes secundarias; si la persona que realiza dicha búsqueda habla inglés es más probable que encuentre más información, pues evidentemente la cantidad de reportes, estudios y artículos que se publican en ese idioma es mucho mayor, claro está, dependiendo del tema.

Si no escribes y lees en inglés puedes pedir ayuda a alguien que sí lo haga, o de manera alternativa, puedes intentar usar traductores en línea, como Google Translate, para traducir tus búsquedas y luego la información que vayas obteniendo. En todo caso, considera que, aunque estas herramientas de traducción en línea han ido mejorando sustancialmente, todavía no ofrecen traducciones perfectas, no al menos hasta la fecha en la que escribí este libro. Aun así, creo que es viable usar traductores en línea para adquirir información básica.

En alguna otra ocasión también tuve que desarrollar un mapeo para determinar qué canales de comunicación eran empleados por diferentes grupos étnicos en Canadá, entre los que se incluía a sitios web y periódicos en chino, punjabi (de la India) y árabe. No hablo ninguno de estos tres idiomas, pero traduciendo mis preguntas y luego la información obtenida con Google Translate ('copiando y pegando' el texto) pude concluir el mapeo, información que luego validé a través de las entrevistas a profundidad.

Lo que sigue ahora es visualizar y separar, de todas tus preguntas (las variables de investigación), cuáles crees poder contestar usando **fuentes secundarias** y cuáles usando **fuentes primarias.**

Como se muestra en la ilustración siguiente, haz una lista dividida en dos columnas, y reitero, es mejor empezar investigando la información que creemos poder obtener a través de las fuentes secundarias, para luego despejar las preguntas que se quedaron sin respuesta a través de las fuentes primarias.

CLASIFICA TODAS TUS VARIABLES DE INVESTIGACIÓN EN DOS COLUMNAS

Variables a despejar con **FUENTES SECUNDARIAS** *- Ejemplos-*	Variables a despejar con **FUENTES PRIMARIAS** *- Ejemplos-*
¿Cuál es la edad promedio de la gente que va a un gimnasio?	¿Qué es lo que más aprecian los clientes de nuestro gimnasio?
¿Dónde se anuncia nuestra competencia?	¿Qué es lo que menos les gusta?
¿Cuántos gimnasios hay en la ciudad de Montevideo?	¿Qué percepción tiene el mercado sobre nuestro gimnasio?

Tabla 2.2 Ejemplo de clasificación de variables de investigación por tipo de fuente

2.4.3 Información y metodologías cuantitativas *vs.* cualitativas

Ahora haremos un breve pero necesario paréntesis. Antes de decidir que técnica de investigación debemos emplear para dar respuesta a nuestras variables más específicas -usando fuentes primarias- necesitamos primero entender que hay dos tipos de metodologías de investigación de mercados; **'cuantitativas'** y **'cualitativas'**.

Para efectos prácticos, puedo decirte que; en el contexto del desarrollo de una campaña publicitaria, especialmente en empresas pequeñas, sería más recomendable que empleemos principalmente metodologías **cualitativas**. Específicamente una herramienta conocida como '**entrevistas a profundidad**' (*In-depth interviews*). Por esta razón, solo revisaremos muy brevemente las características de las metodologías cuantitativas más comunes para que tengas un marco, y así poder enfocarnos en el tema que nos interesa.

Entonces, la diferencia fundamental entre cuantitativo y cualitativo es que las metodologías cuantitativas típicamente son numéricas y las cualitativas no, así de simple.

1) Información y metodologías cuantitativas:

Este tipo de información **es numérica** y normalmente se adquiere a través de metodologías estructuradas como **encuestas**, que comúnmente pueden aplicarse **cara a cara** ('*face-to-face interview*' o '*doorstep interview*'), por **teléfono** (C.A.T.I. o '*Computer Assisted Telephone Interviewing*'), o a través de **internet**, para luego ser capturada y analizada en una hoja de cálculo o usando *software* especializado. En el caso de las encuestas vía internet hay tres formas comunes en las que pueden realizarse:

a) Alojando la encuesta en un sitio web y luego distribuyendo la encuesta a través de un enlace en un mensaje de texto (SMS), correo electrónico, *apps* o publicaciones en redes sociales.

b) Empleando medios especializados disponibles en internet para diseñar, alojar y distribuir encuestas como: SurveyMonkey.com, Google Forms o Typeform.com, entre otros.

c) Haciendo sondeos muy rápidos, con una o dos preguntas, a través de tus redes sociales, como Twitter, Facebook (usando herramientas como 'Survey for Pages'), YouTube e Instagram, aunque eso si, con muchas limitaciones.

Una característica particular de los métodos cuantitativos, y específicamente de las encuestas, es que las preguntas en el cuestionario usualmente son 'cerradas', es decir; las respuestas del encuestado usualmente no permiten salirse de ciertos parámetros previamente establecidos en el cuestionario mismo. Por ejemplo: "*¿Usted tiene una bicicleta?*" Posibles respuestas: "*Si*" o "*No*".

Sin embargo, cuando no queremos limitar las respuestas de los encuestados y necesitamos que se expresen libremente, es justo ahí cuando necesitamos emplear metodologías cualitativas.

Por otro lado, una característica más de los estudios cuantitativos es que la 'muestra', es decir, la cantidad de personas a entrevistar, se espera que tenga una confiabilidad estadística y sea representativa del mercado o población, lo cual implica que el tamaño de una muestra para una encuesta, u otro estudio cuantitativo, debe ser significativamente mayor en tamaño que la muestra requerida en un estudio cualitativo.

2) **Información y metodologías cualitativas:**

La información cualitativa es lo opuesto a la cuantitativa, pues no involucra números que se puedan analizar ni hojas de cálculo. Los métodos empleados para obtenerla, como **'grupos de enfoque'** (*focus groups*) y las **'entrevistas a profundidad'** (*In-depth interviews*), usualmente son semiestructurados.

Adicionalmente, las técnicas cualitativas de investigación involucran una cantidad mucho menor de entrevistas o de sesiones, o sea la muestra de sujetos de estudio o participantes es mucho más pequeña. En mi experiencia, alrededor de 10 entrevistas a profundidad, o si realizamos *focus groups*, de dos a cuatro grupos con 10 personas cada uno serán suficientes.

Por esta misma razón, con las metodologías cualitativas no podemos esperar que los resultados se consideren estadísticamente confiables o incluso representativos de un mercado. Más bien, lo que buscamos es que la gente expanda y amplíe sus opiniones, o que nos explique sus sentimientos, emociones, formas de pensar, percepciones, o describa ideas abstractas.

Obviamente en el ámbito de la publicidad, este tipo de información y de metodologías, resultan muy relevantes y útiles.

Por ejemplo: Supongamos que queremos saber cuál es el mensaje que nuestros clientes piensan que tratamos de trasmitir en nuestra campaña publicitaria del año pasado.

Esto solo lo podríamos determinar desde un punto de vista cualitativo, pues para que el encuestado pueda responder, tiene que reflexionar y describir, y por otro lado, el entrevistador quizá tenga que hacer varias preguntas para "escarbar" y llegar a una respuesta que nos sea útil.

De hecho, las técnicas cualitativas, en especial las entrevistas a profundidad, podrían evocar un poco a una sesión con el psicólogo; el entrevistado se pone cómodo y nosotros conversamos de manera relajada y casual, colando una pregunta clave por aquí y otra por allá.

Esto implica que cuando realizamos una entrevista a profundidad o un grupo de enfoque estamos tomando notas, no realmente rellenando un cuestionario, como sucedería en una encuesta.

En lugar de cuestionario, cuando hacemos entrevistas a profundidad o grupos de enfoque, tenemos a la mano un documento que se conoce como '**guía de tópicos**', la cual es solamente eso, una guía. Es decir, una lista con las variables de investigación (nuestras preguntas) que hemos decidido despejar a través de las entrevistas. Esto implica que el orden o la forma en la cual planteamos cada pregunta es flexible y se adapta al tipo de respuestas que vamos obteniendo del entrevistado, de ahí que se considere una metodología semiestructurada.

Después, cuando terminamos nuestra entrevista y ya con calma, ordenamos nuestras notas, las pasamos en limpio y luego sacamos conclusiones que podemos comparar con la información obtenida en las fuentes secundarias. De esta forma, las conclusiones a las cuales llegamos después de realizar investigación cualitativa, son básicamente un texto, un reporte con observaciones, ideas, conceptos, percepciones. No hay en realidad muchos números. Menos aún hojas de cálculo.

Ya aclarada la diferencia entre metodologías cuantitativas y cualitativas, cerramos el paréntesis y procedemos a identificar cuáles son los métodos de recolección de información que podemos emplear para crear nuestra campaña publicitaria.

2.5 **Metodologías de investigación**

Como ya hemos comentado hay una gran variedad de metodologías de investigación de mercados, ninguna es mejor que la otra, todas tienen sus ventajas y sus desventajas. Sin embargo, para el desarrollo de campañas publicitarias hay dos herramientas específicas que propongo usar para adquirir la información e *insights* que buscamos, esto de una manera relativamente sencilla. Estas dos herramientas son el **análisis de contenidos** y las **entrevistas a profundidad**.

2.5.1 **El análisis de contenidos**

En mi opinión, el '**análisis de contenidos**' es una metodología mixta, pues puede emplearse para recabar tanto información **cuantitativa** (por ejemplo, el número de consumidores potenciales en un mercado o el porcentaje de personas que prefieren un producto X), así como información **cualitativa** (por ejemplo, sentimientos de los consumidores con relación al uso de un producto X, entre otros).

Adicionalmente, el análisis de contenidos también puede ser considerado una fuente de información **secundaria**, como datos que tomamos de un reporte que encontramos en internet, o bien puede considerarse una fuente de información **primaria**, suponiendo que expandimos o transformamos la información de ese reporte.

Entonces, con el análisis de contenidos, inicialmente recopilamos información a través de diferentes fuentes secundarias, para posteriormente procesarla, combinarla o interpretarla y así crear algo, como un informe, un reporte o un diagrama que es original y que solo responde a nuestras interrogantes particulares y específicas.

Por ejemplo: imaginemos que estamos abriendo un **despacho de arquitectos** y tenemos en mente realizar una campaña publicitaria para promocionar nuestros servicios, pero sabemos poco sobre nuestra competencia y de cómo plantear un mensaje publicitario que sea único y relevante para nuestro *target*.

Para realizar esta campaña podemos recabar un poco de información del mercado, como: ¿qué otros despachos de arquitectos hay en nuestra localidad?, ¿cuáles de estos se están anunciando?, ¿cómo se anuncian y en dónde?

Puesto que no es posible encontrar en internet un reporte listo que de respuesta a todas estas preguntas, sería entonces recomendable hacer algo de análisis de contenidos (antes de realizar las entrevistas a profundidad), el cual podríamos estructurar de la siguiente forma:

- **Realizar una búsqueda en Google** para mapear todos los despachos de arquitectos que operan en nuestra localidad, y crear una lista. Esta lista sería nuestro universo de competidores.

- **Visitar el sitio web de cada uno de estos despachos** que hemos enlistado para identificar cuál es su argumento central de ventas o eslogan. El eslogan ('*slogan*') de las marcas a veces nos ayuda a entender un poco cómo están tratando de posicionarse en el mercado, es decir, qué percepción están tratando de construir en la mente de su audiencia en función del beneficio de producto que más destacan en su publicidad.

- **Revisar objetivamente las características de cada sitio web**, para evaluar los recursos y/o el profesionalismo que tiene cada despacho competidor, asignado una calificación objetiva en cada caso. Algunas empresas incluso muestran los nombres o logos de algunos de sus clientes, lo cual nos puede dar una idea de su tamaño y mercado.

- **Analizar sus perfiles en redes sociales** nos podría dar una idea de la relativa popularidad de cada despacho. Esto con base en el número de seguidores o la cantidad de '*likes*', o '*shares*' que tienen sus publicaciones.

- **Buscar videos en YouTube o Vimeo que muestren sus proyectos** para confirmar la forma en que estos despachos venden o presentan su trabajo. Incluso podríamos tener una idea de cómo son percibidos por sus clientes revisando la sección de comentarios en sus redes sociales o incluso a través de reseñas de sus clientes en Goolge Reviews o plataformas similares.

- Usando herramientas como Alexa.com podríamos **ver cómo 'rankea' el tráfico del sitio web de cada competidor.** Por ejemplo, quizá un despacho de arquitectos en Estados Unidos podría ubicarse en el lugar 11,567,329 en términos de tráfico web (según Alexa.com). Este número aislado no nos dice mucho, pero lo podemos comparar con el *ranking* de tráfico de otros despachos de arquitectos en la misma zona. De esta forma, si un despacho está en el lugar 11 millones, y otros están en el lugar 12, 15 o 20 millones entonces podríamos inferir cuáles sitios web tienen mayor tráfico y en consecuencia cuáles son más populares.

- Podríamos también **visitar portales o *blogs* especializados** en arquitectura, construcción o interiorismo en nuestro país, o incluso revistas del sector para identificar si alguno de nuestros competidores se encuentra haciendo campaña, y si es el caso, podríamos identificar cuál es el mensaje que están usando. También, en algunos casos, sería posible contactar a esos mismos portales o revistas de arquitectura para cotizar el costo de esos anuncios y así estimar la cantidad de dinero que nuestros competidores podrían estar invirtiendo en publicidad.

Con internet resulta muy sencillo realizar análisis de contenidos porque contamos con un espacio público donde las marcas presentan y anuncian sus productos.

¿Quieres saber cuáles son los factores clave de decisión en la contratación de un despacho de arquitectos?, ¿será el costo de los servicios?, ¿el talento?, ¿la experiencia? También puedes realizar una búsqueda para dar respuesta a este tipo de preguntas en motores de búsqueda, donde encontrarás algunos artículos al respecto. Luego puedes construir una lista con los factores clave que has encontrado; integrando esa misma información en tus cuestionarios o en tus guías de tópicos, para después validarla a través de entrevistas a profundidad, y de esta forma establecer cuáles son efectivamente los atributos más importantes a considerar en la contratación de un despacho de arquitectos. Así, las conclusiones de un estudio de ese tipo te podrían ayudar a afinar o escoger un posicionamiento, *promesa básica* o eslogan para tu campaña.

Ahora, ya aclarado qué es el análisis de contenidos, describamos brevemente cuál sería el proceso a seguir para realizarlo:

a) Identifica la información que necesitas, con base a tus variables de investigación.

b) Identifica qué fuentes de información secundaria puedes emplear; internas o externas. Más adelante se explica la diferencia.

c) Busca la información en línea a través de reportes, artículos, presentaciones, censos, entre otros.

d) Ordena y clasifica la información recabada.

e) Sintetiza, compara, analiza o expande la información, para dar respuesta a tus variables de investigación.

f) Reporta o comparte los hallazgos y usa la información para tomar decisiones.

g) Finalmente, valida o confirma tus hallazgos ahora a través de fuentes primaras, como entrevistas a profundidad.

Por otro lado, habrá que aclarar que la información secundaria a emplear en tu análisis de contenidos la puedes obtener de manera **interna** o **externa**:

1) **Información interna:** Entre algunos ejemplos podríamos incluir **estudios de mercado** previos (ojo, previos pero vigentes) que haya generado tu empresa o alguna de sus filiales, y también **reportes de venta** en dinero, en unidades, por producto o línea de producto, por empaque, presentación, SKU (*'stock-keeping unit'*), marca, cliente, etcétera.

Dentro de tu empresa también podrías acceder a esta información, con ayuda de áreas como:

- **Ventas:** a través de los reportes ya mencionados o usando herramientas de CRM como Salesforce.com

- **Mercadotecnia:** incluyendo la información que pueden obtener a través de *software* como Google Analytics para analizar tráfico web o Hootsuite para analizar actividad en redes sociales.

- **Servicio a clientes** o soporte técnico.

2) **Información externa:** Entre algunos ejemplos de información secundaria externa podemos incluir; reportes por industria, reportes por mercado, presentaciones, artículos o reportajes, estudios, censos, publicaciones en general o tendencias de búsquedas web populares por palabras clave (*keywords*).

De manera más específica, las fuentes de esta información -casi siempre disponibles en internet y en ocasiones sin costo-, incluyen:

- Herramientas de análisis de tráfico y búsquedas de palabras claves en internet, como Google Trends.
- *Blogs*.
- Asociaciones profesionales.
- Asociaciones comerciales o industriales,
- Agencias de investigación de mercado.
- Gobierno; federal, estatal o municipal; a través de sus ministerios, secretarías y órganos afiliados.
- Censos federales.
- Organizaciones sin fines de lucro.
- Institutos o centros de investigación.
- Universidades o grupos académicos.
- Periódicos, revistas y semanarios.

Finalmente hay que destacar que los dos criterios más importantes en el uso de las fuentes secundarias son:

- La confiabilidad de la fuente, ya que solo nos interesa la información que sea veraz, objetiva e imparcial.

- La vigencia de la información; mientras más cercana a la actualidad, mejor.

2.5.2 Las entrevistas a profundidad

Las entrevistas a profundidad son la segunda metodología de investigación propuesta. Esta es una herramienta muy conveniente, porque las entrevistas a profundidad son relativamente fáciles de coordinar, aplicarlas no requieren de muchos conocimientos técnicos y los costos de implementación pueden ser bajos, siempre y cuando la muestra sea pequeña.

En la entrevista a profundidad, por otro lado, invertimos más tiempo con el entrevistado que en una encuesta, pues se entiende - como dice el nombre - que la idea es profundizar sobre un tema que nos interesa.
Adicionalmente, agendar una entrevista con una sola persona es más sencillo que agendar una reunión con un grupo de personas (como sucede en los *focus group*); donde coordinar las agendas de los diferentes participantes puede resultar complicado.

Cuando hacemos una entrevista a profundidad solo interactuamos con una persona; idealmente con un experto o alguien muy involucrado en el tema que nos interesa. Es extremadamente importante llegar preparados a la entrevista; debemos investigar antes sobre el tema y preparar y anotar nuestras preguntas (guía de tópicos), por eso es buena idea hacer el análisis de contenidos antes que las entrevistas, para tener un marco de referencia.

Puesto que las entrevistas a profundidad son una metodología semiestructurada debe haber flexibilidad cuando formulamos las preguntas. La entrevista debe parecerse más a una conversación; de esta forma hacemos sentir a nuestro interlocutor cómodo, relajado y en confianza.

Además, la selección del espacio y el tiempo para la entrevista siempre deben ajustarse a las necesidades y preferencias del entrevistado; en su oficina, en un restaurante, en un café, etcétera.

Invitar al entrevistado a desayunar puede ser una buena opción. Solo debemos asegurarnos que el espacio sea cómodo, sin ruido excesivo y sin interrupciones, y dependiendo del tema a tratar puede que también necesitemos tener cierta privacidad. Si la entrevista involucra temas sensibles o confidenciales no es recomendable realizarla en un espacio público.

No hay una regla respecto a la duración de la entrevista, esto dependerá mucho de la disponibilidad del encuestado y de la cantidad de preguntas que has puesto en tu guía de tópicos.

En mi experiencia las entrevistas a profundidad pueden durar entre una y dos horas, pues con menos tiempo es difícil tener una discusión profunda de los temas, pero en más de dos horas la gente se cansa.

Con relación a la cantidad de entrevistas que debemos realizar tampoco hay reglas, aunque seguramente necesitarás más de una. Puesto que las entrevistas son una metodología cualitativa, la muestra que seleccionemos (5, 10, 20 o 30 personas a entrevistar) difícilmente tendrá confiabilidad estadística. Lo común entonces es realizar de 10 a 20 entrevistas, aunque dependiendo de las circunstancias, pueden ser más, o incluso un poco menos.

Otra ventaja de esta metodología es que podemos empezar el estudio con una lista relativamente pequeña de invitados; si las cosas salen bien al final podemos pedir al entrevistado que nos recomiende a alguien más; siempre y cuando tenga el mismo perfil establecido para los sujetos de estudio, lo cual nos permitirá ampliar nuestra base de entrevistados. De hecho, invitar a alguien a una entrevista que fue referido por un conocido también mejorará sustancialmente la tasa de participación y la confianza.

Es importante aclarar que en cualquier método de investigación primario cualitativo o cuantitativo, debemos considerar el aspecto de la **confidencialidad** sobre los datos y las respuestas de nuestros entrevistados. De hecho, lo usual es que todas las entrevistas se consideren anónimas y los nombres que usamos para identificar a los participantes en documentos (como en tus notas) deberían ser pseudónimos.

Ten en cuenta que en el manejo, recolección, análisis y resguardo de información personal -especialmente en temas sensibles como sexualidad, opiniones políticas, preferencias religiosas, etcétera- puede haber legislación aplicable en tu localidad sobre el tema de la privacidad y la protección de datos, por lo que es prudente primero informarse al respecto.

Finalmente, al concluir cada entrevista es común ofrecer al entrevistado una muestra de gratitud, como pueden ser pagar la cuenta (si nos reunimos en un café o restaurante) u ofrecer una tarjeta de regalo con un valor simbólico.

Para comenzar a cerrar esta sección te ofrezco un listado que resume y agrega algunas recomendaciones sobre la elaboración de la guía de tópicos, que es el documento central para realizar tus entrevistas, así como otras recomendaciones generales:

- La guía de tópicos debe elaborarse con base en las variables de investigación que ya has identificado, específicamente aquellas variables a las cuales has decidido dar respuesta a través de fuentes de información primaria, y todas estas preguntas deben obviamente estar alineadas con el objetivo de investigación.

- Debes prepararte antes de la entrevista, estudiar el tema a discutir, tener muy claro qué es lo que vas a preguntar, cómo y cuándo lo vas a preguntar. Debes estar consciente del riesgo de que se te acabe el tiempo antes de realizar todas las preguntas. ¿Sabes entonces cuáles preguntas deberás priorizar en caso de que eso suceda?

- Al iniciar tus entrevistas a profundidad debes aclarar a los participantes, que *"no hay respuestas buenas, ni malas, lo único que nos interesa es su opinión"*. Adicionalmente puedes mencionar muy brevemente cuáles son los objetivos generales del estudio, los aspectos de confidencialidad de sus respuestas, así como la dinámica general y la duración de la sesión.

- Siempre debes respetar el límite de tiempo que has establecido para la entrevista.

- Es buena idea empezar la entrevista con un poco de conversación casual, para "romper el hielo", por unos cinco o máximo diez minutos.

- Puedes leer las preguntas directamente de la guía de tópicos, aunque es una buena práctica tratar de integrar tus preguntas como parte de una conversación.

- **Asegúrate de dejar hablar a los entrevistados.** En más de una ocasión he visto que el moderador o entrevistador comienza la sesión planteando una pregunta para luego no dejar hablar a los participantes, interrumpiéndolos de manera constante. La prioridad es escuchar, no expresar nuestra opinión.

- Debes estar atento al lenguaje corporal de tus entrevistados. Cuando veamos señales de fatiga o de que una pregunta los pone incómodos hay que corregir, replantear o de plano pasar a la siguiente pregunta. Nunca presiones a nadie a responder algo que le ponga incómodo.

- Debe haber un ambiente positivo, relajado, de respeto muto, de amabilidad, de humildad y de colaboración que es necesario mantener durante toda la sesión, por lo que debes estar al pendiente de que la armonía no se pierda. De otra forma será difícil obtener buenos *insights*.

- Pide permiso al entrevistado si quieres grabar audio o video de la sesión, si esto no es posible o le incomoda, entonces solo toma notas. Si el tema es sensible o vergonzoso para el entrevistado será una mejor idea evitar grabar la conversación.

- Cuando planteamos nuestras preguntas podríamos conformarnos con la primera capa de información que recibimos. Pero a veces es necesario profundizar más, preguntando: "¿Por qué?", al menos un par de veces hasta sentir que se llega a una razón de fondo, pero sin presionar.

- **Nunca intentes tratar de influir en las respuestas de tus entrevistados**, ya sea en la forma de estructurar una pregunta, interrumpiendo, comentando o incluso usando lenguaje no verbal; ¡no es un debate! Tu objetivo no es ganar una discusión o hacer un punto. Esto especialmente cuando la información que recibes del entrevistado no se alinea con tus preferencias, tus planes o tus expectativas o los de la empresa.

- Al final de la entrevista agradece el tiempo dedicado por el entrevistado. Si necesitas de más personas que participen en el estudio puedes pedir, sin presiones, que te recomienden a alguien.

- La primera entrevista casi siempre es de prueba, ahí nos damos cuenta de errores o ajustes que necesitamos realizar en la guía de tópicos o en nuestra técnica de entrevista. Esto es normal, por lo que debes evitar poner tus entrevistas más importantes al inicio del estudio.

Antes de pasar a la siguiente sección solo quisiera resaltar que en el diseño de cualquier estudio, especialmente de los cualitativos, hay un riesgo grande de que las ideas preconcebidas, las preferencias, las presiones e incluso los prejuicios de quien diseña, implementa o interpreta el estudio se impongan y sesguen los resultados de la investigación, especialmente cuando estos estudios son coordinados o implementados por personas sin experiencia.

Con esto quiero decir que estudios como las entrevistas a profundidad y los grupos de enfoque, en sus diferentes etapas de análisis, interpretación y presentación de resultados, pueden ser susceptibles de que alguien (de manera consciente o no) se sienta tentado a validar sus propias teorías, preferencias o intereses. A este fenómeno los psicólogos le llaman **'sesgo de confirmación'** (*confirmation bias*).

Por ejemplo: Imaginemos un escenario ficticio; el gerente de marca de una empresa textilera está por lanzar una nueva línea de ropa para jóvenes y ha invertido mucho tiempo y algo de dinero en diseñar una campaña publicitaria para promoverla.

Algunos directivos de la empresa tienen dudas sobre la efectividad del concepto creativo propuesto por el gerente de marca, por esta razón se decide realizar una serie de grupos de enfoque, para contar con más elementos para decidir si la campaña va adelante o no. Hay mucho en juego y el gerente de marca tiene la expectativa de que a los participantes del grupo de enfoque les guste el concepto creativo propuesto.

El resultado de las sesiones arroja algunos comentarios a favor y otros en contra de la campaña. Pero es durante la etapa de análisis, interpretación y especialmente durante el reporte de resultados a la dirección general que los comentarios positivos se exageran o resaltan y los comentarios negativos de la campaña se minimizan u omiten, esto para tratar de influir en las decisiones, y preservar la reputación del gerente de marca y sus colaboradores.

La razón por la cual hacemos investigación de mercados es justamente porque queremos reducir los riesgos, no para validar nuestras preferencias personales. Como mercadólogos sucede en ocasiones que nuestras ideas no son bien recibidas en los grupos de enfoque o las encuestas y esto es parte del oficio. Si es el caso, justamente para eso hacemos la investigación; para corregir la estrategia, o en este caso los anuncios propuestos, aunque nos duela el ego. Nuestra obligación es ser imparciales y objetivos, sea cual fuere el resultado de los estudios.

Por otro lado, también ten en cuenta que un mal resultado en las entrevistas, encuestas o grupos de enfoque, tampoco es el fin del mundo; habrá que recordar que de hecho varios productos exitosos (del tipo que hacen historia) no siempre fueron bien recibidos durante los estudios de mercado en su momento. Cuando tengamos la información ya decidiremos qué hacer, pero los hallazgos se deben dejar claros, sin ocultar o ignorar la información recabada.

2.6 **Muestreo**

La 'muestra' es la cantidad de personas que necesitamos encuestar o entrevistar y también establece de qué forma serán seleccionados los participantes del estudio.

Esto siempre considerando que todas las personas que formen parte de esa muestra deben tener el perfil, reuniendo todas las características sociodemográficas o psicográficas que ya hemos definido para los sujetos de estudio.

Por otro lado, también ya hemos mencionado que los estudios **cuantitativos** (como las encuestas), deben tener representatividad y un nivel de confianza estadística aceptable para que los resultados sean útiles, por lo que se espera que la muestra, en este tipo de estudios, involucre a un número de participantes relativamente grande.

Esto contrasta con los estudios **cualitativos** (*i.e.* entrevistas a profundidad) donde la prioridad es la calidad, no la cantidad de la información, por lo que la muestra -o cantidad de personas que entrevistamos- es comparativamente más pequeña que en las encuestas.

Cabe mencionar que cuando hacemos estudios de mercado tomamos una muestra de una población, no aplicamos el estudio a la totalidad de esa población. Con '**población**' me refiero al número o universo total de individuos que forman parte de ese grupo de personas que deseamos estudiar.

Por ejemplo: Si queremos evaluar la efectividad de la publicidad de proveedores de servicios de internet móvil en Perú, podríamos considerar que los sujetos de estudio son todas aquellas personas que utilizan un *smartphone* en ese país.

Supongamos que el total de personas que reúne esas características en Perú es de 23 millones de individuos.

Entonces 23 millones sería la población, y sobre esa cifra tendríamos que calcular cuál es el tamaño de la muestra, (que de hecho sería de 385 personas).

Suponiendo que quisiéramos aplicar una encuesta a la totalidad de la población más bien estaríamos haciendo un censo, no un estudio de mercado, y los censos no son una práctica común en *marketing*, pues costarían demasiado tiempo y dinero.

Sin embargo, si tu población es muy pequeña, es decir si quieres hacer -por ejemplo- un sondeo con tus únicos diez clientes, pues evidentemente no hay necesidad de sacar una muestra, ya que es viable investigar al total de la población.

2.6.1 El tamaño de la muestra

En estudios cuantitativos calcular y seleccionar una muestra involucra todo un proceso que podría parecer algo complejo, pues hay que identificar aspectos como el tamaño de la población, el nivel de confiabilidad, el margen de error así como los métodos de selección de las personas que participarán en las encuestas, como muestreo aleatorio simple, muestreo por conglomerados, entre otros.

Sitios como SurveyMonkey.com te pueden apoyar a implementar fácilmente encuestas cuando no puedas costear una agencia de investigación; ofreciéndote herramientas para calcular fácilmente el tamaño de la muestra, guiándote en la estructuración de la encuesta e incluso ayudándote a encontrar personas que la contesten, lo cual tiene un costo. Pero, como ya hemos dicho, la información que necesitaremos para nuestra campaña probablemente la podremos obtener con análisis de contenidos y entrevistas a profundidad, donde establecer una muestra va a ser aún más sencillo.

La razón es simple, la entrevista a profundidad es una metodología cualitativa donde **se prioriza la profundidad de la información y la diversidad de opiniones** de los participantes (no la cantidad de participantes), por lo que la clave -según el consenso- es que el tamaño de la muestra, para estudios como las entrevistas a profundidad, tiene más que ver con el concepto de 'saturación'.

¿Y qué significa esto de 'saturación'? En estudios **cualitativos** se entiende que un mayor número de participantes no necesariamente aporta información nueva. De hecho, a partir de cierto punto, la información que obtenemos de grupos de enfoque o entrevistas a profundidad comienza a repetirse, y es en ese momento que se considera que hay saturación. Y cuando hay saturación en estudios cualitativos, se vuelve innecesario realizar más entrevistas o sesiones de grupo.

Entonces, con unas 10 o 20 entrevistas a profundidad deberíamos estar satisfechos, y para escoger a los participantes la consideración más importante es seleccionarlos con base en las cualidades y conocimientos que estos tienen sobre aquellos temas que a ti te interesan, así como en su capacidad y disponibilidad de compartirte la información e *insights* que necesitas.

Finalmente, es igualmente importante que la muestra de tus entrevistas o grupos de enfoque sea representativa del mercado. Es decir, que las cualidades de los participantes que has definido como sujetos de estudio, se reflejen de manera representativa en tu muestra, ya sea que por *cualidades* entendamos cosas como el género, el rango de edad, el nivel socioeconómico, u otras características.

> **Por ejemplo:** Digamos que por alguna razón tienes que entrevistar a 10 usuarios de Instagram. Para que la muestra fuese representativa implicaría que 5 de las entrevistas deberían ser con hombres y 5 con mujeres. Esto no solo porque esa es la distribución por género (50% hombres, 50% mujeres) de usuarios en Instagram, sino también porque esa es la distribución de la población general por sexo, casi en cualquier parte del mundo.

2.7 La información mínima necesaria

Como ya hemos dicho, todo este esfuerzo de investigación lo realizamos para obtener *insights* que nos ayuden a diseñar nuestra campaña y así identificar y entender los intereses, las opiniones, las necesidades y las prioridades del *target*. Por lo que, al margen de los objetivos de investigación que hayas decidido plantear para tu estudio, es importante recordar que hay ciertas preguntas que son básicas y que siempre necesitaremos responder cuando planeamos una campaña:

a) *Target:* Empezaste tu proceso de investigación con una definición preliminar y general de tu audiencia objetivo. Pero, ¿ahora ya tienes más certeza o claridad de quiénes son tus clientes potenciales?, ¿quién compra o tiene el potencial de compra de tus productos?, ¿qué cualidades sociales y demográficas tienen estas personas en común (gustos, prioridades, preferencias, hábitos, etc.)?, ¿ha cambiado el *target* que tenías en mente antes de iniciar la investigación de mercado?, ¿quién tiene poder de influencia sobre tu *target*, durante el proceso de compra de tus productos?

b) **Beneficios / Atributos de producto:** ¿Qué beneficios del producto que quieres anunciar, son los más relevantes para tu *target*?, ¿por qué?, ¿cuál de todos esos beneficios es el más prioritario para el *target*?, ¿de qué forma ese beneficio resuelve los problemas del *target*, o de qué forma mejora su vida?, ¿qué beneficios de producto destaca nuestra competencia en su publicidad?, ¿cómo se está posicionando nuestra competencia?

c) **Medios de comunicación:** ¿A cuáles canales de comunicación está expuesto el *target*?, ¿qué canales de comunicación usa el *target* para informarse, entretenerse, socializar e inspirarse?, ¿qué canales de comunicación usa el *target* para comprar productos similares al nuestro?, ¿qué canales de comunicación está usando nuestra competencia?

2.8 *Checklist:* El contexto de la campaña

Contexto — Target — Objetivos — Mensaje — Medios — Producción — Lanzamiento

✓ Definir los parámetros básicos de la campaña

✓ Investigar el mercado

✓ Obtener *insights*

Hay varias formas de hacer publicidad, y a través de los años una de las cosas que consistentemente me ha llamado la atención es la facilidad con la que se omite el desarrollo de la parte estratégica de la campaña, que es de hecho lo que le da sustento y relevancia. Cuando no hay estrategia ni información que la respalde el resultado casi siempre es el mismo: confusión, *clichés*, campañas desangeladas, irrelevantes o inadecuadas.

De esta forma, ahora ya tienes herramientas básicas para poder identificar el contexto que rodea a tu campaña. Tu *feeling* e intuición son muy importantes, pero usualmente esto no reemplaza a la inteligencia del mercado.

Para concluir el capítulo, presento a continuación, y a manera de *checklist*, una síntesis con todos aquellos entregables que te ayudarán a establecer el contexto para tu campaña publicitaria.

Estableciendo el contexto de la campaña:

a) **Definir los parámetros básicos de la campaña:**

- **Propósito de la campaña:** Establece por qué necesitas hacer una campaña.

- **Definición de producto:** Describe brevemente el producto a anunciar, ¿cómo funciona?, ¿cuál es el beneficio central para los clientes?

- *Target* **preliminar:** Establece brevemente a quién va dirigida la campaña.

- **Dinero y tiempo disponibles:** Haz una estimación del presupuesto y de la fecha de lanzamiento y duración de la campaña.

b) Investigar el mercado:

- *Problema de investigación:* Define los antecedentes y establece aquellos aspectos clave del mercado que desconoces.

- **Objetivo de investigación:** Describe a **grandes rasgos** qué información necesitas recabar para poder diseñar tu campaña, así como las fechas en que necesitas obtener dicha información.

- **Sujetos de estudio:** Establece quiénes son los individuos o entidades que vas a investigar. Usualmente son las mismas personas que componen el *target* de tu campaña.

- **Variables de investigación:** Desglosa tu objetivo de investigación y define a qué preguntas específicas necesitas dar respuesta para poder diseñar tu campaña publicitaria, por ejemplo, ¿qué cualidades tienen las personas que forman parte de tu *target*?, ¿cuáles son los beneficios de tu producto que resultan más relevantes para el *target*?, ¿cuáles son los medios de comunicación preferidos por tu *target*?

- **Fuentes secundarias *vs.* fuentes primarias:** En una hoja con dos columnas, establece cuáles son las variables de investigación a las cuales puedes dar respuesta usando fuentes secundarias y cuáles usando fuentes primarias.

- **Análisis de contenidos:** Usando fuentes de información secundaria (externas e internas) busca e interpreta la información que necesitas para dar respuesta a la mayor cantidad de variables de investigación posibles.

- **Entrevistas a profundidad:** Desarrolla una guía de tópicos para dar respuesta a aquellas variables de investigación que no pudiste despejar con el análisis de contenidos. Define cuántas entrevistas necesitas y aplica las entrevistas. Analiza y sintetiza los hallazgos.

- **Reporte final:** Escribe un breve reporte final con *insights* que te sean útiles para diseñar tu campaña. Además de dar respuesta a tus variables de investigación, tus hallazgos también deben solucionar el *problema de investigación* y cumplir con los objetivos de la investigación que ya has planteado.

CAPÍTULO 3

Identifica a tus clientes potenciales

3. **IDENTIFICA A TUS CLIENTES POTENCIALES**

En este capítulo daremos respuesta a las siguientes preguntas:

- *¿Qué es la segmentación de mercados?*
- *¿Por qué es importante segmentar?*
- *¿Cómo segmentar el mercado?*
- *¿Cómo definir tu audiencia objetivo?*
- *¿Cómo escoger una estrategia de targeting adecuada?*

3.1 **¿Qué es la segmentación de mercados?**

En este capítulo aprenderemos a elaborar una definición más profunda y clara de nuestra audiencia objetivo, lo cual te permitirá avanzar a las siguientes etapas de la ruta para desarrollar tu campaña.

Pero para poder definir tu audiencia objetivo apropiadamente necesitas primero **'segmentar el mercado'.** Pero, ¿qué significa segmentar el mercado? y ¿por qué necesitas hacer esto?

En este contexto, segmentar significa dividir el mercado en fragmentos más pequeños que el todo, con la intención de identificar aquellas porciones del mercado que tengan el mayor potencial de compra de tus productos y que representan una oportunidad de negocio, idealmente no atendida.

Sin embargo, la condición es que las personas o entidades que forman parte de ese segmento de mercado **compartan cualidades o características medibles** que los hagan similares entre sí.

Usemos nuevamente el ejemplo de una empresa que vende **alimento para perros.** Necesitamos segmentar el mercado porque nuestros esfuerzos y recursos de *marketing* deberían concentrarse, evidentemente, en personas que tienen al menos un perro; esa sería la característica o cualidad común más importante.

Sin embargo, nuestra segmentación no tiene que parar ahí, pues en este caso aun dentro del universo -más pequeño- de personas que tienen perro, habrá algunas que tengan más recursos para comprar un alimento más caro a cambio de mejor calidad.

Entonces en esta misma empresa podríamos volver a segmentar el mercado de personas con perros en tres grupos adicionales:

- Personas con altos ingresos disponibles.
- Personas con ingresos medios.
- Personas con ingresos bajos.

Esto, con la finalidad de ofrecer tres tipos diferentes de croquetas: un alimento '*premium*' de alta calidad y precio, un alimento 'estándar' de precio y calidad intermedia y un alimento '*value*' de bajo precio y menor calidad, pero sin menoscabar la salud o los nutrientes que reciba la mascota.

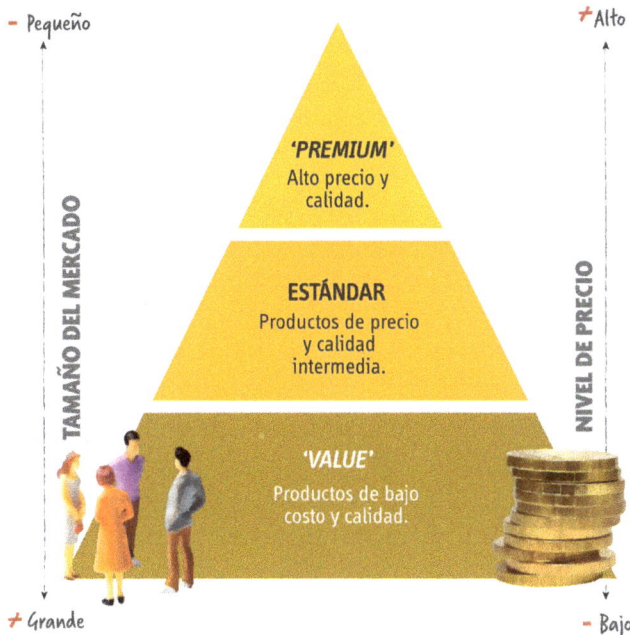

Figura 3.1. *Segmentación por nivel de precio*

Si esta empresa decidiese participar en esos tres segmentos, probablemente tendría que ofrecer estos tres tipos de alimentos bajo marcas, empaques, y campañas diferentes. Otra opción sería enfocarse en atender solo uno de los tres segmentos del mercado; el *premium*, el estándar o el económico. En cualquier caso, para atender los tres segmentos o para dirigirnos a solo uno tendríamos que diseñar una estrategia de *targeting*, concepto que describiremos hacia el final del capítulo.

De hecho, es posible que esta misma empresa encontrase otras razones para continuar segmentando el mercado en fragmentos aún más pequeños, por ejemplo; personas de altos ingresos disponibles que tienen perros con alergias a ciertos alimentos. De esta forma hay que empezar a tener claro que las posibilidades de segmentación, en cualquier empresa y de cualquier giro, son casi ilimitadas.

Con cada ejercicio de segmentación, las empresas pueden descubrir oportunidades de mercado para desarrollar nuevos productos y satisfacer necesidades no atendidas. O visto de otra forma, al investigar las características y necesidades de un mercado, como el de personas con altos ingresos disponibles que tienen perro, encontramos nuevas oportunidades de negocio en grupos de individuos que tienen necesidades en común.

Sin embargo, hay que aclarar que la segmentación no siempre tiene que ver con crear oportunidades de mercado, también tiene que ver con adaptarse a limitantes que tenemos dentro de nuestra propia empresa o en el entorno.

Por ejemplo, una pequeña empresa se ve obligada a limitar su cobertura geográfica a una región porque no tiene los recursos para costear una red de sucursales, comercialización y servicio a nivel nacional, por lo cual tendría que segmentar geográficamente el mercado (o el país) donde opera.

De esta forma, la lista de razones para segmentar un mercado puede ser larga (hábitos de consumo, legislación, clima, etc.), pero sea cual fuere la motivación, se debe tener claro que mientras más segmentemos un mercado más pequeño se vuelve.

Por ejemplo: Usemos el mismo caso de la empresa de alimento para perros para visualizar cómo podría reducirse el tamaño del mercado:

Hogares en México en 2018 (31.4 millones) > Hogares en Ciudad de México (2.6 millones) > Hogares con al menos un perro en Ciudad de México (1.8 millones) > hogares de altos ingresos disponibles que tienen perro en Ciudad de México (270 mil) > hogares de altos ingresos disponibles que tienen un perro con alergias en Ciudad de México (¿70 mil?). *Las cantidades son solo estimaciones y no representan cifras reales.*

Mientras más segmentamos el mercado, más pequeño se vuelve la base de clientes potenciales, y en consecuencia más altos tienen que ser los márgenes de utilidad y los precios de nuestros productos para compensar el bajo volumen de clientes. Esta es la forma en la que operan las marcas de lujo, cuyos mercados son relativamente pequeños, pero con altos márgenes que lo compensan.

Puesto que no hay realmente un límite, podríamos segmentar el mercado hasta el punto en que nos convertimos en una empresa que atiende a 20, 10 clientes o a un solo cliente, esto es posible. Quizá no sea demasiado común, pero sucede especialmente en el mundo de empresas que atienden a otras empresas y que ofrecen servicios o productos ultra-especializados y hechos a la medida. De hecho, a estos segmentos se les conoce como *mercados de nicho*; pequeños y especializados pero muy rentables.

Incluso hay metodologías de *marketing* que han sido diseñadas para trabajar en este tipo de mercados, como por ejemplo el llamado '*Account-Based Marketing*' ('*Mercadotecnia Basada en Cuentas*'), donde todo el plan y los esfuerzos de comunicación se diseñan en función de persuadir a un grupo muy pequeño de personas o empresas, o incluso a un solo cliente potencial (o 'cuenta', de ahí el nombre), aunque este tipo de metodología usualmente es más empleada por empresas que venden a otras empresas (B2B).

Entonces, ¿por qué querríamos segmentar el mercado, si solo lo hacemos más pequeño? Pues porque en realidad no hay de otra; en una economía de libre mercado, como sucede en la mayoría de los países de occidente, esta idea de *"mi producto es todo para todos"* simplemente no es real, es un mito, y un poco más adelante explicaremos la razón.

3.1.1 La audiencia objetivo

Cuando segmentamos el mercado lo hacemos porque típicamente **queremos enfocar nuestros esfuerzos en solo uno de esos segmentos** al cual se le conoce como *target*, pero hay otros nombres para referirse a lo mismo:

'Audiencia objetivo', 'mercado objetivo', 'mercado meta', *'target audience'*, *'target market'*, son todos conceptos que se refieren a lo mismo.

El *target* de un producto y una campaña publicitaria es entonces un segmento del mercado compuesto por personas, empresas u organizaciones, **con características o cualidades comunes,** a quienes les quieres vender algo: un producto, un servicio, una idea, una causa, etcétera.

En el ejemplo de la empresa que vende alimento para perros ya hemos ilustrado que una de esas cualidades comunes es el hecho de que todos tienen un perro. En otros mercados esas cualidades puede ser realmente cualquier cosa; el rango de edad, el sexo, la ciudad o región donde viven esos clientes potenciales, sus preferencias de consumo, creencias, gustos, prioridades, valores o (más comúnmente) una combinación de varias. En todo caso, lo importante es que las cualidades que uses para segmentar tu mercado tengan sentido desde el punto de vista de tu negocio y de tu producto.

Por otro lado, para empresas que venden a otras empresas (B2B) estas cualidades comunes pueden por ejemplo ser: el giro o actividad de las organizaciones a las que quieren vender, su número de empleados o su ubicación geográfica, entre otras. En cualquier caso, a estas cualidades comunes -ya sea en personas o empresas- les llamaremos '**variables de segmentación**'.

Cada recurso invertido en tu empresa es por y para agregar valor a tus clientes, aunque el truco es saber cuáles son los gastos o inversiones que realmente agregan valor. En el contexto de una campaña publicitaria esto implica que cada peso, dólar o euro invertido en medios, creatividad o producción debe estar siempre enfocado en crear ventas y un impacto positivo en la audiencia objetivo, **en nadie más.**

Entonces, tiene sentido pensar que en general una campaña debe poseer un solo *target*, aunque ciertamente hay circunstancias donde tenemos que plantear nuestra campaña para alcanzar a más de una audiencia objetivo.

> **Por ejemplo:** Retomando nuevamente el caso del alimento para perros; está claro que el *target* primario son los dueños de esos perros (que viven en Ciudad de México, con altos ingresos disponibles, etc.)

> Entonces, ¿qué otro *target* podría haber para una campaña que promueve este tipo de productos? Podrían ser, por ejemplo, los veterinarios. ¿Por qué?, porque ellos pueden influir significativamente en la opinión de sus clientes a través de sus recomendaciones.

> En todo caso, hay que tener claro que a estos veterinarios los consideraríamos un **target secundario**, porque solo recomiendan, a diferencia de los dueños de los perros que compran y usan el producto, a los cuales consideraríamos el **target primario** de la campaña. Tener un *target* secundario también implica crear un mensaje especial, así como una selección o *mezcla* de canales de comunicación que sean específicos para llegar a ellos.

Conocer a fondo nuestro *target* es una de las tareas más importantes cuando diseñamos campañas, pues esto resultará esencial al desarrollar una buena creatividad para nuestros mensajes y para escoger los medios de comunicación adecuados. Por este motivo queremos saber lo más que se pueda sobre nuestra audiencia objetivo, claramente sin transgredir los derechos de las personas y respetando los principios éticos y la legislación vigente en cada país.

Entonces, dependiendo de los productos o servicios que ofreces, ¿qué necesitas saber sobre tu *target*? Idealmente lo que necesitas es una fotografía completa de todo aquello que los caracteriza y que describe su personalidad e identidad como grupo, por ejemplo:

> ¿Quiénes son?, ¿cuáles son sus prioridades?, ¿en qué zonas de la ciudad viven o trabajan?, ¿en qué trabajan?, ¿dónde vacacionan?, ¿a cuáles medios de comunicación están más expuestos?, ¿cómo se divierten?, ¿qué gustos o preferencias tienen?, ¿qué los motiva?, ¿qué ideales tienen?, ¿cuál es su nivel de estudios?, ¿dónde compran?, ¿qué compran? ¿qué otras marcas consumen?, ¿cómo se transportan?, ¿cómo prefieren comprar?, ¿a crédito?, ¿de contado?, ¿por internet?, ¿cómo usan los productos como el que vendemos?, ¿cuándo los usan?, ¿con qué frecuencia?, etcétera.

Esta lista no es exhaustiva ni debe de tomarse literal, las preguntas tienen que relacionarse con tu industria y con lo que vendes. Las preguntas son ejemplos que ilustran el nivel de detalle que necesitas conocer sobre tu audiencia objetivo, teniendo claro que **no las planteamos para describir a una persona en particular**, sino en general a un mercado con intereses, personalidades y características comunes. Usando las herramientas de investigación descritas en el capítulo anterior deberías poder contestar varias de esas preguntas para entender y comenzar a describir a tu *target*.

3.1.2 **Las marcas son como personas**

Ahora bien, cuando se describe al *target* usualmente se hace en un solo párrafo o máximo en dos, integrando en dicha descripción las variables de segmentación que detallan las cualidades comunes de ese segmento, como sexo, edad, profesión, educación, lugar de residencia, ingresos, entre otras.

Sin embargo, también es recomendable realizar después una descripción más amplia, en dos o tres párrafos adicionales y en forma de narrativa donde cuentas **la historia de una persona o 'cliente típico'** perteneciente a tu *target*.

Es como escribir una especie de mini biografía (obviamente ficticia) donde puedes hablar un poco sobre sus aspiraciones, gustos, hábitos, preferencias, sueños y demás. De hecho, a este cliente típico y ficticio en *marketing* se le conoce como *'customer avatar'* ('*avatar del cliente*'), donde en algunos casos estas 'mini biografías' pueden ser tan detalladas que incluyen imágenes representativas del personaje que se está describiendo. Es decir, a la descripción del *target* puedes agregarle una especie de *collage* hecho con recortes de fotos que muestran cómo se vería su casa, su estilo de vida, sus amigos, su lugar de trabajo o cuáles serían sus marcas o productos preferidos, etcétera.

Para poder realizar esta descripción detallada de tu *customer avatar* puedes usar los *insights* y datos obtenidos en la investigación de mercado, pero si te da un bloqueo creativo también puedes inspirarte, pensando en alguien que ya conozcas (amigo, conocido, familiar, etc.) y que cumpla con el perfil de tu *target*. Hacer el ejercicio del *customer avatar* es recomendable, pues te ayudará a visualizar claramente a quién se le quiere vender, lo cual te dará inspiración más adelante para diseñar el concepto creativo de los anuncios.

Torres del Paine

Banff

Valle de Bravo

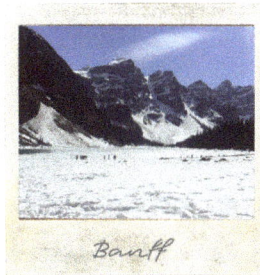

CUSTOMER AVATAR DE TEO

Marca *X*: Línea de ropa técnica para aventuras.

Punta Arenas

Lagunas de M.Bello

Teo ve su vida como una permanente aventura, un nómada moderno que no pasa mucho tiempo en el mismo lugar.

Teo valora sobre todo las experiencias, más allá de las posesiones. Le gusta viajar ligero y tiene poco apego a aquellas cosas que no se adaptan con su estilo de vida itinerante.

Sin embargo, hay posesiones con las cuales tiene una lealtad absoluta; aquellas que sirven como herramientas para vivir sus aventuras. Pertenencias que puede llevar consigo en una maleta y que le sirven no solo para recorrer el mundo, sino también para adaptarse, integrarse y viajar con cierto nivel de confort.

Cuando Teo compra ropa, busca que sea sobre todo cómoda, funcional y durable, aunque también aprecia el estilo y cierta versatilidad que le permita usarla en diversas situaciones sociales y de trabajo. Al ser un poco individualista e introvertido, Teo evita realizar compras en tiendas grandes donde hay mucha gente, prefiriendo las compras en línea.

Figura 3.2 *Ejemplo del extracto de un customer avatar para una marca de ropa*

Quisiera entonces que a partir de ahora comiences a visualizar a tu marca como si fuese una persona, como un individuo de carne y hueso. Piensa; si tu marca fuese una persona ¿cómo sería?, ¿qué tipo de personalidad tendría?, ¿qué actividades le gustaría realizar?

Cuando hacemos *marketing*, y específicamente *branding*, lo que se busca es emparejar los rasgos de personalidad de una audiencia objetivo con la identidad de la marca. Si tu producto es nuevo, entonces debes moldear la identidad de tu marca con base en la personalidad de tu *target*. ¿Por qué? Porque las personas nos identificamos mejor con otras personas con las cuales compartimos valores e intereses similares.

Cuando la identidad de una marca está alineada con la de un grupo de personas (el *target*) entonces estamos en mejores condiciones de influir y vender.

3.1.3 **Nadie es todo para todos**

Un buen día nos vamos a comer con una persona que recién conocimos. Por su apariencia, lenguaje corporal y conversación nos da a entender que se trata de alguien con un elevado nivel de conciencia y espiritualidad. Esta persona come sano y nos cuenta que medita todos los días y también va a retiros. Luego nos recomienda unos libros sobre budismo y recetas para hacer jugos orgánicos que limpian los chacras. Incluso hasta nos da unos *tips* para controlar nuestros niveles de estrés.

Minutos después vemos a la misma persona perder completamente los estribos porque el mesero se equivocó con su orden; es un drama.

Cuando conocemos a alguien que se presenta de cierta forma y luego actúa de manera contraria, usualmente nos genera conflicto; quizá incluso nos termina por caer mal. ¿Por qué? Porque más allá del drama, en general, no nos gusta la incongruencia, porque ante la incongruencia no puede haber confianza. Las marcas deben seguir este mismo principio, deben ser congruentes a través del tiempo para generar confianza con su audiencia objetivo.

Esta es una de tantas razones por las cuales segmentamos el mercado y por la cual 'casamos' los valores (las características) de nuestras marcas con aquellos valores que son apreciados por nuestra audiencia objetivo.

Todo tiene que estar alineado y ser congruente, y por esta misma razón en el *marketing* tampoco hay forma de agradar a todo el mundo.

La base de clientes de una marca de coches, por ejemplo, puede ser enorme; de millones de personas, pero siempre habrá quienes encuentren los valores de una marca particular (ya sea el diseño, desempeño, etc.) como incompatibles con los suyos. Obviamente todas las marcas quisieran poder venderle al que se deje, pero en el *marketing*, como en las relaciones entre personas, las cosas no funcionan así.

Estos intentos por hacer que un producto sea todo para todos, pasa todo el tiempo; en empresas y organizaciones de todos los tamaños y giros:

> **Por ejemplo:** Durante el desarrollo de una campaña le pregunto a un cliente o a un colega
>
> - *"¿Cuál es tu target?", a lo que vienen respuestas como...*
> - *"¡Pues todos!", "quien lo quiera comprar", "¿para qué limitarse? Yo le vendo al que se deje", etc.*

Lo veo todo el tiempo, y esta es una de las primeras reglas de oro, quizá la más importante que uno debe aprender en mercadotecnia y publicidad: **Ninguna marca puede ser todo para todos.**

3.2 La importancia de segmentar el mercado

En resumen, hay cuatro razones fundamentales por las cuales debemos segmentar el mercado:

1) Por limitantes internas o externas de nuestra empresa:

- **Las internas:** Como ya mencionamos, se relacionan con nuestra falta de recursos e infraestructura como limitaciones en nuestra red de distribución, fuerza de ventas, tecnología, soporte técnico, etc.

- **Las externas:** Estas corresponden a limitantes o cualidades que el mismo mercado o entorno impone, como los hábitos de consumo o costumbres.

Por ejemplo: Una empresa que vende desinfectante para frutas y verduras en México también tendría que segmentar su mercado geográficamente por país, pues en algunos países del llamado "primer mundo" o incluso en algunos países de Sudamérica, las personas no usan/necesitan desinfectante para limpiar las frutas y verduras.

2) **Por mantener la congruencia de nuestras marcas y productos:** Los consumidores siempre han tenido y tendrán diferentes historias de vida, diferentes personalidades, gustos o preferencias y en consecuencia diferentes necesidades.

Ya hemos aclarado que es muy difícil, si no imposible, crear un producto que resuelva las necesidades de la totalidad de un mercado, aunque podría haber algunas excepciones.

Venderle a todo el mundo suena tentador, pareciera una situación ideal, pero no es real. Aun los candidatos políticos, que verdaderamente necesitarían ser del agrado de una gran mayoría, tienen que hacer cálculos para determinar hacia cuál sector de la población deben enfocar su campaña. Aun ellos, que tienen que "gobernar para todos", deben escoger una narrativa política y adherirse a esta, conscientes de que ese discurso no resonará en algunos sectores.

Ello obliga a los políticos a segmentar el mercado electoral para identificar cuál podría ser su *target* primario y secundario, con la finalidad de mejorar las posibilidades de obtener la mayor cantidad de votos, de forma eficiente y sin que el candidato pierda congruencia.

Un candidato político tendría entonces que identificar en qué parte del mercado electoral hay la mejor oportunidad de *conversión*. Si el candidato es de izquierda, quizá no tenga caso hacer campaña con aquellas personas que se consideran fuertemente identificadas con la derecha (o viceversa), porque tomaría demasiados recursos tratar de convencer a un grupo de personas con valores opuestos a los suyos.

Quizá, en ciertos casos, tendría más sentido enfocar la campaña política hacia los grupos de indecisos que, por ejemplo, representaron hasta el 14% del total de votantes durante la elección Clinton - Trump 2016 (Pardo 2016), junto con los electores que se abstienen de votar, que por cierto en este caso tienen características comunes, como la edad.

Entonces, si un candidato presidencial necesita hacer segmentación de mercados, es evidente que los productos en otras áreas o industrias no se salvan.

3) **Por eficiencia:** La gran mayoría de las empresas y organizaciones operamos con recursos limitados, algunas con recursos muy limitados. Por esta razón siempre queremos sacar el mejor provecho del dinero que empleamos para financiar nuestra campaña, logrando que cada peso, dólar o euro produzca un resultado.

Cuando no segmentamos el mercado, o cuando la definición del *target* es demasiado amplia, realmente no está claro a quien le vendemos. Si este es el caso, tampoco sabremos cómo vender, qué mensajes usar o cuáles medios de comunicación emplear, por lo que en estos casos, algunas campañas terminan utilizando mensajes que realmente no resuenan en el *target* o se difunden a través de medios que no necesariamente son los empleados por las personas que tienen interés en el producto. En conclusión, hay un **desperdicio** de recursos.

La necesidad de evitar el desperdicio y de hacer un uso eficiente de los recursos está bien representada en un principio conocido como *'economy of force'* o la *'economía de fuerzas'*.

La *economía de fuerzas* es un concepto militar referido por literatura del ejército de Reino Unido. (The Development, Concepts and Doctrine Centre, Ministry of Defence, 2014).

Este concepto militar básicamente establece que debe destinarse **un mínimo de recursos en aquellas acciones que no representen un objetivo de batalla primario,** pues cualquier recurso en la guerra es limitado, por lo cual resulta de gran importancia priorizar su uso en lo que es verdaderamente importante.

Esto no puede ser más cierto en el mundo del *marketing*, pues segmentar el mercado nos ayuda a identificar un *target* (primario), lo cual nos permite enfocar nuestros limitados recursos de campaña de una forma más inteligente y eficiente.

Veamos un último ejemplo para ilustrar esta idea de eficiencia en una campaña con la famosa analogía del 'tiro con rifle o con escopeta'. En *marketing* "queremos usar un rifle, no una escopeta", porque el rifle con un solo tiro certero da en el centro de la diana -en este caso el *target*-, usando una sola bala. Esto a diferencia de una escopeta que, por el tipo de cartucho que consta de muchos perdigones, esparce estos sobre la diana sin necesariamente acertar en el centro (el *target* primario), requiriendo eventualmente más recursos (cartuchos), más esfuerzo (tiros) y más tiempo para acertar en el objetivo.

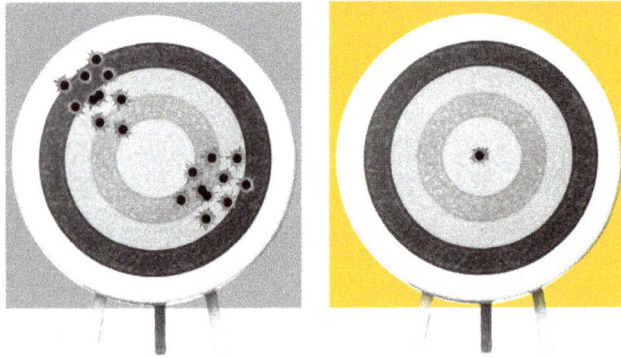

4) **Por eficacia:** Debemos ahora considerar que en *marketing* concentrar las fuerzas y los recursos en un solo punto no solo es más eficiente, también es más eficaz. Para ilustrar esto ahora utilicemos otro concepto militar conocido como '*concentration of force*' o en español '*concentración de la fuerza*' (The Development, Concepts and Doctrine Centre, Ministry of Defence, 2014).

Este concepto, también contemplado por el ejército de Reino Unido, establece que enfocar la mayor parte de nuestros recursos en ciertos tiempos y puntos críticos (*target*) resulta mucho más eficaz que dispersar las fuerzas en varios frentes.

Para que el concepto de *concentración de la fuerza* funcione, debemos además procurar un balance adecuado en el uso de los medios de batalla, que en el caso de una campaña publicitaria implicaría no apostar todo a un solo medio de comunicación, sino emplear una combinación de varios medios y tácticas. Esto de hecho sería además consistente con el proceso de *destilación de clientes* descrito en el capítulo 1, donde se destaca la importancia de balancear la *mezcla de medios* en cualquier campaña.

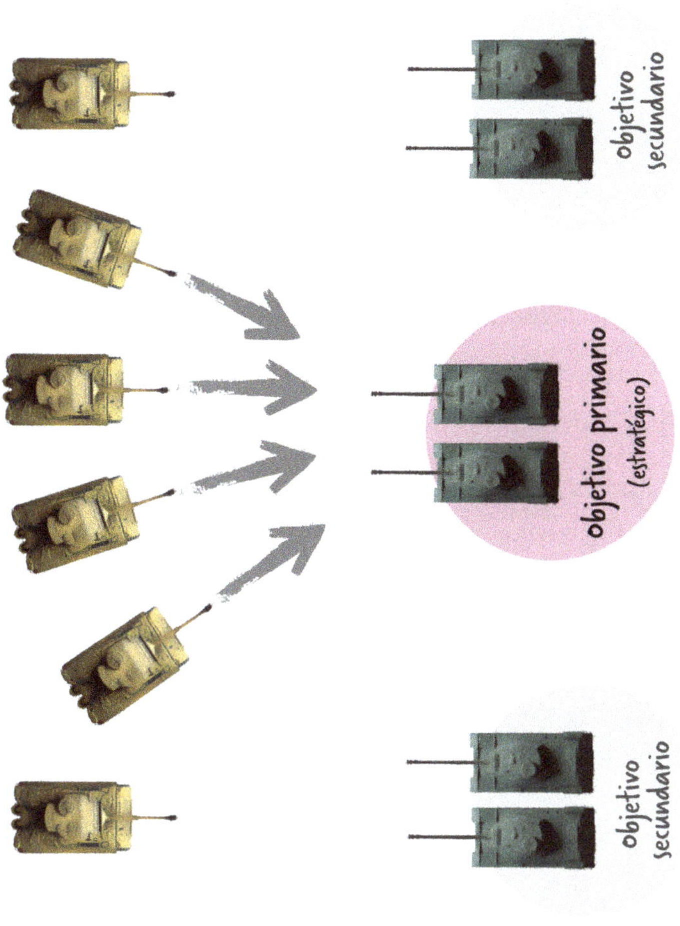

Figura 3.3 *Representación de la concentración de la fuerza, donde se enfocan la mayor parte de los recursos en aquellos puntos que son críticos y estratégicos.*

Dicho entonces en lenguaje de *marketing*, segmentar el mercado nos permite concentrar la fuerza en un solo segmento primario, lo cual normalmente funciona mejor que distribuir las fuerzas y recursos en un mercado que no ha sido segmentado y/o en múltiples segmentos.

De cualquier forma, el éxito obtenido al concentrar las fuerzas -o los recursos publicitarios en este caso- podría permitirnos en un futuro adquirir más recursos para posteriormente conquistar otros segmentos del mercado previamente no atendidos.

En las campañas publicitarias no hay enemigos, pero si hay competidores o factores -como hábitos de compra en los clientes-, que juegan en nuestra contra sin importar de cuál industria o giro se trate. Y desde el punto de vista de la publicidad, casi siempre estaremos compitiendo con otras marcas o acontecimientos por capturar la atención y el interés de la audiencia objetivo. Ahora que ya entendemos la importancia y los motivos, aprendamos a segmentar.

3.3 ¿Cómo segmentar el mercado?

Para segmentar el mercado necesitamos recordar el concepto de **variables de segmentación** que mencionamos en las primeras páginas de este capítulo, las cuales hemos definido como aquellos criterios o cualidades comunes en personas o empresas que integran un segmento.

Las variables de segmentación pueden ser diferentes dependiendo de nuestra actividad de negocios; si vendemos nuestros productos a personas (B2C) o si vendemos a empresas (B2B).

3.3.1 Segmentación *Business to Consumer* (B2C)

En el mundo de empresas u organizaciones que venden sus productos o servicios a personas (B2C) encontramos básicamente tres grandes familias de variables de segmentación: demográficas, psicográficas y geográficas.

1) **Variables demográficas:**

Las variables demográficas son las más comunes de usar en mercadotecnia, las cuales emplean datos objetivos y medibles en la mayoría de los casos.

A continuación, veamos ejemplos de las variables de segmentación demográfica más comunes.

a) Rango de edad
b) Etapa de vida
c) Género
d) Nivel de ingresos
e) Educación
f) Etnicidad o idioma

a) **Rango de edad:** Esta es una de las variables más usadas en la segmentación de mercados, la cual podremos encontrar en casi cualquier definición de una audiencia objetivo, especialmente en empresas de consumo.

Esta variable típicamente se define usando rangos de edad como:

- Personas con menos de 12 años
- Entre 12-17 años
- Entre 18-24 años
- Entre 25-35 años
- Entre 36-44 años
- Entre 45-54 años
- Entre 55-64 años
- Más de 65 años

En realidad, uno puede usar rangos de edad diferentes, en distintas escalas, más amplios o cerrados, dependiendo de las necesidades de cada empresa.

Evidentemente segmentar por edad tiene detrás una lógica que se relaciona con los momentos de vida de los consumidores. Si vendemos carriolas es más probable que definamos un rango de edad para nuestra audiencia objetivo a partir de un momento de vida en la cual la mayoría de las familias tiene bebés, ¿quizá entre 23-35 años en Latinoamérica?

Si vendemos estas mismas carriolas en otros países como Japón o Europa occidental, entonces podríamos considerar subir el rango de edad, digamos de 27-45 años, esto porque el contexto y los momentos de vida son distintos en cada lugar.

En otros casos, si la segmentación por edad es insuficiente para tener una idea clara de a quién vendemos nuestros productos, podemos entonces emplear variables de segmentación similares, como por ejemplo; 'etapa de vida', que veremos un poco más adelante.

Es importante considerar, sin embargo, que al hacer segmentación por rangos de edad es posible que alguien considere como parte de su audiencia objetivo a niños y/o menores de edad; como podría ser el caso de una empresa que vende dulces, alimentos o juguetes.

Si tienes planeado dirigir una campaña a niños o adolescentes ten en cuenta que en muchos países este tipo de publicidad se encuentra regulada. Se entiende que los niños son un grupo demográfico vulnerable y es por esto que en algunos países existen lineamientos (legales y/o autorregulatorios) como es el *Código de Estándares Publicitarios Canadiense*, el cual establece, sobre la publicidad dirigida a niños:

"La publicidad que es dirigida a niños no debe explotar su credulidad, falta de experiencia o su sentido de lealtad y no debe presentar información o ilustraciones que puedan resultar en su daño físico, emocional o moral" (Ad Standards, 2019). Traducción del autor.

Este tipo de legislación no solo puede regular el contenido del anuncio, también los medios de comunicación bajo los cuales se difunde. De hecho, en el caso de la provincia de Quebec, cualquier publicidad dirigida a niños está prohibida por el *Acta de Protección al Consumidor de Quebec*.

Una situación similar sucede con publicidad dirigida a adolescentes o menores de edad en relación con la venta de productos controlados como cigarros o las bebidas alcohólicas, entre otros.

En el caso de México, existe una circunstancia similar donde la publicidad dirigida a niños o menores de edad es regulada bajo el *Reglamento de la Ley General de Salud*, la *Ley Federal de Protección al Consumidor* y la *Ley de Telecomunicaciones y Radiodifusión*, entre otros. Y también es autorregulada bajo códigos o convenios como el *Código de Ética Publicitaria* del Consejo de Autorregulación y Ética Publicitaria:

"La publicidad dirigida al público infantil tomará en cuenta su vulnerabilidad, capacidad crítica, nivel de experiencia y credulidad. Se evitará la utilización de imágenes, lenguaje, textos o sonidos que pongan en riesgo su salud física o mental o minen el respeto a la autoridad familiar, escolar o cívica". (CONAR, 2020).

Es importante entonces estar familiarizado con la legislación, los reglamentos y códigos vigentes de tu país cuando desarrolles campañas de productos o servicios que están regulados y/o dirigidos a menores de edad, lo cual podría también incluir a otro tipo de productos.

Las asociaciones de agencias publicitarias, o los consejos publicitarios de tu localidad pueden ser de gran ayuda para informarse.

b) **Etapa de vida:** A veces, segmentar el mercado por edades no es suficiente para llegar a la audiencia deseada. En estos casos la segmentación por 'etapa de vida' (de los consumidores) nos puede ofrecer un mejor contexto para definir nuestro *target*.

Supongamos que vendes muebles económicos para el hogar, podrías inicialmente segmentar el mercado de individuos que compran muebles con base en rangos de edades; entendiendo que las personas de cierta edad son más proclives a comprar muebles. Sin embargo, a través del siguiente ejemplo constataremos que segmentar por etapa de vida podría resultar más conveniente en este caso.

Por ejemplo: Imaginemos a dos amigos, Pedro y Juan, ambos se graduaron de la universidad al mismo tiempo, ambos tienen la misma edad, pero Juan consiguió un trabajo que le permitió independizarse inmediatamente, por lo que pudo buscar un departamento y mudarse de la casa de sus padres. Sin embargo, Pedro no consiguió trabajo tan rápido y tuvo que quedarse en casa de su familia por un tiempo. Ambos tienen la misma edad, pero solo Juan es *target* para comprar muebles.

Tradicionalmente, para describir estas etapas de vida, algunos mercadólogos han empleado un modelo de segmentación conocido como *'Full Nest Model'* o *'Nido Lleno'* (Wells, Gubbar, 1966) el cual establece que las personas atraviesan por un número de etapas a lo largo de su vida, desde que son solteros hasta que tienen hijos y estos dejan la casa, donde en cada etapa se asocia al consumo de ciertos productos y servicios.

Estas clasificaciones pueden ayudar a las marcas a establecer patrones de compra de bienes y servicios según las diferentes etapas de vida por las que atraviesa el consumidor.

Por ejemplo: Una empresa podría segmentar el mercado para una línea de muebles económicos, considerando que las parejas recién casadas y/o con hijos muy pequeños recién comienzan su carrera profesional y normalmente no cuentan con altos ingresos disponibles, por lo que el *target* en este caso valoraría más aspectos de producto como un bajo costo y la durabilidad.

Sin embargo, esto evidentemente puede ir cambiando conforme los padres de familia acceden a mejores ingresos, comenzando a valorar aspectos como el diseño y la calidad. De esta forma, la segmentación por ciclos de vida reconoce necesidades y prioridades que son específicas en cada etapa de nuestra existencia.

De cualquier manera, habrá que tomar en cuenta que el modelo de *Nido Lleno* fue desarrollado en Estados Unidos en la década de los 60, por lo que hay que reconocer que en la actualidad la composición de las familias es diferente; hay nuevos aspectos sociales, ambientales, tecnológicos y culturales por considerar (madres y padres solteros, hijos que no pueden dejar la casa por desempleo, familias homoparentales, etc.). Esto sin mencionar el contexto, pues las familias en otras partes del mundo pueden tener una composición diferente, como varias generaciones viviendo bajo el mismo techo, como sucede en América Latina o países como la India o Filipinas.

Por otro lado, es común observar a varios mercadólogos segmentando el mercado por generación, lo cual considera el rango de años en el que un grupo de personas nació. En países, como Canadá y Estados Unidos, estas generaciones son clasificadas como: '*Baby Boomers*' (nacidos entre 1946 y 1964), '*Generación X*' (nacidos entre 1965 y 1976) y '*Millennials*' (nacidos entre 1977 y 1995).

La lógica de segmentar por generación radica en la idea que las personas que nacieron en cierta época tienen gustos, necesidades e intereses similares, por lo que podrían formar parte de un mismo segmento de mercado. Sin embargo, hay que tener en cuenta que segmentar por generación no es más que otra forma de segmentación por edad, aunque bajo un rango de años más amplio.

Finalmente, lo importante es entender que las personas atravesamos por etapas en la vida que influyen fuertemente en nuestros patrones de consumo. Si tus productos están asociados con una etapa de vida en particular, entonces es importante segmentar tu mercado de esta manera, lo cual también te debería ayudar a identificar qué otros productos y servicios consumen estas personas y a cuáles medios de comunicación están expuestas.

c) **Género (sexo):** La segmentación de mercados para productos que tienen que ver con los "roles tradicionales" en la casa o con la familia se van diluyendo con el tiempo en favor de la equidad de género. Sin embargo, claramente aún hay productos que son particulares o preferidos por hombres o mujeres, como la ropa, los accesorios, y en especial los productos de higiene personal o cosméticos.

Cuando estamos en necesidad de segmentar por género, usualmente establecemos en nuestro *target* cuál es el porcentaje estimado o proporción de hombres y mujeres que queremos impactar. Aunque, si la segmentación por género no es relevante para nuestros productos, entonces podemos simplemente omitirla.

Por ejemplo: Si vendemos accesorios para decorar la casa (en una región del mundo patriarcal y conservadora), quizá proyectemos que nuestro *target* está compuesto por parejas, en específico mujeres (70%) y hombres (30%) que tengan entre 30 y 55 años de edad.

Esto implica desde la perspectiva de una campaña, que el 70% de nuestro presupuesto publicitario debería ir dirigido a medios de comunicación que son más populares entre mujeres y solo 30% en medios que son neutros o dirigidos a hombres.

Puesto que el mercado femenino, en este caso, predomina sobre el masculino, también implica que el diseño del anuncio (el *arte* del anuncio, el mensaje, las imágenes, etc.) deben realizarse pensando más en las mujeres que en los hombres, aunque cuidado aquí con basar la creatividad en *clichés* o estereotipos machistas o de género.

d) **Nivel de ingresos:** El nivel de ingresos nos puede dar pistas sobre la capacidad de compra de un individuo o un hogar, con base en los ingresos combinados de los miembros de ese hogar.

Segmentar por nivel de ingresos también resulta útil cuando deseamos posicionar un producto en el mercado con base en el precio (ya sea precio bajo, medio o alto), lo cual comúnmente se asocia con la calidad.

Evidentemente, las marcas de lujo segmentan el mercado para llegar a consumidores con altos ingresos disponibles, mientras otras marcas, que quizá vendan bienes de consumo masivo como leche, pan o cereal podrían segmentar el mercado desde un espectro demográfico más amplio incluyendo en el *target* tanto a personas de altos ingresos hasta ingresos medios o bajos.

Segmentar por nivel de ingresos se puede realizar de diversas formas. Por ejemplo, en Estados Unidos y Canadá se define a través de rangos de ingreso **anual** por hogar, que más o menos son representados de la siguiente manera:

- Hogares con ingresos menores a $15,000 dólares anuales
- De $15,000 a $25,000
- De $25,000 a $35,000
- De $35,000 a $50,000
- De $50,000 a $75,000
- De $75,000 a $100,000
- De $100,000 a $150,000
- Y más de $150,000 dólares anuales.

Los rangos de ingreso mensuales o anuales empleados en cada país pueden variar, aunque esencialmente en estas escalas se está tratando de representar a la clase alta, media y baja con sus puntos intermedios entre cada nivel.

Otra forma más práctica de identificar los diferentes niveles de ingreso es simplemente como: 'clase alta', 'clase media-alta', 'clase media', 'clase media-baja' y 'clase baja'.

En mi experiencia profesional he usado los rangos de ingreso como variable de segmentación, pero casi siempre en combinación con otro tipo de variables que incluyen aspectos psicográficos (llamados también de **'estilo de vida'**).

En México, la Asociación Mexicana de Agencias de Investigación de Mercado y Opinión (AMAI) clasifica los hogares (no a las personas) con base en perfiles socioeconómicos usando datos del Instituto Nacional de Estadística y Geografía (INEGI), entre otras variables.

En total la clasificación de la AMAI (2020) propone siete niveles socioeconómicos, considerando características o posesiones del hogar y el grado de estudios de la persona que más aporta recursos al hogar en una escala denominada *"Índice de NSE".*

Estos son los siete niveles con datos del 2018:

- *Nivel A/B:* Es el segmento con el más alto nivel de vida del país. *"El nivel socioeconómico A/B está conformado en su mayoría por hogares en los que el jefe de la familia tiene estudios profesionales o de posgrado (82%). El 98% de los hogares cuenta con internet fijo en la vivienda. Es el nivel que más invierte en educación (10% del gasto) y el que menos dedica al gasto en alimentos (28%)".*

- *Nivel C+:* *"El 87% de los hogares en este nivel cuentan con al menos un vehículo de transporte y el 93% tiene acceso a internet fijo en la vivienda. En relación con el gasto, poco menos de la tercera parte (32%) lo dedica a la compra de alimentos y un 28% a transporte y comunicación".*

- *Nivel C:* Este grupo representa a la clase media del país. *"Un 83% de los hogares de este nivel están encabezados por un jefe de hogar con estudios mayores a primaria y un 77% cuentan con conexión a internet fijo en la vivienda. Del total del gasto en estos hogares, el 35% se dedica a la alimentación y un 7% a educación".*

- *Nivel C-:* *"Cerca de tres de cada cuatro hogares (74%) en este nivel tienen un jefe de hogar con estudios mayores a primaria. Poco más de la mitad (52%) tienen conexión a internet fijo en la vivienda. En relación con el gasto, un 38% se dedica a la alimentación y el gasto en transporte y comunicación alcanza el 24%".*

- *Nivel D+:* *"En poco más de 6 de cada 10 hogares de este nivel (62%), el jefe del hogar tiene estudios mayores a primaria. Solamente el 22% de los hogares cuenta con conexión fija a internet en la vivienda. El gasto en alimentación se incrementa a 42% y el gasto en educación es del 7%".*

- *Nivel D:* *"En el 56% de los hogares de este nivel el jefe del hogar tiene estudios hasta primaria. El acceso a internet en la vivienda en estos hogares es muy bajo, de solamente 4%. Cerca de la mitad del gasto (46%) se dedica a la alimentación y solamente el 16% al transporte y comunicación".*

- *Nivel E:* Este es el segmento con menor calidad de vida en el país. *"La gran mayoría de los hogares de este nivel (95%) están dirigidos por un jefe de familia con estudios de hasta primaria. La tenencia de internet fijo en la vivienda es prácticamente nulo (0.2%). Poco más de la mitad del gasto del hogar (52%) se destina a alimentación y solamente el 11% se utiliza para transporte y comunicación, porcentaje similar al que se destina a vivienda".*

Adicionalmente la AMAI (2020) nos ofrece una *"Distribución Nacional por Nivel Socioeconómico [...]"* de los hogares en México, mostrando la proporción o porcentaje de hogares en dicho país que pertenecen a cada nivel socioeconómico:

NSE	% de hogares
AB	7%
C+	12%
C	15%
C-	15%
D+	15%
D	28%
E	9%

*Tabla 3.1 Proporción de hogares en México que pertenecen a cada nivel socioeconómico. **Nota:** La suma de los valores en la tabla original no da el 100% debido al redondeo decimal.*

Con esta escala propuesta por la AMAI, los mercadólogos en México cuentan con un sistema estandarizado para poder describir e identificar los diferentes niveles socioeconómicos, el cual es empleado por la gran mayoría de las agencias y profesionistas del ramo en este país.

En otros países de América Latina, como Argentina o Chile, se utilizan clasificaciones alfabéticas similares, como *A, B, C, D, E,* agregando números para identificar los puntos intermedios entre los diferentes niveles socioeconómicos cercanos a la clase media, por ejemplo, *C1, C2,* etcétera.

Sin embargo, lo importante es tener claro que al margen del país donde te encuentres, las clasificaciones de nivel socioeconómico siempre deben considerar a **la clase alta (A), la clase media alta (B), la clase media (C), la clase media baja (D) y la clase baja (E),** sea cual fuere la nomenclatura empleada.

e) **Educación:** El grado de estudios puede determinar fuertemente los hábitos de consumo, intereses y a veces el poder adquisitivo de las personas, lo cual también influye en el tipo de medios de comunicación que se deben emplear para difundir la campaña, así como en el tipo de anuncio.

La educación académica de la audiencia objetivo se puede establecer considerando elementos de una escala como la siguiente:

- Sin estudios
- Educación primaria
- Educación secundaria
- Estudios técnicos
- Educación superior (universidad, *college*, etc.)
- Estudios de posgrado (maestría y doctorado).

Por ejemplo, aquellos productos y servicios que se relacionan con el arte es posible que tengan una directa relación con el grado de estudios más que con el nivel de ingresos. Podría pensarse que la ópera, la literatura o un concierto de música clásica solo interesan a personas de altos ingresos disponibles, pero esto sería un estereotipo, pues alguien con altos ingresos y un bajo nivel educativo no necesariamente tiene interés por este tipo de actividades.

Por otro lado, una clase media o media baja educada podría ser más receptiva a las actividades artísticas cuando estas son accesibles.

El nivel de educación de la audiencia objetivo también se podría vincular con productos o servicios que se relacionan con el acceso a la información, con el uso de servicios públicos, ideologías, posturas políticas, sociales o religiosas, o con creencias o costumbres.

f) **Ocupación:** La ocupación simplemente define la actividad de un grupo de personas. No pareciera que exista una clasificación única, pero a manera de referencia ofrezco la siguiente:

- Estudiantes (primaria, secundaria, post-secundaria, etc.).
- Desempleados.
- Empleados asalariados.
- Empleados comisionistas.
- Amas y amos de casa.

- Profesionistas independientes ('*freelancers*').
- Empresarios y/o dueños de micro y pequeñas empresas.
- Dueños de medianas y grandes empresas.
- Inversionistas.
- Pensionados.

La población desempleada, por ejemplo, puede ser un segmento relevante para una agencia de gobierno u organización sin fines de lucro que busca promover cursos de actualización profesional, de autoayuda, ferias de empleo o microcréditos.

Las personas con profesiones muy específicas (como arquitectos, ingenieros, médicos, maestros, etc.) pueden ser de la misma forma un mercado relevante para una empresa que ofrece productos o servicios afines a la ocupación, por ejemplo; si vendemos *software* de diseño vectorial, obviamente queremos segmentar el mercado por ocupación integrando en nuestra definición del *target* a diseñadores gráficos y publicistas.

Se dice que durante años Apple enfocó algunos de sus esfuerzos de *marketing* hacia los estudiantes, esto con la intención de estimular la adopción de sus productos a una edad temprana y escolar, lo que luego facilitaría la conversión de PC a Mac en su etapa adulta y profesional.

g) **Etnicidad o idioma:** En mis años de *marketing* en México no recuerdo haber empleado esta variable muy seguido, aunque en otros países, que se han construido con base en la inmigración (*e.g.* Estados Unidos, Canadá, Australia), es común segmentar el mercado por etnicidad o idioma para alcanzar de manera efectiva a diferentes grupos multiculturales.

La premisa es muy simple: las personas que inmigran de otro país tienen gustos, necesidades, prioridades y formas de comunicarse distintas a los de la población general. En consecuencia, los productos o cuando menos las campañas publicitarias, deben adaptarse a esas necesidades y estos gustos particulares, pues en ocasiones la publicidad dirigida al *mainstream* ('la población predominante') no necesariamente alcanza o tiene el impacto deseado en los inmigrantes.

En Canadá, por ejemplo, las llamadas comunidades multiculturales -en este caso los inmigrantes que vienen de todas partes del mundo- pueden llegar a representar hasta la mitad del total de la población de una ciudad como Toronto, lo cual es un factor que no se puede ignorar cuando se hacen negocios o se ofrecen servicios públicos en esta ciudad.

Segmentar por etnicidad o idioma es tan común e importante en estos países que de hecho existe una rama de la mercadotecnia llamada *ethnic marketing* o *multicultural marketing*, la cual propone técnicas, recursos y metodologías para ayudar a las empresas y organizaciones a alcanzar a diferentes grupos étnicos, que en ocasiones pueden tener un poder de compra significativo o una necesidad muy particular.

En todo caso, en países de América Latina, también podrían existir oportunidad para dirigir campañas y mensajes a las diferentes comunidades indígenas, ya sea desde el sector público o privado. Esto es, considerando su contexto y lengua y promoviendo productos, información o servicios que son útiles y relevantes para dichas comunidades.

Es importante aclarar, de cualquier manera, que segmentar el mercado por etnicidad, país de origen, idioma o variables afines debe emplearse sólo como una herramienta para agregar valor, para mejorar la experiencia de consumo y la comunicación dirigida a estas audiencias. Sería entonces reprobable emplear este tipo de segmentación de mercados para promover productos o servicios bajo una óptica racista o clasista, que busque excluir a las personas basándose en prejuicios.

En conclusión, la segmentación demográfica es una de las formas más comunes para identificar audiencias casi en cualquier tipo de industria o giro, considerando que el criterio para escoger las variables demográficas a emplear es muy particular de cada negocio.

Con esto quiero decir que no todos necesitamos forzosamente segmentar el mercado empleando las seis variables recién expuestas: rango de edad, etapa de vida, género, nivel socioeconómico, educación y etnicidad, aunque si es común que las empresas que venden productos a consumidores (B2C) empleen, cuando menos, alguna combinación de cuatro o cinco variables.

2) Variables psicográficas:

Este tipo de variable de segmentación es relevante cuando queremos identificar un mercado que tiene ciertos hábitos de compra, de consumo o de vida en general. A continuación, veremos ejemplos de algunas variables **psicográficas.**

a) Estilo de vida
b) Personalidad
c) Intereses
d) Valores
e) Creencias

'Estilo de vida' es probablemente una de las variables más empleadas en la segmentación psicográfica. Para entender cómo funciona, imaginemos que vendemos zapatillas deportivas (o sea, tenis o *sneakers*), donde podríamos inicialmente segmentar el mercado con base en la edad, ocupación, nivel socioeconómico y localidad:

"Personas entre 15 y 28 años de nivel socioeconómico C que viven en las cuatro ciudades más pobladas de Argentina".

Sin embargo, ese universo de personas que tienen entre 15 y 28 años, nivel socioeconómico C que viven en Buenos Aires, Córdoba, Rosario y La Plata, comprenden un grupo de individuos que seguramente tienen necesidades y estilos de vida que pueden ser muy distintos, lo cual va a influir en el tipo específico de zapatillas que prefieren comprar.

Algunos consumidores quizá utilicen las zapatillas deportivas por comodidad, otros por moda o imagen, otros para jugar fútbol o correr por las mañanas y otros más para hacer largas caminatas por el campo.

Supongamos entonces que nuestras zapatillas son de hecho **diseñadas para hacer largas caminatas por el campo y la montaña.** Unas zapatillas para tal propósito tendrían un diseño especial: una suela gruesa y con un grabado agresivo y antiderrapante, con un forro exterior resistente al agua y a desgarres.

Dicha configuración de producto difícilmente podría entonces cumplir las necesidades de alguien que compra zapatillas por comodidad o para correr, por lo que aquí ya es evidente que nuestro producto y campaña necesitarían segmentar el mercado de forma psicográfica, o sea por 'estilo de vida'.

> **Nota:** Aquí cabe destacar una particularidad en el comportamiento de los consumidores; es posible que a mi me encanten las zapatillas que son para realizar largas caminatas por el campo, lo cual no necesariamente significa que haga este tipo de caminatas de manera frecuente.
>
> Si este es el caso, es posible que simplemente me guste reflejar un aspecto de mi personalidad (aventura, exploración, etc.) a través de la ropa que uso, aunque solo me ponga las zapatillas para ir al supermercado. De cualquier manera, tanto las personas que realmente hacen *hiking*, como aquellas que solo aprecian el diseño aventurero, deberían ser considerados *target* para la campaña.

Considerando esto, entonces nuestra definición del *target* podría quedar de la siguiente forma:

"Personas entre 15 y 28 años de nivel socioeconómico C que viven en Buenos Aires, Córdoba, Rosario y La Plata, que gustan de realizar montañismo, camping y largas caminatas por el campo o que quieren reflejar una imagen de espíritu aventurero".

De esta manera las variables de segmentación psicográfica definen esencialmente eso, el estilo de vida de un segmento del mercado y/o sus gustos, sin embargo, no hay realmente una clasificación única para este tipo de variables. No tendría mucho sentido, por que un estilo de vida, creencia, valor o interés en realidad **puede ser cualquier cosa**, siempre y cuando sea relevante en el contexto de tu producto, por ejemplo:

- Gente que le gusta hacer deporte
- Gente que le gusta leer
- Gente que le gusta salir de fiesta
- Gente que le gusta probar productos innovadores
- Gente con mascotas
- Gente que le gusta la música electrónica
- Gente extrovertida
- Gente interesada en combatir el cambio climático
- Coleccionistas de estampillas
- Vegetarianos
- Cinéfilos

3) **Variables geográficas:** Las razones para segmentar el mercado geográficamente pueden ser muchas y esta es probablemente una de las variables más empleadas pues establece dónde, físicamente, se encuentran los clientes y/o consumidores potenciales. A continuación, veamos ejemplos de las variables geográficas más comunes.

a) Región o país
b) Estado o provincia
c) Ciudad
d) Alcaldía o comunidad
e) Código postal
f) Zona geográfica delimitada

Como ya hemos mencionado, segmentar el mercado geográficamente pueden relacionarse con limitantes internas, como una red de distribución reducida o el interés en dominar un mercado geográfico en particular, o tal vez una cualidad de cierta región -como el clima, el idioma, la economía, los gustos, el potencial de compra o la cultura-, que resulta ser estratégica para nuestro negocio.

En aquellos negocios que tienen establecimientos, como una tienda de conveniencia o de abarrotes, la segmentación geográfica es también fundamental pues se entiende que las personas visitan una tienda de este tipo principalmente por su cercanía. De esta forma se tendría que segmentar el mercado en función de aquellas personas que viven, trabajan y/o estudian dentro de un perímetro alrededor de dicha tienda, a lo cual en inglés se le conoce como *'trading area'*.

Sea que viven o trabajan en esa zona, queda claro que la gente visita una tienda de conveniencia por la proximidad a su casa o lugar de trabajo, la excepción quizá sería una tienda que vende algo que es muy especializado como, por ejemplo, un local que renta disfraces, pues este tipo de oferta es menos común, donde la gente estaría dispuesta a viajar trayectos más largos, por lo que en consecuencia el perímetro de acción (el *trading area*) también podría ser más amplio.

Figura 3.4 *La dimensión del trading area de una tienda varía en función de los productos que ofrece*

De hecho, algunas plataformas de anuncios en línea como Facebook o Snapchat ofrecen la posibilidad de segmentar el mercado con base en estos perímetros geográficos, para mostrar la publicidad solo a aquellas personas que atraviesan un perímetro (en metros) previamente configurado. Dicha acción, de delimitar un perímetro geográfico para mostrar anuncios digitales solo a las personas que lo atraviesan, se le conoce en inglés como *'geofencing'* o *'geotargeting'*.

Sin embargo, aunque tu negocio no tenga tiendas o sucursales, hay muchas otras razones para segmentar el mercado geográficamente; si vendes equipos de aire acondicionado, por ejemplo, harías segmentación geográfica para incluir en tu *target* solo a ciudades con clima caliente. Si vendes artículos de lujo, como joyas, segmentas geográficamente el mercado para incluir ciudades que concentran a las personas con mayor poder adquisitivo del país, etc.

En conclusión, las variables de segmentación para negocios que venden a personas (B2C) deben seleccionarse basándose en su relevancia respecto a los productos que se ofrecen. Puedes o no emplear todas o algunas de las variables de segmentación que acabamos de describir; lo importante es usar el sentido común para saber cuáles resultan más relevantes para tu negocio y producto.

3.3.2 Segmentación *Business to Business* (B2B)

Venderle a consumidores no es lo mismo que venderle a empresas. En el caso de negocios que venden a otros negocios las variables de segmentación son claramente distintas, con excepción de la segmentación geográfica que aplica en ambos casos (B2C y B2B).

Al margen de que nuestro *target* sean empresas u organizaciones públicas, o sin fines de lucro, básicamente tenemos cinco variables de segmentación; por giro o actividad, tamaño, puestos y por ubicación geográfica.

1) **Giro o actividad:** Una de las formas más comunes de segmentación de mercados B2B consiste en agrupar empresas que tienen la misma actividad, y haríamos este tipo de segmentación típicamente porque vendemos productos o servicios que pensamos son requeridos por un giro industrial, comercial o de servicios en particular.

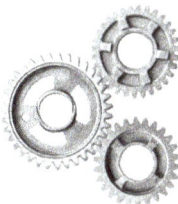

   Por ejemplo: Supongamos que tenemos una empresa que fabrica grasa lubricante para engranes y nuestros principales clientes son fábricas que tienen líneas de producción con maquinaria, como bandas transportadoras.

   Imaginemos ahora que desarrollamos una fórmula que nos permite producir una grasa lubricante 'grado alimenticio', es decir; grasa que no contamina los alimentos (en proceso de producción) en caso de que haya un contacto accidental por escurrimiento.

La grasa no es para comer, pero ingerirla en bajas cantidades no causaría daño a nuestro organismo.

Siguiendo nuestro ejemplo, ahora supongamos que ya estamos trabajando en nuestra estrategia de *marketing* para comercializar nuestra nueva grasa lubricante grado alimenticio, y tenemos que determinar; ¿quiénes son los clientes potenciales?, ¿a quién vamos a dirigir nuestra campaña?, ¿cómo vamos a segmentar el mercado para este producto en especial?

Si el atributo principal de esta grasa lubricante para engranes es su grado alimenticio entonces está claro que el segmento de interés es la industria alimenticia, o para ser más específicos; *'empresas con líneas de producción y maquinaria que producen alimentos o bebidas'.*

Segmentar el mercado obviamente no solo nos sirve para saber a quién dirigir una campaña publicitaria; también nos puede ayudar a calcular el volumen potencial de ventas de esta grasa (con base en el número de empresas de este tipo que hay en el mercado), e incluso nos permitiría generar un listado de clientes potenciales.

Las características de nuestros productos o servicios dictarán qué tipo de giro escogeremos para segmentar el mercado, pues hay un gran universo de actividades productivas.

Además de la industria, la segmentación por actividad evidentemente también puede incluir giros comerciales, como; supermercados, tiendas o cadenas minoristas de joyería, cosméticos, juguetes, ropa, calzado, artesanías, panaderías, etc. O bien, servicios como; despachos de abogados, arquitectos, diseñadores gráficos, agencias de publicidad, servicios médicos, bancos, escuelas y demás.

Puedes segmentar por el giro o actividad que se te ocurra, siempre y cuando -no lo olvides-, tenga sentido desde el punto de vista de tus productos o servicios.

2) **Tamaño:** En ese caso empleamos dos variables de segmentación para definir el tamaño de una empresa: sus ventas o ingresos anuales y el número de empleados. La razón de usar una variable o la otra tiene más bien que ver con tus necesidades específicas.

Si vendes cursos de capacitación, uniformes o computadoras se puede suponer que segmentar empresas por número de empleados es más relevante. Aunque segmentar 'por volumen de ventas', en combinación con 'número de empleados' puede ofrecer un panorama más amplio.

En algunos países existen recursos para ayudarte a segmentar e identificar empresas bajo ambas variables, como en el caso de México, donde existe un directorio llamado 'Industridata' que es publicado por la empresa Mercamétrica Ediciones, S.A. cada año, disponible en Mercametrica.com/industridata/

En dicho directorio se ofrece un listado de empresas, clasificadas por entidad geográfica, que incluye información como datos de contacto, así como volumen total de ventas por año y número de empleados. Otro tipo de publicaciones como 'Fortune 500 Companies', o las '500 empresas más importantes de México' de Grupo Editorial Expansión, también puede ofrecer información útil.

En mi experiencia, he segmentado el mercado por tamaño de empresa para enfocar los esfuerzos de promoción y prospección comercial a aquellas corporaciones que puedan tener el mejor potencial de compra. Aunque también habrá casos donde queremos llegar a empresas pequeñas y medianas, como quizá un banco buscando ofrecer microcréditos a la pequeña empresa o una empresa de administración de nómina que ofrece sus servicios a organizaciones que no pueden pagar un área completa de recursos humanos.

3) **Área:** En muchas ocasiones los productos o servicios que vendemos son relevantes para áreas especificas dentro de las organizaciones. Por ejemplo, si vendemos *software* contable deberíamos segmentar el mercado bajo esta variable, para dirigir la campaña al departamento de contabilidad o sistemas.

Usando el ejemplo de la empresa que vende grasa lubricante grado alimenticio, podríamos segmentar el mercado por área para incluir tanto a personal de mantenimiento de la planta, así como al personal de compras. Cualquier área en una empresa puede ser de interés bajo este tipo de segmentación, siempre y cuando esta sea relevante para nuestros productos: dirección general, recursos humanos, operaciones, mantenimiento, ventas, contabilidad, mercadotecnia, etc.

4) **Puestos:** De forma similar, los puestos en una empresa también pueden emplearse como una variable de segmentación, ya sean estas posiciones específicas como director general, gerente de finanzas, gerente de recursos humanos o roles genéricos como directores, gerentes, asistentes, vendedores, etcétera.

Una agencia de publicidad probablemente debería segmentar el mercado para ofrecer sus servicios a gerentes de mercadotecnia de la misma forma en que una empresa, que vende refacciones industriales, debería segmentar el mercado para alcanzar a gerentes de planta, jefes de mantenimiento o compradores.

Es importante aclarar que en la mercadotecnia negocio a negocio (B2B) los roles que juegan los empleados en los procesos de compra pueden estar al margen de los puestos que ocupan. ¿A qué roles me refiero? Quien compra un producto o servicio en una empresa no es necesariamente quien lo usa, quien lo aprueba, quien lo recomienda o incluso quien influye en la compra de este.

Por ejemplo, si una empresa necesita comprar artículos promocionales (llaveros, plumas, gorras, etc.), quizá sea el área de ventas quien solicite la compra, pero es mercadotecnia quien influye en varias de las decisiones, como escoger los tipos de artículos, la forma de integrar el logotipo de la empresa o incluso recomendando proveedores, para que finalmente sea el área de compras quien adquiera los productos.

También es importante aclarar que el rol de comprador no siempre es asignado formalmente a los empleados. A veces estos roles son implícitos debido a que las personas involucradas en un proceso de compra determinado, se supone son las expertas en evaluar y adquirir cierto tipo de productos.

De esta forma, no siempre es el área de compras la responsable de negociar y adquirir todo lo que se consume en una empresa, especialmente cuando se adquieren productos o servicios muy técnicos, por ejemplo; *spots* de televisión, publicidad programática o maquinaria especializada.

Esto es importante tenerlo en cuenta cuando decidimos a quién debemos dirigir nuestra campaña dentro de una organización, pues es durante nuestro ejercicio de segmentación B2B que se debe identificar **quiénes son los que solicitan, usan, compran, influyen, asesoran y ejecutan la compras.**

5) **Ubicación geográfica:** La segmentación por **'ubicación geográfica'** en empresas B2B no es diferente al de las empresas B2C, la cual ya hemos descrito. La segmentación geográfica nos permitirá enfocar nuestros recursos, identificar necesidades y atender de mejor forma a nuestros clientes, definiendo el mercado por región, país, estado o provincia, ciudad, municipio, alcaldía, código postal y/o un área geográfica delimitada.

Estas son entonces las cinco variables de segmentación más comunes para mercados B2B, aunque la lista no es exhaustiva. Podríamos pensar en otros ejemplos menos obvios, como segmentar un mercado B2B con base en estilos de compra o cultura corporativa.

> **Por ejemplo:** ¿Cómo funcionaría esto? Se podría segmentar el mercado basándonos en aquellas organizaciones que priorizan comprar ciertos productos en función de su calidad y no el precio, o basándose en la estacionalidad de compras (agencias publicitarias que venden a partidos políticos cuando hay elecciones), o también considerando la forma en que dicha empresa compra sus insumos, como aquellas empresas que solo usan materias primas orgánicas. Incluso es posible segmentar el mercado considerando aspectos culturales internos del *target*, como aquellas organizaciones que valoran más la rapidez en el servicio que la atención a los detalles, o a la inversa.

De hecho, en el mundo de la mercadotecnia B2B, se siguen desarrollando nuevos enfoques de segmentación y *targeting* como el ya mencionado concepto de *Account-Based Marketing*, donde el área de mercadotecnia crea una pequeña lista de aquellas empresas o prospectos a los cuales les quiere vender, y en lugar de lanzar una campaña única y masiva, lo que se hace es generar contenidos especiales para cada una de esas *cuentas* o empresas en función de los temas que les pueda interesar a cada una.

Para comenzar a cerrar este tema de variables de segmentación hay que destacar que otra de las diferencias fundamentales entre anunciar productos a negocios o a personas es **la objetividad** (percibida) en el proceso de compra, pues se entiende que los compradores en las empresas (B2B) hacen su mejor esfuerzo para ser más racionales, tomando decisiones de compra basadas en comparaciones medibles o análisis de beneficios a largo plazo, esto a diferencia del consumidor común.

Cuando las empresas compran un producto o servicio puede haber un riesgo económico muy grande, que además es continuo, donde los márgenes de ganancia están en juego, por lo que se espera que todas las decisiones del comprador corporativo sean racionales, objetivas y sin emociones (al menos en la teoría).

Aunque hay algo de verdad en esto, se puede argumentar que los compradores en las empresas siguen siendo personas; individuos con sentimientos, prejuicios y preferencias, por lo que el factor emotivo siempre estará presente.

Estos compradores profesionales adquieren artículos no solo considerando cuál ofrece la mejor relación precio-calidad o el mejor tiempo de entrega, también lo hacen basándose en el riesgo percibido o incluso a la afinidad que puedan tener con ciertos proveedores. De esta forma, cuando compran también están pensando en reducir ciertos factores de estrés, en proteger su reputación como empleados, en no meterse en problemas (por fallas, demoras, conflictos, etc.) y en ser finalmente reconocidos por su trabajo. Con esto quiero decir que cuando hacemos publicidad **para mercados B2B no debemos eliminar por completo el factor emocional**, pues seguimos vendiendo a individuos de carne y hueso.

Finalmente, antes que decidas qué criterios de segmentación emplear, es importante destacar que también existe una importante diferencia entre el número de variables de segmentación que es empleado por una empresa B2B, en comparación con empresas que operan en mercados B2C.

En mi experiencia las empresas que venden a otras empresas usualmente emplean una combinación menor de variables de segmentación; quizá de tres a cuatro, cuando las empresas que venden a personas pueden llegar a emplear hasta 10 o incluso más variables combinadas.

B2C

Demográficas
- Rango de edad
- Etapa de vida
- Género
- Nivel de ingresos
- Educación
- Etnicidad o idioma

Psicográficas
- Estilo de vida
- Personalidad
- Intereses
- Valores
- Creencias

Geográficas
- Región o país
- Estado o provincia
- Ciudad
- Alcaldía o comunidad
- Código postal
- Zona geográfica delimitada

B2B

Giro o Actividad
- Actividad industrial
- Actividad comercial

Tamaño
- Por número de empleados
- Por volumen de ventas

Área en una empresa
- Ventas
- Mercadotecnia
- Recursos humanos, etc.

Puestos en una empresa
- Directores
- Gerentes, etc.

Geográficas
- Región o país
- Estado o provincia
- Ciudad, etc.

Estilos de compra
Cultura corporativa

Tabla 3.2 Ejemplos de variables de segmentación por tipo de mercado

3.4 *Targeting:* Definiendo tu audiencia objetivo

Ahora, ya con todos los elementos en mano, hagamos un ejercicio para definir el *target* final de nuestra campaña:

1) **Revisa tu definición preliminar:** Para empezar, puedes emplear como punto de partida aquella definición preliminar del *target* de la que hablamos en el capítulo anterior.

2) **Emplea tus *insights*:** Si esta definición preliminar aún es vigente combínala con aquellos *insights* que hayas obtenido de tu investigación de mercados para enriquecerla, expandirla y ajustarla. O, si tu definición preliminar ya no aplica, entonces usa los *insights* obtenidos para crear una nueva.

3) **Define tu *target* usando variables de segmentación:** Revisa las diferentes opciones de variables de segmentación para asegurarte que la nueva definición describe los rasgos o cualidades **comunes** de tu audiencia objetivo desde diferentes ángulos, como: sexo, edad, nivel socioeconómico, etapa de vida, ubicación, entre otras, para mercados B2C -o bien- por giro, actividad, tamaño, puesto o área, para mercados B2B.

   Recuerda que necesitas encontrar un balance entre el número de variables de segmentación que estás empleando para definir tu *target*, si usas muy pocas variables (suponiendo que tu empresa es B2C) la definición de tu audiencia podría ser demasiado amplia o ambigua, aunque si usas un exceso de variables corres el riesgo de pulverizar tu audiencia.

4) **Valida tu definición final:** Ya una vez que hayas definido un *target* asegúrate que sea homogéneo, que el tamaño de dicho segmento sea suficientemente grande y/o rentable para poder hacer negocio, y que también sea accesible de acuerdo a los medios que tiene tu empresa (infraestructura, red de distribución, fuerza de ventas, etc.).

5) **Agrega tu *customer avatar*:** Si has decidido desarrollar tu *customer avatar* puedes agregar fragmentos de este a tu definición final del *target*, lo cual te ayudará a visualizar mejor sus rasgos de personalidad.

Todos estos elementos combinados y estructurados son los que componen un *target* adecuado, el cual ilustramos con un último ejemplo.

Retomemos el caso de la empresa que fabrica y comercializa ropa técnica para personas que disfrutan del campismo y los viajes.

Para definir nuestro target emplearemos una combinación de variables de segmentación B2C, incluyendo segmentación demográfica y psicográfica así como el *customer avatar* expuesto páginas atrás. De esta manera nuestra definición del **target** final quedaría de la siguiente forma:

"Hombres y Mujeres de 25 a 55 años, nivel socioeconómico A, B, C+ que viven en Santiago, Valparaíso, Concepción, La Serena y Antofagasta. Personas que gustan de realizar actividades al aire libre, estar en contacto con la naturaleza y que viajan regularmente al extranjero y al interior del país.

Autoproclamados trotamundos, que valoran más las experiencias sobre las posesiones materiales y que ven su equipo, accesorios y vestimenta de viaje como medios que les permiten conectarse con la gente, la cultura y la naturaleza en los diferentes sitios que visitan.

Muchos de nuestros clientes son personas que trabajan en diferentes industrias creativas, como la publicidad, el arte, la fotografía, el cine o la creación de contenidos, y se encuentran muy conectados con la tecnología y las redes sociales.

Son viajeros incansables que aprecian la durabilidad, funcionalidad, comodidad y corte de las prendas que usan, valorando más estas cualidades sobre aspectos como el precio".

Como podrás observar, esta definición ficticia de un *target* cuenta con referencias no solo sobre los aspectos demográficos del mercado objetivo (como sexo, edad, ingresos y ubicación), sino también nos da pistas sobre sus preferencias y aspectos de su estilo de vida, que más tarde nos serán útiles para definir la creatividad y los medios de comunicación a emplear en la campaña.

Por otro lado, aquellos lectores con un poco más de experiencia en *marketing*, es posible que hayan notado que en algunos casos la definición de la audiencia objetivo es frecuentemente sintetizada a su mínima expresión, como:

"Hombres y Mujeres de 25 a 55 años, NSE: A, B, C+ que viajan y viven en los principales centros urbanos de Chile".

Comprimir la definición del *target* de esta forma puede ser necesario en algunas circunstancias; como cuando necesitamos hacer una referencia rápida a nuestro *target* en ciertos documentos o durante juntas con el equipo de trabajo, especialmente con gente que ya conoce la versión extendida del *target*. Sin embargo, hay que tener clara la importancia de emplear la versión completa de nuestra definición cuando hacemos estrategia, creatividad o planeación de medios, o cuando involucramos a colaboradores nuevos.

3.4.1 Escogiendo una estrategia de *targeting*

Como ya hemos mencionado es posible que nos veamos en la necesidad de dirigir nuestra campaña a más de un *target*. Esto no es inusual, sucede, pero ten en cuenta que no es una situación ideal para las pequeñas y medianas empresas debido a los muy limitados recursos con los que contamos, pues tener más de un *target* nos impide concentrar las fuerzas y hacer un uso eficiente de los recursos.

En todo caso, si nos vemos frente a una situación de estas, ¿cómo priorizamos nuestros recursos?, ¿cómo sabemos a cuál audiencia debemos enfocarnos?

> **Por ejemplo:** Imaginemos un escenario en el cual tenemos una pequeña empresa de limpieza donde atendemos dos mercados: casas y empresas. Son dos segmentos muy distintos, por lo que no tiene sentido usar la misma campaña para llegar a ambos mercados. Entonces, podríamos considerar hacer dos campañas dirigidas a cada uno de los dos *targets*, pero esto puede ser caro. ¿Cómo resolveríamos esta situación?

El sentido común y el principio de *concentración de la fuerza* nos dice que debemos seleccionar aquella audiencia o segmento que presente **la mejor oportunidad de hacer negocio**, es decir aquel grupo de personas o entidades que nos dé el mejor margen de ganancia y volumen de compra, o en el caso del gobierno u ONGs, aquel segmento que tenga el potencial de generar la más alta tasa de *conversión*.

Este es el criterio número uno para seleccionar tu *target*. Pero, por otro lado, ya nos podremos imaginar que el segmento de mercado más atractivo también puede ser el más saturado, con muchos competidores peleando por el mismo "pedazo de pastel", aunque este sería un problema más de *marketing* que de publicidad.

En todo caso si consideras que es indispensable llegar a más de un mercado objetivo podrías cuando menos reducir tu lista de posibles *targets* a solo dos o máximo tres; siempre designando a solo uno de ellos como el **target primario**, y al otro o los otros dos como **targets secundarios**.

Esta decisión debemos tomarla bajo el entendido de que la mayor parte de tus recursos (presupuesto, tiempo y esfuerzo), deberán siempre enfocarse en financiar la campaña del *target* primario y el resto de los recursos usarlo en los *targets* secundarios.

En todo caso, para estructurar adecuadamente la forma en que "atacaremos" un mercado necesitamos antes escoger una estrategia o enfoque (*targeting*) para establecer la forma en que llegaremos al o los segmentos seleccionados.

La mayoría de los mercadólogos reconocen que hay cuatro enfoques para decidir cómo dirigir productos y campañas a uno o más targets; (a) *Enfoque masivo,* (b) *Enfoque múltiple,* (c) *Enfoque concentrado* y (d) *Enfoque personalizado.*

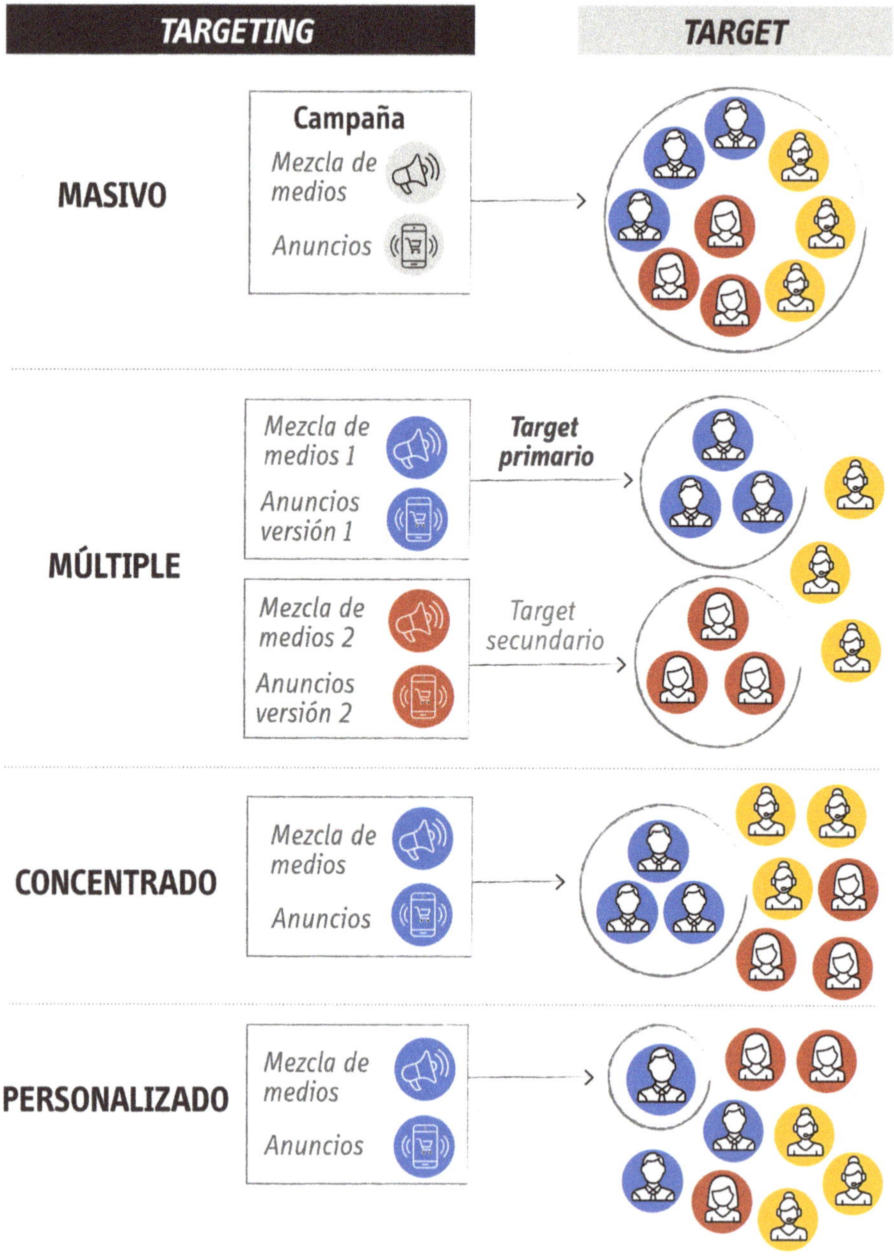

TARGETING	TARGET

MASIVO

Campaña
Mezcla de medios
Anuncios

MÚLTIPLE

Mezcla de medios 1
Anuncios versión 1

Target primario

Mezcla de medios 2
Anuncios versión 2

Target secundario

CONCENTRADO

Mezcla de medios
Anuncios

PERSONALIZADO

Mezcla de medios
Anuncios

Figura 3.5 Los diferentes tipos de targeting

1) **Enfoque masivo:** Con el enfoque masivo (o *'undifferentiated'*, o *'mass marketing'* en inglés) básicamente ofrecemos el mismo producto a todo el universo de posibles consumidores usando exactamente los mismos anuncios y medios de comunicación, sin considerar las diferencias en gustos y preferencias de las personas que componen todo ese universo.

En tiempos modernos el *enfoque masivo* no es algo que realmente queremos emplear. Es obsoleto, pues elimina cualquier oportunidad de diferenciar los productos y la comunicación en sí. Existe como concepto porque fue empleado a inicios del siglo pasado, cuando se ofrecía el mismo producto a todos los consumidores por igual, sin importar sus necesidades o preferencias particulares.

Algunos mercadólogos consideran que este enfoque aún tiene vigencia en casos muy específicos, como cuando vendemos *'commodities'*; como granos o azúcar, pues usualmente estos productos no necesariamente tienen una marca, son genéricos y la única base de diferenciación para quien los compra es el precio y la disponibilidad.

2) **Enfoque múltiple:** El *enfoque múltiple* o *multi-segmento* es más común, pero solo tiene sentido cuando tenemos más de un *target* al que queremos impactar. Cuando adoptamos un *enfoque múltiple* básicamente configuramos la campaña en función de las preferencias y necesidades de cada uno de los *targets* que tenemos.

> **Por ejemplo:** Pensemos en un hotel que tiene dos mercados: turistas y viajeros de negocios. En este caso usamos un *enfoque múltiple* para desarrollar dos campañas, una que resalta las actividades recreativas para los turistas, y otra que resalta la cercanía y accesibilidad del hotel con el centro de la ciudad, para los viajeros de negocios.

Quisiera en todo caso recordarte que esto tendrá un costo económico más alto para tu empresa, aún cuando designes un *target* primario, pues involucra producir más de una versión de anuncios, así como crear una pauta adicional en medios de comunicación. El *enfoque múltiple* tiene más sentido cuando trabajamos en empresas grandes, o cuando tenemos más recursos económicos.

3) **Enfoque concentrado:** Esta estrategia probablemente resulta ser la más adecuada para empresas pequeñas.

Cuando usamos el *enfoque concentrado* dirigimos todos nuestros recursos a un solo *target* (aquel que es más atractivo por su tamaño y rentabilidad) y con solo una campaña. Usar este tipo de enfoque obviamente también nos permite ser consistentes con el principio de *concentración de la fuerza*, pero como todo en esta vida, también tiene sus riesgos, pues se ponen "todos los huevos en la misma canasta", apostando todos los recursos a un solo segmento del mercado.

Sin embargo, recordemos que enfocar una campaña a un solo segmento en el presente no implica que no podamos dirigirnos a otros segmentos en un futuro.

4) **Enfoque personalizado:** Este tipo de enfoque es algo similar al anterior. Los recursos que tenemos se destinan a un segmento del mercado que es pequeñito (*de nicho*), pero con una alta rentabilidad que nos permite hacer negocio.

La oferta de productos que se dirige bajo este tipo de enfoque normalmente es configurada para satisfacer necesidades muy específicas, casi únicas, de un mercado o incluso de un solo cliente, y de igual forma la campaña es igualmente muy específica y particular.

Bajo este tipo de enfoque, normalmente no usamos medios de comunicación masiva como TV, radio o prensa. Más bien empleamos tácticas como correo directo (postal o electrónico) con invitaciones personales a eventos o salas de exhibición o demostraciones, por citar algunos ejemplos.

Las marcas de super lujo que operan en sectores como la joyería, el arte o los bienes raíces emplean con frecuencia este tipo de enfoque, aunque también puede ser usado por empresas o profesionistas que ofrecen servicios altamente especializados o muy técnicos, por estas razones este enfoque podría ser empleado por empresas que hacen comunicación del tipo *Account-Based Marketing*.

Entonces, según tus necesidades particulares, ¿cuál de estos cuatro enfoques te conviene más emplear?; ¿múltiple?, ¿concentrado?, ¿personalizado? Si tienes recursos suficientes y más de un *target* que atacar probablemente te conviene más emplear un *enfoque múltiple*. Si tienes una pequeña o mediana empresa y/o un solo *target*, te conviene más el *enfoque concentrado*, pero si ofreces servicios altamente especializados en un mercado ultra-especializado o de nicho probablemente quieres considerar un *enfoque personalizado*.

3.5 *Checklist:* **Definiendo tu audiencia objetivo**

Contexto — **Target** — Objetivos — Mensaje — Medios — Producción — Lanzamiento

- ✓ Segmentar el mercado
- ✓ Definir a la audiencia objetivo
- ✓ *Targeting*

En resumen y como repaso, para identificar a tus clientes y definir adecuadamente el *target* y la estrategia de *targeting* de la campaña necesitas:

1) **Definición preliminar:** Revisa la definición preliminar del *target* que tenías antes de leer este capítulo y estudia los *insights* que obtuviste en tu investigación de mercado.

2) *Insights* **de mercado:** Si tu definición preliminar del *target* fue adecuada, expándela y mejórala con los *insights* de mercado que obtuviste. Si no fue adecuada, modifícala con base en esos *insights*.

3) **Variables de segmentación:** Identifica y escoge qué tipo de variables de segmentación vas a emplear para definir tu *target*, dependiendo del tipo de mercado en el que operas (B2C o B2B).

4) **Definición del** *target***:** Integra las variables de segmentación seleccionadas para redactar, en uno o dos párrafos, una definición final de tu *target*.

5) **Estrategia de** *targeting***:** Decide que enfoque emplearás para llegar a tu audiencia objetivo (**múltiple, concentrado o personalizado**), con base en el número de *targets* que hayas seleccionado y el tamaño de tu empresa y mercado. Si tienes más de un *target* debes priorizar y definir cuál es el primario y cuáles son los secundarios. Si aplica, también define el o los *targets* secundarios.

6) **Definición del *customer avatar*:** Escribe una breve historia ficticia de un cliente típico (*customer avatar*), y úsala para enriquecer y expandir la definición de tu *target* primario.

7) **Validación del *target*:** Asegurarte que el segmento de mercado que hayas escogido sea suficientemente grande y/o rentable para hacer negocio y que además esté compuesto por individuos o entidades con cualidades en común y que además sea alcanzable con los medios e infraestructura disponible en tu empresa.

CAPÍTULO 4

Define los objetivos

4. **DEFINE LOS OBJETIVOS**

En este capítulo daremos respuesta a las siguientes preguntas:

- *¿Por qué es importante fijar objetivos de campaña?*
- *¿Cuál es la relación entre objetivos, misión, visión y valores?*
- *¿Cuáles son los diferentes tipos de objetivos e indicadores que se emplean en la publicidad?*
- *¿Cómo definir objetivos de campaña?*

4.1 **La importancia de fijar objetivos**

En el capítulo 2 establecimos un propósito de campaña que esencialmente define los motivos generales por los cuales deseamos hacer publicidad.

En este capítulo aprenderemos a establecer los objetivos específicos de la campaña, que se derivan de ese propósito (objetivo de *marketing*). Dichos objetivos nos dan un curso y también nos ayudan a medir el desempeño.

Cuando tenemos objetivos es más fácil trabajar, porque podemos trasmitir claramente las prioridades a nuestros colegas, proveedores o inversionistas, evitando así crear un ambiente de estrés y confusión.

Por otro lado, si tenemos claro lo que queremos lograr podemos inspirarnos e inspirar a los demás, así como identificar claramente las tareas que requerimos hacer en el día a día; consumiendo los recursos que tenemos (tiempo, dinero, esfuerzo) de una forma más eficiente. Así de importantes son los objetivos.

¿Has estado en alguna situación en la que te asignaron completar un proyecto complejo en muy poco tiempo?, ¿has experimentado esa ansiedad de no saber por dónde empezar? Estoy convencido que la falta de planeación es una de las principales causas de estrés en cualquier organización, en todos los niveles jerárquicos.

Sin embargo, en estos últimos tiempos, este paradigma de trabajar bajo presión se ha vuelto un concepto glorificado, una supuesta cualidad deseable, que en mi opinión más bien contribuye a crear una cultura de la improvisación en algunas organizaciones. De hecho, tendría más sentido pedir a la gente que aprenda a trabajar sin presión, porque esto implicaría que tendrían que planificar su trabajo, lo cual también debería reducir el estrés.

Hay que considerar, sin embargo, que fijar objetivos tampoco significa ser intransigente; más bien se trata de establecer una referencia al punto de llegada. Lo ideal sería tener una trayectoria (o un curso) lo más directo posible al objetivo, pero en el mundo real necesitamos flexibilidad y espacio, porque las condiciones del mercado y el ambiente donde nos movemos siempre van a cambiar.

Es como en un velero. Un barco de vela no siempre puede tener una trayectoria directa al punto de destino porque esto dependerá de la dirección del viento, y como no controlamos el viento entonces tenemos que controlar el barco.

Al velear es importante identificar y mantener una referencia visual de forma constante, que puede ser desde una brújula o un árbol cerca de la orilla o una boya en el horizonte.

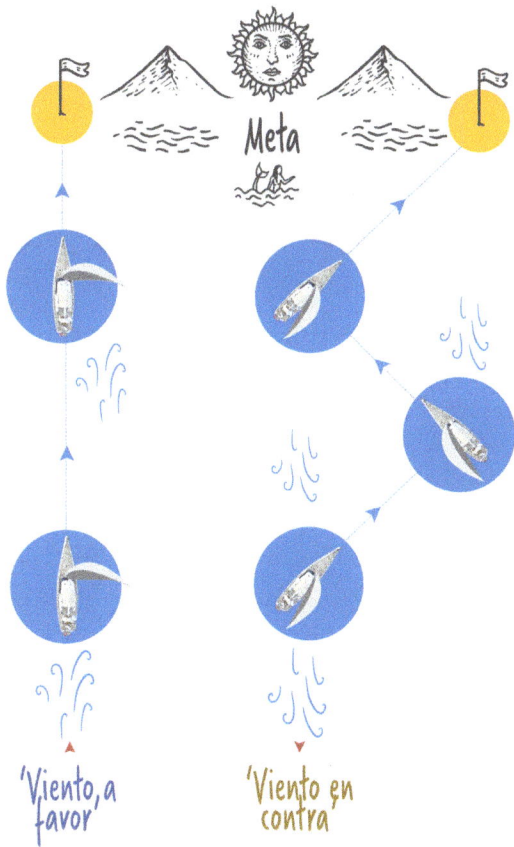

Cuando el viento está a favor, es decir en la popa (parte trasera del velero) este sopla hacia la misma dirección donde se encuentra nuestra meta y en este caso uno podría mantener un curso directo al objetivo, pero esto evidentemente no siempre sucede. La dirección del viento, como el ambiente (económico, social, político, etc.) en los negocios, siempre puede cambiar.

En el caso opuesto, cuando el viento de hecho proviene de la misma dirección donde se encuentra nuestra meta (*i.e.* 'viento en contra') el capitán tiene que zigzaguear el barco, haciendo cambios intermitentes de trayectoria para atrapar la mayor cantidad de viento con la vela, pero sin desviar el curso general previamente definido. A esto los marineros le llaman '*beating to windward*', 'ceñir a barlovento' en español.

Entonces, si el capitán no tiene a la vista y de forma constante ese punto de referencia u objetivo, en aquel zigzagueo, puede ser fácil desviarse de la meta.

Cuando uno pasea en buen clima, descuidar por un momento el curso del bote no es un gran problema, pero en mal clima o en una competencia de veleros -como sucede en el mundo de los negocios-, mantener el curso es tan importante como mantener la velocidad.

4.2 **Sé estratégico**

Para poder formular los objetivos de tu campaña debes primero plantear los objetivos del **plan de *marketing* o de comunicación**, e incluso, estos se tendrían que alinear con los objetivos del **plan de negocio** y también tendría que existir una conexión con la **misión, la visión y los valores corporativos** que rigen el curso de toda la organización, en este último caso, por un plazo de diez o más años.

Empecemos entonces de arriba hacia abajo, o más bien, usando la analogía de un árbol; de abajo hacia arriba. Abajo, tenemos las bases, nuestras **raíces** y el origen de toda la estructura que soporta a la empresa con sus diferentes áreas; el tronco, las ramas y las hojas.

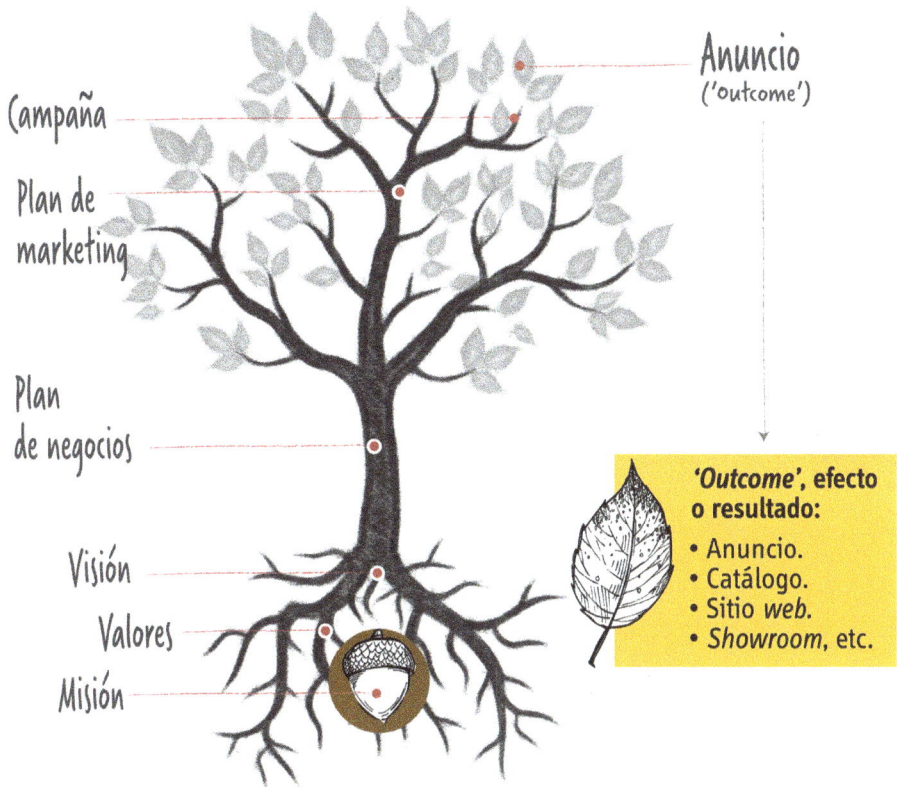

Anuncio
('outcome')

Campaña

Plan de marketing

Plan de negocios

Visión

Valores

Misión

'Outcome', efecto o resultado:
• Anuncio.
• Catálogo.
• Sitio *web*.
• *Showroom*, etc.

Figura 4.1 *La misión, visión y los valores son la base que sostiene y da vida a una organización, y la publicidad es un reflejo de esa cultura.*

Todo empieza en la base, con una misión. Y dada la importancia de la misión, visión y valores corporativos, como elementos estratégicos en nuestro proceso de planeación de campañas, tenemos que hacer un paréntesis para al menos entender los principios que rigen a estos tres elementos.

4.2.1 La misión

La '**misión**' establece en esencia, el propósito y la razón de ser de la empresa. En un párrafo, la misión debe emocionar a los involucrados (empleados, clientes, proveedores, accionistas, etc.), debe atender un propósito o causa (típicamente social) y nos debe ayudar a entender y explicar el negocio en el que estamos.

Aquí es importante señalar que no es lo mismo definir la misión pensando en los productos que vendemos que definirla pensando, más bien, en el negocio en el que estamos.

Imaginemos que tenemos una tienda que vende **persianas** y alguien nos pide definir nuestra misión. Típicamente la mayoría empezaría diciendo algo así:

'*XYZ es una empresa dedicada a la venta de persianas de alta calidad que satisfacen las necesidades de nuestros clientes con productos de gran diseño, siguiendo los más altos estándares de excelencia en el servicio al cliente...*'.

El primer problema aquí es definir nuestra misión en función del producto que vendemos, no con base en la solución que aportamos en la vida de nuestros clientes.

¿Qué es realmente lo que estamos vendiendo?, ¿cuál es la necesidad, en nuestros clientes, que estamos satisfaciendo a través de la venta de estas persianas? De hecho, ¿por qué alguien necesitaría una persiana?

Para poder ver la necesidad que satisfacemos en nuestros clientes hay que hacerse varias preguntas, como: ¿qué es lo que hace una persiana? o ¿por qué alguien necesitaría de una persiana?

Creo que esencialmente alguien compra persianas por dos motivos: para tener privacidad y para controlar la luz exterior. Entonces, en lugar de definir nuestro negocio en función de lo que el día de hoy vendemos, ¿no resultaría mejor definirlo basándonos en los problemas que resolvemos?

Regresando a nuestra primera definición, entonces no diríamos: "*Estamos en el negocio de las persianas*", más bien diríamos: "***Estamos en el negocio del control de la luz y la privacidad***".

Esta pequeña diferencia en la definición de la misión realmente tiene grandes consecuencias estratégicas en el futuro del negocio y de la campaña en sí.

En el primer caso, si vender persianas es lo que vemos como propósito, pues eso es lo único que vamos a vender. Porque la misión no solo define la cultura y la identidad de nuestra marca, sino también tiene influencia en decisiones de negocio que tocan todos los aspectos de la empresa, incluyendo el área comercial y de *marketing*.

Con una definición así realmente nos estaríamos limitando. ¿Qué pasa si un día las persianas pasan de moda, o surge algún tipo de tecnología que las hace innecesarias? Como los vidrios que se polarizan (oscurecen) eléctricamente y que en esencia cumplen la misma función: controlar la cantidad de luz y dar privacidad.

Si definimos entonces nuestra misión como: **'Estamos en el negocio del control de la luz y la privacidad'** las posibilidades son infinitas, porque ahora ya sabemos que no solo vendemos estrictamente persianas, sino abrimos la puerta para ofrecer otras cosas como cortinas, biombos, tragaluces, lámparas, candiles e incluso sistemas automatizados de control de iluminación que ahorran energía.

Esta variedad en nuestro portafolio de productos también nos puede ayudar a ampliar nuestra cartera de clientes y nos mantiene vigentes con los avances tecnológicos (como los vidrios que se polarizan eléctricamente), y con los constantes cambios en modas, gustos o hábitos, como la preocupación por cuidar el medio ambiente y el creciente interés por ahorrar energía eléctrica.

Para poder definir la misión de tu empresa debes entonces enfocarte en **identificar la necesidad** que tus productos satisfacen en los clientes, no en los productos *per se*. Esto es ser estratégico, porque de esta forma estamos *'mirando el bosque, no solo el árbol'*. Es decir, tenemos una panorámica sobre todas las posibilidades, sin obsesionarnos solo con lo que vendemos ahora.

Para cerrar este ejercicio sobre la misión recordemos nuevamente nuestra definición original:

'XYZ es una empresa dedicada a la venta de persianas *de alta calidad que satisfacen las necesidades de nuestros clientes con productos de gran diseño, siguiendo los más altos estándares de excelencia en el servicio al cliente...'*

El segundo problema que tenemos con esta misión es la falta de originalidad y el uso exagerado de *clichés*.

Como explicamos en el capítulo anterior es muy común (pero no adecuado), que se utilice en la misión términos trillados como 'excelencia', 'calidad' o 'liderazgo'. No hay nada malo en ofrecer excelencia y calidad, más bien es tácito, es nuestra obligación; los clientes no esperan menos, por lo mismo, anunciarlo realmente no agrega valor.

Como ya hemos dicho, la misión debe realmente emocionar, inspirar e iluminar el camino. La misión debería atender un problema o necesidad que es realmente importante para nuestros clientes; además es una afirmación hecha a la medida, que solo le debe quedar a nuestra empresa, a ninguna más. Tampoco pretendamos escribir una misión genial en 10 minutos. Construir la misión toma un poco de tiempo y requiere de inspiración, originalidad y esfuerzo, pero realmente vale la pena.

Así, la mejor forma de empezar a escribir nuestra misión es preguntándonos: **¿por qué el mundo va a ser un mejor lugar con esta marca?** Esto básicamente define el propósito de nuestra organización.

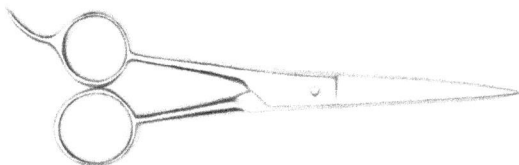

Pensemos en otro ejemplo:

Claramente no todas las empresas actúan en una escala global, pero aunque tengamos una pequeña peluquería en el centro de un pequeño poblado, a alguien estamos ayudando a mejorar su autoestima, o quizá a conquistar a un enamorado(a), o tal vez a dignificar su apariencia. Y aunque solo tengamos un puñado de clientes en nuestra pequeña peluquería, esto ya está haciendo del mundo un mejor lugar, si somos buenos en lo que hacemos, claro está.

Solo hay que entender de qué forma conseguimos mejorar la vida de nuestros clientes y esto lo podemos averiguar haciendo un poco de '**análisis de causa**', es decir, preguntándonos repetidamente ¿Por qué?

Estoy en el negocio de las peluquerías...

- **¿Por qué?**
  Porque la gente necesita cortarse el pelo.

- **¿Por qué?**
  Porque la gente necesita cuidar su apariencia para estar presentable y verse atractiva.

- **¿Por qué?**
  Porque la gente necesita conseguir o mantener un trabajo, enamorar a alguien, crear una buena impresión o simplemente sentirse bella(o).

- **¿Por qué?**
  Porque los seres humanos necesitamos pertenecer, ser amados y ser aceptados.

Nota: Esta técnica conocida como los '**Five Why's**' (Van Vliet, 2014), es una de tantas herramientas de 'Análisis de Causa Raíz', la cual es atribuida a Sakichi Toyoda (1867-1930), un inventor y empresario japonés el cual ha tenido gran influencia en la literatura sobre mejoras de procesos y gestión de negocios.

Regresando a nuestro ejemplo, la nueva misión de nuestra peluquería podría quedar así:

'Estamos en el negocio de construir relaciones, mejorando la apariencia y la autoestima de nuestros clientes a los cuales consentimos, embellecemos y dignificamos'.

Ahora, a partir de esta definición, ¿qué más se te ocurre que podríamos vender en esa peluquería?, ¿puedes imaginarte el espacio donde daríamos este servicio?, ¿la iluminación?, ¿los muebles?, ¿los empleados?

Si por alguna razón en el futuro ir a cortarse el pelo a una peluquería dejara de ser importante, o la forma de hacerlo cambiara significativamente, ¿podríamos seguir haciendo negocio? ¡claro que sí!

¿Puedes imaginarte la forma en que esta nueva definición influiría en la publicidad y la imagen de nuestra peluquería? Para eso sirve la misión.

4.2.2 Los valores corporativos

Si la misión establece la razón de ser de una organización, los **valores corporativos** establecen los rasgos de personalidad o las características que definen la cultura de una empresa.

Durante buena parte de mi vida profesional, toda esta idea de 'cultura empresarial' me chocaba un poco, me sonaba a poesía corporativa, quizá por su naturaleza ambigua y "filosófica" y a veces también por su falta de congruencia, o la superficialidad con la cual es vista por algunas organizaciones.

En los últimos años me he dado cuenta de su poder real, dando forma a lo que sucede en una organización. La cultura realmente permea en todo: los productos que lanzamos, las campañas, la personalidad de los empleados, incluso en la apariencia del espacio físico que ocupamos o la energía que se percibe al interior de la empresa. Esa misma "energía" que crea y hace posible los productos y las campañas que consumimos.

Al igual que la misión, los **valores corporativos** indebidamente también han sido parte de esta tendencia de usar *clichés*, pues muchas empresas definen sus valores en términos genéricos como honestidad, profesionalismo, liderazgo, innovación o trabajo en equipo.

Pero claramente hay que ser honesto, profesional e innovador, esto nuevamente es tácito; los clientes ya esperan que actuemos de esta forma, como lo esperarían de cualquier otra empresa.

Quizá nuestros valores corporativos podrían integrar algunos de estos términos genéricos que ya mencionamos, aunque la verdadera oportunidad está en emplear conceptos que más bien definen **rasgos de personalidad que darán un carácter único y relevante a nuestra organización.** Debemos ir más allá de lo obvio, identificando valores corporativos que tienen una relación estrecha con los atributos de los productos que vendemos.

Por ejemplo: Si pensamos en una empresa que fabrica motocicletas de diseño clásico (lo que llaman tipo 'chopper', 'vintage' o 'retro'), podríamos considerar que los valores corporativos podrían tener una relación cercana con rasgos de personalidad como libertad, fraternidad, aventura, nostalgia y rebeldía, porque estos además son conceptos que podemos asociar con un viaje en moto y son sentimientos que nos podría evocar el uso de una moto de ese tipo.

¿Suena muy arriesgado incorporar el valor de 'aventura' o 'rebeldía' en la cultura de una empresa? No lo creo, Steve Jobs claramente lo hizo de forma muy exitosa con Apple. Es bien sabido que su filosofía corporativa se definía como una forma de rebeldía contra el *status quo* en el mundo de los sistemas operativos y las computadoras personales.

Si no vinculamos el carácter y la personalidad única de nuestros productos con los valores corporativos nos estamos limitando a depender de conceptos o valores que son genéricos e intercambiables (liderazgo, honestidad, etc.), y en consecuencia nuestra marca y cultura corporativa resulta gris.

Considero que son valores "genéricos e intercambiables" porque los mismos clichés son usados indistintamente por cualquier otra marca o empresa.

¿Qué pasa cuando usamos *clichés*? Nuestras marcas tienen una crisis de identidad, los productos no se distinguen del resto en el mercado, las campañas no despiertan pasión ni en los clientes ni en los empleados, y los vendedores no saben cómo vender.

Para que nuestros productos puedan diferenciarse de la competencia, necesitamos empezar descubriendo el aspecto filosófico e intangible de lo que vendemos, identificando y describiendo valores corporativos que sean diferentes a los de la competencia o a los de cualquier otra empresa, y que sobre todo sean valores que resultan importantes y emocionantes para nuestros clientes.

¿Cómo entonces dos empresas de motocicletas podrían tener valores corporativos diferentes, si ambas venden el mismo tipo de producto y buscan recrear la misma experiencia de libertad?

Bueno, quizá el tipo de motocicletas que nosotros fabricamos está dirigida a una audiencia objetivo, compuesta por personas que disfrutan de la libertad paseando en moto de forma colectiva, o sea en grupo, lo cual sería congruente con el valor de fraternidad (o hermandad).

Sin embargo, habrá otros consumidores de motocicletas que quizá prefieren lo opuesto; disfrutar la experiencia de libertad de una forma más individual, sin grupos, sin tener que negociar una ruta o el destino con un grupo de gente, o sin tener que vestirse de una forma específica, o vistiéndose de una forma diferente. Este individualismo, opuesto a la idea de fraternidad o colectividad, podría ser claramente un valor para otra marca de motocicletas, ¿Quizá sería un valor que podríamos definir como **independencia**?

De esta forma espero que quede claro que los valores corporativos ayudan a las empresas a diferenciarse unas de otras, aún cuando hagan negocio bajo la misma categoría de productos (como motos). Esto se logra vinculando las características, beneficios y/o atributos de los productos con un rasgo de personalidad (como la 'independencia'), siendo justamente la **diferenciación de marcas** una de las metas más elementales que persigue la mercadotecnia.

Del mismo modo, cuando una empresa define valores corporativos, debe hacerlo de una forma estratégica; considerando todos los productos que ya vende o que podría vender en el futuro, así como todos los mercados objetivos que atiende en la actualidad o que desearía atender en un futuro.

Cuando tengamos que decidir qué productos nuevos podríamos incorporar en nuestro catálogo, podremos guiarnos usando como criterio esos mismos valores corporativos. Es decir, si vas a integrar un nuevo producto a tu cartera, evidentemente escogerías algo que tuviera cierto grado de compatibilidad con tus valores corporativos actuales, ¿cierto?

Usando el mismo ejemplo de la empresa que vende motocicletas, si quisiéramos integrar una línea de ropa para nuestras motos (las cuales tienen un estilo tipo *chopper* o *vintage*) y las opciones van desde ropa que se ve un poco moderna y deportiva hasta otra que se ve un poco más casual y retro seguramente escogeríamos esta última, porque es congruente con la línea de motos que vendemos, *tangibilizando* nuestros valores: rebeldía, libertad y nostalgia.

Ahora, típicamente las empresas establecen de cuatro a cinco valores corporativos. No menos, no más. Es una especie de número mágico que funciona muy bien. Y cuando escogemos nuestros valores, estos deben definirse como un adjetivo que define los rasgos de personalidad de un individuo, en un solo párrafo, y siempre desde el punto de vista de lo que ese valor representa para la empresa, no en base a la definición del diccionario, que siempre será genérica.

Hace varios años tuve oportunidad de ayudar a un buen amigo, Walter, a definir los valores de un bar que estaba por abrir en la mítica colonia Roma, en Ciudad de México. Esto sucedía en un momento en el que la zona ya estaba en apogeo, con una cantidad considerable de bares, casi al grado de saturación.

Walter obviamente quería que este bar tuviera una personalidad única y relevante para su mercado objetivo, el cual estaba compuesto por profesionistas independientes, en su mayoría relacionados con la industria del cine, la publicidad, el arte y también ejecutivos expatriados y personal de embajadas que vivían y/o trabajaban en la zona. Básicamente consumidores asiduos de música, con gustos cosmopolitas que aprecian la multiculturalidad, los viajes, la aventura y todos esos momentos y procesos de la vida que llevan a explorar y descubrir.

Walter visualizó este bar como si el espacio fuese **"una estación de tren en el fin del mundo"**, donde uno encuentra una atmósfera sencilla, casual, pero con un halo de misterio; con un estilo decorativo sutilmente multicultural y sobre todo gente (o para el caso "viajeros") con sus historias de aventura que hicieron la parada, entre el trabajo y la casa.

Después de un par de días pensamos entonces (y a manera de ejemplo), que los cinco valores del Bengala Bar podrían ser los siguientes:

- *Hedonista: Bengala es un lugar generoso de atmósfera sensual y ambiente festivo, para consentir los sentidos y reconfortar el espíritu.*

- *Amistoso: Nos unen las historias mientras disfrutamos la paciencia. La confianza que depositamos en el Bengala genera un ambiente cálido donde las personas estrechan distancias.*

- *Cosmopolita: Nuevas ideas confluyen en sabores, texturas y colores; viajeros carismáticos de todas partes del mundo hablan diferentes lenguas en un idioma que todos entendemos.*

- *Aventurero: La imaginación y el misterio nos ponen en el mismo lugar; la curiosidad por nuevas experiencias y contactos nos lleva por una travesía que asegura sorpresas.*

- *Audaz: Gente atrevida se divierte aquí, recibidos por personas perceptivas en un ambiente cálido e impetuoso.*

No hay valores "genéricos intercambiables", ¿cierto? Todos reflejan un espíritu único, especialmente porque la definición de cada valor fue hecha a la medida.

El reto, es que una vez definidos los valores, uno tiene que tomar la responsabilidad de buscar reflejarlos en cada momento y oportunidad, de forma implícita y explícita a través de nuestro negocio o proyecto, y por supuesto también a través de nuestras campañas.

Por ejemplo, ¿cómo decidir entre estilos decorativos para el nuevo bar? Pues tendría que ser algo entre hedonista, amistoso, cosmopolita, aventurero y audaz. ¿Qué clase de música poner? Nuevamente, algo que refleje los mismos valores; como por ejemplo una mezcla de música ecléctica, atemporal y de diferentes partes del mundo.

日本 郵便

Por lo pronto, espero que quede claro que todos los elementos que componen tu campaña publicitaria, incluido el mensaje, la creatividad (sean gráficos, audiovisuales o de cualquier otro tipo), así como los canales de comunicación empleados para trasmitir los anuncios, deben tener alguna conexión con los valores corporativos, porque esos valores se supone que encarnan y reflejan las cualidades del producto que los clientes consideran más importantes.

La misión y los valores corporativos tienen de hecho una estrecha relación con el *'propósito de marca'* y con los *'valores de marca'*, ambos conceptos propios del *branding* o la *construcción de marcas*. Pero esta relación la explicaremos y expandiremos un poco más en el capítulo 5.

4.2.3 La visión

La **visión** es el punto de llegada, el destino o la meta a largo plazo que describe en términos generales ¿cómo se vería el éxito en nuestra empresa? A diferencia de un objetivo, la visión es a muy largo plazo y **nunca es demasiado específica**, más bien debe ser un poco ambigua, porque debemos tener espacio y permitirnos cierto margen de maniobra y flexibilidad, como en un velero.

La visión la queremos proyectar y definir en un plazo no menor a 10 años. Tengo entendido que algunas empresas de tecnología en Japón la proyectan a 50 años, y sé de primera mano que al menos una ciudad en Canadá define su visión a 100 años, aunque en nuestro caso estaremos bien definiéndola a 10 años en un párrafo o máximo dos.

Para poder definir nuestra visión, imaginemos entonces que tenemos una bola de cristal y que podemos ver el futuro de nuestra empresa dentro de diez años. ¿Qué quisiéramos lograr en ese periodo? Se vale soñar, por eso se llama 'visión', tiene que haber audacia, algo de ambición, incluso algo de idealismo, pero es importante que sea realizable y congruente con las tendencias actuales.

Si estamos, por ejemplo, en la industria editorial y tenemos una revista impresa, no podemos esperar que una clara tendencia tecnológica (como es más gente leyendo contenidos en dispositivos electrónicos) se revierta. Para poder definir una visión adecuada es entonces fundamental identificar tendencias clave que puedan afectar a nuestro negocio.

A manera de referencia, ofrezco un primer borrador de lo que fue la definición de la visión del Bengala Bar, hace ya varios años:

'Bengala Bar en 10 años será la escena del electro-jazz en México, nuestro concepto será una fascinante travesía por los sabores y sonidos vanguardistas del mundo, lo cual nos convertirá en el año [...] en una leyenda de entretenimiento nocturno para nuestra audiencia objetivo'.

Espero entonces que quede clara la importancia de alinear la misión, valores y visión de tu empresa con los objetivos y las cualidades de tu campaña.

4.3 La jerarquía de los objetivos en un negocio

Como ya hemos dicho, para cada tipo de plan; ya sea estratégico, de negocios, de *marketing* o de campaña, tenemos que buscar una alineación de objetivos.

1) **El plan de negocios:** Lo elabora la dirección general proyectando objetivos y acciones para los próximos tres o cuatro años, enfocándose en describir indicadores de cada área funcional de la empresa, por ejemplo: volumen de ventas, rentabilidad, crecimiento, expansión, adquisiciones, productividad, desarrollo de tecnología o participación de mercado.

2) **El plan de *marketing*:** Es elaborado por la dirección de mercadotecnia definiendo los objetivos de *marketing* y comerciales a un año, incluyendo; índices de participación de mercado, volumen de ventas por marca o línea de productos, penetración de mercado, conocimiento de marca, etc. Estos objetivos esencialmente cubren las metas que alcanzamos a través de estrategias que directamente se relacionan con las *4 pes del marketing*: producto, precio, plaza y promoción.

3) **El plan de comunicación:** Normalmente se hace también a un año, describiendo específicamente objetivos y estrategias de comunicación, consolidando desde acciones de comunicación corporativa hasta todas las campañas que se planean lanzar en dicho periodo, organizando todas estas actividades a través de un calendario de campañas y acciones de comunicación.

Estos objetivos de comunicación pueden ser definidos por la gerencia media (gerente de *marketing*, de marca, de comunicación, etc.) en conjunto con la dirección de *marketing* y pueden incluir aspectos como: *'lograr un X porcentaje de incremento en el Top of Mind, Share of Mind o Brand Awareness de la marca',* u objetivos más específicos como *'lograr una X cantidad de visitas al sitio web'.*

Sin embargo, habrá que mencionar que no todas las empresas describen las actividades arriba mencionadas en un plan de comunicación, algunas simplemente prefieren hacerlo directamente en el plan de *marketing*, dependiendo de las preferencias de cada empresa.

4) **El plan de campaña:** A diferencia del caso anterior este plan debe ser hecho específicamente **para una sola campaña** y justamente es el proceso que estamos aprendiendo a realizar en este libro.

Esto deja fuera cualquier otra acción de comunicación corporativa que no tenga una relación directa con la campaña que estamos creando. Por ejemplo, podríamos incluir el desarrollo de un *landing page* o *micrositio* que usamos como destino para los anuncios de la campaña, pero tendríamos que dejar fuera del plan de campaña el desarrollo de un sitio web corporativo donde se muestran otros productos que no tienen relación.

En el plan de campaña también se incluyen objetivos similares a los del plan de *marketing* o de comunicación (por aquello de la congruencia), quizá algunos incluso se repitan, aunque también se incluyen objetivos que son todavía más específicos como, por ejemplo; *'lograr X número de visitas a un micrositio', 'lograr X numero de clics en un anuncio'* o *'conseguir una X cantidad de prospectos para el equipo de ventas'.*

4.4 Los diferentes tipos de objetivos y sus indicadores

4.4.1 Entendiendo el concepto de 'indicadores'

Para definir los **objetivos de tu campaña publicitaria** hay ciertos aspectos que se deben observar; por ejemplo, que los objetivos sean específicos, alcanzables, claros y **medibles**; siendo esta última una cualidad a la cual debemos poner especial atención.

Con 'medible' me refiero a tener la capacidad de determinar si un objetivo se ha cumplido o no, para lo cual es indispensable contar con datos o información a la cual llamamos '**indicadores**', aunque también se usa el término 'KPI' (*'Key Performance Indicator'*) o 'métricas', que en todos los casos permiten cuantificar datos.

Veamos algunos ejemplos:

Indicador	Objetivo
Volumen de ventas	Incrementar en 15% el volumen de ventas.
Tráfico de visitas	Incrementar en 20% el número de visitas al sitio web.
Citas de venta	Conseguir al menos 40 citas de venta.

Tabla 4.1 Ejemplos de indicadores y objetivos

Todos estos son **indicadores** medibles que se podrían incluir en la definición de los objetivos de campaña, sin embargo, puesto que hay una cantidad enorme de indicadores para escoger, tenemos que ser cuidadosos en seleccionar aquellos que resulten óptimos para nuestro tipo de negocio y campaña.

Para ser más claros, no es lo mismo, por ejemplo, medir objetivos de campaña para una empresa que vende sus productos principalmente a través de una tienda en línea, en comparación con una empresa que sus ventas provienen únicamente de una tienda física.

Tampoco sería lo mismo medir objetivos para una campaña que emplea medios de comunicación *offline*, que para una campaña que solo emplea medios *online*, pues el mundo del *marketing* digital tiene sus propios indicadores.

> **Nota:** Recuerda que publicidad '*online*' se refiere a todos aquellos anuncios que ponemos en internet y publicidad '*offline*' se refiere a los demás anuncios que se presentan en cualquier otra plataforma que no sea internet (TV, radio, prensa, etc.), también llamados 'medios tradicionales'.

De hecho, hay empresas que manejan todo su negocio dentro de la "burbuja digital" lo cual hace más fácil medir objetivos. Sin embargo, muchas empresas aún siguen operando con un pie en el mundo digital y con el otro en el mundo analógico; haciendo publicidad en redes sociales y también en medios *offline*, lo cual tiene sus implicaciones.

Por ejemplo: Imaginemos que somos una dulcería que solo vende por internet y queremos medir el impacto de una serie de anuncios en redes sociales.

Para tal efecto, seguramente contaremos con un reporte de la plataforma de anuncios empleada (digamos Facebook Ads), el cual indicaría el número total de clics que obtuvo cada anuncio.

Por otro lado, también sería posible contar con el reporte de Google Analytics y/o de nuestro proveedor de tienda en línea, donde es posible determinar la cantidad de personas que efectuaron una compra y que llegaron a nuestra dulcería virtual desde el anuncio que contratamos en Facebook.

Con ambos datos es posible establecer, por ejemplo, cuál es nuestra tasa de conversión para identificar cuáles anuncios en Facebook generaron más ventas de dulces.

Ahora trata de imaginar ¿cómo haría una peluquería, que solo se anuncia en revistas impresas, para determinar su tasa de conversión?

La facilidad de poder medir es una de las grandes ventajas de la publicidad *online* y del *e-commerce*, pues casi todo es rastreable. Sin embargo, si no tenemos una tienda en línea o si decidimos combinar publicidad *online* con publicidad tradicional, también hay otras formas de establecer indicadores para formular nuestros objetivos de campaña.

De esta manera, hay indicadores que trascienden estos planos digitales o analógicos; no importa si tenemos una tienda virtual o no, no importa si hacemos publicidad *online* u *offline*; hay un grupo de indicadores que son **comunes** en el ámbito de las campañas publicitarias. El único problema es que medir algunos de estos indicadores *comunes* normalmente involucra realizar algún tipo de investigación de mercados, lo cual cuesta dinero y tiempo. En breve veremos algunos ejemplos, lo importante por ahora es tener claro que **los indicadores son el ingrediente principal de los objetivos de campaña.**

4.4.2 **El proceso de destilación de clientes** *(marketing funnel)*

Para hablar detalladamente sobre el tema de los indicadores tendremos que traer de vuelta un concepto descrito en el primer capítulo.

¿Recuerdas el concepto de la *'destilación de clientes'*? Es ese proceso (también llamado *'marketing funnel'* o *'embudo de mercadotecnia'*) que recorre nuestro *target* desde que es un prospecto hasta que se convierte en un cliente, atravesando por cinco etapas: (1) **conocimiento**, (2) **curiosidad**, (3) **convicción**, (4) **conversión** y (5) **compromiso**.

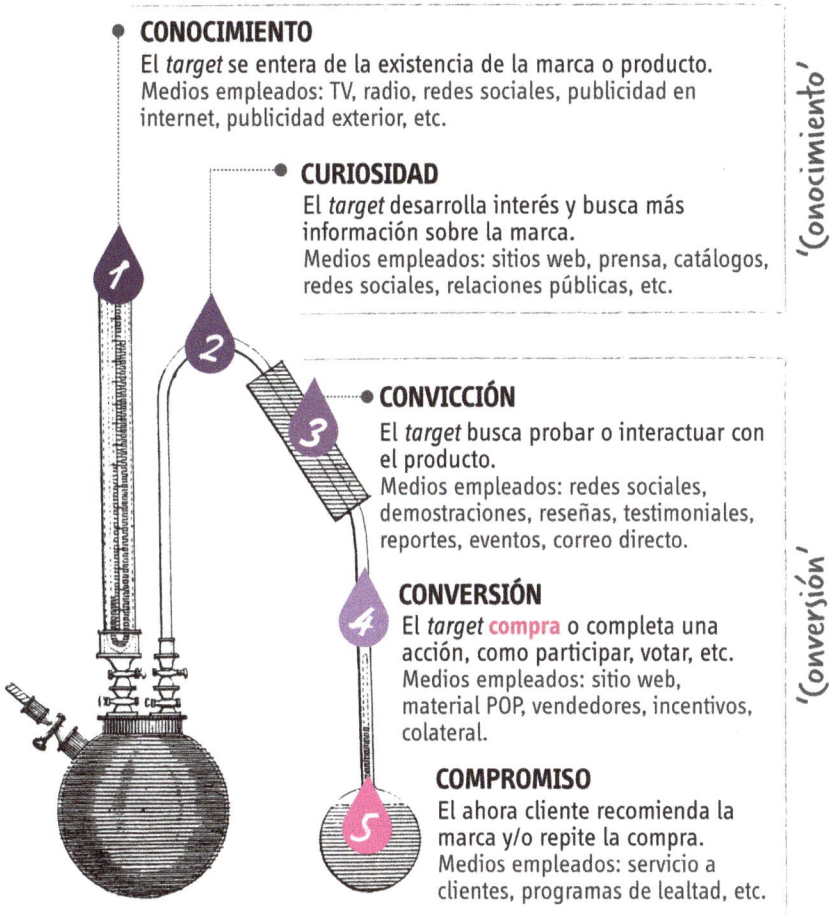

LAS 5 ETAPAS DE LA
DESTILACIÓN DE CLIENTES

CONOCIMIENTO
El *target* se entera de la existencia de la marca o producto.
Medios empleados: TV, radio, redes sociales, publicidad en internet, publicidad exterior, etc.

CURIOSIDAD
El *target* desarrolla interés y busca más información sobre la marca.
Medios empleados: sitios web, prensa, catálogos, redes sociales, relaciones públicas, etc.

CONVICCIÓN
El *target* busca probar o interactuar con el producto.
Medios empleados: redes sociales, demostraciones, reseñas, testimoniales, reportes, eventos, correo directo.

CONVERSIÓN
El *target* compra o completa una acción, como participar, votar, etc.
Medios empleados: sitio web, material POP, vendedores, incentivos, colateral.

COMPROMISO
El ahora cliente recomienda la marca y/o repite la compra.
Medios empleados: servicio a clientes, programas de lealtad, etc.

'Conocimiento'

'Conversión'

Figura 1.4 Las cinco etapas del proceso de destilación de clientes

Si recuerdas, cada etapa de este proceso tiene sus peculiaridades, como el uso de medios de comunicación específicos. Por ejemplo, en la primera etapa de 'conocimiento' se deben usar medios de comunicación masiva para crear conciencia ('*awareness*') de un producto o una marca, medios como la televisión, radio, prensa o redes sociales. Luego está la etapa de '*curiosidad*', donde usamos otros medios que nos ayudan a expandir la información, como artículos, entrevistas o sitios web.

Recordemos también que a este proceso le hemos llamado "de destilación", porque cuando lanzamos una campaña empezamos impactando a una audiencia grande, que, paulatinamente se va reduciendo o "purificando" conforme atravesamos cada una de las cinco etapas.

> **Por ejemplo:** Al lanzar una campaña *X* llegamos a 1,000 personas que ven un anuncio en internet (*conocimiento*), de los cuales quizá solo 100 visitan nuestro sitio web (*curiosidad*), de los cuales quizá 50 descarguen una demostración o visiten una tienda virtual o real (*convicción*). De ellos, quizá 20 compren el producto (*conversión*) y de los cuales quizá solo 10 repitan la compra o recomienden la marca (*compromiso*).

Bueno, pues traigamos este concepto de vuelta para mostrar cómo el **tipo de indicadores** que podríamos emplear para definir los objetivos de tu campaña se relacionan claramente con cada una de las etapas del proceso de destilación de clientes.

ETAPA	MEDIOS MÁS EMPLEADOS	INDICADORES COMUNES	INDICADORES ESPECÍFICOS
1 CONOCIMIENTO	•TV, *OTT*. •Radio. •Redes sociales. •*Display banners*. •Pub. Exterior.	•*Brand Awareness*. •*Share of Mind*. •*Top of Mind*.	•*Reach*. •*Impresiones*. •*Views*. •*Ranking SEO*.
2 CURIOSIDAD	•Video. •*SEM / SEO*. •Sitio web. •Prensa. •Catálogos. •Redes sociales. •*Content mkt*. •Rel. Públicas.	•*Visitas/tráfico*. •*Descargas de contenido*. •*Menciones de prensa*.	•*Clics*. •*CTR y VTR*. •*Watch Time*. •*Seguidores*. •*Engagement Rate*. •*Permanencia*. •*Fuentes de tráfico*. •*Tasa de rebote*. •*Suscriptores*.
3 CONVICCIÓN	•Redes sociales. •Tienda. •*Demos*. •Reseñas. •Eventos. •*Emailing*.	•*Prospección*. •*Citas de venta*. •*Tasa de respuesta*.	•*Tasa de tráfico a prospectos*. •*Tasa de apertura de correos*. •*Costo por prospecto*.
4 CONVERSIÓN	•*Micrositio*. •*Material POP*. •Tienda. •Vendedores. •Incentivos.	•*Conversiones*. •*Ventas incrementadas*. •*Participación de mercado*.	•*Tasa de conversión de prospectos a clientes*. •*Valor del ticket promedio*. •*Costo por conversión*.
5 COMPROMISO	•Serv. A clientes. •Mensajes (*app*). •Recompensas. •Eventos.	•*Satisfacción de clientes*.	•*Tasa de prospectos a clientes*. •*Costo por conversión*.

Tabla 4.2 Las cinco etapas del proceso de destilación de clientes y sus indicadores

4.4.3 Indicadores *comunes* e indicadores *específicos*

Observa que sobre el lado derecho de la tabla tenemos dos columnas, cuyos títulos son: '**Indicadores Comunes**' e '**Indicadores Específicos**', respectivamente.

La diferencia entre ambos es que los indicadores *comunes* normalmente tienen un peso estratégico y podrían emplearse para definir objetivos casi en cualquier tipo de campaña, pues estos no están vinculados a un sector de negocio específico (B2C o B2B) ni necesariamente a una plataforma de medios en particular.

En sentido opuesto los indicadores *específicos* no necesariamente aplican en todos los casos, pues depende un poco del tipo de medios de comunicación que usemos en la campaña (ya sean medios *online* o medios *offline*), además de que estos indicadores tienen un peso más bien táctico.

> **Nota:** Cuando digo que un indicador tiene un 'peso estratégico', significa que es información que puede darte una "fotografía" completa del desempeño de una campaña. Cuando un indicador es 'táctico' significa que solo retrata porciones muy pequeñas del desempeño de un medio de comunicación específico.
>
> **Por ejemplo**, '*Brand Awareness*', es un indicador estratégico que retrata el nivel del conocimiento de tu marca en el *target*, pero '*impresiones*', es un indicador táctico, que solo describe la cantidad de veces que un anuncio fue mostrado, sin considerar siquiera si el anuncio fue visto por alguien.

Como podrías observar hay varios indicadores *comunes* y *específicos* en esta tabla, pero no necesariamente debemos usarlos todos en un mismo plan de campaña, más bien necesitamos aprender cuáles usar y en qué momento, lo cual dependerá de lo que quieras lograr, o visto de otra forma, ¿en cuál de las cinco etapas del proceso de *destilación de clientes* vas a enfocar tu campaña?

Digo esto porque hay campañas que solo se concentran en atender ciertas etapas específicas del proceso de *destilación*. Por ejemplo, alguna empresa podría tener interés en realizar una campaña solo para generar *conocimiento de marca*, habrá otras campañas que solo buscan generar *conversión* de prospectos a clientes, y también habrá algunas otras que de hecho buscan cubrir las cinco etapas. Esto lo vamos a aclarar un poco más adelante, pero para aprender a escoger tus indicadores de desempeño, **lo primero es entender cómo funcionan.**

Para evitar confusiones algunos indicadores serán presentados bajo su denominación original en inglés, que es lo que normalmente usamos en la industria (incluso en países de habla hispana). También ten en cuenta que algunos de los indicadores no tendrás que calcularlos personalmente, pues varios estarán disponibles en los reportes que generan algunas de las plataformas de anuncios *online* que contrates, sea Facebook, YouTube, Instagram, Twitter, u otra, o por las empresas que den alojamiento a tu sitio web o tienda en línea.

4.4.3.1 Los indicadores *comunes*

1) **Brand Awareness:** El 'Brand Awareness' (B.A.) o 'conocimiento de marca' es uno de los indicadores más tradicionales que un publicista tiene para determinar el porcentaje de personas, en la audiencia objetivo, que conocen o han oído hablar sobre una marca.

> **Por ejemplo:** Si un estudio de mercado nos dice que la marca *X* tiene un *Brand Awareness* del 60% significa que 60 de cada 100 personas encuestadas dijeron conocer la marca *X*.
>
> Aunque cabe señalar que de esas 60 personas que participaron en la encuesta y que dijeron conocer la marca *X* pudieron responder de dos formas: 'espontánea', es decir; sin ayuda del encuestador o 'asistida' que es con ayuda del encuestador, donde normalmente se muestra al encuestado una lista con diferentes marcas para determinar si reconoce alguna.

En tiempos recientes han surgido algunas formas "alternas" para calcular el *Brand Awareness*, usando datos como el 'número de seguidores' que tiene una marca o contando las 'menciones' de una publicación en redes sociales. En mi opinión las llamadas **'métricas de vanidad'** (como los famosos *likes* o 'me gusta'), no son realmente indicio del conocimiento de marca en el *target*, son más bien un indicador de la popularidad de una publicación o de un perfil en redes sociales. Para medir el *Brand Awareness* la forma convencional que acabo de describir es la más adecuada, o sea, a través de encuestas.

Nota: En las redes sociales (Facebook, Twitter, Instagram, LinkedIn, YouTube, etc.) se miden las interacciones a través de lo que se conoce como '*métricas de vanidad*'. Es decir, los famosos *likes, shares, views,* etc. Son de 'vanidad' porque solo muestran interacciones que no determinan si hubo una conversión real (como un prospecto que realizó la compra del producto anunciado).

2) **Top of Mind:** El '*Top of Mind*' (T.O.M.), es otro indicador muy popular en comunicación que básicamente mide la primera mención, es decir; el porcentaje de personas que en una encuesta mencionaron a nuestra marca en primer lugar, de forma espontánea, sin ayuda del encuestador y siempre en la misma categoría de productos, por ejemplo, autos, computadoras, hoteles, maquillaje y demás.

> **Por ejemplo:** Típicamente cuando alguien te pregunta: "Dime cinco marcas de automóviles". Esa marca que pensaste y dijiste en primer lugar, es tu '*Top of Mind*'. ¿Pero cómo se mide?

> Si una encuesta dice que el *Top of Mind* de la marca X es del 35% significa que 35 de cada 100 encuestados dio espontáneamente como primera respuesta (de varias) a la marca X.

3) **Share of Mind:** El '*Share of Mind*' (S.O.M.) determina el lugar o la posición que una marca ocupa en la mente del consumidor frente a otras marcas competidoras, y siempre en la misma categoría de productos. Esto se representa, de igual forma, a través de un porcentaje.

> **Por ejemplo:** Un estudio de mercado nos dice que la marca X de esmalte para uñas tiene un *Share of Mind* del 60% y en el mismo reporte vemos que la marca Y tiene 75% y que la marca Z tiene 25%.

Marca	Share of Mind
Marca *X* de esmalte para uñas	60%
Marca *Y* de esmalte para uñas	75%
Marca *Z* de esmalte para uñas	25%

Tabla 4.3 *Ejemplo de Share of Mind, por marca, en una misma categoría de producto.*

Los porcentajes (60%, 75%, 25%) no tienen que sumar 100%, pues lo que nos indica el Share of Mind, en este ejemplo, es que 60% de los encuestados conoce a la marca X, 75% conoce la marca Y y 25% de los encuestados conoce la marca Z, siempre en la misma categoría de productos (esmalte para uñas, en este caso). La utilidad de este indicador radica en la posibilidad de comparar nuestro nivel de conocimiento de marca frente a otras marcas competidoras.

4) **Tráfico:** El 'tráfico' en un sitio web puede reflejar el impacto de una campaña, siempre y cuando dicho sitio web haya sido enlazado ('*linkeado*') a los anuncios. Para establecer el tráfico se mide la cantidad total de personas que visitan un sitio web o *micrositio* (también llamado '*landing page*') en un periodo específico; un día, una semana, un mes, etc. Esta medición puede ser provista por tu proveedor del sitio web o en Google Analytics, y puede expresarse de diferentes formas, aunque las más comunes son:

a) **Visitas ('*Visits*'):** Establece la cantidad total de visitas que recibe un sitio web en un periodo específico, donde se cuentan incluso las visitas repetidas de un mismo individuo.

b) **Visitantes únicos ('*Unique Visitors*'):** Establece la cantidad de usuarios únicos que visitan un sitio web en un periodo específico. En este caso, no se cuentan las visitas repetidas que pudiese haber realizado un mismo individuo.

5) **Descargas de contenido:** Este indicador, también conocido como '*Content Downloads*', se refiere al número de descargas de un contenido específico que hemos creado para incrementar el interés del *target* en nuestro producto. Este contenido puede incluir desde catálogos, fichas técnicas, reportes, videos, *apps, e-books,* etc.

6) *Lead generation:* La prospección es el acto de identificar individuos u organizaciones que son parte de nuestro *target* y que tienen potencial de compra. A estos prospectos usualmente los agrupamos en una lista de contactos para dar un seguimiento de ventas a través de citas, contacto telefónico o enviándoles contenido por correo. '*Lead Generation*' o 'identificación de prospectos' es un indicador que puede ser representado como la meta del número de prospectos que deseamos tener al concluir la campaña ('*New Leads Generated*'), los cuales podemos posteriormente compartir con el equipo de ventas, con la esperanza de que estos eventualmente se conviertan en clientes.

7) **Citas de venta:** Las 'citas de venta' son el resultado de nuestro esfuerzo de prospección. Después de enlistar una cantidad de prospectos y de contactarlos, podemos esperar que algunos de estos nos concedan una cita de ventas (presencial, telefónica o virtual). Para usar este indicador en un objetivo de campaña se puede sencillamente especificar la cantidad total de citas de venta esperadas.

8) *Conversiones:* Las '*conversiones*' se refieren a la cantidad de individuos que han completado una acción solicitada, la cual usualmente es comprar un producto. También se consideran como *conversiones* a otro tipo de acciones como las suscripciones, descargas de *apps*, llenado de formularios, etc. Este es uno de los indicadores más importantes pues expresa la consumación de los esfuerzos de una campaña publicitaria.

Para usar *conversiones* como indicador en nuestros objetivos podemos expresarlo como el número total de prospectos que esperamos sean convertidos a clientes o también puede expresarse como una *tasa de conversión*, o porcentaje ('*Conversion Rate*' o CR). En **publicidad digital** la fórmula empleada es:

Fórmula de *conversiones* logradas por un anuncio en línea:

$$\text{Tasa de Conversión} = \left(\frac{\text{Número total de conversiones atribuidas a clics del anuncio}}{\text{Número total de clics al anuncio}} \right) \times 100$$

Ejemplo:
Si un anuncio *online* generó al final de la campaña 5,000 clics y si a raíz de ese anuncio conseguimos 100 clientes nuevos, entonces nuestra tasa de conversión fue del 2%. O sea (100 / 5,000) x 100 = 2%

Para una tienda física o virtual, la tasa de conversión también resulta útil pues nos ayuda a determinar el volumen de personas que visitaron la tienda y que compraron algo.   En tiendas físicas, los clientes se pueden contar "a mano" observando todo el día, o también usando el sistema de video vigilancia (CCTV) de la tienda o adquiriendo equipo y *software* especializado.

Fórmula de *conversiones* logradas por una tienda física:

$$\text{Tasa de Conversión} = \left(\frac{\text{Número total de clientes que compraron algo}}{\text{Número total de personas que visitaron la tienda}} \right) \times 100$$

Ejemplo:
Durante un día, nuestra tienda es visitada por 100 personas, de las cuales 20 compran algo. La tasa de conversión es del 20%. Esto implica que 80% de las personas que entraron a la tienda se fueron sin comprar nada.

9) **Ventas incrementadas:** Las 'ventas incrementadas' ('*Incremental Sales*') es otro indicador importante que podemos usar para formular objetivos, el cual nos muestra las ventas generadas gracias a la campaña.

Para calcularlo, tomamos las ventas totales que hicimos al concluir la campaña y les descontamos el volumen de ventas **estimado** que tendríamos si no hubiésemos hecho la campaña. Esto nos da un volumen de ventas incrementadas que es atribuible a la campaña publicitaria.

Fórmula:

$$\text{Ventas Incrementadas} = \text{Total de Ventas con campaña} - \text{Ventas estimadas sin campaña}$$

Ejemplo:
Lanzamos una campaña durante todo el mes de febrero del 2019 que produjo ventas totales por $1,000,000. Nuestra estimación es que si no hubiésemos lanzado dicha campaña, las ventas durante ese mes hubiesen sido de aproximadamente $800,000. Esto significa que las ventas incrementadas, producto de la campaña, fueron de $200,000.

10) **Participación de mercado:** Si bien este es un indicador más propio de un plan de *marketing*, también es posible que alguien quiera emplearlo como métrica para evaluar el éxito de una campaña.

Para medir la participación de mercado debemos primero entender que todos los mercados de productos o servicios tienen un valor total en dinero. Este valor es la suma acumulada de las ventas de todas las marcas que venden productos similares, en un mismo país o región y usualmente en el periodo de un año.

Fórmula:

$$\text{Participación de Mercado} = \left(\frac{\text{Tus ventas anuales}}{\text{Ventas totales del mercado en un año}} \right) \times 100$$

Ejemplo:
Supongamos que el valor total del mercado de cerveza en Estados Unidos es de $121 mil millones de dólares anuales. Si una empresa *X*, en Estados Unidos, vende $3.6 mil millones de dólares de cerveza al año significa que su participación de mercado es del 3%.

De esta forma, la participación de mercados ('*Market Share*') es un indicador que básicamente nos dice, qué porción del "pastel" tiene cada una de las empresas que participan en un mismo mercado. En sectores de negocio que son muy populares como autos, comida, o computadoras es sencillo encontrar el valor total del mercado buscando en internet. Lo más problemático quizá sea conocer el volumen de venta de tus competidores, el cual se puede intentar estimar.

11) **Satisfacción de clientes:** *'Customer Satisfaction'* es un indicador muy popular, aunque quizá no tanto como objetivo de campaña, salvo que la campaña publicitaria justamente tenga como objetivo proporcionar una herramienta o recurso a los clientes para mejorar su satisfacción.

> Ejemplo:
> Una red social recibe quejas de sus usuarios sobre lo complicado que es controlar los filtros de privacidad. La empresa responde creando una campaña con videos que muestra a los usuarios una forma sencilla de configurar los filtros de privacidad.

La forma de medir la satisfacción de los clientes es muy común, puede ser cualquier escala numérica; del 1 a 5 o del 1 a 10, donde 1 es muy baja satisfacción y 10 alta satisfacción, en esto no hay gran ciencia, salvo que la información se debe obtener a través de una encuesta, la cual puede realizarse en línea.

Estos son entonces algunos de los indicadores comunes que nos pueden dar un panorama más amplio y estratégico sobre el desempeño de la campaña.

Como ya hemos mencionado, los tres primeros; *Brand Awareness, Top of Mind* y *Share of Mind* son la batería clásica para determinar la fortaleza de una marca, sin embargo, no hay realmente otra forma de medirlos que no sea con investigación de mercados; concretamente con encuestas, donde probablemente será necesario contar con los servicios de una agencia de investigación.

Si tienes los recursos vale la pena hacerlo, sin embargo, habría que considerar que tendrías que realizar este tipo de estudios (comúnmente llamado *'brand tracking'*) con cierta regularidad, para así poder comparar los resultados año con año.

Para el resto de los indicadores comunes no debería haber problema en determinarlos pues es información que normalmente podrías generar tu mismo o podrías consultar en los reportes de tus proveedores de servicios web.

4.4.3.2 Los indicadores específicos

1) *Impresiones:* Esta es una de las métricas más básicas en publicidad *online* que indica la cantidad de veces que un anuncio **ha sido "servido" o mostrado**, en general, por un medio. Una impresión es igual a un anuncio mostrado una vez, dos *impresiones* es igual a un anuncio mostrado dos veces, y así sucesivamente.

Considera que en los reportes de desempeño de una típica campaña online el número de *impresiones* puede parecer muy elevado; por ejemplo, *"tal anuncio alcanzó 30 millones de impresiones"*, lo cual no tiene nada que ver con la cantidad de veces que un anuncio haya sido realmente visto por el *target*. Quizá un anuncio que fue mostrado por un sitio web, unas 30 millones de veces, solo fue realmente visto unas 5 millones de veces o menos.

Aunque el término '*impresiones*' (*impressions*) usualmente lo empleamos en publicidad *online* también es común de encontrar en la publicidad impresa y la publicidad exterior.

2) *Reach*: También llamado 'alcance' es otro de los indicadores básicos en publicidad, el cual se refiere al número de individuos únicos que fueron **alcanzados** por un anuncio.

El *reach*, es una métrica usualmente provista por los mismos medios donde nos anunciamos. Cada medio puede tener una forma específica de estimarlo, por lo que es mejor dejar los cálculos a ellos ya puede ser una operación complicada de realizar.

> Ejemplo:
> Si el *reach* de un anuncio *online* fue de 45,000 significa que se alcanzaron a 45,000 personas. En publicidad por televisión usualmente el *reach* se refiere a hogares, no a personas.

Aquí es importante recalcar la diferencia entre *impresiones, reach* y 'frecuencia' cuando estamos **planeando** una campaña: Las *impresiones* son el número de veces que un anuncio será "servido" o mostrado por un medio. El *reach* nos dice a cuántos individuos únicos puede llegar dicho anuncio y la frecuencia indica la cantidad de veces que el anuncio será mostrado a esos mismos individuos. Sobre el concepto de 'frecuencia' nos expandiremos un poco más adelante.

3) *Views:* Este indicador, también llamado '*view count*', expresa el número de veces que un anuncio *online* ha sido visto por una persona. El anuncio puede ser un *banner* o un video, y a diferencia de las *impresiones*, con este indicador, si hay una supuesta certeza de que alguien vio el anuncio.

4) **Clics:** Es la medida más básica de interacción que empleamos para medir el desempeño de nuestros anuncios *online*. Los clics son considerados una indicación del interés o curiosidad que tiene la audiencia por un anuncio y son también un elemento muy importante para calcular otro tipo de indicadores.

Para emplear este indicador en nuestros objetivos simplemente se puede establecer el número de clics esperados por cada anuncio *online*, durante un periodo de tiempo específico.

5) *Click Through Rate* (CTR): El 'CTR' es otro de los indicadores *específicos* más usados en la publicidad *online*. Es una medida muy útil que nos ayuda a comparar el desempeño de anuncios o medios de comunicación. Conceptualmente lo que hace el CTR es correlacionar la cantidad de veces que un anuncio fue mostrado a la audiencia (*impresiones*), en relación con la cantidad de veces que la audiencia dio clic en dicho anuncio.

Mientras más alto el CTR, mejor. Un alto CTR indica que un anuncio o un medio fue muy eficiente pues logró capturar una gran cantidad de clics con una baja cantidad de *impresiones*. Un CTR bajo indica que un anuncio o un medio fue poco eficiente pues requirió mostrar una gran cantidad de anuncios (*impresiones*), para lograr una muy baja cantidad de clics.

Fórmula:

$$CTR = \left(\frac{\text{Total de clics que obtuvo un medio o un anuncio}}{\text{El total de impresiones generadas por ese medio o anuncio}} \right) \times 100$$

Ejemplo:
En una campaña *online* colocamos el mismo *banner* (anuncio) en el sitio web de tres periódicos diferentes. Después de correr la campaña durante un mes, este es el resumen de resultados:

Medio	Total de Impresiones	Total de Clics	CTR
Periódico A	500,000	1,000	0.20%
Periódico B	700,000	1,300	0.18%
Periódico C	1,000,000	1,700	0.17%

Tabla 4.4 Ejemplo de un comparativo del desempeño de anuncios en periódicos online por CTR

A pesar de que el número de *impresiones* y de clics son más altos en el sitio web del periódico *C*, este presenta el CTR más bajo (0.17%), lo cual significa que fue el medio menos eficiente. En sentido opuesto tenemos al sitio web del periódico *A*, quien a pesar de haber mostrado menos veces el anuncio y tenido un menor numero de clics, obtuvo la eficiencia más alta (0.20%), pues con menos *impresiones* logró más clics.

Si en lugar de medios de comunicación estamos midiendo el CTR de tres anuncios diferentes publicados en un mismo medio, entonces aquella versión de anuncio que logre el CTR más alto probablemente tiene una mejor creatividad y diseño que los otros dos anuncios, y/o fue colocado en una posición más visible para la audiencia.

Cuando uno diseña o analiza campañas es común preguntarse ¿cuál es un nivel de CTR adecuado? Esta es una pregunta un poco truculenta porque el *benchmark* o el estándar de lo que se considera "adecuado" varía considerablemente según la plataforma en la que se publiquen los anuncios (*i.e. display banners, search, social media,* etc.), y también varía según la industria en la que operes. En general para anuncios de *display banner* un CTR promedio debe andar entre 0.15% y 0.30%. Para redes sociales, el CTR suele ser más alto, entre 0.90% y 1.15%. En el capítulo 6 (*Identifica los medios*) ampliaremos un poco más la información sobre el tema.

6) **View Through Rate (VTR):** El 'VTR' es conceptualmente similar al CTR solo que se usa específicamente para anuncios en video del tipo que pondríamos en YouTube, Facebook u otras plataformas online.

Para determinar el VTR se cuentan las veces que un video ha sido visto, con relación al total de las veces que ese video ha sido mostrado o presentado, es decir; visualizaciones contra *impresiones*.

Fórmula:

$$VTR = \left(\frac{\text{Veces que se ha visto un video sin saltarlo}}{\text{Número de impresiones}} \right) \times 100$$

Ejemplo:
Colocamos un anuncio en video el cual es mostrado 70,000 veces (o sea 70 mil *impresiones*), de las cuales solo ha sido visto por la gente (sin saltarlo) 3,500 veces. Esto significa que el VTR fue de 5%.

Al igual que el CTR, el VTR lo usamos para comparar el desempeño de diferentes versiones de anuncios. Sin embargo, para comparar el desempeño entre diferentes plataformas de video no es tan sencillo, ya que algunas redes sociales consideran que hay un *view* cuando el video ha sido visto al menos durante 30 segundos, cuando otras plataformas consideran que hay un *view* cuando el video ha sido visto por menos tiempo.

7) **Watch Time:** Este es otro indicador exclusivo para contenido o anuncios en video, el cual simplemente determina la cantidad de tiempo (en minutos o segundos) que ha sido reproducido. Evidentemente mientras más tiempo vea la audiencia nuestro video, será mejor. Sin embargo, este indicador también te puede ayudar a comparar diferentes versiones de un anuncio para determinar cuál causó mayor interés en tu audiencia.

8) **Seguidores:** Seguro ya conoces esta métrica que determina el número de personas que siguen a tu marca a través de las redes sociales. Un número creciente de seguidores ('*followers*') es indicio de contenido que resulta interesante o entretenido para tu audiencia. La cantidad de seguidores es importante, pero la **calidad** de los seguidores produce mejores interacciones y más conversiones.

9) **Engagement Rate (ER):** '*Engagement*' no es una palabra fácil de traducir al español en este contexto, pero básicamente la usamos para reflejar el nivel de participación y/o interés que tiene una audiencia sobre un tema; de esta forma cuando el *engagement* es alto, significa que hay mucho interés en la campaña. Este es un indicador normalmente empleado para medir el desempeño de publicaciones en redes sociales. Para calcular el ER se divide el número de *engagements* de una publicación (o sea comentarios, *likes, shares, retweets,* y demás), con el número de seguidores que tiene el perfil en redes sociales que lo publicó.

Fórmula:

$$ER = \left(\frac{\text{Número total de engagements en una publicación}}{\text{Número total de seguidores}} \right) \times 100$$

Ejemplo:
Si tu publicación en Facebook obtuvo 30 *likes,* 30 *shares* y 35 comentarios, el total de *engagements* fue de 95. Suponiendo que tienes 1,000 seguidores en esa cuenta, el ER de tu publicación sería de 9.5%

Al igual que con otros indicadores, esta métrica puede ser útil para comparar el desempeño de diferentes publicaciones en redes sociales, pero en el contexto de este capítulo es más bien útil para fijar objetivos de campaña cuando hay una alta inversión en redes sociales. También te podría servir para evaluar y comparar el éxito del perfil de un *influencer,* en caso de que consideres patrocinar alguno.

10) **Menciones (en prensa):** Las 'menciones' ('*Media Mentions*') es la cantidad de notas, no pagadas, que han sido publicadas por medios reconocidos y que hablan acerca de nuestro producto, ya sea en televisión, radio, revistas, periódicos o sitios web. Usualmente este tipo de menciones se obtienen gracias a conferencias o boletines de prensa que previamente hemos compartido con los mismos medios.

11) **Permanencia:** También conocido como '*Average Time on Page*' es un indicador del tiempo promedio en que las personas pasan dentro de una página web. Cuando las personas pasan más tiempo en una página web se asume que hay un mayor nivel de interés o *engagement*. En general, y solo como referencia, un tiempo de permanencia promedio rondará entre los dos o tres minutos por página.

Como sucede con algunas otras métricas, este es un indicador que ya es calculado automáticamente por tu proveedor de servicios web, o a través de Google Analytics o plataformas similares.

12) **Tasa de rebote:** El también llamado '*Bounce Rate*' es un porcentaje que se refiere a la cantidad de personas que solo visitaron **una sola página** en tu sitio web en comparación con otras que visitaron más de una página. Es decir, es una forma de medir la calidad de un sitio web con base en el número de gente que dejó de explorarlo por falta de interés.

Cuando el *Bounce Rate* es muy alto, digamos arriba de 60%, se entiende que la página tiene un contenido tan pobre que no motiva al usuario a seguir explorando otras secciones. En promedio un estándar aceptable de este indicador rondará entre 40 y 50%.

Fórmula:

$$BR = \left(\frac{\text{Número total de visitas que abandonaron un sitio web sin interactuar}}{\text{Número total de visitas en el sitio web}} \right) \times 100$$

Ejemplo:
Si 1,000 personas visitan un sitio web y 500 de ellas se salen sin haber visitado otras páginas, dentro de ese mismo sitio, entonces el *Bounce Rate* es de 50%. Este es otro indicador que probablemente ya proporcione la empresa que da alojamiento a tu página web, y también está disponible en Google Analytics, por lo que aquí es mejor dejar los cálculos a ellos.

13) **Fuentes de Tráfico:** La también llamada '*Traffic Sources*' es básicamente una lista que detalla el origen de las visitas a tu sitio web. Con "origen" me refiero a que los visitantes de un sitio pudieron llegar de forma **directa** escribiendo la dirección URL en el navegador, pudieron llegar haciendo una **búsqueda orgánica** en un motor de búsqueda como Google, a través de una **referencia** en la página de un tercero, o dando clic a un **anuncio** *online*, entre otras.

Las fuentes de tráfico usualmente se consolidan en categorías, y a través de un porcentaje que representa el peso relativo de cada fuente de tráfico. Por ejemplo:

Fuente de Tráfico	%
Directa	23%
Búsqueda orgánica	35%
Referencia *(Referring sites)*	12%
Anuncios	30%

Tabla 4.5 Ejemplos de fuentes de tráfico en un sitio web

14) **Tasa de conversión de visitas a prospectos:** '*Website Lead Traffic Ratio*' es una métrica que indica cuál fue el porcentaje de visitantes en un sitio web que se convirtieron en prospectos. Considerando que un prospecto es un individuo u organización que tiene el potencial y el interés de comprar tu producto.

Este indicador es especialmente útil para empresas con tiendas virtuales, pues ayuda a entender la calidad del tráfico de un sitio web o de una tienda en línea.

Si tienes una muy baja tasa de conversión puede significar que la información de tu sitio web no es suficientemente buena para atraer o motivar a los visitantes a tomar el siguiente paso. En algunos casos podríamos también tener una baja tasa de conversión pero con un alto tráfico de visitas, lo cual podría implicar que aunque el sitio sea muy visitado, la audiencia no tiene realmente el potencial de compra.

Fórmula:

$$\text{Tasa de Conversión de Visitas a Prospectos} = \left(\frac{\text{Número total de prospectos generados en un periodo de tiempo}}{\text{Número de visitantes únicos en el mismo periodo}} \right) \times 100$$

Ejemplo:

Si en el primer trimestre de 2020 recibimos 95,000 visitantes únicos en nuestro sitio web, de los cuales 1,200 fueron posteriormente identificados como prospectos, entonces nuestra tasa de conversión de visitas a prospectos fue de 1.2%

15) **Costo por prospecto:** En negocios B2B, o empresas que ofrecen servicios profesionales, se pone mucho énfasis en los prospectos que se obtienen. *'Cost per Lead'* es un indicador que ayuda a determinar cuál es la relación costo-beneficio entre el dinero invertido en la campaña y la cantidad de prospectos que esta ha generado.

Fórmula:

$$\text{Costo por Prospecto} = \frac{\text{Inversión total en la campaña}}{\text{Número de prospectos generados}}$$

Ejemplo:

Si en total invertimos $100,000 en una campaña donde obtuvimos 350 prospectos el costo por adquirir cada prospecto fue de $286.

16) **Tasa de apertura de correos:** En ocasiones se puede integrar a una campaña el envío masivo de correos electrónicos dirigidos a diferentes audiencias. Para poder evaluar el desempeño de este tipo de tácticas es importante medir el porcentaje de correos electrónicos enviados que fueron abiertos por los destinatarios.

La fórmula es sencilla (correos abiertos entre correos enviados por 100), el problema realmente es saber quiénes abrieron el correo. Esto solo puede revelarse de manera eficiente con *software* especializado o usando los servicios de una plataforma de *email marketing*. Hay varios servicios que ofrecen este tipo de servicios, entre los más populares se encuentra Mailchimp.com

Al igual que en otros casos, la tasa de apertura de correos electrónicos se expresa como un porcentaje que, en promedio y en diferentes industrias, rondará el 20%.

17) **Tasa de conversión de prospectos a clientes:** En las etapas finales del proceso de *destilación de clientes* tenemos la posibilidad de determinar cuál fue el porcentaje de prospectos que finalmente realizaron una compra, lo cual también ayuda a medir la efectividad de la campaña y del proceso de ventas. Esta tasa también es conocida como '*Lead Conversion Rate*'.

Fórmula:

$$\text{Tasa de Conversión de Prospectos a Clientes} = \left(\frac{\text{Prospectos que se convirtieron en clientes}}{\text{Total de prospectos}} \right) \times 100$$

Ejemplo:
Si en total identificamos 350 prospectos con potencial de compra, de los cuales 50 terminaron comprando el producto, entonces obtuvimos una tasa de conversión de 14.28%.

18) **Costo por cliente:** También llamado '*Customer Acquisition Cost*', este indicador establece la relación entre el total de dinero que fue invertido en la campaña y la cantidad total de clientes obtenidos al final del periodo de campaña.

Fórmula:

$$\text{Costo por Cliente} = \frac{\text{Inversión total en la campaña}}{\text{Número de clientes ganados}}$$

Ejemplo:
Si al final de la campaña obtuvimos 50 clientes con una inversión en publicidad de $100,000 entonces el costo por cliente fue de $2,000.

19) **Tasa de retención de clientes:** Al final del proceso de *destilación de clientes* nos queda la etapa de *compromiso*. En ocasiones puede haber circunstancias especiales donde el objetivo de la campaña es retener clientes, por ejemplo, durante una crisis económica o cuando una empresa adquiere a otra, o durante una pandemia.

Así, este indicador nos ayuda a establecer el porcentaje de clientes que se logró mantener al final del periodo de campaña.

Fórmula:

$$TRC = \left[\frac{\text{Número de clientes que tenemos al final del periodo} - \text{Número de clientes adquiridos durante el periodo}}{\text{Número de clientes que teníamos al inicio del periodo}} \right] \times 100$$

Ejemplo:
Frente a una fuerte crisis económica, lanzamos una campaña del 1ero de Mayo al 31 de Julio para intentar retener a nuestros 1,000 clientes. Durante la campaña ganamos 40 clientes nuevos y al final de la campaña nos quedamos con 760 clientes en total. Es decir, [(760 – 40) / 1,000] x 100 = 72%. O sea, nuestra tasa de retención de clientes fue del 72%.

Estos son algunos de los diferentes indicadores de *marketing* y publicidad que podríamos emplear para medir el desempeño y para fijar objetivos de campaña. Parecen muchos, pero la lista no es exhaustiva, solo hemos presentado algunos de los más importantes. Recuerda que cuando diseñes tus objetivos de campaña, no será necesario emplearlos todos, por lo que ahora nos toca entender cuáles son los criterios para seleccionar aquellos indicadores que nos resultarán más útiles.

4.4.4 Objetivos de *conocimiento* vs. objetivos de *conversión*

Retomemos la ilustración del proceso de *destilación de clientes*. Observemos que de lado izquierdo del gráfico hay una separación horizontal entre las etapas 1 y 2, las cuales generan **conocimiento** en el *target* y las etapas 3, 4 y 5 que generan **conversión**.

ETAPA	MEDIOS MÁS EMPLEADOS	INDICADORES COMUNES	INDICADORES ESPECÍFICOS
1 CONOCIMIENTO	•TV, *OTT.* •Radio. •Redes sociales. •*Display banners.* •Pub. Exterior.	•*Brand Awareness.* •*Share of Mind.* •*Top of Mind.*	•*Reach.* •*Impresiones.* •*Views.* •*Ranking SEO.*
2 CURIOSIDAD	•Video. •*SEM / SEO.* •Sitio web. •Prensa. •Catálogos. •Redes sociales. •*Content mkt.* •Rel. Públicas.	•*Visitas/tráfico.* •*Descargas de contenido.* •*Menciones de prensa.*	•*Clics.* •*CTR y VTR.* •*Watch Time.* •*Seguidores.* •*Engagement Rate.* •*Permanencia.* •*Fuentes de tráfico.* •*Tasa de rebote.* •*Suscriptores.*
3 CONVICCIÓN	•Redes sociales. •Tienda. •*Demos.* •Reseñas. •Eventos. •*Emailing.*	•*Prospección.* •*Citas de venta.* •*Tasa de respuesta.*	•*Tasa de tráfico a prospectos.* •*Tasa de apertura de correos.* •*Costo por prospecto.*
4 CONVERSIÓN	•*Micrositio.* •*Material POP.* •Tienda. •Vendedores. •Incentivos.	•*Conversiones.* •*Ventas incrementadas.* •*Participación de mercado.*	•*Tasa de conversión de prospectos a clientes.* •*Valor del ticket promedio.* •*Costo por conversión.*
5 COMPROMISO	•Serv. A clientes. •Mensajes (*app*). •Recompensas. •Eventos.	•*Satisfacción de clientes.*	•*Tasa de prospectos a clientes.* •*Costo por conversión.*

Tabla 4.2 Las cinco etapas del proceso de destilación de clientes y sus indicadores

Entender esta separación es importante porque durante el proceso de planeación uno debe preguntarse si el objetivo de la campaña es crear *conocimiento* o es crear **conversión**. Si el objetivo es **conocimiento** se espera que la campaña genere conciencia de una marca o que informe al *target* sobre algo. Si el objetivo es **conversión** entonces se espera que la campaña motive al *target* a tomar una acción, como comprar, votar, registrarse, afiliarse...

A pesar de que esta es una separación de objetivos que es muy común encontrarse en el mundo de la publicidad digital, personalmente creo que en muchos casos queremos lograr ambos objetivos. Queremos crear primero *conocimiento* para que el cliente este consciente de nuestra marca/producto y luego queremos crear **conversión** para que lo compre. **Esto debería aplicar especialmente durante un lanzamiento de marca donde necesitamos que ambas cosas sucedan.** Y si este fuese el caso entonces estamos frente a lo que se conoce como una '**campaña integral**' o de '*360 grados*', la cual recorre todas las etapas del proceso de *destilación de clientes: conocimiento, curiosidad, convicción, conversión y compromiso.*

CAMPAÑA DE **CONOCIMIENTO**	CAMPAÑA DE **CONVERSIÓN**	CAMPAÑA **INTEGRAL**
✓ Conocimiento	✓ Convicción	✓ Conocimiento
✓ Curiosidad	✓ Conversión	✓ Curiosidad
	✓ Compromiso	✓ Convicción
		✓ Conversión
		✓ Compromiso

Figura 4.2 Las etapas del proceso de destilación de clientes con base al tipo de campaña

Ya una vez que has decidido cuál será el alcance de tu campaña debería ser más fácil pensar qué tipo de indicadores *comunes y específicos* necesitas emplear para que tus objetivos sean medibles. Por ejemplo, en una campaña que es solo de **conocimiento** podrías emplear indicadores *comunes* como *Brand Awareness*, tráfico web y descargas de contenido, más aquellos indicadores *específicos* que sean relevantes. En una campaña que es de **conversión** podrías emplear indicadores *comunes* como *número de prospectos, ventas incrementadas* o *tasa de conversiones*.

En una campaña integral de lanzamiento (de *conocimiento* y *conversión*) se podrían usar indicadores propios de al menos las primero cuatro etapas del proceso de destilación de clientes, como; *Brand Awareness*, tráfico web, prospectos, ventas incrementadas y *conversiones*, más todos los indicadores específicos que sean relevantes, dependiendo de los medios de comunicación que decidas emplear.

Para cerrar y pasar a lo siguiente, ofrezco algunos ejemplos de situaciones donde escogeríamos tener objetivos de *conocimiento* o de *conversión*:

a) **Ejemplos donde queremos generar solo** *conocimiento***:**

- Anunciar adquisiciones.
- Informar sobre una nueva forma de emplear o consumir los productos.
- Informar sobre nuevas sucursales, canales de distribución o nuevas formas de adquirir los productos.
- Presentar una nueva identidad o imagen de marca (posicionamiento o reposicionamiento).
- Informar sobre cambios en precios.
- Informar sobre procesos o herramientas que mejoran la experiencia del servicio.
- Construir la imagen de una marca en el mercado.

b) **Ejemplos donde queremos generar solo** *conversión***:**

- Motivar al *target* para que visite un establecimiento, sucursal, *showroom*, oficina de ventas, sitio web, etc.
- Motivar una compra en línea, vía telefónica o por catálogo.
- Solicitar al target que se registre o llenen un formulario para un conocido evento, curso, taller ya sea en línea, por correo, por teléfono o en persona.

- Motivar al cliente a llamarnos, *chatear* o descargar algo como una *app*, un *software* de prueba, etc.
- Motivar al cliente a que pase de una prueba gratuita a un plan de pago.
- Solicitar al *target* que vote, se afilie o se integre a un grupo, asociación, etc.
- Motivar al *target* a que solicite más información sobre un producto a través de la visita de un vendedor, del envío de un catálogo, de un muestrario, etc.
- Motivar al *target* a que se registre para participar en una convocatoria, concurso o invitación.

c) **Ejemplos donde queremos generar** *conocimiento* **y** *conversión* **(campaña integral):**

- Lanzamientos de marcas y productos.
- Cualquier otro escenario donde necesitamos informar y *convertir*.

4.4.5 **Objetivos estratégicos vs. objetivos tácticos**

La misma diferenciación que ya hemos hecho para separar indicadores *comunes* de *específicos* también debemos considerarla cuando definimos nuestros objetivos, pues no es raro encontrar objetivos de campaña que emplean como principal indicador métricas que no tienen la capacidad de tomar la "fotografía" completa.

Por eso es importante saber cuándo es necesario definir objetivos estratégicos y cuándo es necesario definir objetivos tácticos para el plan de campaña:

a) **Objetivos estratégicos:** Cuando definimos objetivos estratégicos de campaña lo hacemos desde una perspectiva general, donde la realización de dichos objetivos tendrá una contribución significativa en el plan de *marketing* y de negocios, pues los objetivos estratégicos se definen con base en lo que la campaña debe conseguir **de fondo**, por ejemplo;

Lanzamos una campaña para presentar una nueva *app* para dispositivos móviles. Estimamos que nuestro *target* está compuesto por aproximadamente un millón de personas y queremos;

- Lograr 30% de **Brand Awareness** en nuestro target antes del 30 de septiembre del año en curso.
- Lograr 5,000 **descargas** de nuestra aplicación antes del 30 de octubre del año en curso.
- Lograr que 30% de las personas que realizaron una descarga gratuita de la *app* **conviertan** su suscripción del modo gratuito al modo de pago antes del 31 de diciembre del año en curso.

Estos tres objetivos son estratégicos porque tienen un impacto directo en la marca y en las ventas, por lo mismo debemos emplear medios de medición que sean afines, como es el caso de los indicadores **comunes**: *Brand Awareness, Top of Mind, Share of Mind, Tráfico, descargas de contenido, prospección (Lead Generation), citas de venta, conversiones, ventas incrementadas, participación de mercado y satisfacción de clientes.*

De esta forma, cuando cumplimos nuestros objetivos **estratégicos** de campaña creamos un impacto directo en el negocio. Visto de otra forma, cuando algún objetivo táctico de tu plan no se cumple no es el fin del mundo, pero cuando un objetivo estratégico no se cumple entonces tenemos un problema.

b) **Objetivos tácticos:** Los objetivos tácticos son aquellos relacionados con acciones muy específicas cuya contribución en el plan de campaña es relativamente más pequeña o marginal.

Como ya sabemos, para definir objetivos **tácticos** debemos emplear algunos de aquellos indicadores que ya hemos identificado como *específicos*, que reflejan justo eso; la contribución de pequeñas acciones.

Por ejemplo. Durante el proceso de planeación para lanzar una campaña para una nueva *app* hemos desarrollado un plan de medios con objetivos tácticos que buscan lograr, antes del 31 de diciembre, lo siguiente:

- Colocar tres versiones de anuncios en Facebook logrando un *reach* de al menos 500,000 personas pertenecientes al *target*.
- Colocar una campaña de video en YouTube que logre 50,000 *views*.
- Lograr que los videos tengan un *watch time* promedio de al menos 15 segundos.
- Conseguir al menos 50,000 clics en los anuncios de redes sociales.
- Incrementar en 20% el volumen de seguidores en nuestras cuentas de redes sociales.

Como podemos ver, no es que los objetivos tácticos no sean importantes, sino que se necesitan cumplir varios de ellos para poder lograr un objetivo estratégico de campaña.

De cualquier manera, lo primero es definir los objetivos estratégicos de campaña y luego esbozar sin mucho detalle, algunos objetivos tácticos, pues ya una vez que entres al proceso de la planeación de medios -descrito en el capítulo 6-, tendrás más claridad sobre los medios de comunicación que vas a emplear y sobre el tipo de indicadores involucrados que te permitirán afinar tus objetivos tácticos.

4.4.6 **Objetivos cuantitativos vs. objetivos cualitativos**

A lo largo de las últimas páginas hemos descrito la importancia de medir los objetivos de campaña y hemos revisado algunos de los indicadores que podemos emplear. Sin embargo, todos estos indicadores que hemos visto hasta ahora han sido numéricos, con lo cual es pertinente aclarar que, aún cuando **nuestros objetivos deben ser siempre medibles**, estos no siempre pueden ser cuantificables.

Si recuerdas en el capítulo 2, hablábamos ampliamente de las diferentes metodologías de investigación de mercados, específicamente de aquellas que identificamos como metodologías cuantitativas (*e.g.* encuestas) y cualitativas (*e.g.* entrevistas a profundidad).

Pues resulta que en el mundo de los objetivos hay un paralelo similar, hay objetivos que pueden definirse desde una perspectiva **cuantitativa** o desde una perspectiva **cualitativa**. Pero, ¿cuál es la diferencia?

Los objetivos cuantitativos emplean indicadores numéricos que ya conocemos, por ejemplo:

Aumentar el conocimiento de la marca X en 30%, antes del 30 de octubre del año en curso.

Pero **¿qué sucede con los objetivos cualitativos?**, ¿cómo se ven?, ¿para que sirven?

Hay ocasiones donde lo que queremos lograr a través de la campaña no es medible usando cantidades o porcentajes, normalmente porque estos objetivos de campaña buscan conseguir cambios en percepciones, mentalidad o ideas que tienen que ver más con las emociones o las opiniones de la gente.

De hecho, esta es una de las razones por la cual existe la creencia de que los objetivos cualitativos no se pueden medir, lo cual es incorrecto.

Imaginemos, por ejemplo, que el gobierno de un país desarrollado tiene una política migratoria abierta y recibe inmigrantes, estudiantes y refugiados de todas partes del mundo y actualmente este país enfrenta un año de crisis económica. Se sabe que las crisis económicas, en general, son un *caldo de cultivo* que exacerban los sentimientos nacionalistas y xenofóbicos, lo cual puede causar injusticias o violencia en contra de los extranjeros.

Digamos que después de un número de incidentes violentos, en diferentes ciudades, el gobierno del país decide hacer algo al respecto para cambiar las percepciones de ciertos sectores de la población que tienen una opinión negativa hacia los inmigrantes.

Se decide entonces crear una campaña de comunicación para facilitar información y mostrar testimonios e historias sobre la importante contribución social, económica y cultural que los inmigrantes ofrecen a su país anfitrión.

Si estuviésemos a cargo de una campaña de este tipo entonces tendríamos que definir tanto objetivos cualitativos y cuantitativos, donde parte de nuestro objetivo **cualitativo** podría decir algo así:

Mejorar la percepción y sentimiento hacia los inmigrantes que se establecen en nuestro país, posicionándolos como una comunidad de personas que contribuyen de manera importante a nuestra economía y que enriquecen nuestra cultura.

Aunque seguramente también queremos establecer algunos objetivos **cuantitativos** para tener una perspectiva numérica sobre el resultado de la campaña, por lo cual podríamos agregar:

Para abril 2021:
- *Conseguir que 30% del target tenga conocimiento (B.A.) sobre nuestra campaña de sensibilización.*
- *Reducir la incidencia de crímenes motivados por racismo y xenofobia en 20%, a nivel nacional.*

Entonces, ya debe quedar claro que ambos tipos de objetivos son medibles. La diferencia, es que el primer objetivo (cualitativo) solo lo podemos medir empleando **indicadores cualitativos**, es decir tendríamos que hacer entrevistas y grupos de enfoque para conocer y comparar las opiniones del *target*.

El segundo objetivo (cuantitativo) ya sabemos que se puede medir a través de encuestas de opinión y -en este caso- empleando reportes generados por alguna dependencia de seguridad federal.

Espero entonces que quede claro que los **objetivos cualitativos** son aquellos que se relacionan con la calidad del cambio que queremos lograr, como percepciones, mentalidad, opiniones, o sentimientos, y no con la cantidad. Por otro lado, habrá que resaltar que los **objetivos cualitativos** son medibles siempre y cuando los criterios (o indicadores) que empleemos para determinar el éxito sean del mismo tipo: cualitativos.

De esta forma no es extraño que una campaña de comunicación contenga una combinación tanto de objetivos cualitativos como cuantitativos.

4.4.7 En resumen

Para pasar al siguiente subcapítulo hagamos una rápida recopilación de lo que hemos aprendido hasta ahora:

- En general, una de las cualidades más importantes de un objetivo es que sea **medible.**

- Para poder medir nuestros objetivos de campaña hay una gran cantidad de **indicadores.**

- Estos indicadores pueden ser *comunes* o *específicos.* Los indicadores *comunes* miden el desempeño de la campaña desde una perspectiva estratégica y los *específicos* son tácticos y miden el desempeño de acciones pequeñas y secundarias.

- Al definir nuestros objetivos de campaña debemos tener claro si lo que queremos lograr es *conocimiento* o *conversión*, o ambos ('campaña integral').

- Y también debemos saber cuáles objetivos serán **estratégicos** para el plan y cuáles serán **tácticos**.

- Los objetivos estratégicos deberán emplear indicadores *comunes*, y los objetivos tácticos deberán emplear indicadores *específicos*.

- Primero debemos definir los objetivos estratégicos del plan, y luego solo tenemos que visualizar los objetivos tácticos, los cuales podremos afinar una vez que desarrollemos el plan de medios (capítulo 6).

- No todos los objetivos tienen que ser numéricos (cuantitativos), pues un plan de campaña también puede tener **objetivos cualitativos**, que deben medirse bajo una perspectiva igualmente cualitativa.

4.5 Formulando los objetivos de la campaña

4.5.1 Las cualidades de un objetivo

Ya una vez aclarada la importancia y diferencias entre los distintos tipos de objetivos de campaña y sus indicadores, ahora enfoquémonos en entender las cualidades más importantes que cualquier objetivo debe tener.

1) **Los objetivos de campaña deben estar alineados** con nuestros objetivos de mercadotecnia, de negocio y con la misión y visión de la empresa.

2) **Los objetivos siempre empiezan con un verbo que denota acción:** 'incrementar', 'posicionar', 'promocionar', 'informar', 'presentar', 'lograr', etc.

3) **Los objetivos deben ser medibles** empleando diferentes tipos de indicadores, por ejemplo: *Lograr X número de visitas, incrementar el Brand Awareness en determinado porcentaje, conseguir X número de clics en nuestro sitio web, etc.*

4) **Los objetivos deben ser concisos**, estableciendo claramente: ¿qué?, ¿quién?, ¿dónde?, y ¿cuándo?, aunque no se define el "cómo", pues esto es algo que corresponde establecer a través de acciones, las cuales se describen en las etapas posteriores del plan de campaña.

5) **Los objetivos deben ser alcanzables** y realistas, pero con cierto grado de ambición.

6) **Los objetivos deben ser definidos por la persona responsable de la campaña,** y aprobados por el responsable de mercadotecnia y/o por el director general (si aplica).

7) **Los objetivos deben ser claramente comunicados** a las personas involucradas en la planeación, producción e implementación de la campaña.

8) **Una campaña usualmente tiene más de un objetivo**, aunque debemos procurar que la lista sea corta.

4.5.2 **Ejemplo de una secuencia de objetivos**

A lo largo de este capítulo hemos cubierto muchos temas y aspectos sobre la definición de objetivos, sin embargo, es importante no perder de vista esa "fotografía" completa de lo que estamos haciendo aquí: la forma en que todas las piezas del rompecabezas conectan.

Para ilustrar esto te ofrezco un ejemplo de una secuencia de objetivos desde el más alto nivel hasta el más bajo, donde podrás ver la jerarquía y los vínculos que existen entre todos los diferentes niveles, así como la forma en que estos objetivos se conectan con la parte filosófica de la empresa (misión, visión y valores). El ejemplo retoma el caso ficticio de una empresa que vende **persianas**, pero antes un diagrama que ilustra la secuencia y jerarquía de cada elemento.

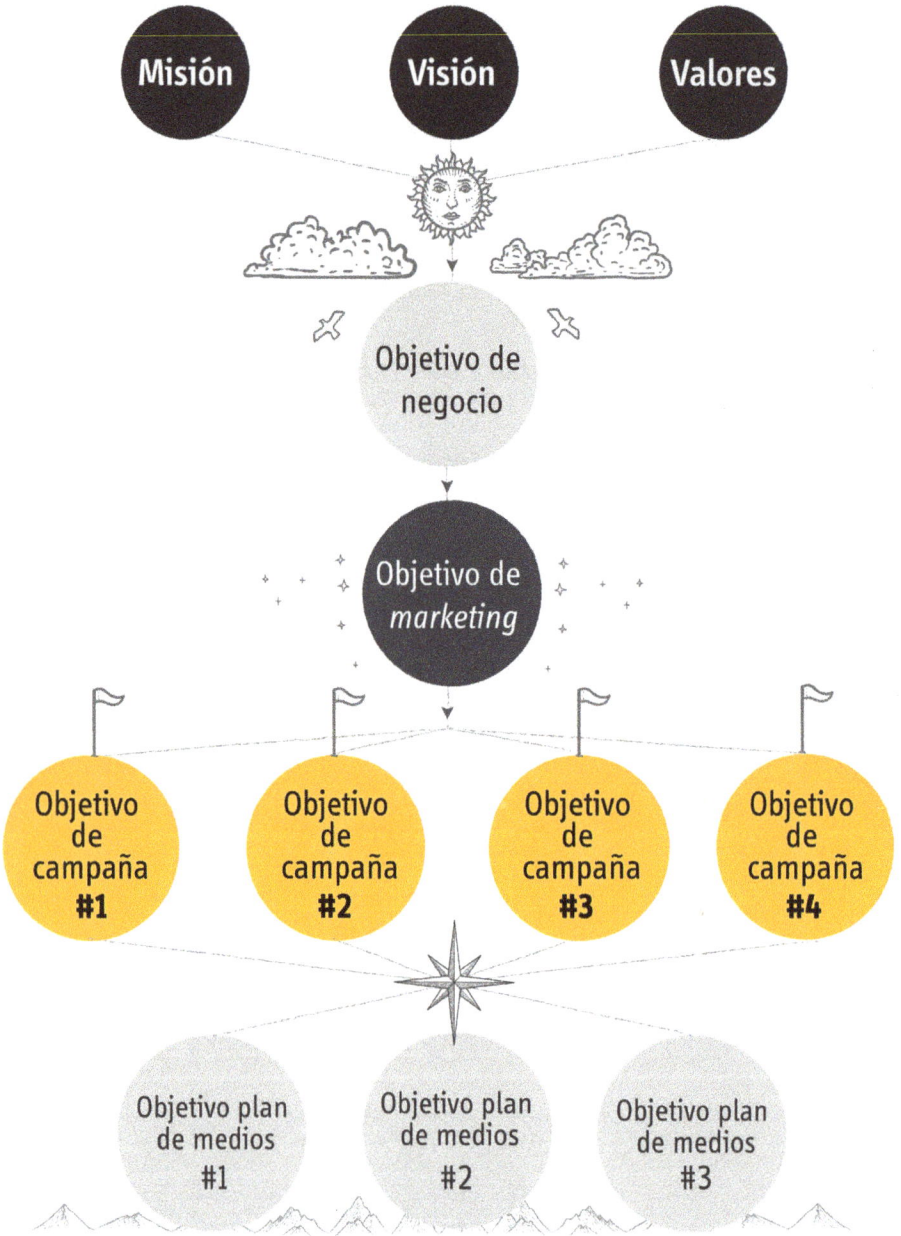

Figura 4.3 *Ejemplo de una secuencia de objetivos*

a) **Misión:** *Estamos en el negocio del control de la luz y la privacidad a través de productos y soluciones que embellecen y se integran armónicamente con los espacios de trabajo, recreación y descanso de nuestros clientes.*

b) **Visión:** *En diez años nuestra empresa tendrá presencia en los tres principales mercados de América Latina, embelleciendo los espacios de vida de nuestros clientes y consolidando a nuestras tiendas y salas de exhibición como el destino obligado de los arquitectos e interioristas más destacados de la región.*

c) **Valores:**
  - *Belleza en el diseño de cada una de las soluciones que ofrecemos, integrándose orgánicamente con su entorno.*
  - *Vanguardismo a través de productos modernos que siguen el paso de las tendencias más recientes de decoración de interiores en el mundo.*
  - *Autenticidad en los diseños de nuestros productos, lo que permite reflejar el carácter especial de cada uno de nuestros clientes.*
  - *Funcionalidad a través de productos que son amigables y sencillos de usar, y que permiten realizar, sin fricción, las diferentes actividades en casa.*
  - *Protección de la privacidad de nuestros clientes, dándoles sombra y acogida del clima y elementos exteriores.*

  Objetivos estratégicos:

d) **Objetivo de negocio:** *Integrar a nuestra oferta de productos una nueva línea de controles electrónicos de iluminación que nos permitan aumentar nuestro volumen de ventas, a nivel nacional, en 10% para diciembre del 2019.*

e) **Objetivo de marketing:** *Lanzar la marca X de controles electrónicos de iluminación residencial en la Ciudad de México, Monterrey y Guadalajara durante el mes de junio de 2019, facturando 2 mil unidades para diciembre de 2019.*

f) **Objetivo #1 de campaña** (cualitativo)**:** *Posicionar la nueva línea de controles electrónicos de iluminación como una solución de alta gama y diseño refinado dirigido a personas de 30 a 65 años, nivel socioeconómico AB que viven en Ciudad de México, Monterrey y Guadalajara durante el último semestre de 2019.*

g) **Objetivo #2 de campaña** (cuantitativo y de *conocimiento*)**:** *Crear 5% de Brand Awareness para la marca X de controles electrónicos de iluminación en el target durante el último semestre de 2019.*

h) **Objetivo #3 de campaña** (cuantitativo y de *conocimiento*): *Lograr 70 mil visitas a nuestro landing page y 10 mil descargas del nuevo catálogo de producto entre junio y noviembre de 2019.*

i) **Objetivo #4 de campaña** (cuantitativo y de *conversión*): *Conseguir citas de venta con al menos 60 arquitectos en las plazas descritas, antes del 15 de noviembre de 2019.*

Objetivos tácticos:

j) **Objetivo #1 del plan de medios** (cuantitativo y de *conocimiento*): *Lograr 15 mil clics en nuestros anuncios de display banner y 35 mil clics en publicaciones pagadas en redes sociales para septiembre de 2019.*

k) **Objetivo #2 del plan de medios** (cuantitativo y de *conocimiento*): *Lograr 20 mil views del anuncio en video para octubre de 2019.*

l) **Objetivo #3 del plan de medios** (cuantitativo y de *conversión*): *Lograr que 300 arquitectos asistan a un evento de lanzamiento en Ciudad de México, Monterrey y Guadalajara antes de noviembre del 2019.*

4.6 *Checklist:* Definiendo los objetivos de campaña

Contexto Target **Objetivos** Mensaje Medios Producción Lanzamiento

✓ Definir objetivos estratégicos
✓ Definir objetivos tácticos (preliminares)

En resumen, para definir adecuadamente tus objetivos de campaña necesitas:

1) **Objetivo de *marketing*:** Establece cuál es tu objetivo de *marketing*. Si aún no lo has definido piensa en el propósito de campaña que ya planteaste en el capítulo 2. Considera también definir la misión, visión y valores corporativos de tu empresa.

2) **Definición de producto:** Establece cuál es el producto o servicio que quieres promover con la campaña.

3) ***Target*:** Establece quién es tu audiencia objetivo y si hay uno o múltiples *targets* involucrados en la campaña. Si tienes múltiples *targets*, necesitarás definir objetivos de campaña para cada *target*.

4) **Indicadores de desempeño:** Establece si necesitas una campaña de *conocimiento*, de *conversión* o una campaña integral (*conocimiento* y *conversión*). Luego identifica los indicadores de desempeño (*comunes* y/o *específicos*) que vas a emplear para cada uno de tus objetivos.

5) **Fechas:** Establece cuál es la fecha preliminar de lanzamiento de la campaña y su duración, lo cual da la pauta para determinar las fechas en que cada uno de los objetivos debe cumplirse.

6) **Objetivos de campaña:** Redacta los objetivos estratégicos de tu campaña con base en los indicadores *comunes* que has seleccionado, y a las fechas de lanzamiento y cierre de la campaña. Los objetivos de campaña empiezan con un verbo que denote acción y deben estar alineados con el plan de *marketing* y de negocios. Los objetivos deben además ser medibles, concisos y alcanzables.

7) **Objetivos del plan de medios:** Puedes redactar de manera **preliminar** los objetivos tácticos que crees son necesarios para alcanzar los objetivos estratégicos de campaña que ya has descrito. Los objetivos tácticos deben definirse empleando indicadores de desempeño *específicos* y también deben ser medibles, concisos y alcanzables.

51.5964° N, 55.5334° W

CAPÍTULO 5

Desarrolla el Mensaje ✉

5. DESARROLLA EL MENSAJE

En este capítulo daremos respuesta a las siguientes preguntas:

- *¿Cuáles son los elementos esenciales para construir un mensaje?*
- *¿Qué es y cómo desarrollar la arquitectura de tu marca?*
- *¿Qué es posicionamiento?*
- *¿Cómo preparar un brief creativo?*
- *¿Cómo crear un concepto creativo?*
- *¿Cómo estructurar tu anuncio?*
- *¿Cuáles son las cualidades más importantes de un buen anuncio?*

5.1 El proceso de diseño de un mensaje publicitario

Ya una vez definidos nuestros objetivos de campaña lo que sigue es crear el mensaje, lo cual lograremos siguiendo el proceso expuesto a continuación.

A) ENTENDER EL CONTEXTO

Propósito

CONTEXTO

1 *Insights*

8 Propósito de marca

2 Atributos

B) *BRANDING*

7 Promesa

ARQUITECTURA DE MARCA Transmutación

3 Beneficios funcionales

6 Esencia

4 Beneficios emocionales

5 Valores

C) CREACIÓN DEL MENSAJE

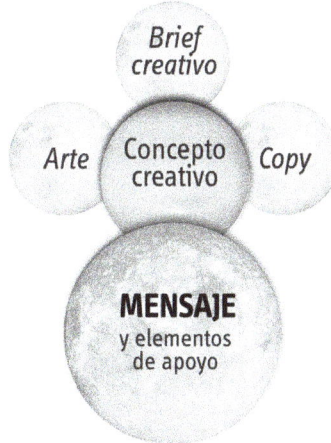

Brief creativo

Arte Concepto creativo *Copy*

MENSAJE y elementos de apoyo

Figura 5.1. *Proceso del diseño de un mensaje publicitario a través de la arquitectura de marca*

a) **Entender el contexto:** Lo primero es echar mano a toda esa información que ya recopilaste y desarrollaste en los capítulos 2, 3 y 4. Además de establecer claramente el propósito y los objetivos de tu campaña, necesitas tener una clara idea de quién es tu *target* y de cuáles son sus prioridades y necesidades. Por otro lado, los hallazgos del proceso de investigación que desarrollamos seguramente ya habrán arrojado algunos *insights* que representan un elemento central para el diseño del mensaje.

b) *Arquitectura de marca:* Con los *insights* en mano iniciaremos un proceso de '*arquitectura de marca*', transformando los atributos más notables de tus productos en beneficios funcionales y emocionales, y estos a su vez en *valores de marca* para finalmente sintetizarlo todo en algo que llamamos la '*esencia de marca*'. Posteriormente integraremos estos elementos en un importante documento conocido como el '**brief creativo**'.

c) **Creación del mensaje:** Con el *brief creativo* ya tendrás toda la información necesaria para diseñar un '*concepto creativo*', un '*arte*', un '*copy*' así como los elementos de apoyo del anuncio, que una vez combinados constituyen el mensaje publicitario. También tendrás la oportunidad de conocer y comparar algunos diferentes tipos de enfoques en el diseño de campañas. Todo esto lo aprenderemos a realizar en este capítulo, pero antes una consideración.

5.2 Buscando ayuda durante el proceso creativo

Durante el desarrollo de tu campaña te enfrentarás con diferentes etapas que podrían requerir de ciertas habilidades y conocimientos técnicos, específicamente en tres áreas: la investigación de mercados (capítulo 2), el desarrollo y diseño del mensaje (capítulo 5) y la planeación de medios (capítulo 6).

El objetivo de este libro es darte referencias y herramientas para que puedas crear y lanzar una campaña publicitaria sin depender demasiado de ayuda exterior. Sin embargo, el proceso de conceptualizar, diseñar y producir anuncios podría involucrar habilidades específicas que demandan algo más que conocimientos técnicos y voluntad.

Cuando desarrollamos un mensaje de campaña, una de las habilidades más importantes es evidentemente la creatividad. Si bien algunas personas podrían considerarse más creativas que otras, en general el trabajo creativo (desde el punto de vista publicitario), es de hecho una profesión y una habilidad técnica y artística que no necesariamente tiene que ver con cuanta imaginación tengamos; es como la diferencia entre saber cocinar y ser un *chef* profesional.

Con esto quiero decir, que si tienes algo de presupuesto adicional, podrías considerar contratar un profesional para que te ayude a desarrollar un concepto creativo y a transformar ese concepto en un anuncio. Específicamente, este proceso involucra los siguiente:

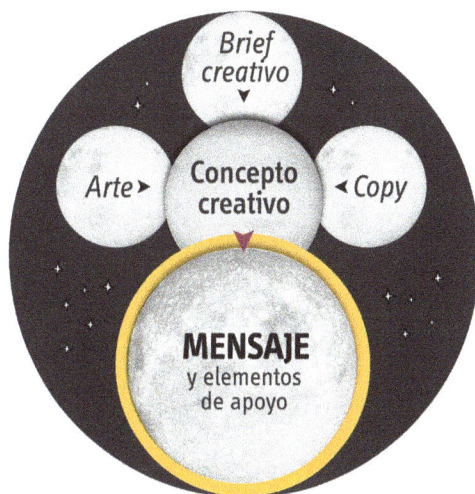

Figura 5.2. *Los componentes de un mensaje publicitario*

- **Desarrollar un concepto creativo:** Un '**concepto creativo**' básicamente representa, a través de una historia o situación, la forma en que los productos mejoran la vida del *target*, considerando que dicha historia debe ser atractiva, entendible y fácil de recordar.

- **Producir los anuncios en base a ese concepto creativo:** Dependiendo de los medios de comunicación que decidas emplear, esto podría involucrar la producción de imágenes, video, sonidos, experiencias o contenidos, así como la adaptación de todos estos elementos en diferentes formatos (audio, video, imagen, etc.).

En el primer caso, para realizar un **concepto creativo** se requiere no solo de creatividad, sino también de capacidad de abstracción, análisis, comunicación e incluso algunas nociones sobre comportamiento del consumidor. En el segundo caso, para **producir los anuncios**, se necesitan habilidades y conocimientos técnicos como el diseño gráfico, la fotografía o la producción de videos, entre otras, aunque quizá ya cuentes con alguna o varias de estas habilidades.

En todo caso la idea no es desanimarte, solo sugerir que si tienes los medios para pedir ayuda profesional en esta etapa específica del desarrollo de la campaña, lo hagas. Para enfrentar este proceso la mayoría de las empresas grandes y medianas cuentan con al menos una agencia creativa (que es lo mismo que una agencia de publicidad). Algunas otras empresas cuentan con un equipo creativo interno que emplean para tareas rutinarias que usan en combinación con una agencia externa, para realizar aquellas tareas más complejas.

Las empresas pequeñas podrían evaluar y considerar la contratación de una agencia creativa que también sea pequeña o mediana, o incluso un consultor (un *freelancer*) que tenga experiencia de trabajo desarrollando creatividad publicitaria.

Como en todo, hay diferentes tamaños de agencias, algunas con presencia global, premios internacionales, un amplio rango de servicios y personal altamente especializado. Muchas de estas agencias trabajan por igualas, es decir pagos que se realizan de manera mensual y que son calculados en base a una estimación de la carga de trabajo, y en otros casos también es posible trabajar con agencias creativas solo contratándolas por "evento" o campaña.

Si bien la experiencia y reputación de una agencia creativa internacional podría percibirse como la situación ideal, es cierto que los costos también podrían ser más altos, por lo que en estos casos se podrían considerar opciones más accesibles. Por ejemplo, en los distritos o barrios bohemios de algunas ciudades grandes (*e.g.* Palermo Soho en Buenos Aires o Roma-Condesa en Ciudad de México), hay todo un ecosistema de agencias pequeñitas y locales, a las cuales se les conoce como '*boutiques creativas*'; donde algunas de ellas se caracterizan por contar con gran talento y servicios a precios más accesibles para la pequeña empresa.

En todo caso, **antes de contratar a una agencia o un *freelancer*** considera que hay ciertos criterios que se deben tomar en cuenta:

a) **Asociaciones de agencias publicitarias:** Muchas de las agencias en cada país se encuentran afiliadas a asociaciones profesionales, como la Asociación Mexicana de Agencias de Publicidad, la American Association of Advertising Agencies, o la Asociación Argentina de Publicidad, las cuales mantienen una serie de estándares y principios éticos de trabajo que sus agencias afiliadas deben respetar. Además de lo que puedas encontrar en Google, buscar en el directorio de miembros de la asociación publicitaria de tu país puede ser un punto de partida.

b) **Credenciales:** Considera contratar a alguien que ya tenga experiencia probada realizando trabajo creativo; los premios internacionales a la creatividad pueden ser una referencia, aunque no necesariamente garantizan la calidad en todo momento. Ten en cuenta que hay de premios a premios; algunos de los más reconocidos incluyen a los Cannes Lions celebrado en Francia, o los EFFIE Awards que premian la efectividad de las campañas. Esto es importante mencionarlo, pues hay que tomar en cuenta que 'creatividad' no es necesariamente igual a 'efectividad', y a estas alturas ya debe quedar claro que una campaña efectiva (que vende) es sin duda mejor que una campaña que solo es creativa.

En todo caso, la referencia más sustancial que uno puede tener sobre la calidad de una agencia es justamente analizando su trabajo previo, por lo que es posible pedir a cada agencia de tu interés que muestre sus credenciales en una presentación en persona, esto para identificar a los clientes que ya atienden, así como ejemplos de sus campañas recientes y sus resultados. Incluso podrías contactar a algunos de sus clientes para pedir referencias.

Bajo esta coyuntura, también sería prudente preguntar si la agencia ha atendido o atiende a empresas que compiten en tu mismo mercado. Evidentemente no tiene sentido que dos empresas competidoras compartan la misma agencia creativa, para lo cual también debe descartarse que dicha agencia trabaje con alguna empresa filial de un competidor tuyo.

c) *Pitch creativo:* En algunos casos también es posible seleccionar una agencia a través de una especie de concurso, donde puedes invitar a tres o cuatro agencias a participar. Aquí es importante explicar claramente las bases de dicho concurso a cada parte, además de entregarles tu *brief creativo* para que por medio de un *'Pitch'* (o presentación), cada agencia presente individualmente sus propuestas de cómo abordarían tu campaña.

Esto puede ayudarte a comparar ideas para escoger una agencia de una manera más objetiva. Aunque considera que, dependiendo de tu presupuesto y del perfil de tu empresa, algunas agencias creativas podrían estar más interesadas que otras en participar en el *pitch*.

Sin embargo, *pitchar* una campaña implica una cantidad significativa de trabajo para las agencias; trabajo que usualmente no es remunerado, lo cual ha ocasionado justamente que algunas quieran cobrar dichas presentaciones.

Ciertamente la gente que trabaja en el sector ve al *pitch* como una herramienta fundamental para darse a conocer y ofrecer sus servicios, pero también las agencias han resaltado los vicios involucrados; como la falta de transparencia en el proceso de selección, así como *briefs creativos* que son confusos, clientes que no saben lo que quieren o incluso robo de ideas.

d) **Consistencia:** La calidad y sobre todo la consistencia en el servicio que ofrecen las agencias creativas es otro de los grandes puntos a considerar, especialmente en agencias de menor tamaño. A veces sucede que el dueño de la agencia resulta ser un personaje muy capaz y carismático, que nos convence de la calidad de su trabajo, sin embargo después de algunas semanas esta persona se aleja, delegando la realización de la campaña a empleados con menor preparación y motivación. En estos casos es importante comunicar claramente tus expectativas desde un inicio del proyecto.

De cualquier manera, **si tu economía no te permite contratar una agencia creativa**, aquí explicaremos cuáles son los principios y los elementos más importantes en el proceso del desarrollo creativo de una campaña.

5.3 *Branding* y posicionamiento

5.3.1 El concepto de '*branding*'

Las marcas influyentes son como las personas; tienen una apariencia física, una personalidad y una identidad única. También tienen valores, una esencia y un propósito en la vida.

Nuestras marcas predilectas pueden ser como viejos amigos, pues compartimos los mismos valores, los reconocemos a la distancia, "hablamos el mismo idioma" y nos apoyamos. También nos dan alivio, buenos ratos o inspiración y cuando la conexión es fuerte, las recomendamos e incluso las defendemos "a capa y espada". ¿Quién no ha tenido una apasionada discusión con una amistad o un familiar por defender una marca?

De esta forma la conexión que buscamos desarrollar entre el *target* y nuestra marca va más allá de la función que cumple el producto en si, pues ya no compramos un vehículo que nos lleve del punto A al punto B; compramos un vehículo buscando función y experiencia. Por ejemplo: *Transporte que te lleva del punto A al punto B, pero con autonomía, confort, seguridad y estilo.*

Además de una buena experiencia de uso, las empresas deben ofrecer a los clientes **una oportunidad para reflejar sus rasgos de personalidad a través de las marcas que consumen.** ¿A qué me refiero con esto?

Cuando preferimos una marca sobre otra, a veces lo hacemos porque vemos a ciertas marcas como una extensión de nuestra personalidad, como un medio que nos permite reflejar nuestra identidad; sin usar palabras.

Es decir, cuando interactuamos con amigos, familiares o incluso con extraños, la comunicación se da en dos planos: un plano **explícito**, que es verbal, en donde dejamos claro a nuestro círculo social qué es lo que nos gusta y qué no. Pero también la comunicación se da en otro plano que es **implícito**, en el cual nos comunicamos de una forma más sutil (no verbal), expresando nuestra personalidad a través de nuestras acciones, de nuestro lenguaje corporal y de la apariencia que proyectamos a los demás.

Entonces, las marcas que tienen una identidad fuerte y congruente nos ofrecen eso: un **medio no verbal** para proyectar nuestra personalidad, lo cual nos permite identificar y conectar con personas que comparten nuestros mismos valores, intereses, gustos o aspiraciones, **estemos o no conscientes de ello.**

Piensa en algo tan trivial como ir por la calle conduciendo, donde te cruzas con un extraño que tiene exactamente el mimo tipo, modelo y color de auto que tú. ¿Has sentido en estos casos una pequeña conexión?, ¿una pequeña afinidad? Quizá haya algo en común más allá del auto.

Por ejemplo, alguien que compra una camioneta 4x4 puede tener necesidad de una función de transporte muy específica, como un vehículo todo terreno. Sin embargo, otra persona podría también comprar este mismo vehículo buscando en su lugar un medio de expresión para reflejar rasgos de su personalidad, como un gusto por la aventura, independencia y apreciación por la libertad, aunque esta persona solo use la camioneta 4x4 para ir al supermercado.

De igual forma, quienes prefieren otro tipo de marcas de automóviles buscan reflejar otro tipo de valores, como alguien que compra Volvo busca quizá reflejar responsabilidad; alguien que compra Mercedes Benz quizá busca proyectar poder, y una marca como Mini quizá nos ayuda a comunicar individualismo y sentido del humor. Esto es posible porque **las marcas, a través de sus valores, pueden servir como extensiones de nuestra personalidad.**

Entonces, cuando las marcas las diseñamos y las construimos con una identidad única, fuerte, consistente y relevante, esta tiene la capacidad de fortalecer los vínculos emocionales con nuestros clientes, convirtiéndose también en un medio de expresión y conexión social. Sin embargo, ya debe empezar a estar claro que esa identidad fuerte de las marcas no es producto de la casualidad, sino parte de un diseño y de un proceso.

Imaginemos entonces que **las marcas operan en una especie de dualismo, o sea en dos planos:** uno físico (tangible) y otro etéreo (intangible).

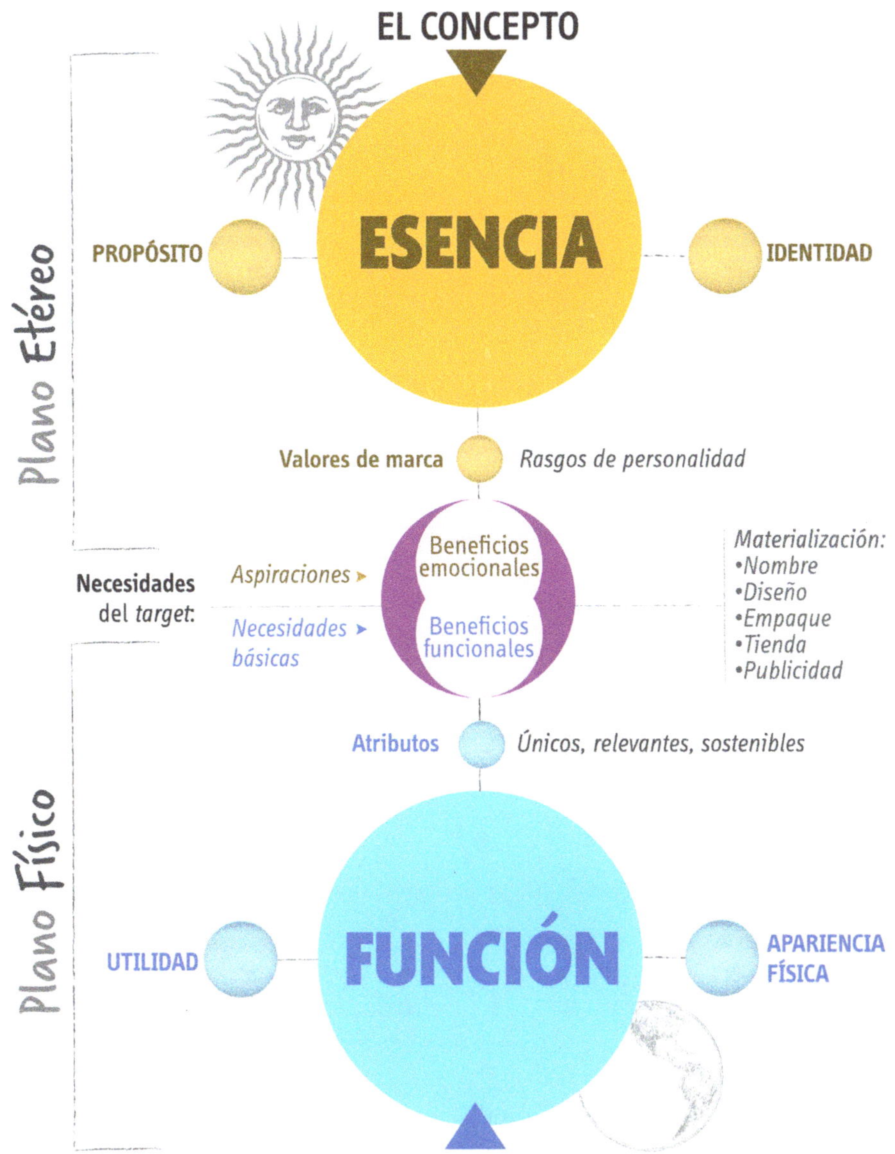

Figura 5.3 *Modelo de la dualidad de las marcas*

5.3.2 **El plano físico**

Abajo, en el plano físico, hay un producto con elementos que son tangibles; hay un diseño, una forma, un color, una sensación. En este plano los productos tienen además características y cualidades que cumplen una función utilitaria muy básica y específica como comunicar, transportar, alimentar, curar, etcétera.

Si la marca es un servicio o una causa, también se puede materializar en el plano físico a través del *'colateral de marketing'*, es decir del sitio web que usamos para acceder al servicio, o a través de folletos, videos, catálogos o incluso las oficinas o el personal que otorga el servicio.

De cualquier forma, sea producto o servicio lo que vendas, la naturaleza del producto en este plano físico sigue siendo utilitaria y funcional, como en un automóvil; transportarte del punto *A*, al punto *B*, incluso bajo ciertos atributos que también son funcionales como; dirección hidráulica, aire acondicionado, frenos ABS, bolsas de aire, etc.

Sin embargo, aunque este plano funcional de las marcas es absolutamente indispensable, debe quedar claro que la gran mayoría de las personas no tomamos decisiones de compra únicamente bajo estos criterios tangibles. Somos seres sociales y también consumimos marcas buscando crear conexiones emocionales que van más allá de lo físico y funcional, y es por esta razón que las marcas deben también operar en un plano más alto.

5.3.3 **El plano etéreo**

Arriba, en el plano etéreo de las marcas hay una idea, un concepto que evidentemente no se puede tocar, pero se puede sentir o experimentar. Es como si fuese el espíritu o el campo de energía de la marca; es donde encontramos su fuerza vital, su originalidad, su autenticidad. Si bien en el plano físico atendemos necesidades básicas del consumidor (como comunicarse, o transportarse), en el plano etéreo atendemos necesidades más sutiles que tienen que ver más con la mente y la conciencia de las personas, como aspiraciones, sueños, ideales y conexiones sociales.

Todas las marcas que aspiran a tener una influencia en un *target* deben poder operar en ambos planos, todas deben tener un cuerpo físico-funcional y un cuerpo etéreo-conceptual.

De la misma forma en que diseñamos un producto nuevo en el plano físico, a través de un prototipo -donde se usan técnicas como la ingeniería-, en el plano etéreo debemos diseñar un concepto inmaterial usando las herramientas del *branding*.

De hecho, en el plano físico, una marca es relativamente fácil de imitar por una empresa competidora que tenga recursos y una infraestructura similar. Sin embargo, la identidad de una marca influyente es casi imposible de imitar, y no me estoy refiriendo al logo, me refiero a ese halo de prestigio que ciertas marcas tienen.

5.3.4 Alineación y balance

Si bien el producto es la cara visible de una marca, esto no significa que su dimensión física sea más importante; los dos planos son esenciales y debe existir un balance entre ellos. Cuando existe un balance entre '**función**' y '**concepto**' hay entonces una experiencia de uso satisfactoria y una conexión emocional con el producto que mejora la vida de los clientes; es decir, la marca cumple su *promesa*.

Ambas dimensiones, física y etérea, son interdependientes; una necesita de la otra y ambas deben funcionar en armonía. Un producto desbalanceado que se inclina más hacia el plano **físico** es un *commodity*; un bien reemplazable, *gris*, sin identidad, que la gente solo compra porque es el más económico o por que es el único disponible, donde evidentemente no existe una conexión emocional con el *target*. Ahora, algo que se inclina más hacia el plano **etéreo** o conceptual es un producto con una identidad interesante o atractiva, pero que en la práctica no entrega, no funciona.

Cuando hay balance entre ambos planos, el cliente se beneficia de la funcionalidad del producto *(i.e. transportarme de A a B, a través de caminos difíciles)* y también experimenta la cara emocional de la marca (*i.e.* autonomía, estilo, libertad), de esta forma tenemos una experiencia de marca que es "redonda" y completa: *Un vehículo todo terreno que me transporta por caminos difíciles, satisfaciendo mi aspiración de autonomía y libertad.*

De hecho, esta comunión entre los atributos funcionales y los *valores de marca* producen una experiencia, que puede plasmarse como una promesa en nuestra publicidad (la '***promesa de marca***').

Entonces, como podrás empezar a notar, la forma en que convertimos un producto en una marca, -es decir la forma en que diseñamos su identidad- es justamente identificando primero sus cualidades o atributos físicos más importantes, convirtiendo estos en emociones, luego en *valores de marca*, en una *esencia de marca* y finalmente en una *promesa* y un *propósito de marca*; conceptos que nos serán de utilidad cuando diseñemos nuestra creatividad y mensaje publicitario.

5.3.5 ¿Qué es y qué no es el *branding*?

El *branding* es, primero, el diseño conceptual de una identidad para un producto a través de un proceso conocido como *'arquitectura de marca'*, y segundo, el desarrollo de dicha marca a través de acciones que crean un vínculo emocional con el *target*, siguiendo un proceso llamado *'construcción de marca'*.

De esta forma, durante el proceso de *arquitectura de marca* convertimos atributos en valores para crear una conexión emocional con el *target*. Y ya una vez que contamos con una identidad clara entonces la tarea es *construir la marca*; desarrollando esa conexión emocional en el largo plazo y creando oportunidades para que los clientes puedan "vivir" los valores de la marca en cada momento que entran en contacto con el producto.

Ya entendiendo lo que es *branding*, ahora quisiera aclarar lo que no es.

Hay una tremenda confusión en muchas personas de que el *branding* es estrictamente una herramienta para diseñar una identidad gráfica: crear nombres (*naming*), escoger colores, logotipos, tipografías, etc.

Esto es incorrecto. De hecho, el logo, el nombre de una marca o la carta gráfica, es lo último que se hace en un proceso de *arquitectura de marca*. Siempre empezamos definiendo los conceptos para moldear la personalidad de una marca y el resultado de todo este proceso se usa después para diseñar, no solo el logotipo, sino toda nuestra comunicación.

Con esto espero que quede claro que, aunque tengamos un lindo logotipo o un atractivo empaque, no significa que nuestra marca tenga una identidad integral. Los logos, las páginas web o los empaques siguen siendo elementos que solo operan en el plano físico-funcional, lo cual no es *branding*, es más bien diseño gráfico.

Tampoco quiero sugerir que no es posible crear publicidad sin antes hacer *branding*, pero el problema es, ¿de dónde vamos a sacar los argumentos de venta? Sin *branding* se pierde la originalidad y la consistencia, el mensaje es más débil y a falta de referencias corremos el riesgo de llenar el anuncio con *clichés*: *"su mejor opción", "la mejor calidad y servicio", "calidad al mejor precio", "somos los líderes del mercado"*, etc.

El *branding* es entonces una herramienta muy poderosa, pues es un medio para diferenciarnos de nuestra competencia; siendo la diferenciación uno de los fundamentos más básicos que persigue la mercadotecnia.

5.4 La *arquitectura de marca*

Al tratarse de un proceso creativo, y al existir diversas formas para crear un mensaje publicitario, sería difícil reducir el desarrollo de anuncios con base en un formato o molde prefabricado, especialmente cuando las circunstancias y las necesidades de cada marca pueden ser tan distintas.

Sin embargo, una de las formas en que podemos desarrollar nuestros anuncios es a través de las herramientas que nos ofrece el *branding*, que en mi experiencia profesional han resultado ser de suma utilidad, aunque seguramente habrá profesionales de la publicidad que tomen otro tipo de enfoques igualmente respetables.

Dicho esto, comencemos a profundizar un poco más sobre el concepto de **arquitectura de marca** (*'brand architecture'*). En general, cuando alguien habla de *arquitectura de marca* puede referirse a dos cosas:

a) **La forma en que una empresa estructura su portafolio de marcas,** pues cuando alguien integra nuevos productos a su catálogo, podría hacerlo en tres diferentes formas:

- **'Marca monolítica':** Usando el mismo nombre de la empresa y la misma identidad de marca para todos sus productos, como Virgin.

- **'Marca *paraguas*':** Dando a cada producto un nombre y una identidad propia, pero siempre manteniendo el nombre de la empresa presente en la comunicación de marca, como Kellogg's; Corn Flakes de Kellogg's, Corn Pops de Kelloggs', etc.

- 'Marca autónoma': Dando a cada una de las marcas un nombre e identidad completamente autónoma y propia, como Procter & Gamble que tiene marcas como Always, Ariel, Gillette, etc.

b) **Al proceso bajo el cual un producto es transformado en una marca,** donde las cualidades funcionales del producto -o sea sus atributos- son convertidos en beneficios o valores que son apreciados por el consumidor, lo cual es consistente con el modelo de cadena de '*medios-fin*' desarrollado por Gutman (1982).

En este capítulo, este proceso de transformación es la acepción que daremos al concepto de *arquitectura de marca*, y esta es la forma en que representaremos dicho proceso:

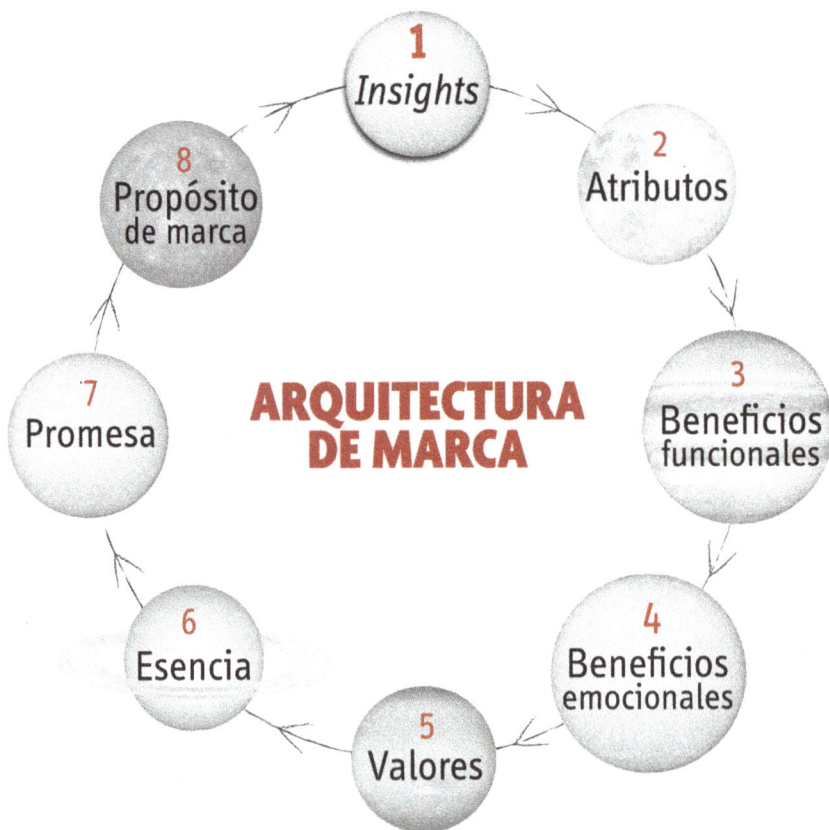

Figura 5.4 El proceso de arquitectura de marca

1) **Insights de mercado:** Todo inicia con un poderoso *insight*, con algo que hayas descubierto en tu proceso de investigación de mercados. Puedes usar alguna frase representativa que hayas capturado de tus entrevistas a profundidad, o puedes sintetizar varias frases en una sola oración que representa el sentir general de tu *target*. El *insight* es parte de tu contexto y es un medio de inspiración para desarrollar lo que sigue.

2) **Atributos de producto:** En esta etapa debes enlistar todas aquellas cualidades del producto o servicio (sean 8, 10 o 15 características) para luego reducir dicha lista seleccionando solo aquellos **cinco atributos** que resultan ser los más importantes para tu *target*; esto, basándote en los *insights* de mercado que obtuviste y en tu experiencia.

También es importante considerar que debes excluir del listado final aquellos atributos del producto que son demasiado básicos, mandatorios o legalmente requeridos, por ejemplo; el cinturón de seguridad en un coche. El cinturón de seguridad es sin duda un atributo, pero todas las marcas de autos lo tienen y los clientes lo ven como un accesorio tácito e indispensable.

Por ejemplo, pensemos en un fabricante de coches (ficticio) que planea lanzar una campaña para una nueva camioneta (SUV), donde los cinco atributos finalistas podrían verse como algo así:

- Tanque de gasolina de 120 litros
- Doble tracción (4x4)
- Sistema de navegación inteligente
- Motor híbrido: rendimiento 26 km por litro
- Ocho bolsas de aire

Ya una vez que tengas tu lista final de cinco atributos clave, también deberás identificar **cuál de esos cinco es el más importante** para el *target* (comúnmente llamado el *'Key Product Benefit'*). Ya una vez que lo identifiques, toma nota y guárdalo, pues lo emplearemos al final del proceso de *arquitectura de marca*.

En este caso supongamos que el atributo que resulta más relevante para nuestro target es la doble tracción (4x4).

3) **Beneficios funcionales:** Ahora transforma cada atributo del producto en un '**beneficio funcional**', hazlo imaginando cuál será la consecuencia positiva o el beneficio para el cliente cuando usa un producto que tiene cada una de esas características.

Volvamos al ejemplo de la SUV, donde podremos ver cómo cada atributo del producto puede transformarse en un beneficio funcional:

Atributo		Beneficio Funcional
Tanque de 120 litros.	▶	Dependo menos de cargar gasolina.
Doble tracción (4x4).	▶	Me desplazo sin dificultad en cualquier terreno.
Sistema de navegación inteligente.	▶	Me da indicaciones de cómo llegar.
Motor híbrido.	▶	Gasto menos gasolina.
Ocho bolsas de aire.	▶	Me protege en un accidente.

Tabla 5.1 Ejemplo de conversión de atributos a beneficios funcionales

Por ejemplo, el beneficio de usar una camioneta con un tanque de gasolina de 120 litros (que es un tanque muy grande), es que necesita cargar gasolina con menor frecuencia. Considera que este es un ejercicio al cual debes dedicarle tiempo y esfuerzo, pues escoger y escalar cada uno de esos cinco atributos será la base de todo tu ejercicio de *branding* y eventualmente de tus anuncios.

4) **Beneficios emocionales:** Ahora lo que sigue es transformar cada beneficio funcional en un '**beneficio emocional**'. Para hacer esto, trata de imaginarte qué emoción produce en las personas experimentar cada beneficio funcional; ¿cuál es la recompensa emocional que obtiene el cliente al usar un producto con esas cualidades? Recuerda que cuentas con los *insights* que obtuviste en tu investigación de mercado, en caso de que necesites inspiración.

Regresando al ejemplo de la SUV, veamos como cada beneficio funcional lo puedes convertir en un beneficio emocional:

Beneficio Funcional	Beneficio Emocional
Dependo menos de cargar gasolina.	Tengo más autonomía e independencia.
Me desplazo sin dificultad en cualquier terreno.	Puedo explorar.
Me da indicaciones de cómo llegar.	Llego seguro y a tiempo a mis compromisos.
Gasto menos gasolina.	Contribuyo en preservar mi entorno.
Me protege en un accidente.	Me da tranquilidad.

Tabla 5.2 Ejemplo de conversión de beneficios funcionales a beneficios emocionales

5) **Valores de marca:** En el capítulo anterior hablamos ampliamente sobre los valores corporativos, explicando su importancia y dando algunas pistas de cómo desarrollarlos. También establecimos que existe una relación entre los valores corporativos y los *valores de marca*.

En realidad, los valores corporativos y los *valores de marca*, pueden o no ser lo mismo. Todo esto dependerá de la forma en que hayas estructurado tu portafolio de productos (*i.e.* enfoque monolítico, *paraguas* o autónomo).

Nota: Como ya mencionamos, hay empresas cuyo nombre es el mismo para todos los productos que ofrece, como Virgin. En estos casos los valores corporativos y los *valores de marca* deberían ser los mismos porque todos los productos se ofrecen bajo la misma identidad de marca (la marca monolítica).

Por otro lado, también sabemos que hay otros casos donde el nombre de la empresa no figura o resalta en la publicidad, como Procter & Gamble, sin embargo esta empresa ofrece un número de marcas, como Ariel, Always, Gillette, entre otras, que tienen una identidad propia (marcas autónomas). En este caso los valores de cada marca no deberían ser iguales a los valores corporativos, lo cual también aplicaría para las marcas '*paraguas*', como Kellogg's.

Sin embargo, hay que señalar que es correcto que los valores de marcas autónomas (como Ariel) o marcas *paraguas* (como Corn Pops) coincidan con al menos uno o dos de los valores corporativos, por aquello de mantener la congruencia entre la identidad del producto y la empresa.

Ahora, continuando con nuestro ejercicio de arquitectura, cuando diseñamos los *valores de marca* debemos partir de cada uno de los beneficios emocionales que ya hemos identificado.

Para ayudarte a realizar esto, piensa; ¿qué valor apreciaría o tendría una persona que disfruta de experimentar cada uno de esos beneficios emocionales? Por ejemplo, alguien que busca mayor 'autonomía e independencia' en su vida es por que aprecia el valor de la 'libertad'. Otra forma de hacerlo es tratar de sintetizar **en una sola palabra** cada beneficio emocional ya descrito. También puedes realizar una rápida búsqueda en internet para encontrar información que te ayuden a identificar cuáles son las razones que motivan a una persona a comprar un producto con ciertos atributos, pues esas 'motivaciones' te podrán dar pistas sobre sus valores como persona.

Por ejemplo: En el caso de la SUV tenemos un atributo de producto como 'Doble tracción (4x4)', donde podríamos "googlear"; "*¿Por qué la gente necesita de un vehículo todo terreno?*", o "*Razones para comprar una camioneta todo terreno*".

Esta búsqueda te llevará a encontrar artículos, publicaciones en foros (*e.g.* Quora.com) o incluso estudios de mercado que podrían explicar por qué las personas compran un vehículo todo terreno, y así usar estos *insights* para definir o afinar los *valores de marca.*

Continuando con el ejemplo de la SUV todo terreno, veamos entonces cómo cada beneficio emocional puede ahora transformarse en un *valor de marca:*

Beneficio Emocional	Valor de Marca
Tengo más autonomía e independencia.	Libertad
Puedo explorar.	Aventura
Llego seguro y a tiempo a mis compromisos.	Tranquilidad
Contribuyo en preservar mi entorno.	Empatía
Me da tranquilidad.	Sensatez

Tabla 5.3 Ejemplo de conversión de beneficios emocionales a valores de marca

De esta forma, podríamos afirmar que alguien que busca autonomía aprecia la libertad, alguien que le gusta explorar le gusta la aventura, alguien que quiere llegar seguro y a tiempo a su destino aprecia la tranquilidad, etcétera.

Ya identificados cada uno de los cinco *valores de marca* ahora debemos definirlos, pero no usando el diccionario, sino usando nuestras propias palabras y dando un significado que tenga un sentido único para la marca en cuestión. Para definir tus *valores de marca* puedes apoyarte en los beneficios emocionales de tu producto que ya has descrito, en combinación con los *insights* de tu mercado.

Considera también tener un diccionario de sinónimos a la mano para encontrar ideas y términos equivalentes a los conceptos que vayas identificando durante el proceso.

No olvides que tus *valores de marca* son equiparables a los rasgos de personalidad de un individuo, por lo que deben ser únicos, y ya una vez definidos, debes buscar que tu marca los refleje, no solo a través de la campaña, sino en cada oportunidad que se presente.

Cuando ya tengas tu lista final de *valores de marca*, una forma de asegurarte que estos son realmente auténticos es revisando publicidad de tu competencia, donde debes evaluar si tus valores son aplicables a la comunicación de ellos.

Si después de realizar este breve análisis comparativo sientes que tus *valores de marca* son muy similares a los valores de uno o varios de tus competidores es posible que hayas seleccionado *valores de marca* que son propios de la categoría de producto, lo cual no es recomendable, pues se pierde la oportunidad de diferenciación. Está bien que nuestra marca tenga uno o dos valores que son propios de la categoría de producto en la que estamos, pero no todos. Si este fuera el caso, revisa y/o replantea los atributos de tu producto o servicio.

Por último, no está demás recordar que los *valores de marca* deben ser también consistentes con los rasgos de personalidad de tu *target*. Si después de definir tus valores te das cuenta que estos no son afines a los rasgos de personalidad de tu *target*, entonces necesitarás revisar tu definición de *target* y/o replantear nuevamente los atributos del producto y repetir el proceso de *arquitectura de marca*.

6) **Esencia de marca:** Para definir tu '**esencia de marca**' debes sintetizar o comprimir los cinco valores de tu marca en una sola frase de no más de tres o cuatro palabras.

Un truco para definir la *esencia de marca* es pensar cuál de esos cinco *valores de marca* podría tener más peso. De hecho, si recuerdas, al inicio de este ejercicio de *arquitectura de marca* tuviste que identificar cuál de los cinco atributos de tu producto era el más importante. Ese atributo que resultó ser el más relevante, y que ya has transformado en un valor, puedes usarlo ahora como una base para definir tu *esencia de marca*.

Veamos la secuencia completa de arquitectura para el caso de la camioneta SUV:

Recordemos que el atributo más importante era 'doble tracción' y el valor de marca equivalente a 'doble tracción' es 'aventura'. Entonces la '**aventura**' es un concepto que, en este ejemplo, debería influir en la definición de la *esencia de marca*.

Atributo	Beneficio Funcional	Beneficio Emocional	*Valor de Marca*
Tanque de 120 litros.	Dependo menos de cargar gasolina.	Tengo más autonomía e independencia.	**Libertad**
Doble tracción (4x4).	Me desplazo sin dificultad en cualquier terreno.	Puedo explorar.	**Aventura**
Sistema de navegación inteligente.	Me da indicaciones de cómo llegar.	Llego seguro y a tiempo a mis compromisos.	**Tranquilidad**
Motor híbrido.	Gasto menos gasolina.	Contribuyo en preservar mi entorno.	**Empatía**
Ocho bolsas de aire.	Me protege en un accidente.	Me da tranquilidad.	**Sensatez**

Tabla 5.4 Ejemplo de conversión completo, de atributos de producto a valores de marca. El atributo más relevante para el target ha sido resaltado en color amarillo.

De esta forma los otros cuatro *valores de marca* restantes (libertad, tranquilidad, empatía y sensatez), nos pueden ayudar a puntualizar o calificar el tipo de 'aventura' al que nos referimos. En este caso, la *esencia de marca* podría quedar como:

'Aventura con responsabilidad'.

Alguien que busca aventura busca libertad. Pero esta marca ficticia de camionetas tiene además, valores como 'tranquilidad', 'empatía' y 'sensatez', que controlan esa aventura para que se desarrolle de manera responsable.

El concepto de *esencia de marca* es muy versátil, pues no solo sintetiza la identidad de tu marca, también te puede servir para formular el eslogan de la campaña o incluso puede ser fuente de inspiración para redactar el contenido de tu anuncio. En algunos casos la *esencia de marca* y el eslogan son lo mismo, aunque lo ideal es pedir a un profesional creativo que transforme o "aterrice" la *esencia* de tu marca en un eslogan adecuado para un anuncio.

Una vez que hayas definido tu *esencia de marca* y *valores de marca*, ya estás en condiciones de personificar o "humanizar" tu producto o servicio, pues ya es posible entender cuál es su carácter, sus rasgos de personalidad, su identidad, incluso su *'tono de voz'*.

En consecuencia, sugiero ver esta *esencia* y *valores de marca* como lineamientos conceptuales que dictan la creatividad, esto con la finalidad de ayudarte a tomar decisiones sobre todos los aspectos de comunicación de tu marca. Suponiendo, por ejemplo, que la esencia de tu marca resultó ser 'aventura con responsabilidad', ¿cómo reflejarías esta esencia en un sitio web, en un catálogo, en un logo, en una sala de exhibición o en algo tan básico como una tarjeta de presentación?

¿A través de qué imágenes o situaciones podrías representar 'aventura con responsabilidad' en un anuncio? Hay diversas herramientas que usan los profesionales creativos para refinar la forma en que representan la esencia de una marca, por ejemplo, es común que se pregunten: *"Si la marca fuese un personaje famoso, real o ficticio (digamos el personaje de alguna película) ¿quién sería?"*

Este tipo de ejercicios pueden ser útiles para ayudarnos a entender y explicar la marca a nivel conceptual, esto es porque los personajes en las películas usualmente representan **arquetipos**, los cuales son patrones de comportamiento o personalidad universales con los que todo el mundo está familiarizado (*e.g.* 'el héroe', 'el sabio', 'el rebelde', etc.). De hecho, sobre esta intersección entre arquetipos y *branding* ya se han escrito algunos libros muy interesantes, como aquellos publicados por Carol Pearson o Michel Jansen.

Otra de las formas de representar nuestra esencia de marca, la cual nos puede servir posteriormente como referencia para diseñar nuestros anuncios, es diseñando un *collage* de imágenes o lo que llamamos un '*mood board*' (un 'tablero de estados de ánimo' o de 'personalidad').

Para preparar un *mood board* puedes usar palabras clave de tus *valores de marca* y de tu *esencia de marca* para buscar imágenes en internet que estén relacionadas. Entonces, en una hoja en blanco, puedes incluir desde fotos de personajes, situaciones, lugares, objetos, frases, vestimentas, colores, incluso otros productos o marcas (no competidoras) que comparten la misma esencia. De esta forma, el *mood board* -que es un documento interno- reflejará con imágenes la identidad de una marca, siendo una fuente de inspiración y referencia para el desarrollo del concepto creativo de la publicidad.

Para cerrar el tema de la *esencia de marca* quisiera hacer una muy breve aclaración sobre la diferencia entre este concepto y aquel conocido como '**posicionamiento**'. Debe haber muchas formas de describir o entender lo que es el posicionamiento, un término acuñado por Al Ries y Jack Trout (1980).

En general, considero que el posicionamiento, conceptualmente hablando, puede ser similar a la *esencia de marca* puesto que ambos buscan establecer el beneficio último de un producto con la finalidad de asociarlo a una marca, y así crear en el largo plazo una percepción en la mente del consumidor, que vincula fuertemente a esa marca con ese beneficio. Sin embargo, habrá que considerar que el concepto de posicionamiento de hecho tiene una utilidad aún más amplia; por ejemplo, se puede emplear para identificar y evaluar oportunidades de mercado a través del uso de mapas perceptuales; temas que se salen un poco del contexto de una campaña publicitaria y consecuentemente del alcance de este libro. Por esta razón, mejor nos concentraremos en entender los elementos del *branding* para posicionar y construir la identidad de nuestra marca en la mente de nuestro *target*.

7) **Promesa de marca:** La '*promesa de marca*' o '*promesa básica*' es una breve frase o declaración sobre lo mínimo que los clientes deberían esperar recibir cada vez que usan un determinado producto o servicio. Es la comunión de los beneficios funcionales con los beneficios emocionales en una experiencia de uso la cual debe siempre ser consistente.

Para definir la *promesa de marca*, piensa en aquello que tus clientes experimentarán al usar to producto y exprésalo en una frase breve que sea creíble y que además puedas asegurarte de que se cumplirá de forma consistente a través del tiempo. Para redactar dicha frase puedes usar algunos de los elementos de marca ya descritos (beneficios emocionales, *valores de marca* y *esencia de marca*).

Continuando con nuestro ejemplo de la camioneta SUV todo terreno, veamos cuáles son los elementos que llevamos hasta el momento y cuál sería una posible promesa básica para este caso particular:

Atributo	Beneficio Funcional	Beneficio Emocional	Valor de Marca
Tanque de 120 litros.	Dependo menos de cargar gasolina.	Tengo más autonomía e independencia.	**Libertad**
Doble tracción (4x4).	Me desplazo sin dificultad en cualquier terreno.	Puedo explorar.	**Aventura**
Sistema de navegación inteligente.	Me da indicaciones de cómo llegar.	Llego seguro y a tiempo a mis compromisos.	**Tranquilidad**
Motor híbrido.	Gasto menos gasolina.	Contribuyo en preservar mi entorno.	**Empatía**
Ocho bolsas de aire.	Me protege en un accidente.	Me da tranquilidad.	**Sensatez**

Tabla 5.4 Ejemplo de conversión completo, de atributos de producto a valores de marca.

Esencia de marca: *'Aventura con responsabilidad'.*

Promesa de marca: *'Una aventura controlada, en cualquier terreno y sin preocupaciones por encontrar el destino o abastecer combustible'.*

La *promesa de marca* es un elemento que también puedes usar como referencia cuando te encuentres redactando el texto (contenido) para tus anuncios.

8) *Propósito de marca:* Este concepto es equivalente a la **misión** de la empresa que vimos en el capítulo anterior. Si ya has definido tu misión, y el nombre de tu empresa es el mismo nombre que das a todos tus productos (la marca monolítica) entonces se asume que tanto tu empresa como sus productos tienen la misma identidad de marca. **Si este es el caso, no necesitas definir un nuevo** *propósito de marca.*

Pero, si los productos de tu empresa se venden bajo marcas diferentes, donde cada una tiene su identidad propia (marca *paraguas* o marca autónoma), entonces si necesitas establecer un propósito específico para cada marca.

Las instrucciones para definir el *propósito de marca* son básicamente las mismas que seguiríamos para definir una misión, solo teniendo en cuenta que, la definición del *propósito de marca* se hace bajo una perspectiva más específica, donde se debe reflejar la esencia y los valores particulares de la marca en cuestión.

De esta forma, el *propósito de marca* se define estableciendo: **¿Por qué el mundo será un mejor lugar con esta marca?** O visto de otra manera, el propósito establece la razón que justifica la existencia de una marca y la forma en la cual va a mejorar la vida de las personas.

Continuando con nuestro ejemplo de la camioneta todo terreno, podríamos establecer el *propósito de marca* de la siguiente forma:

'Ofrecemos un medio de transporte que es cómodo y seguro para explorar con libertad y responsabilidad los caminos de la vida, aún cuando las condiciones sean difíciles'.

Si lo piensas, a las personas nos gusta tener un propósito en la vida. Si las marcas son como personas, ¿por qué estas no podrían tener un propósito también?

Finalmente ten en cuenta que todas las definiciones de marca que has desarrollado hasta ahora (beneficios, valores, esencia, etc.) no son elementos que pondremos directamente y sin editar, en la publicidad. Más bien son definiciones estratégicas **internas** que van a ayudarte a encontrar un concepto creativo y que sin duda van a inspirar la redacción final del mensaje en los anuncios.

Veamos entonces, y por última vez, una secuencia de arquitectura de marca completa, en este caso, a través del ejemplo de un *estudio de yoga* ficticio.

Imaginemos que tenemos **un estudio de yoga** dirigido a hombres (30%) y mujeres (70%) NSE: AB, donde queremos aumentar la cantidad de miembros a través de una campaña publicitaria. Como indica nuestro proceso de *arquitectura de marca*, empezamos describiendo los *insights* del mercado y a partir de ahí comenzamos a enlistar los atributos clave de nuestro producto de manera secuencial.

ABC Yoga trae armonía al mundo ofreciendo a sus miembros una tregua física y espiritual del día a día, formando ciudadanos más compasivos y saludables.
"Cuando hago yoga me olvido de mis problemas; es una oportunidad para dejarse ir. El lugar donde lo haces influye mucho."
1. 15 cajones de estacionamiento.
2. Abierto de lunes a viernes de 6am a 11pm.
3. Posibilidad de tomar una clase de prueba.
4. Instalaciones espaciosas, iluminadas y ventiladas.
5. Instructores certificados.
1 Insights
2 Atributos
3 Beneficios funcionales
4 Beneficios emocionales
5 Valores
6 Esencia
7 Promesa
8 Propósito de marca
ABC YOGA
ARQUITECTURA DE MARCA
ABC Yoga es armonía en tu vida; un lugar seguro, cómodo, amigable e inspirador que te permite escapar y recuperarte de las tensiones del día a día.
1. Me puedo estacionar frente al estudio.
2. Compatible con mis horarios de trabajo.
3. Transparente; pruebo antes de pagar.
4. Atmósfera adecuada.
5. Aprendo a hacer yoga correctamente.
'Una tregua del día a día'.
1. Seguridad: Practicar yoga en un ambiente seguro y fraterno me permite enfocarme en disfrutar la experiencia.
2. Empatía: Yoga es compasión, un remedio natural para el cuerpo y el alma.
3. Confiabilidad: Con mi práctica fortalezco mi confianza y las conexiones con aquellos que me rodean.
4. Escapismo: Mi momento en un santuario que cada día me da un merecido respiro.
5. Armonía: Mi entrenador me ayuda a encontrar paz para el cuerpo y la mente, equilibrando mi vida.
1. No tengo que caminar por calles oscuras.
2. Toman en cuenta mi ocupada agenda.
3. Tengo la tranquilidad para tomar una buena decisión.
4. Es mi momento para relajarme.
5. Me siento física y mentalmente mejor.

Figura 5.5 *Ejemplo del proceso de arquitectura de marca para un estudio de yoga ficticio*

5.5 El *brief creativo*

El '*brief creativo*' (también llamado '*brief de comunicación*'), es un documento clave en el proceso creativo publicitario. En él concentramos y resumimos todos los elementos clave que hemos delimitado hasta ahora, de preferencia en una sola página, y debe ser elaborado por la misma persona que trabajó en la *arquitectura de marca* y que está a cargo de la campaña publicitaria.

El objetivo del *brief* no es solo concentrar los conceptos definidos en el proceso de *arquitectura de marca* (así como los parámetros básicos de la campaña), también es útil para formalizar y compartir esta información con colegas o, en dado caso, con nuestra agencia creativa. Es una guía indispensable para desarrollar el concepto creativo de la campaña y también podemos verla como una especie de hoja de vida de la marca, por lo que es esencial que este documento sea claro, conciso, breve y estratégico.

Cuando ya tienes listo tu *brief creativo* lo debes presentar primero a quien deba autorizar la campaña; el director de *marketing*, o el director general o el dueño, ya que debe ser aprobado por escrito, pues gran parte de las decisiones e inversiones que realices en la campaña estarán basadas en este documento.

Veamos entonces los elementos mínimos que debe incluir cualquier *brief creativo*.

BRIEF CREATIVO

Campaña:

Nombre de la marca y de la campaña.

Fecha de lanzamiento:

Fecha de finalización:

Presupuesto: $

ANTECEDENTES:

•Propósito o razón para hacer la campaña.
•Información sobre el contexto de la campaña.

INSIGHTS:

Sintetiza los insights más importantes en una sola frase.

OBJETIVOS DE LA CAMPAÑA:

•Objetivo de marketing y de campaña.
•Definir si se trata de una campaña de conocimiento, conversión o ambos.

PRODUCTO Y ATRIBUTOS:

Incluye la definición de tu producto desarrollada en el capítulo 2.
Enlista los cinco atributos clave del producto y resalta el más importante.

VALORES DE MARCA, TONO DE VOZ:

•Enlista los cinco valores de tu marca.
•Propón un tono de voz que sea consistente con los valores.

ESENCIA:

Transcribe la esencia de tu marca.

PROMESA DE MARCA:

Transcribe tu promesa básica.

MENSAJE:

En campañas para productos nuevos, el mensaje se puede obtener del proceso de arquitectura de marca. En otros casos hay un mensaje puntual que dar, de cualquier manera, aquí describe brevemente cuál es el mensaje para trasmitir en la campaña. También incluye algún 'Call to Action', en caso de que tengas uno.

TARGET:

•Aquí describe quién es el target de la campaña.
•Evita poner una descripción demasiado sintetizada.
•Da algunos detalles que ayuden a identificar al target.

MANDATORIOS:

Enlista aspectos de la comunicación que obligatoriamente deben estar presentes en todos los anuncios. Por ejemplo, un color, logo, eslogan o frase legal.

MEDIOS:

*Enlista **de forma muy general** aquellos medios que estás considerando emplear en la campaña. Por ejemplo: radio, TV, prensa, redes sociales, etc.*

AUTORIZACIÓN:

Firmas de quien elaboró y autorizó el brief creativo.

Figura 5.6 *Ejemplo del formato de un brief creativo*

5.6 El espectro creativo en las campañas publicitarias

Hay varias formas de hacer publicidad, desde anuncios simples y directos hasta comunicación tan sofisticada y sutil **que no se siente como un anuncio.** Cada tipo de esfuerzo dependerá un poco de tu contexto, recursos y objetivos. En todo caso, antes de iniciar el proceso de desarrollo del mensaje, es importante que anticipes el enfoque que quieres para tu campaña, pues esto determinará la forma en la cual desarrollarás el concepto creativo para los anuncios. En base a mi experiencia hay tres enfoques creativos en la publicidad, cada uno con diferentes grados de complejidad:

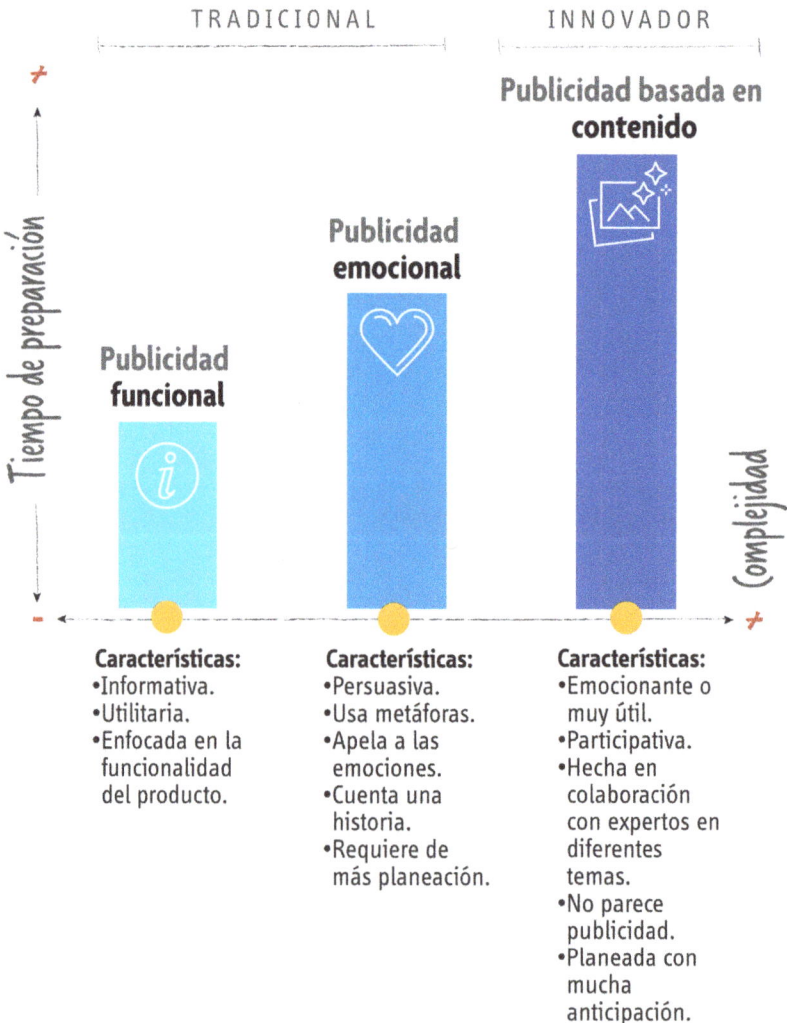

TRADICIONAL   INNOVADOR

Publicidad basada en contenido

Tiempo de preparación

Publicidad emocional

Publicidad funcional

Complejidad

Características:
- Informativa.
- Utilitaria.
- Enfocada en la funcionalidad del producto.

Características:
- Persuasiva.
- Usa metáforas.
- Apela a las emociones.
- Cuenta una historia.
- Requiere de más planeación.

Características:
- Emocionante o muy útil.
- Participativa.
- Hecha en colaboración con expertos en diferentes temas.
- No parece publicidad.
- Planeada con mucha anticipación.

Figura 5.7 El espectro creativo para las campañas publicitarias

1) **Publicidad funcional:** Desde un punto de vista creativo, este es el tipo de comunicación más simple. Algunas organizaciones la emplean cuando necesitan comunicar algo de manera rápida o cuando el mensaje es meramente utilitario y no hay interés (o capacidad) de crear o construir un vínculo emocional con el *target*.

   También se emplea cuando se quiere informar sobre algún evento o acontecimiento fortuito, como las autoridades municipales anunciando el cierre de una calle.

   La publicidad funcional típicamente muestra a su audiencia (a través de imágenes, videos o animaciones), una situación donde se demuestra la función de un producto, su utilidad, su apariencia y sus **beneficios funcionales.** En su expresión más simple, la publicidad funcional podría solo mostrar una simple fotografía del producto (*'product shot'*), o incluso carecer de imágenes.

Gráfico 5.1 Ejemplo de un anuncio ficticio con enfoque funcional

Aunque este esfuerzo de comunicación podría parecer poco sofisticado se sigue considerando como campaña, pues aún hay necesidad de segmentar audiencias, producir anuncios y realizar inversiones en diferentes medios de comunicación.

En general, muchos de los anuncios que encontramos en redes sociales emplean este enfoque, el cual es usado por empresas de todos los tamaños. Considera también que este tipo de publicidad básicamente opera en un solo plano; el físico, omitiendo por completo el desarrollo de la cara intangible de la marca en el plano etéreo.

2) **Publicidad emocional:** La publicidad con una orientación emocional es usualmente empleada por empresas con mayores recursos e infraestructura publicitaria, sobre todo en el sector privado.

Este tipo de publicidad, por definición, necesita antes desarrollar los elementos clave de la *arquitectura de marca* (*valores de marca, esencia de marca,* etc.) así como enfrentar un proceso de producción un poco más laborioso, por lo que su realización puede tomar más tiempo, sin embargo, es un tipo de publicidad que atiende el plano físico y etéreo de la marca. De esta forma, más allá de informar, el objetivo es persuadir construyendo un vínculo emocional con el *target*.

Para construir dicho vínculo, los anuncios deben mostrar tanto los atributos de un producto como los beneficios emocionales de la marca a través de una historia, o bien representando una situación que es atractiva o cercana para el *target*. Todo esto al margen de que el anuncio sea una simple foto, un video, un audio u otra cosa.

Como en las películas, esta "historia" puede tener tintes de comedia, romance, aventura, etcétera, donde la marca-producto debe tener un rol protagónico. Dicha historia también se debe narrar usando un tono de voz que sea compatible con la personalidad y los *valores de marca* que se han definido.

> **Nota:** Cuando escogemos un *tono de voz* también decidimos "la persona" o el nivel de formalidad que queremos emplear en un anuncio para dirigirnos a la audiencia, como "de tú", o "de usted", esto dependerá de la identidad de marca y de la audiencia misma.

En el pasado, entre los años 40 y 70, para contar dichas historias algunos anuncios representaban una situación problemática que era familiar para el *target*, donde el producto anunciado ofrecía una solución de una forma sumamente obvia y directa, esto casi siempre bajo el típico formato publicitario de "problema" (antes) – "solución" (después), o "el antes y el después".

En años posteriores la publicidad se ha hecho más sutil, evolucionado para contarnos historias a través de metáforas; es decir a través de una realidad alterna que se asemeje, o de alguna forma represente la vida o las aspiraciones del *target*.

> **Nota:** En la siguiente ilustración la marca canadiense de accesorios y ropa técnica **ARC'TERYX** nos cuenta una historia sobre aventura extrema asociada al producto anunciado; la chamarra (*i.e.* casaca, campera, chaqueta) 'Nuclei FL Jacket'.
>
> Los atributos clave del producto, que son "resistente al viento", "abrigador" y "fácil de empacar", han sido escalados a recompensas emocionales y valores como seguridad, libertad de movimiento y éxtasis, los cuales son visibles en la expresión facial de la persona en la foto.
>
> De esta forma ARC'TERYX permite a los aventureros enfocarse en explorar y disfrutar de la naturaleza, incluso a pesar de las condiciones y de los cambios extremos de clima. Su eslogan: es *"Built for what's to come"*; 'Hecho para lo que venga'. Traducción del autor.

NEW NUCLEI FL Jacket

Windproof. Warm. Packable.
Built for what's to come.

ARC'TERYX

arcteryx.com

Gráfico 5.2 *Anuncio de la chamarra Nuclei FL. Reproducido con el amable permiso de ARC'TERYX.*

3) **Publicidad basada en contenidos:** En tiempos más recientes, la publicidad ha tratado de evolucionar para promover productos de una manera menos disruptiva, para lo cual se busca entregar el mensaje de una forma más bien "orgánica", donde se intenta hacer una transición, de lo que tradicionalmente conocemos como anuncios, a lo que hoy se conoce como '*content marketing*' o '**mercadotecnia de contenidos**'.

El *content marketing* lo podemos ver de dos formas; como una táctica en nuestro plan de medios o como un enfoque creativo. Como táctica en nuestro plan de medios lo describiremos en el capítulo siguiente, por lo que ahora nos concentraremos en entender este concepto como un enfoque creativo.

Entonces, bajo este contexto, **'el contenido' se refiere una pieza de información que primero resulta ser muy útil o entretenida para el** *target*, y después promueve el producto. Este contenido puede ser un video, un artículo editorial, un curso, una canción, una guía, un evento, un espectáculo, una experiencia, o una combinación de varios. Sin embargo, la condición es que dicho contenido agregue un valor al *target*, donde el énfasis es crear algo que sea tan informativo o entretenido que incluso la audiencia estaría dispuesta a pagar por dicho contenido.

Cuando vemos un comercial de televisión, por ejemplo, vemos una historia que presenta los atributos del producto y los respectivos beneficios funcionales y emocionales. De esta forma un típico anuncio de televisión es fácilmente reconocible por su estilo y su formato, y casi siempre sabemos que es publicidad. En la publicidad basada en contenidos no necesariamente nos damos cuenta que estamos viendo un anuncio, porque de hecho es más que un anuncio.

Esto va más allá de las metáforas; la publicidad basada en contenidos es entretenida, emocionante y original o incluso se trata de información realmente útil. Dentro del contenido está incorporado el producto a anunciar, pero no necesariamente de una forma protagónica, más bien tiene un rol que se integra de forma suave y orgánica a la historia, información o experiencia. Este enfoque podría desconcertar a algunas personas; ¿cómo que el producto no es el héroe de la historia?, bueno es parte del encanto del *content marketing*; pues bajo este enfoque sacrificamos control para ofrecer **un mensaje que prioriza el valor de la información sobre la exposición de la marca**, donde el consumidor, y no el producto, es el héroe o el elemento central de la historia.

Es decir, en este tipo de publicidad, la marca es más bien **un conducto que facilita contenido de alto valor** al *target*, lo cual de hecho también podría mejorar la credibilidad del mensaje. Bajo este esquema podríamos entonces ver a este contenido casi como una especie de subproducto, el cual evidentemente debe ser desarrollado en base a un poderoso *insight*, pues ¿de que otra manera podríamos crear algo tan interesante, útil o emocionante?

Como es de esperarse, para generar contenidos que sean tan emocionantes o interesantes, tampoco podríamos depender solamente de los recursos que tenemos al interior de nuestra empresa o incluso de nuestra agencia creativa.   Para crear publicidad basada en contenidos usualmente necesitamos iniciar una colaboración con gente experta y reconocida en temas, técnicas o artes que se relacionan con aquello que queremos crear.

> **Por ejemplo:** Piensa en una conocida marca de juguetes que en los años 80 vendía figuras de acción para niños. Esta marca de figuras de acción, que incluye a diferentes tipos de personajes, decide desarrollar -en colaboración con productores y animadores- una serie animada de televisión (el contenido). A través de esta caricatura en televisión no solo el *target* podía disfrutar de las aventuras de estos personajes, sino también servía para venderles los juguetes.

No hay que confundirnos, cuando hacemos **publicidad basada en contenidos**, el objetivo sigue siendo vender (o "transformar" según sea el giro de cada quién). La diferencia más bien es el cómo.

Este enfoque de hacer publicidad claramente implica más trabajo y tiempo de lo que necesitaríamos para una campaña convencional, pues crear el contenido puede ser un esfuerzo complejo y laborioso. Por otro lado, dicho contenido debe distribuirse a través de una combinación de diferentes plataformas o medios de comunicación que son afines al *target*. De hecho, cuando el contenido es suficientemente bueno, algunos medios podrían darle cobertura sin costo, especialmente cuando es algo que toca su interés editorial.

Veamos entonces el caso de lo que muchos críticos y mercadólogos en el mundo consideran como una de las campañas más icónicas y exitosas de los últimos tiempos, la cual usó el *content marketing* como eje central de su esfuerzo de comunicación.

Dumb Ways to Die

Dumb Ways to Die ('Formas Tontas de Morir').

En 2012, Metro Trains Melbourne, la autoridad que administra el tren urbano en la ciudad de Melbourne (Australia), decidió lanzar una campaña para promover una cultura de seguridad en el uso de los trenes urbanos (Metro Trains Melbourne Pty Ltd, 2020).

La razón; una tasa creciente de accidentes entre los jóvenes que se transportaban en tren. Por esto era necesario encontrar una forma de influir en ellos y crear conciencia sobre **la importancia de usar el tren de forma segura.**

Sin embargo, históricamente la mayoría de los anuncios sobre seguridad en el transporte público eran casi siempre ignorados por el *target*, por lo que Metro Trains Melbourne y su agencia creativa (McCann Melbourne) descartaron tomar un camino creativo tradicional que se basara en el drama o el miedo. En su lugar, decidieron tomar un enfoque entretenido y fácil de compartir.

El concepto creativo establecía que **tener una actitud irresponsable o descuidada alrededor del tren urbano era la forma más tonta de morir**, específicamente cosas como; pararse en el borde de los andenes, o cruzar sin cuidado las vías del tren.

Contexto	Target	Objetivo	Insight	Concepto
El número de accidentes de usuarios jóvenes que utilizan el tren, va en aumento.	Jóvenes en Melbourne que usan el tren.	Encontrar una forma en que los jóvenes tengan más cuidado.	•Los mensajes de miedo no funcionan. •Es muy mala idea no ser cuidadoso cuando se está cerca de un tren.	•Ser descuidado cerca de un tren puede ser la forma más tonta de morir. •Concepto creativo: canción humorística.

Figura 5.8 *Posible progresión creativa para la campaña 'Dumb Ways to Die'*

Para ejecutar dicho concepto se creó una canción la cual, en su letra, describía de manera humorística **cuáles eran las formas más tontas de morir.** A esta canción le acompañó un video musical donde aparecían unos simpáticos personajes animados que ilustraban, con humor negro, los mensajes de la letra de la canción.

Gráfico 5.3 *Anuncio de la campaña 'Dumb Ways to Die'. Anuncio reproducido con el amable permiso y los derechos reservados de Metro Trains Melbourne Pty Ltd.*

Nota: En la imagen, al centro del personaje, el texto incluye, en letras pequeñas; el nombre de la campaña, eslogan y fragmentos de la letra de la canción "FORMAS TONTAS DE MORIR"…

"Molesta a un oso Grizzly con un palo, prende fuego a tu cabello, usa tus partes íntimas como cebo para pirañas, corre por las vías del tren 'porque llegas tarde'".

"SE CUIDADOSO CERCA DE LOS TRENES".

Traducción del autor.

Para crear y producir dicha canción se desarrolló una colaboración con dos de las más reconocidas bandas musicales en Australia, y para crear el concepto visual, es decir aquellos simpáticos personajes animados, se contrató a un reconocido artista local. La calidad y los valores de producción, tanto de la canción como de las animaciones, era tan profesional e ingeniosa como la que podríamos esperar de cualquier artista consagrado.

Para ver el video de la campaña 'Dumb Ways to Die' visita:

https://www.youtube.com/watch?v=IJNR2EpS0jw

O escanea el código QR:

De acuerdo con datos provistos en el sitio dumbwaystodie.com el video y la canción fueron publicadas en noviembre de 2012, logrando hasta a la fecha de elaboración de este libro, más de 188 millones de reproducciones en YouTube.

A los pocos días de la publicación de la campaña, la canción 'Dumb Ways to Die' también figuraba en el *Top* 10 de iTunes, vendiendo en menos de un año 100 mil copias (la gente pagó por el contenido), siendo una canción tan popular que aparentemente fue presentada por diversas radiodifusoras en Australia, no como anuncio, sino como parte de su programación musical.

Adicionalmente se usó a los personajes del video para desarrollar un juego (*app*) para *smartphones*, el cual se mantuvo en la primera posición de ventas en 22 países, alcanzando hasta 190 millones de descargas.

El éxito del concepto creativo de esta campaña no solo se reflejó en los subproductos que pudieron crearse y venderse a partir del contenido; como el lanzamiento de una versión de la canción para *karaoke*, peluches, libros para niños, posters, ropa, etc. Este concepto fue tan exitoso que el mismo *target* de la campaña, los jóvenes, participaron espontáneamente en la co-creación de más contenido; grabando sus propios videos musicales, cantando e imitando a los personajes.

Gráfico 5.4 *Diferentes versiones de anuncios de la campaña 'Dumb Ways to Die'. Anuncios reproducidos con el amable permiso y los derechos reservados de Metro Trains Melbourne Pty Ltd.*

Dumb Ways to Die, no solo ha sido la campaña más premiada en la historia de Cannes, ganando 28 Leones de oro, también logró reducir sustancialmente los accidentes; 127 millones de personas aseguraron ser más conscientes de la importancia de usar los andenes del tren de una forma más segura.

Para concluir el tema del espectro publicitario, primero quisiera aclarar que no hay nada de malo con la publicidad funcional, es sin duda útil y necesaria bajo ciertas circunstancias. Por otro lado, también quisiera aclarar que no estoy sugiriendo que toda nuestra publicidad pueda o deba tener este enfoque basado en contenido, pues realizar una campaña de este tipo no siempre será viable o posible.

Sin embargo, es importante saber que existe esta forma alterna de hacer publicidad, que eventualmente podrías emplear para elevar tus futuras campañas, cuando existan las condiciones y el esfuerzo lo amerite.

5.7 **Creando el concepto creativo**

El 'concepto creativo' es la representación del mensaje publicitario a través de una idea o historia que es atractiva y memorable para el target, y que además es congruente con los valores de la marca. Por ejemplo, en el caso de la campaña de Metro Trains Melbourne, el concepto creativo fue; 'personajes animados que muestran con humor negro y a través de una canción, cuáles son las formas más tontas de morir'.

Recordemos entonces, que lo ideal para enfrentar este proceso creativo es contar con el apoyo de una agencia o *freelancer*, pero si esto no es posible, en breve explicaremos los rasgos generales del proceso.

Sin embargo, crear un concepto creativo no es una ciencia, es más bien un arte porque nuestra habilidad para percibir la información y el entorno no es objetiva. Cada persona "tiene un par de lentes" diferentes con el que experimenta la realidad, por lo mismo es aconsejable desarrollar este proceso en equipo.

Entonces, para diseñar un mensaje publicitario, tradicionalmente se debe establecer qué es el producto y por qué lo debe comprar el *target*.
Para ello, debe armarse una narrativa que dé respuesta a dichas preguntas, ya sea:

- Representando una situación (publicidad funcional).
- Contando una historia (publicidad emocional).
- A través de contenido (publicidad basada en contenidos).

Si tu intención es desarrollar una campaña con el enfoque de publicidad funcional entonces solo hace falta identificar los beneficios funcionales de tu producto, los cuales determinarán el '*arte*' o imagen asociada a esos beneficios, así como el '*copy*' o texto que describe dichos atributos.

> **Por ejemplo,** alguien que desea anunciar clases de guitarra podría emplear una imagen relacionada al objeto (una guitarra) o a la actividad (una persona tocando la guitarra), donde se destaca el beneficio funcional o atributo más importante de dicho servicio, como: *"Aprende a tocar guitarra en dos semanas"*.

Por otro lado, si tu interés es desarrollar **publicidad emocional** entonces ya sabemos que se deben escalar los atributos funcionales del producto en beneficios emocionales y *valores de marca*, representando la experiencia de uso o consumo a través de una historia. Para contar dicha historia podrías pensar en géneros de películas, como comedia, aventura, romance, drama, acción, misterio, un musical, un *reality*, un documental, testimonial o una combinación de cualquiera de estos, siempre considerando que el género que escojas debe ser congruente con los valores y la esencia de tu marca.

También necesitarás ser consistente con el **tono de voz** empleado en la narración de dicha historia, el cual podría ser amigable, divertido, dominante, heroico, enérgico, misterioso, dramático, excéntrico, inteligente, imaginativo, cultivado, sofisticado, cínico, irónico, honesto, casual, etcétera.

De esta forma el desarrollo de un concepto creativo, bajo este enfoque, debe recurrir a imágenes, audio o video que se relacionen directamente con los beneficios emocionales, los *valores de marca* y la *esencia de marca*.

También debes tener en cuenta que cuando hacemos publicidad, en cierta forma estamos tratando de "adueñarnos" de un momento en la vida del *target*, por lo cual tu anuncio -además de describir el producto y sus beneficios- también debería mostrar o sugerir a la audiencia algo de lo siguiente:

- ¿Quién usa el producto?
- ¿Cómo se puede usar?
- ¿Cuándo se puede usar?
- ¿En dónde se puede usar?

Finalmente, cuando hay interés en emplear **publicidad basada en contenidos** el concepto creativo debe enfocarse en desarrollar contenido que resulte ser muy informativo o entretenido para el *target*, considerando que la temática de dicho contenido debería ser seleccionada en base a lo que el *target* quiere saber o experimentar, siempre manteniendo un vínculo con los productos que se desean promover. En cualquier caso, un concepto creativo para publicidad basada en contenidos puede tener forma de historia, experiencia o simplemente de material informativo, como guías, libros o infografías, entre otros.

Sobre las diferentes formas de crear publicidad basada en contenidos (o *content marketing*) hablaremos más en el siguiente capítulo.

Mientras veamos un gráfico que sintetiza los tres diferentes enfoques que ya hemos visto, esto con la finalidad de que decidas cuál enfoque podrías emplear para tu campaña actual.

PUBLICIDAD FUNCIONAL

CONCEPTO CREATIVO
- Enfocado en el producto o servicio.
- Representa una situación relacionada con el uso del producto.
- Muestra los beneficios funcionales del producto y/o demuestra cómo funciona el producto (sin una historia).

ARTE
- Un *product shot*.
- Una imagen o video de una situación relacionada y/o un dibujo o diagrama que demuestra la función del producto.

COPY
- El *copy* solo resalta los beneficios funcionales del producto o el *copy* solo informa sobre un acontecimiento particular.

PUBLICIDAD EMOCIONAL

CONCEPTO CREATIVO
- Enfocado en la emoción.
- Representa una situación relacionada con la experiencia de usar el producto o cuenta una historia donde el producto juega un papel protagónico.
- La historia o situación tiene una temática; humor, aventura, misterio, etc.

ARTE
- Un *product shot* en el contexto de la historia que se cuenta.
- Una imagen o video de una situación relacionada.

COPY
- El *copy* primero resalta los *valores de marca* y los beneficios emocionales al usarla.
- Luego puede mencionar algunos beneficios funcionales.

PUBLICIDAD BASADA EN CONTENIDO

CONCEPTO CREATIVO
- Enfocado en informar o entretener al *target*.
- Diseñado en base a lo que el *target* quiere o necesita saber, ver o experimentar.
- El producto no necesariamente tiene un papel protagónico, pero si tiene vinculación con el contenido.

ARTE Y COPY
- La función del *arte* y el *copy* es mejorar el contenido para que el *target* tenga una mejor experiencia al consumirlo.

Figura 5.9 Desarrollando un concepto creativo con enfoque funcional, emocional o basado en contenido. **Nota:** *Los conceptos de 'arte' y 'copy' serán explicados a mayor detalle en las páginas siguientes.*

5.7.1 Inventario de recursos

Para comenzar a desarrollar tu concepto creativo necesitarás integrar un equipo y convocar a una sesión de trabajo, para lo cual primero hay que tener algunas herramientas listas, como tu *brief creativo* (ya autorizado), el cual debe ya contar con los siguientes elementos:

- Propósito de campaña
- Antecedentes
- *Insights*
- Definición del producto y atributos
- *Target*
- *Valores de marca*
- *Esencia de marca*
- *Promesa de marca*
- Mensaje
- Medios
- Presupuesto
- Fecha de lanzamiento
- Mandatorios

Adicional al *brief creativo* también puedes traer tu *mood board*. ¿Recuerdas? Ese *collage* de imágenes y frases con personajes, situaciones, lugares, objetos, colores, y otros elementos que reflejan la identidad de tu marca y con el cual puedes inspirarte.

Si lo que vendes son productos tangibles, también te recomiendo que tengas a la mano fotos del producto o mejor aún el producto físicamente, si se puede. Esto porque durante nuestra sesión creativa puede ser útil apreciar, tocar, sentir, manipular, comparar o jugar con el producto para encontrar inspiración adicional.

Después de recabar los documentos y materiales, tendrás que **integrar un equipo de trabajo** para la sesión creativa (colaboradores, consultores o a falta de esto, un par de amigos). Tu equipo no debería tener menos de dos personas, pero no más de cuatro. Trata de incluir gente que tenga diferentes *backgrounds* o historias de vida; y preferiblemente que estén familiarizados con el estilo de vida y el mundo del *target*. Finalmente necesitarás un espacio de trabajo adecuado; una sala cómoda, con agua, café, algunas botanas y sin distracciones o interrupciones, además de un pizarrón, notas adhesivas, hojas en blanco y lápices.

5.7.2 **Manos a la obra**

Ya una vez reunidos con tu equipo de trabajo, lo que sigue es explicarles los pasos para desarrollar el concepto creativo y las reglas del juego. En una sola junta presentarás el *brief creativo*, y luego realizarás una *'tormenta de ideas'*, concluyendo el proceso un par de días después, con el desarrollo de algo que llamamos el *'concept board'*.

1) **Presentar el *brief creativo* (Día 1):**
   Iniciamos nuestra sesión de trabajo para desarrollar un concepto creativo, primero presentando el *brief* a tu equipo, esto usualmente lo hace la misma persona que está a cargo de la campaña. Recuerda que el *marketing* siempre debe despertar emociones, la presentación debe ser visual, interesante, dinámica, y no muy larga (*'brief'* en español significa 'breve').

   Es muy importante que el ambiente en esta junta de trabajo sea cordial, pues la confianza entre colaboradores aquí es crucial. En un ambiente intimidante, burlón, donde no hay confianza, es poco probable que se obtengan buenas ideas por lo que debemos dejar fuera a los *bullies*, y también debemos mantener nuestros egos bajo control. Bromear y darse una oportunidad para relajarse un poco antes de iniciar la sesión de trabajo puede ayudar a armonizar el ambiente.

   Tras la presentación del *brief*, los miembros del equipo deben despejar sus dudas, pues **todos los participantes han de tener claro** el problema de comunicación por resolver, los antecedentes, el objetivo de la campaña, el mensaje que se quiere entregar, los atributos, *valores y esencia de la marca*, así como la audiencia objetivo y los *insights* de mercado.

   La información del *brief* debes ahora verla como lineamientos que van a guiar el proceso creativo que estás por iniciar. Durante esta etapa también hay que estar conscientes sobre las posibles limitantes que pueda tener la campaña, ya sea en tiempo, dinero o incluso si hay una intención de diseñar la campaña alrededor de algún medio de comunicación en particular.

2) **Realizar la *tormenta de ideas* (Día 1 y 2):**
   Tras concluir la presentación del *brief* ya es el momento de generar las ideas creativas a través de un proceso conocido como *'brainstorming'* o *'tormenta de ideas'*, que en este caso hemos dividido en cuatro pasos:

a) **Generación de ideas:** Cada miembro del equipo debe proponer una cantidad de ideas que aterricen los elementos del *brief* (*esencia y valores de marca, insights,* etc.) en una expresión creativa que puede ser una frase o un concepto, el cual se debe anotar en un pizarrón.

   Lo que nos interesa por ahora es la cantidad de ideas, no la calidad; y mientras más, mejor. También es importante recordar que no se deben juzgar las ideas de nadie por muy alocadas que sean. No hay burlas, las ideas deben fluir sin miedo, sin riesgos, pues estamos en un espacio seguro donde se vale "delirar".

   Nota: Una forma alterna de desarrollar ideas puede ser a través de la construcción de un mapa mental, donde se van expandiendo o desarrollando los conceptos del *brief* junto con aspectos que se relacionan con el producto, así como las emociones y los *insights* asociados al momento de uso del producto. Si eres una persona visual esta herramienta puede ser muy útil.

ABC YOGA "Tu tregua del día a día".

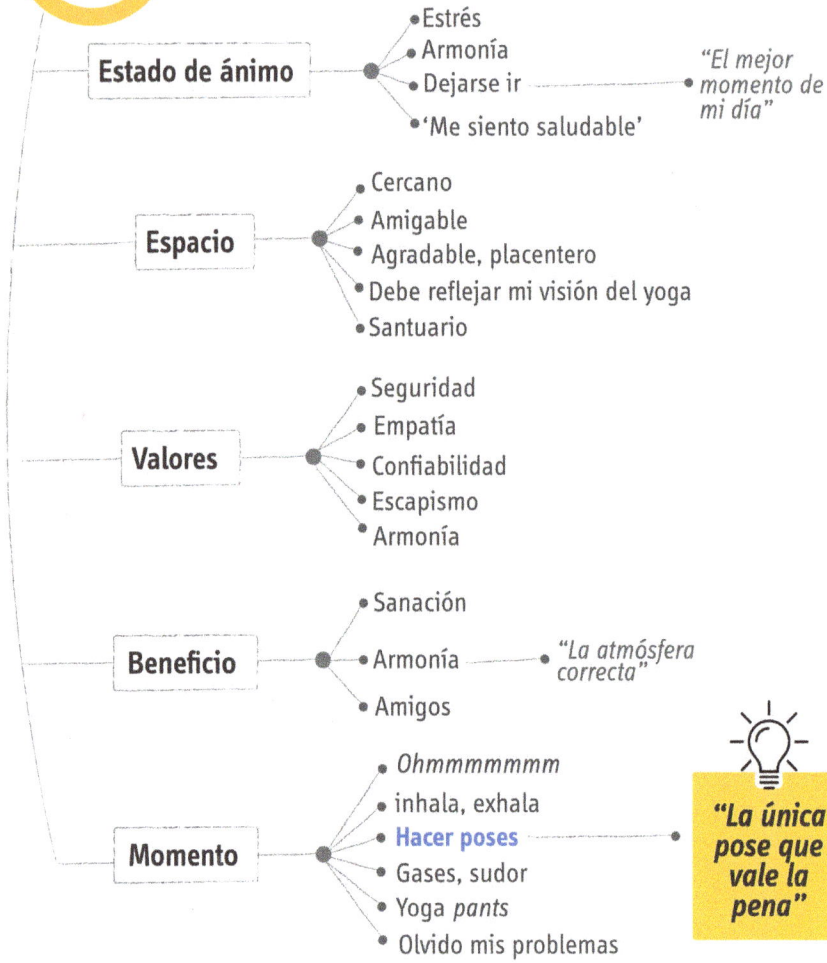

Estado de ánimo
- Estrés
- Armonía
- Dejarse ir ——— *"El mejor momento de mi día"*
- 'Me siento saludable'

Espacio
- Cercano
- Amigable
- Agradable, placentero
- Debe reflejar mi visión del yoga
- Santuario

Valores
- Seguridad
- Empatía
- Confiabilidad
- Escapismo
- Armonía

Beneficio
- Sanación
- Armonía ——— *"La atmósfera correcta"*
- Amigos

Momento
- *Ohmmmmmmm*
- inhala, exhala
- **Hacer poses** ———
- Gases, sudor
- Yoga *pants*
- Olvido mis problemas

"La única pose que vale la pena"

Figura 5.10 Ejemplo de un mapa mental para una campaña ficticia de un estudio de yoga

b) **Filtración:** Después de acumular una cantidad razonable de ideas (frases y/o conceptos), es momento de limpiar y reducir la lista; para esto puedes combinar o consolidar varias ideas en una sola cuando estas son similares.

Finalmente evalúa en equipo cada idea para eliminar aquellas que no son estratégicas; es decir que no siguen los lineamientos del *brief creativo.* El objetivo es que al final del proceso de filtración identifiques **las cuatro mejores ideas.**

c) **Trabajo individual:** Ahora es momento de trabajar individualmente, por lo que la sesión de trabajo ha terminado por ese día. Pide a cada miembro del equipo que se lleve cuando menos una de las cuatro ideas finalistas para desarrollar en casa, o en un café, o donde sea que trabajen cómodamente.

La razón de hacer trabajo individual es porque necesitamos pausar para dejar al cerebro descansar. Piensa también que es muy posible que aquellos miembros del equipo con personalidad introvertida pudieron haber participado menos durante la *tormenta de ideas,* por lo que esta es su oportunidad para contribuir. A otros simplemente nos toma más tiempo "prender el foco", por lo que necesitamos un espacio de trabajo en soledad.

> **Tip:** Personalmente a mi me ayuda "googlear" *keywords* (palabras clave) que se relacionan con el producto, los valores, el momento de uso del producto, la esencia de marca o ideas creativas específicas empleando el 'modo imagen' de búsqueda en Google. Cuando aparecen estas decenas de fotos en la página de resultados a veces se pueden encontrar referencias (símbolos, iconos, contenidos, personajes o situaciones) que nos pueden inspirar.

La intención es que cada miembro del equipo haya tenido tiempo suficiente para desarrollar o pulir las ideas que se llevaron a casa, **esto puede ser simplemente escribiendo, dibujando, cantando, actuando o grabando audio o video de sus ideas para poder compartirlas después,** pero sin preocuparse demasiado por la forma o "que se vea bonito". Lo único que importa en este momento es el fondo, no la forma.

d) **Selección final:** Al día siguiente nos volvemos a reunir; cada miembro del equipo ya ha pulido o trabajado sobre una idea que ahora debe presentar al resto. Esta presentación tiene como propósito darle la oportunidad a todos los miembros del equipo de expandir y mejorar las ideas presentadas, para así evaluar y seleccionar, en grupo, una o dos ideas finalistas; **uno o dos "caminos creativos".**

En esta etapa la prioridad es la calidad del camino creativo, ahora sí ya es momento de juzgar, discutir, expandir y comentar. Cuando evaluamos cada uno de estos caminos creativos, básicamente queremos asegurarnos que las propuestas están alineadas con el *brief*, que sean apropiadas, que tengan sustento legal y ético, que sean realizables y obviamente que sean auténticas y atractivas para el *target*. Ya una vez establecido cuál será el o los posibles caminos creativos, lo que sigue es plasmarlos en una "maqueta", la cual algunos llaman 'concept board'.

3) **Desarrollar un *concept board* (Día 3):**
   La forma más común de representar un **camino creativo** es obviamente a través de una imagen y/o una secuencia de imágenes.

El ***concept board*** es esa representación; ahí plasmamos esa frase ganadora (finalista) que es congruente con la *esencia de marca*, bajo un contexto o una historia que exponga los *valores de marca*. También debemos agregar un poco más de sustancia, de contenido, para expandir la información del anuncio, de esta manera, el *concept board* es como **una versión en bruto del anuncio final**, el cual irás puliendo paulatinamente.

Hasta este punto, para su elaboración no necesitas realmente gastar dinero, no debe haber gran esfuerzo o inversión de tiempo o recursos en hacer que el *concept board* se vea perfecto, es solo un medio para visualizar la campaña. Una vez entrando en producción, evidentemente todo se verá mucho mejor; fotos, iluminación, tipografías, colores, etc. Pero eso viene después.

Si ya has anticipado que esta campaña incluirá video (para internet o televisión) puedes también realizar un **'storyboard'**. Mismo concepto que el *concept board,* solo que debe incluir un *script* o guion preliminar del video y quizá algunos muy sencillos dibujos o recortes que representen una secuencia de imágenes con las escenas y los diálogos de lo que veremos en pantalla. Si bien el *concept board* o *storyboard* son solo borradores del anuncio, estos ya deberían reflejar claramente el mensaje, el contexto y la historia, todo esto con referencias a la identidad de la marca que desearías ver en la publicidad final. El proceso del concepto creativo termina cuando presentas el *concept board* para aprobación escrita de quien sea responsable de autorizar la campaña.

5.8 **Creando el anuncio**

5.8.1 **Los elementos básicos de un anuncio**

Para tratar de simplificar las cosas, explicaremos en esta sección los elementos clave de un anuncio **a través de una imagen o** *arte* **publicitario**, lo cual aplica para publicidad impresa, *banners* en internet, redes sociales e incluso publicidad exterior. En el caso de publicidad en video o audio (radio), no es muy diferente, pues varios de los elementos que identificaremos aquí, también pueden y deben estar presentes.

Gráfico 5.5 Ejemplo de un anuncio ficticio para un estudio de yoga

A través de este anuncio de un estudio de yoga ficticio, representamos los **componentes básicos de un típico anuncio; 'copy', 'arte' y 'elementos de apoyo'.** Esto no significa que este esquema aplique absolutamente para todos los casos; cada marca tiene un contexto y un estilo propio de hacer publicidad.

1) *Copy*: Este anglicismo lo podemos traducir como 'texto', y justamente a eso nos referimos; a la palabra escrita, o las frases que expresan el mensaje publicitario. Es a través del *copy* que explicamos los atributos de un producto, así como sus beneficios emocionales, funcionales, cualidades y características. Y en aquellos casos cuando el anuncio no es gráfico, sino en video o audio, el *copy* se vuelve el guion (*script*) del anuncio.

   No todo el *copy* que escribimos para un anuncio tiene la misma función ni relevancia; hay varios tipos, cada uno con cierta jerarquía. Hay *copy* que empleamos como gancho para atraer la atención del *target* y hay *copy* que usamos para expandir la información del producto anunciado. De esta manera, resaltamos o reducimos la importancia de cada elemento de texto manipulando su tamaño, forma, color y posición.

   Adicionalmente, también podemos emplear diferentes estilos de letra, pues ciertas tipografías transmiten diferentes emociones. Hay tipos de letra que por su forma evocan ciertos sentimientos, por ejemplo, los trazos suaves o redondeados podrían trasmitir armonía; trazos más lineales, formalidad o estructura; trazos gruesos, energía, extroversión o urgencia, y trazos delgados, timidez o delicadeza.

   De esta forma, cuando se diseña un anuncio es importante encontrar congruencia entre la tipografía que se desea emplear y la emoción que se quiere transmitir. Tener claro aspectos como los *valores de marca* y el *tono de voz* también te ayudarán a escoger un estilo tipográfico que sea congruente con la marca y con el mensaje, que en cualquier caso siempre deberá ser fácilmente legible.

   Tradicionalmente puede haber tres tipos de *copy* en un anuncio: **'encabezado', 'subencabezado'** y **'cuerpo del texto'.**

   a) **Encabezado:** Es la parte más prominente del anuncio, la más vistosa. Es una frase breve que usamos para enganchar al *target* por lo que debe ser fácil de leer y de entender. Es también la introducción o la síntesis de la historia que deseas contar, por lo que es preferible que ese encabezado apele a las emociones.

Para lograr esto puedes construir el encabezado usando como inspiración la *esencia de marca* que ya has definido. Si tu anuncio es para un periódico impreso, el encabezado es el elemento más visible, si el anuncio es un *banner* animado en internet, el encabezado es lo primero que vemos, si el anuncio es un *spot* en radio, el encabezado podría ser la primera frase que escuchamos, o el cierre.

b) **Subencabezado:** Es la continuación del encabezado, es un poco más extenso, quizá del tamaño típico de una oración, lo cual nos permite dar más detalles; expandiendo la información del producto e invitando a la audiencia a continuar leyendo, por lo que también debe ser emocional. En algunos casos, la *promesa básica* nos podría ser útil para escribir el subencabezado.

Solo con el encabezado y el subencabezado el anuncio se debería sostener; con estos dos elementos deberías poder resumir todo tu anuncio si fuese necesario. Esto es importante tenerlo en cuenta cuando se tienen que realizar versiones más compactas o breves del anuncio. Medios donde no hay tanto espacio o tiempo, como una valla exterior o un *banner* en internet.

c) **Cuerpo del texto:** Si el formato del anuncio y el espacio nos lo permiten, podemos expandir aún más la información, dando más detalles de lo que estamos promocionando. El 'cuerpo del texto' normalmente es empleado para enlistar los beneficios funcionales del producto, aunque no más de cuatro o cinco, los cuales puedes presentar como viñetas (*bullets*), como en el caso del estudio ficticio de yoga, o a través de una narración, que sería un texto que conecta el arte del anuncio con la historia que se muestra.

Encabezado

El único momento de tu día en que vale la pena posar

ABC YOGA
Tu tregua del día a día.

Trae armonía a tu vida practicando yoga en un lugar con la atmósfera perfecta.

· Amplio estacionamiento.
· Instructores certificados.
· Solicita una clase gratis: ABCyoga.com

Subencabezado

Cuerpo del texto

Figura 5.11 *Ejemplo de los diferentes tipos de copy en un anuncio*

2) Arte: El '*arte*' son todos los elementos visuales que acompañan y dan un marco y un contexto al copy; son las fotos, los dibujos, el pietaje (video) o las animaciones que empleamos en el anuncio.

Gráfico 5.6 Ejemplo del elemento denominado 'arte' en un anuncio

Se le llama *arte* porque al final de cuentas eso es lo que es; la publicidad en cierta forma también es una expresión artística, aunque con objetivos diferentes. En todo caso, el *arte* publicitario ilustra, por un lado, la historia que nos cuenta el *copy*, y por otro también busca reflejar la esencia y los *valores de marca*.

Cuando creamos el *arte* del anuncio se asume que este debe girar entorno al producto, porque en la publicidad convencional "el producto es el héroe de la historia". De esta manera el producto debe idealmente aparecer como una parte integral del anuncio, tal cual pudimos apreciarlo unas páginas atrás en la publicidad de la marca ARC'TERYX. .

Sin embargo, hay casos donde esto no es posible, donde el producto no se puede ver en todo su esplendor dentro de la composición fotográfica que hemos decidido usar como *arte* principal. Esta situación puede presentarse, por ejemplo, cuando empleamos fotos o video de renta que adquirimos a través de un banco de imágenes ('*photo stock*') los cuales no fueron creados expresamente para nuestro producto.

En estos casos una posible solución es añadir o sobreponer al *arte* un *'product shot'* (foto de producto) que es un *elemento de apoyo* el cual explicaremos un poco más adelante.

Por otro lado, cuando creamos un *arte* publicitario también existen ciertos **'valores de producción'** que deben tener un estándar de calidad y un estilo característico de la marca. Con 'valores de producción' me refiero, por ejemplo, al tipo de iluminación, los filtros fotográficos, los adornos (*'props'*), los encuadres y los dibujos que aparecen en dicho *arte* o las técnicas que son empleadas para producirlo. Cuando todos estos insumos y técnicas son de buena calidad, se reflejan en una composición que se ve profesional. Cuando mantenemos y respetamos los mismos valores de producción a lo largo de todas nuestras campañas actuales y futuras también alcanzamos una consistencia como marca.

Es difícil aplicar un criterio único para desarrollar un *arte* publicitario, pero puedo decirte que en general buscamos algo que idealmente sea sencillo, limpio (sin saturación), entendible y atractivo. También buscamos algo que se adapte a diferentes formatos y tamaños de pantalla o a diferentes medios. Pero sobre todo algo que resulte interesante y persuasivo para el *target*, y para nadie más. En el capítulo 7 (*Produce la campaña*) hablaremos un poco más sobre las diferentes alternativas que la pequeña empresa y los emprendedores tienen para desarrollar o conseguir un *arte* que se vea razonablemente profesional.

3) **Elementos de apoyo:** Además del *copy* y del *arte*, hay otros elementos que pueden formar parte del anuncio. Algunos de estos elementos son esenciales y otros más bien circunstanciales, en todo caso ciertos formatos o plataformas en medios, como los anuncios espectaculares o vallas, pueden limitar significativamente la cantidad de *copy* y de elementos de apoyo que podrás incluir en tus anuncios. Estos son algunos ejemplos de esos elementos:

a) **Logotipo y eslogan:** El logotipo es claramente un elemento básico de comunicación; no tendría sentido hacer anuncios sin un logo que identifique a la marca, salvo en aquellas campañas conocidas como *'teaser campaigns'* (campañas de pre-lanzamiento), las cuales pueden ser caras y complejas de realizar.

Por otro lado, el eslogan (también llamado '*tagline*') es una frase que sintetiza el beneficio que aporta una marca, de ahí su similitud con la **esencia de marca.** En ocasiones algunas marcas deciden no incluir un eslogan en su publicidad, usualmente para enfatizar y enfocar toda la atención en el encabezado del anuncio, especialmente cuando hay limitaciones de espacio. De cualquier manera, es recomendable incluir un eslogan siempre que sea posible.

b) **Medios de contacto:** Al menos debemos incluir un sitio web, pero dependiendo del tipo de anuncio, del formato o del canal de comunicación, pueden incluirse o excluirse otros medios de contacto, como; teléfonos, correo electrónico, cuentas en redes sociales o la dirección de alguna tienda o sucursal.

Sin embargo, cuando observamos, por ejemplo, un anuncio diseñado por alguien con poca experiencia, vemos una cascada de datos de contacto; varios números telefónicos, direcciones y cuentas en redes sociales lo cual satura y ensucia el *arte*, y seguramente también confunde al *target*. Recuerda que uno de los principios básicos de un buen anuncio es su sencillez, por lo que se debe mantener la información al mínimo necesario.

De esta forma es importante escoger bien los medios de contacto que pienses incluir en tus anuncios, pero sobre todo asegurarte de que estos funcionen. ¿Suena demasiado obvio? Seguramente ya te ha tocado ver publicidad con medios de contacto que no llevan a ningún lado; un teléfono o un correo electrónico que nadie contesta, o una página web que no funciona. Esta situación sería un absoluto desperdicio de recursos y uno de los errores más absurdos que alguien podría cometer en publicidad.

c) *Product shot:* El '*product shot*' típicamente es una fotografía la cual fue tomada bajo un encuadre, iluminación y ángulo que nos permite apreciar en primer plano y claramente la apariencia y las cualidades físicas del producto anunciado. En algunos casos el *product shot* es integrado en el arte mismo del anuncio, como en el caso de la marca ARC'TERYX, donde el producto publicitado; la chamarra color verde, juega un papel en la historia que nos cuenta dicho anuncio.

Gráfico 5.7 *Ejemplo de un product shot integrado en el anuncio. Anuncio reproducido con el amable permiso de ARC'TERYX*

Sin embargo, habrá circunstancias donde el producto no es visible o no aparece en el arte principal del anuncio (como cuando se usan imágenes de renta/*stock*), por lo que sería entonces necesario integrar un recorte fotográfico del *product shot* en alguna parte del anuncio. Otra opción es usar un *product shot* como tema central del anuncio, como es el caso de la marca italiana de cascos Limar, cuyo *arte* minimalista permite centrar la atención en el diseño de su casco para ciclistas.

Gráfico 5.8 *Ejemplo del arte de un anuncio basado en el product shot. Anuncio reproducido con el amable permiso de Limar S.r.l.*

En otros casos el objetivo de la campaña es únicamente crear *conocimiento de marca*, (no vender un producto en particular), como podemos observar en el siguiente *arte* del anuncio de ARC'TERYX, donde se enfatiza la experiencia de marca sobre todo lo demás.

Craig DeMartino
Climber

Arc'teryx specializes in technical, high-performance apparel, outerwear and equipment. Design is our way forward. Make it yours.

ARC'TERYX
EVOLUTION BY DESIGN

Arc'teryx Equipment | Vancouver, Canada | arcteryx.com

Gráfico 5.9 *Ejemplo del arte de un anuncio enfocado en construir marca (sin resaltar un producto). Anuncio reproducido con el amable permiso de ARC'TERYX.*

d) **Call to Action:** El 'Call to Action' (o 'CTA') es una frase breve; un llamado que hacemos a nuestro *target* para completar una acción. No es un elemento obligatorio, más bien depende de los objetivos de tu campaña. Si uno de los objetivos es, por ejemplo, *'lograr que 10 mil personas tengan acceso a nuestro catálogo de productos'*, entonces el anuncio debería tener un *call to action*, que podría decir; *'Descarga nuestro catálogo haciendo clic aquí'* o *'Visita [...] para descargar nuestro catálogo de productos'.*

El *call to action* es entonces una frase que además debe ofrecer al *target* un medio para completar una acción. En anuncios digitales, como los *banners*, el *call to action* usualmente aparece como un botón que nos lleva a un *landing page*, aunque el CTA también podría estar vinculado a un teléfono o la dirección de una sucursal. En el ejemplo del anuncio impreso del estudio de yoga podrás observar que el CTA es *"Solicita una clase gratis"*, seguido por un sitio web.

En el mundo de la publicidad digital el *call to action* de hecho es un elemento esencial en campañas de *conversión*. Cuando contratamos publicidad en medios como Facebook o YouTube es posible seleccionar un CTA preestablecido dentro de un menú de opciones que aparece en el configurador de anuncios de cada plataforma. Dependiendo de cada caso, las opciones típicas que puedes seleccionar incluye CTAs como: 'Contáctanos', 'Descargar' (popular en anuncios para *apps*), 'Cotizar', o 'Más información', entre otras.

e) **Requerimientos legales:** Esto aplica para empresas que trabajan en sectores cuya comunicación podría estar regulada, como la industria farmacéutica, alimenticia, bebidas alcohólicas, entre otras. Dependiendo el país, las empresas en este tipo de industrias podrían estar legalmente requeridas a incluir frases preventivas o advertencias en sus anuncios, por ejemplo, *"Aliméntate sanamente"* o *"Alto en sodio"*. Adicionalmente en algunos países también es necesario solicitar permisos legales (y mostrarlos en la publicidad) cuando se realizan sorteos o juegos de azar asociados a una campaña. Si tienes dudas, siempre es mejor consultar con un experto legal.

f) **Garantías:** La garantía del producto puede ser considerada uno de los atributos clave en ciertos mercados, como por ejemplo en las baterías (acumuladores) para coches o los neumáticos, en cuyo caso debe considerarse como un elemento importante del anuncio.

g) **Descuentos y Promociones:** Un descuento o promoción podría ser el mensaje central del anuncio o podría ser solo un elemento de apoyo. En todo caso considera que centrar toda tu comunicación basándote en ofrecer descuentos de forma exageradamente frecuente, puede perjudicar la imagen del producto.

Con esto terminamos nuestra descripción de los componentes básicos de una composición publicitaria. Para continuar el proceso es necesario contar con lo siguiente:

- *Copy:* Diversas opciones de encabezados, subencabezados y el cuerpo del texto de tu anuncio

- *Arte:* Diversas fotos, recortes, imágenes o dibujos que puedes emplear para apoyar a tu *copy*. **Ojo, hasta aquí no deberías haber gastado un centavo en adquirir o desarrollar estas imágenes o video,** esto sucederá hasta la etapa de producción (capítulo 7), por lo pronto solo necesitas referencias o ejemplos que emulen el *arte* final que deseas emplear en tu anuncio.

- **Elementos de apoyo:** Además del logotipo, ¿ya has identificado qué otros elementos de apoyo necesitarás en tus anuncios?

Con estos elementos en mano, ahora hay que jugar un poco; prueba diferentes combinaciones de *copy* con diferentes opciones de imágenes, luego cambia el orden, intercambia las cosas, cambia el uso del espacio. Arma dos o tres maquetas de tu anuncio, puedes usar herramientas tan accesibles como Powerpoint o Keynote, que te permiten mover tanto los elementos de texto, como los gráficos fácilmente. Debes seguir experimentando; varias veces, pues va a ser muy improbable que tengas algo útil a la primera.

Cuando creas tener un par de ideas atractivas hay que empezar a pulir las cosas, pues ya necesitas un borrador final. Revisa que no haya errores ortográficos o de redacción, edita el *copy*, trata de sintetizarlo, pero asegúrate que el mensaje siga siendo claro.

Si el anuncio es o tiene una imagen, considera que si en **cinco segundos** no se entiende la idea central, entonces no sirve. Vuelve a empezar si es necesario. Si lo que estás desarrollando es un *storyboard* para televisión o un *script* para radio, podrías tener un poco más de tiempo (10 a 30 segundos) para transmitir o explicar tu mensaje.

Al final debes contar con **un primer borrador del anuncio**, al cual le llamamos **'mock-up'** ('maqueta') que cuando entre a producción va a costar dinero, por lo que antes de producir puedes pedir a un par de conocidos que te den sus impresiones. Obviamente alguien que no haya participado en el desarrollo del anuncio.

No necesitas preguntarle a diez personas, escoge tres o cuatro voluntarios, alguien con el perfil del *target*. Si preguntas a gente que no quiere herir tus sentimientos (cónyuge, familiares cercanos o subordinados) puede que la retroalimentación no sea absolutamente honesta. También ten en cuenta que estos sondeos entre colegas pueden ser un arma de doble filo (todo mundo cree que es experto en publicidad), por lo que escoge bien a quien vas a preguntar. También recuerda que cuando muestras tu anuncio a alguien **no hay nada que explicar**, si el anuncio no se explica solo, no sirve, y si es el caso regresa al *concept board* y vuelve a empezar.

Finalmente, y para evitar confusiones, quisiera aclarar que s**i decides pedir el apoyo de una agencia creativa**, tu responsabilidad se limita a presentarles el *brief*. A partir de ahí, ellos se hacen cargo de desarrollar todo el concepto creativo y de presentarte un par de caminos. La agencia, junto con sus productores, también serán responsables de armar los anuncios y de desarrollar el *copy*, el *arte* y elementos de apoyo, incluyendo por supuesto la producción final de los anuncios con diseñadores gráficos, animadores, directores, fotógrafos, etc. Tu rol en esta parte del proceso sería realmente solo facilitar información, aprobar o sugerir cambios.

5.8.2 **Consideraciones finales**

Al terminar este proceso creativo ya deberías contar con uno o dos *mock-ups* de tu anuncio, para lo cual vale la pena repasar algunos de los **aspectos que distinguen a los mejores anuncios:**

- **Impacto:** Cuando se planea y diseña la campaña debe haber una deliberada intención de crear un impacto fuerte y notable; no hay timidez.

- **Enfoque:** La campaña es diseñada para una audiencia objetivo específica, y hay una idea clara de quién es esa audiencia y de cuáles son sus prioridades.

- **Visión:** El concepto creativo proviene de un poderoso *insight* del mercado y hay una correcta "traducción" de ese *insight* en un concepto creativo.

- **Flexibilidad:** El *arte* del anuncio se debe adaptar fácilmente a diferentes formatos y plataformas publicitarias, incluyendo formatos tan pequeños como la pantalla de un teléfono celular.

- **Oportunidad:** El concepto creativo y la fecha de lanzamiento de la campaña deben ser oportunos, tomando en cuenta acontecimientos o circunstancias sociales actuales que favorecen la transmisión del mensaje.

- **Autenticidad:** Cuando sea posible, se debe procurar un enfoque de publicidad de contenido, algo que sea muy interesante o entretenido para el *target*.

5.9 *Checklist:* Definiendo el mensaje de la campaña

Para cerrar el capítulo repasemos los puntos clave en el desarrollo de un mensaje publicitario.

1) **Agencia o consultor:** Desde un inicio decide si contarás, o no, con la ayuda de una agencia creativa o *freelancer* que puedas costear.

2) *Arquitectura de marca:* Identifica los *insights* del mercado y escala los atributos clave del producto en beneficios funcionales, emocionales y *valores de marca*, luego sintetiza todo esto en una *esencia de marca*, para finalmente redactar una *promesa* y *propósito de marca*.

3) *Brief creativo:* Con la información que has desarrollado en capítulos anteriores, y una vez completado el proceso de *arquitectura de marca*, redacta el *brief creativo* y, si aplica, somételo a autorización.

276

4) **Enfoque publicitario:** En base a tu contexto, recursos y necesidades selecciona el tipo de enfoque publicitario a emplear; funcional, emocional o publicidad basada en contenidos.

5) **Concepto creativo:** Presenta el *brief creativo* a tu equipo o agencia. Si piensas desarrollar la creatividad por tu cuenta debes entonces integrar un equipo y realizar una *tormenta de ideas* y un *concept board* para obtener uno o dos caminos creativos, y si aplica, somete el o los caminos creativos para obtener autorización final.

6) ***Mock-up:*** A partir del camino creativo autorizado construye uno o dos *mock-ups* (borradores) del anuncio, integrando elementos básicos, como el ***copy***, un ***arte*** preliminar y los **elementos de apoyo** necesarios y/o requeridos.

único
El ~~mejor~~ momento de tu día...

CAPÍTULO 6

Identifica los medios

6. IDENTIFICA LOS MEDIOS

En este capítulo daremos respuesta a las siguientes preguntas:

- *¿Qué es un plan de medios?*
- *¿Cuáles son los elementos y principios más importantes en un plan de medios?*
- *¿Cómo desarrollar una estrategia de medios?*
- *¿Cuáles son las tácticas y medios de comunicación más comunes y cómo evaluarlos?*
- *¿Cómo desarrollar una pauta en medios?*

6.1 Importancia, principios y consideraciones

Los medios de comunicación son el vehículo a través del cual la audiencia recibe y experimenta la creatividad publicitaria y los mensajes que creamos.

Sin embargo, en tiempos recientes pareciera que la planificación de medios corre el riesgo de convertirse en una tarea secundaria, pues hay quienes ven este proceso como un mero trámite que se puede resolver usando recetas y moldes prefabricados, probablemente impulsados por el creciente uso de herramientas publicitarias automatizadas como el *marketing* programático.

La realidad es que este proceso de planificación de medios siempre ha tenido y siempre tendrá un rol estratégico en los resultados de la campaña y para hacerlo bien, se requiere de tiempo, análisis y esfuerzo, pues la publicidad más grandiosa resulta invisible al *target* cuando no usamos los medios adecuados en el momento adecuado.

Aquí cabe aclarar que, hasta este punto en el desarrollo de nuestra campaña, ya debemos contar con al menos un *mock-up* de nuestro anuncio, así como un concepto creativo aprobado, pero **todavía no debemos producir el anuncio**; aún es demasiado pronto para pedir la ayuda de diseñadores gráficos o videógrafos y la razón es simple: sin un plan de medios, no sabemos qué formato, qué tamaño o especificaciones deberían tener nuestros anuncios.

6.1.1 Plan de medios *vs.* pauta en medios

Empecemos primero aclarando la diferencia entre lo que es un '**plan de medios**' y lo que es una '**pauta en medios**'.

El **plan de medios** plasma nuestra estrategia con relación al uso de diferentes canales de comunicación, donde además describimos los objetivos, el *target*, el presupuesto y la duración de la campaña. También incluimos una pequeña síntesis de aquellos *insights* de mercado que nos ayudan a identificar los canales de comunicación que el *target* prefiere usar. Por lo mismo, en el plan de medios es posible hacer un poco de análisis y de recomendaciones; por ejemplo, podemos proponer y justificar cuáles plataformas de medios son más afines a la audiencia objetivo o cuántas versiones de anuncios necesita la campaña.

Al final del **plan de medios** se debe incluir su elemento central; un programa detallado que especifica cuáles son los medios de comunicación a emplear, cuántos anuncios se colocarán en cada medio, durante cuánto tiempo y exactamente qué días o semanas del año. A este programa detallado se le conoce como la **pauta en medios**, un documento que usualmente se elabora en una hoja de cálculo y que puede incluir otro tipo de información que explicaré al final del capítulo.

PLAN DE MEDIOS

Objetivos: *Target:*   **Presupuesto:**   **Duración:**

'Conocimiento'
'Conversión'

Insights: **Recomendaciones:**   *Landing Page:*

                           .com

PAUTA EN MEDIOS

MEDIO	SPOTS / INSERCIONES	ENERO	FEBRERO	MARZO
Canal de tele 1	100	100		
Canal de tele 2	80	40		40
Estación de radio 1	34		34	
Estación de radio 2	23		23	
Sitio web 1	100,000	30,000	30,000	40,000
Sitio web 2	150,000	50,000	50,000	50,000

Autorización:

Figura 6.1 Ejemplos de los componentes y estructura del plan de medios

De esta forma, el **plan de medios** es el documento donde plasmamos nuestra **estrategia** en relación con los canales de comunicación que en general deseamos usar, y la **pauta en medios** es el programa que detalla, minuciosamente, qué canales específicos vamos a emplear y cómo y cuándo los vamos a usar. Normalmente un plan de medios se puede plasmar en una o dos páginas, incorporando mucha de la información que ya está disponible en tu *brief creativo*. Por otro lado, la pauta en medios puede abarcar una o varias páginas, lo cual dependerá de la cantidad de medios que estés planeando emplear en la campaña.

6.1.2 **Los siete principios**

Hay siete principios que todo **plan de medios** debe contemplar:

1) **Estratégico:** Cuando decimos que un plan de medios o un canal de comunicación es estratégico es porque cumple dos condiciones; está alineado con los objetivos de la campaña, y está alineado con las preferencias del *target*.

   Recordemos que durante nuestra investigación de mercados (expuesta en el capítulo 2), obtuvimos *insights* que nos dieron pistas de cuáles son los medios de comunicación preferidos por el *target* de la campaña, lo cual es el criterio más importante para empezar a decidir qué canales de comunicación deberíamos integrar en la pauta.

2) **Balanceado:** Balancear los medios implica tratar de no apostar toda la entrega de una campaña a un solo canal de comunicación. Si bien hay campañas muy exitosas que apostaron la mayor parte de sus recursos a una sola plataforma -como televisión, publicidad exterior, etc.-, lo recomendable es distribuir nuestro presupuesto publicitario para asegurarnos de tener presencia en cada una de las etapas del ya referido proceso de *destilación de clientes* (*conocimiento, curiosidad, convicción, conversión* y *compromiso*).

   Como ya hemos dejado claro, ciertos medios de comunicación funcionan mejor en etapas específicas del **proceso de** *destilación de clientes.* Por ejemplo, la televisión es un muy buen medio de largo alcance para generar *conocimiento*, aunque debido a que el formato estándar de un anuncio en TV es de 30 segundos es imposible dar demasiada información.

Sin embargo, el video en redes sociales o los anuncios en revistas, son medios que nos pueden dar más tiempo para ampliar y detallar las cualidades de nuestros productos, atendiendo de esta forma etapas subsecuentes del proceso de *destilación*, como *curiosidad* o *convicción*.

Si bien la inversión económica en aquellos medios publicitarios asociados a la etapa de *conocimiento* (TV, radio, publicidad exterior…), típicamente tiende a absorber buena parte del presupuesto publicitario, es muy importante guardar recursos para poder invertir en otras plataformas que nos ayuden a tener presencia durante las etapas restantes del proceso. Esta recomendación es especialmente importante durante lanzamientos de producto, cuando es necesario desarrollar una campaña integral.

Incluso aún cuando nuestros objetivos de campaña tengan un alcance más limitado (como cuando solo queremos crear *conocimiento*, o *conversión*), aún así se recomienda balancear la *mezcla de medios* para que esta sea eficaz en aquellas etapas del proceso de *destilación* donde nos queremos enfocar.

Revisemos una vez más el proceso de *destilación* para recordar cuáles medios tradicionalmente funcionan mejor en cada una de las cinco etapas.

ETAPA	SITUACIÓN	MEDIOS MÁS EMPLEADOS
1 CONOCIMIENTO	El *target* se entera de la existencia de la marca o producto.	•TV, *OTT*. •Radio. •Redes sociales. •*Display banners*. •Publicidad exterior (*OOH*).
2 CURIOSIDAD	El *target* desarrolla interés y busca más información sobre la marca o producto.	•Video. •*Google SEM / SEO*. •*Micrositio (landing page)*. •Prensa. •Catálogos. •Redes sociales. •*Content marketing* •Relaciones públicas.
3 CONVICCIÓN	El *target* busca probar o interactuar con el producto.	•Redes sociales. •Tienda física o virtual. •Demostraciones. •Reseñas o testimoniales. •Eventos. •*Emailing*, correo directo.
4 CONVERSIÓN	El *target* compra o completa una acción, como participar, votar, afiliarse, etc.	•*Micrositio (landing page)*. •Material *Punto de Venta* (*POP*). •Tienda física o virtual. •Vendedores, promotores. •Procesos de compra. •Incentivos.
5 COMPROMISO	Al ahora cliente recomienda la marca y/o repite la compra.	•Servicio a clientes. •*Apps* de mensajes. •Programas de lealtad. •Eventos.

'Conocimiento' (etapas 1 y 2)

'Conversión' (etapas 3, 4 y 5)

Tabla 6.1 Ejemplos de medios comúnmente empleados en cada etapa del proceso de destilación de clientes

3) Efectivo y eficiente: Un plan de medios debe ser efectivo en alcanzar la mayor cantidad de personas que forman parte del *target*, y debe ser eficiente para lograrlo al menor costo posible.

Aunque en esto es importante no confundirse, pues el que un medio sea efectivo o eficiente siempre será relativo al *target* y al costo de cada medio para llegar a ese *target*.

> **Por ejemplo:** Un medio como la TV, que es masivo, puede ser considerado efectivo y eficiente para ciertas audiencias que adquieren bienes de consumo masivo, como jabón, leche o cereal, suponiendo que el costo por *spot* de TV es razonable.
>
> Sin embargo, si vendemos algún producto más especializado y nuestro *target* son personas que hacen paracaidismo entonces la TV resultaría ser un medio poco eficiente, porque seguramente la gran mayoría de las personas que ven TV no practican paracaidismo. De esta manera si usáramos un medio que llega a mucha gente que no pertenece a nuestro *target* se entiende que hay un desperdicio de recursos.
>
> También podemos pensar en el escenario opuesto; imaginemos un sitio web que es muy relevante para nuestro *target* pero tiene muy poco tráfico. Suponiendo que el costo por anunciarse fuese razonable entonces podríamos considerar a este sitio como una inversión eficiente (pues la mayor parte de su audiencia pertenece a nuestro *target*), aunque poco efectivo debido al bajo tráfico que tiene.

El medio ideal, que es muy eficaz y eficiente, es entonces algo que no siempre es fácil de encontrar, lo cual nos da otra razón más para combinar y emplear varios medios en nuestra pauta. De esta manera, la idea es emplear canales de comunicación que están en un punto ideal, es decir; plataformas que llegan a una cantidad importante de personas que pertenecen a nuestro *target* pero a un costo razonable.

Para determinar la efectividad de un medio evaluamos su *reach* (alcance) respecto a otros medios, y para evaluar su eficiencia podemos comparar diferentes medios de comunicación empleando una fórmula muy sencilla y universal que se conoce como '**CPM**' o **Costo por millar** (*Cost Per Mille*, en inglés).

Fórmula (en publicidad *online*):

$$CPM = \left(\frac{\text{Inversión total en un medio}}{\text{Número total de impresiones}} \right) \times 1{,}000$$

Ejemplo: Digamos que un sitio en internet (el sitio *A*) nos ofrece 10,000 *impresiones* de nuestro anuncio por una inversión de $500 dólares, lo que nos da un CPM de $50 dólares. Es decir; cada 1,000 anuncios que se muestran en este medio costarán $50 dólares.

Quizá este dato aislado no nos diga mucho, pero tiene más sentido cuando lo comparamos con el CPM de otros medios. Supongamos ahora que hemos encontrado otro sitio en internet (el sitio *B*) que nos ofrece 12,000 *impresiones* por una inversión de $700 dólares, lo cual nos daría un CPM de $58.33.

Marca	*Impresiones*	Inversión Total	CPM
Sitio de internet *A*	10,000	$500	$50
Sitio de internet *B*	12,000	$700	$58

Tabla 6.2 Ejemplos de CPM según el número de impresiones y la inversión total por medio

Si el CPM fuese el único criterio disponible para escoger entre el sitio *A* o el *B*, ¿cuál escogerías? Con la fórmula de CPM podemos rápidamente comparar y saber que la mejor relación costo-beneficio la ofrece el sitio *A* a un CPM más bajo.

La ventaja de esta fórmula es que realmente la podemos aplicar para comparar cualquier medio (aunque no sea digital) del cual tengamos una tarifa y un estimado de la cantidad de *impresiones*, considerando que esas *impresiones* al final de cuentas son 'oportunidades para ver' un anuncio. Esto significa que podríamos, por ejemplo, reemplazar en nuestra fórmula de CPM las *impresiones* por el **tamaño de la audiencia** de un programa de radio, o el tamaño de la audiencia de una revista impresa (estimable con base en el tiraje) y así comparar cuánto nos cuesta, en cada caso, mostrar el anuncio a 1,000 personas.

Fórmula (en publicidad *offline*):

$$CPM = \left(\frac{\text{Inversión total en un medio}}{\text{Tamaño de la audiencia del medio}} \right) \times 1{,}000$$

Ejemplo: Digamos que un programa de radio en la estación X llega a 100,000 personas y el costo por poner un anuncio es de $1,000 dólares entonces el CPM es de $10 dólares. Es decir, anunciarnos en este programa nos cuesta $10 dólares para llegar a cada 1,000 personas, de las 100 mil que forman parte de su audiencia total.

El CPM no es el único criterio de evaluación para medios, hay varios más que cubriremos en este capítulo, sin embargo es de los más básicos. También considera que la eficiencia de tu plan de medios no solo dependerá de los canales que hayas seleccionado, sino de tu capacidad para negociar las tarifas con cada uno de ellos.

4) **Creativo:** La creatividad no se debe limitar al desarrollo del mensaje y el *arte* del anuncio, también deber influir la forma en que identificamos y usamos diferentes medios de comunicación, pues eso nos ayuda a acentuar el impacto del mensaje. Pero exactamente, ¿qué significa ser creativo durante el desarrollo de un plan de medios?

La creatividad en este ámbito puede reflejarse de dos maneras: usando medios convencionales (radio, televisión, prensa, etc.) de una forma poco común o bien, identificando medios de comunicación que son poco convencionales, como el uso de **espacios físicos** como un medio de comunicación.

Con 'espacios físicos' me refiero a lugares públicos como el metro, los parques, centros comerciales u otros edificios -públicos o privados- donde se pueden implementar sencillas o complejas representaciones de la marca, a lo cual comúnmente llamamos '*publicidad de guerrilla*'. Para identificar y/o usar medios de comunicación de una forma creativa se requiere de un esfuerzo de investigación que reconstruya y describa la ruta o el "ecosistema" por donde se mueve, trabaja y vive nuestro *target*.

Para lograr esto, investiga y haz una lista de todos los posibles espacios por donde se concentran personas que tienen el perfil de tu *target* y luego imagina formas de mostrar tu *arte* y mensaje dentro de ese espacio, ya sea de forma física, virtual o combinada.

Sitios como campaignsoftheworld.com (ver la sección '*outdoor*') están llenos de ejemplos de campañas que no solo han desarrollado un mensaje de forma creativa, sino también lo han entregado de una manera poco convencional, integrando el mensaje de la marca en la rutina y el día a día del *target*.

Finalmente hay que aclarar que este esfuerzo creativo no necesariamente se debe limitar a la *publicidad de guerrilla*; realmente se puede dar en cualquier ámbito, lo cual es especialmente importante cuando tenemos un presupuesto muy limitado.

5) **Neutral:** Después de ciertos años de trabajar en planeación de medios, no es cosa rara empezar a tener algunas plataformas favoritas. Los mercadólogos frecuentemente nos "casamos" con algunos medios que se desempeñaron bien en el pasado. Por esto mismo, es siempre importante recordar que debemos empezar cada campaña nueva seleccionando medios con una **mente abierta** y sin favoritismos, para asegurarnos de siempre integrar los canales de comunicación que se ajustan a las preferencias del *target*, y no a las nuestras.

El poder y la conveniencia de las redes sociales es innegable, es claramente una plataforma muy recomendable, especialmente para organizaciones pequeñas, por lo mismo no es difícil que los anunciantes terminemos "casados" con esta plataforma. Pero aunque no parezca, hay que recordarnos constantemente que aún no vivimos **100% de nuestro tiempo** dentro de la "burbuja digital", todavía salimos a la calle, manejamos, vamos al trabajo, al súper, o a hacer ejercicio; incluso en casos extremos, como durante la pandemia que inició en 2020.

Por otro lado, este concepto de 'neutralidad' también es importante contemplarlo en otros ámbitos, como la neutralidad editorial de los mismos medios que contratamos.

Esto significa que debemos evitar la contratación de canales de comunicación caracterizados por tener posiciones extremas o por promover agendas deleznables, ya sean racistas, clasistas, xenofóbicas, homofóbicas, sexistas o incluso notas falsas (*fake news*), entre otras.

Por esta razón es importante revisar el contenido editorial de los medios que piensas contratar antes de colocar los anuncios, asegúrate que sean fiables, de calidad, profesionales y relativamente neutros.

6) **Medible:** Antes de la década de los años 90 determinar el impacto que tenía la publicidad en las ventas era un verdadero reto; se hacían muchos cálculos y suposiciones para inferir o estimar la contribución real de una campaña. Incluso había bromas y alguna frase célebre por ahí que mostraba la resignación de algunos empresarios en su incapacidad de determinar con certeza el impacto real que tenían sus campañas publicitarias.

Ahora, con mejores tecnologías, las cosas han cambiado. La expectativa actual es solo emplear medios que podemos medir a través de un gran abanico de indicadores, como los ya expuestos en el capítulo 4. Por lo mismo, en general no es recomendable contratar medios que no aporten métricas objetivas o que no permitan rastrear de alguna forma los impactos y/o las interacciones obtenidas con la audiencia. Los ejemplos típicos podrían ir desde revistas impresas que no revelan su tiraje a los anunciantes, hasta sitios web que no muestran su tráfico o estaciones de radio o televisión pequeñas que no miden el tamaño de su audiencia.

Sin embargo, para toda regla hay una excepción; hay casos donde simplemente tendremos que correr el riesgo cuando no hay opciones. Imagina que tienes que preparar una campaña dirigida a un grupo demográfico o psicográfico muy pequeño, compuesto por gente con un perfil muy especial, y para llegar a él solo hay un puñado de medios, de los cuales, ninguno maneja indicadores básicos de desempeño.

De hecho, es común que algunos medios de *nicho* no tengan los recursos para proporcionar indicadores de desempeño a los anunciantes. Esto en ocasiones se debe a que estos medios podrían ser administrados por personas sin mucha experiencia en *marketing* o porque son tan pequeños que simplemente no pueden pagar los estudios de mercado que justamente les permitiría tener este tipo de información.
En casos donde no hay opción, o cuando estamos invirtiendo en un medio que es completamente innovador, no hay más que ponernos creativos para encontrar la manera de estimar el alcance y probar, adaptar y desarrollar nuestras propias formas de medir el impacto y su contribución en nuestra campaña.

7) **Realizable:** Finalmente tenemos el aspecto práctico; la posibilidad de implementar la campaña con los medios propuestos. A veces nos dejamos llevar por la emoción y proponemos ideas o medios que en un pizarrón se ven fantásticos pero a la hora de ejecutar se vuelven una pesadilla.

"El detalle es la ejecución", dicen algunos mercadólogos, aunque la ejecución no es ningún "detalle", es una parte crucial de tu campaña, por lo que no es buena idea incluir medios en nuestra pauta que no sean realistas en cuanto a los recursos que disponemos (tiempo, gente y dinero).

No olvides que siempre hay plazos, por lo que tu pauta en medios debe permitir la planeación, producción y adaptación de los anuncios con base en las especificaciones y los tiempos de entrega que demanda cada medio, teniendo en cuenta también tus propios objetivos de campaña. A veces tendremos que controlar nuestras expectativas y las de nuestros clientes internos respecto a lo que puede hacerse y lo que no.

6.1.3 **Agencias de medios**

De la misma forma en que puedes contratar una agencia creativa para ayudarte a desarrollar tus anuncios, también hay agencias que se especializan en desarrollar y administrar pautas publicitarias. Estas empresas son comúnmente conocidas como 'agencias de medios' o 'centrales de medios'.

Este tipo de agencias tienen un *expertise* muy específico y técnico; pues ayudan a desarrollar análisis de audiencias y también a evaluar, negociar y contratar espacios publicitarios. Así mismo, también te orientan y apoyan en el proceso de adaptación de los anuncios en los formatos requeridos, así como en la entrega de esos materiales en tiempo y forma a cada medio. También pueden apoyar en monitorear la campaña, optimizarla y finalmente en reportar sus resultados usando los indicadores que vimos en el capítulo 4. Algunas agencias de medios incluso pueden apoyarte en desarrollar anuncios que tengan valores de producción relativamente sencillos.

Adicionalmente, uno de los grandes beneficios que **en teoría** aportan estas agencias a sus clientes, es la posibilidad de acceder a mejores tarifas, pues comprar espacios publicitarios para varios anunciantes les da acceso a costos más bajos.

6.1.3.1 El proceso de una agencia de medios

Cuando trabajamos con una agencia de medios normalmente iniciamos el proceso presentándoles nuestro *brief creativo*, donde se deben aclarar aspectos como los objetivos, el *target*, la fecha de lanzamiento de la campaña, así como el presupuesto con el que se cuenta, específicamente el designado a los medios de comunicación.

Después de aclarar dudas, la agencia debe estar en capacidad de proponer una estrategia y una pauta en medios, la cual debe ser aprobada por el anunciante para proceder a la reservación de los medios involucrados.

Una vez que el anunciante aprueba el borrador de la pauta, su agencia también debe proporcionarle las especificaciones (en dimensiones y formatos), así como las fechas en las que se les debe entregar cada uno de los anuncios ya formateados -en base a esas especificaciones-. A estos anuncios ya adaptados les llamamos 'activos' o '**activos creativos**', y una vez que el anunciante entrega los diferentes activos a su agencia esta se hace cargo de enviarlos a cada medio, asegurándose además que los anuncios sean publicados en tiempo y forma.

Tras la publicación de los anuncios, la agencia también debe apoyar en monitorear la campaña para asegurar que todo esté en orden, donde también pueden sugerir cambios para optimizar los anuncios. Al final, la agencia de medios debe entregar al anunciante un reporte escrito que detalle el desempeño de la campaña en contraste con los objetivos iniciales del plan de medios que el anunciante ha fijado, así como aprendizajes o recomendaciones para futuras campañas.

Cuando no contamos con el apoyo de una agencia de medios, todo este proceso lo debes realizar por tu cuenta, y es justo lo que describiremos a lo largo de este capítulo y en el resto del libro.

6.1.3.2 Las comisiones de agencia

Finalmente quisiera añadir que las agencias de medios usualmente cobran por sus servicios a través de un porcentaje sobre el valor total de la pauta en medios (o sea de tu inversión total en medios). Este porcentaje puede variar en cada país, aunque en México, Estados Unidos y Canadá ronda entre el 4 y el 10% del total de inversión en medios.

Esta variación porcentual dependerá de ciertos aspectos. Por ejemplo, para pautas que son estrictamente digitales (solo medios *online* y redes sociales) la comisión de agencia usualmente es un poco más alta, entre el 7 y el 10% del valor de la inversión y para las *pautas* de medios *offline*, como TV, radio o prensa, la comisión puede rondar entre 4 y el 5%. La diferencia probablemente se deba a que los montos de inversión en medios digitales tienden a ser más bajos. Por otro lado, si tienes una empresa muy pequeña es posible que algunas agencias te pidan además realizar una inversión en medios mínima para poder trabajar contigo.

Para encontrar una buena agencia de medios recomendaría emplear criterios similares a los empleados para evaluar a las agencias creativas, tal como señalamos en el capítulo anterior; quizá la única diferencia es que en este ámbito no es una práctica común solicitar a una agencia de medios que nos dé un *pitch* creativo, aunque si es importante que presenten sus credenciales, incluyendo muestras de su trabajo previo.

6.2 La estrategia de medios

Hay dos etapas esenciales en el proceso de planeación de medios: 1) El desarrollo de la **estrategia** de medios y 2) El desarrollo de la **pauta** en medios. La combinación de la 'estrategia' y la 'pauta' representa en si el plan de medios.

Cuando desarrollamos nuestra estrategia de medios, una buena práctica es iniciar con una revisión de nuestro *brief creativo*, pues ahí se encuentran los lineamentos generales que debe seguir la campaña, en específico aquellos puntos que afectarán al plan de medios, incluyendo los objetivos, fecha de lanzamiento, presupuesto y los *insights* obtenidos, específicamente aquellos que describen los medios preferidos por el *target*.

6.2.1 Definir objetivos del plan de medios

En el capítulo 4 hemos dado lineamentos para definir los objetivos estratégicos y tácticos de la campaña. Ahora es momento de afinar los **objetivos tácticos** para su incorporación en el plan de medios, recordando que en este tipo de objetivos usan **indicadores *específicos*** como CTR, *impresiones, reach,* clics, *views*, número de seguidores, etcétera. Es importante no confundir esto con los objetivos de la campaña que aparecen en el *brief creativo*, los cuales son estratégicos y usan indicadores *comunes*, como *Brand Awareness, Top of Mind,* tráfico, tasa de conversión, entre otros.

OBJETIVOS DE LA CAMPAÑA
(ejemplos):

- *Lograr 20% de Brand Awareness.*
- *Conseguir 20 mil visitas al landing page.*
- *Lograr una tasa de conversión del 25%*

El *brief creativo* contiene los objetivos generales de la campaña, los cuales son **estratégicos.**

OBJETIVOS DEL PLAN DE MEDIOS (ejemplos):

- *Lograr un millón de impresiones.*
- *Duplicar nuestra base de seguidores.*
- *Los anuncios digitales deben lograr 50 mil clics.*

El *plan de medios* contiene **objetivos tácticos.**

BRIEF CREATIVO

Campaña:
Nombre de la marca y de la campaña.

Fecha de lanzan
Fecha de finaliz
Presup

ANTECEDENTES:
- *Propósito o razón para hacer la campaña.*
- *Información sobre el contexto de la campaña.*

INSIGHTS:
Sintetiza lo
más impor
encontraste
frase.

OBJETIVOS DE LA CAMPAÑA:
- *Objetivo de marketing y de campaña.*
- *Definir si se trata de una campaña de conocimiento, conversión o ambos.*

PRODUCTO Y ATRIBL
Incluye la definición d
desarrollada en el cap
Enlista los cinco atribu
producto y resalta el n

VALORES DE MARCA, TONO DE VOZ: **ESENCIA:** **PRO**

PLAN DE MEDIOS

Objetivos: **Target:** **Presupuesto:**
'Conocimiento'
'Conversión'

Insights: **Recomendaciones:** **Lan**

PAUTA EN MEDIOS

MEDIO	SPOTS / INSERCIONES	ENERO	FEB
Canal de tele 1	100	100	
Canal de tele 2	80	40	
Estación de radio 1	34		
Estación de radio 2	23		
Sitio web 1	100,000	30,000	30,
Sitio web 2	150,000	50,000	50,

Autorización:

Figura 6.2 Incorporando los objetivos tácticos de la campaña en el plan de medios

Entonces, **¿que objetivos incluirás en tu plan de medios?**, ¿cuántas personas necesitas impactar?, ¿cuántos anuncios necesitas colocar en cada medio (*impresiones, spots,* etc.)? Si la campaña incluirá anuncios *online*; ¿cuántos clics en los anuncios crees necesitar para alcanzar los objetivos estratégicos de tu campaña?, etc.

Recuerda que los objetivos de tu plan de medios también deben estar alineados con los objetivos estratégicos de todo el plan de campaña (aquellos que definiste en el capítulo 4), además de que deben empezar con un verbo que denote acción y deben ser medibles, claros, concisos y realizables. Como referencia recordemos rápidamente algunos de los **indicadores *específicos*** que puedes emplear para definir los objetivos de tu plan de medios:

Indicador	Significado
Reach	Cantidad de personas que alcanza un anuncio.
Impresiones	Cantidad de veces que un anuncio ha sido mostrado a una persona.
Views	Cantidad de veces que un anuncio ha sido visto por una persona.
Clics	Cantidad de veces que la gente ha dado clic en un anuncio o enlace.
CTR	Porcentaje que refleja la cantidad de clics frente al número total de *impresiones*.
VTR	Porcentaje que refleja la cantidad de clics frente al número total de *impresiones* de un video.
Watch Time	Cantidad de tiempo que un video ha sido visto por una persona.
Seguidores	Cantidad de personas que siguen una cuenta en redes sociales.
ER	Porcentaje que refleja las interacciones en una publicación en redes sociales frente al número total de seguidores de la cuenta que lo publicó.
Menciones de prensa	Cantidad de veces que una nota, sobre la marca, ha sido publicada por la prensa.
Permanencia	Tiempo promedio (en minutos o segundos) que una persona pasa en una página web.
Tasa de rebote	Porcentaje que refleja la cantidad de personas que visitaron una sola página de un sitio web frente al número de personas que visitaron más páginas en el mismo sitio.
Fuentes de tráfico	Detalla el origen de las visitas a un sitio web.
Tasa de conversión de visitas a prospectos	Porcentaje que refleja la cantidad de visitas en un sitio web frente a la cantidad de esos visitantes que se convirtieron en prospectos.
Costo por prospecto	Relación del costo-beneficio entre el dinero invertido en la campaña y la cantidad de prospectos que generó la campaña.
Tasa de apertura de correos	Porcentaje de correos electrónicos abiertos frente al total de correos electrónicos enviados.
Tasa de conversión de prospectos a clientes	Porcentaje de prospectos que realizaron una compra, en una tienda en línea, frente al total de prospectos que visitaron dicha tienda.
Costo por cliente	Costo proporcional de crear un cliente frente al total de dinero invertido en la campaña.
Tasa de retención de clientes	Porcentaje de clientes retenidos frente al total de clientes que originalmente tenía la empresa antes de la campaña.

Tabla 6.3 Indicadores de desempeño empleados en la definición de objetivos tácticos.

6.2.2 **Análisis de audiencias**

Una vez definidos los objetivos del plan de medios, lo siguiente es realizar el 'análisis de audiencias' *(audience analysis)*, en este contexto, no es otra cosa que entender cuáles son y dónde están las mejores oportunidades para conectar con el *target*, por lo que el resultado final de este análisis debe ser una lista preliminar de medios u oportunidades de comunicación que finalmente se convertirán en nuestra pauta en medios.

Debe haber varias formas de analizar una audiencia, pero el método que propongo es encontrando las cosas en común que tienen las personas que pertenecen a tu *target* tomando como base las variables de segmentación que ya seleccionaste en el capítulo 3 (edad, educación, etapa de vida...), para luego identificar las oportunidades para conectar con ese *target* teniendo en cuenta esos puntos en común.

Quizá suene más complicado de lo que realmente es. Por ejemplo, si el *target* de una campaña son: *'Personas de origen latino entre 25-45 años de edad que viven en Toronto',* entonces debemos analizar los elementos de ese *target* ('Latinos', '25-45 años de edad' y 'Toronto') para identificar cuáles son los medios de comunicación más relevantes para cada caso.

De esta forma el análisis de audiencias, en este ejemplo, podría verse como se muestra en la siguiente página:

'Latinos'

Cualidades que tienen en común los latinos: El idioma, la comida, la identidad, la música, las tradiciones, algunos festejos y el gusto por ciertos deportes, como el fútbol.

'Latinos' + '25–45 años'

Cualidades que tienen en común los latinos que tienen entre 25-45 años: Uso de redes sociales y servicios de mensajería en línea, actividades al aire libre, sentido de comunidad y una activa vida social con amigos y familia extendida. Muchos están casados y algunos tienen hijos jóvenes.

'Latinos' + '25–45 años' + 'Toronto'

Cualidades que tienen en común los latinos que tienen entre 25-45 años y que viven en Toronto: Muchos son bilingües o están tomando clases de inglés, tienen estudios universitarios, han recibido asistencia de agencias de servicio a inmigrantes, pertenecen a asociaciones de latinos, tienen nostalgia por su país, su familia extendida vive en otro país, usan redes sociales para estar conectados con su familia, usan servicios de envío de remesas, ven noticias de su país de origen por internet.

Oportunidades para conectar con latinos de entre 25 y 45 años que viven en Toronto:

- Medios que publican contenido en español (TV, prensa, radio, *online*).

- Medios de Latinoamérica.

- Facebook, Instagram, WhatsApp.

- Grupos en redes sociales para latinos.

- Restaurantes de comida latina.

- Tiendas de conveniencia que venden productos de Latinoamérica.

- Festivales de música y/o cultura latina.

- Contenido *online* en español o videos de música latina (YouTube).

- Celebraciones de países latinos en casas de cultura.

- Asociaciones latinas.

- Grupos religiosos para latinos.

Medios ubicados en Toronto, o accesibles desde Toronto

Figura 6.3 *Ejemplo de un análisis de audiencias para la identificación de medios y otros canales de comunicación*

297

Aquí cabe insistir que la mejor forma de iniciar este análisis es, primero, haciendo la debida investigación (capítulo 2) para identificar los medios preferidos por el *target*. Si cuentas con los servicios de una agencia de medios, ellos podrían hacerse cargo de este análisis, aunque por experiencia recomiendo que lo hagas tú mismo.

Durante el desarrollo de este listado de medios debemos recordar que es importante mantener un sentido creativo, pues no solo debemos incluir los medios tradicionales de comunicación, sino también **otras plataformas**, aunque sean poco convencionales.

> **Por ejemplo:** En el caso del análisis de audiencias para latinos que viven en Toronto hemos incluido: *'tiendas de conveniencia que venden productos de Latinoamérica, en Toronto'*. Si bien una tienda de conveniencia no es propiamente un medio de comunicación, hay diferentes ángulos que nos podrían permitir hacer llegar nuestra publicidad al *target*. Desde anuncios *online* geolocalizados (*'geo-targeting'*) hasta el uso de los *community boards* o pizarrones que hay dentro de estas tiendas, los cuales son usados por sus mismos clientes para promover eventos o buscar servicios como dentistas, abogados o agentes de bienes raíces que hablen español.

En la parte final de nuestro análisis de audiencias debemos también considerar factores o limitantes particulares que puedan afectar la comunicación con el *target*. Por ejemplo, si nuestra audiencia está compuesta por minorías o grupos vulnerables, como personas con discapacidad, niños, adolescentes o personas de la tercera edad, podría haber en cada país ciertas consideraciones, principios, normas, reglas o incluso leyes que se deben respetar y reflejar en nuestra pauta en medios.

6.2.3 **Clasificación general de medios de comunicación**

Al completar el análisis de audiencias ya debes tener una lista general de canales y oportunidades de comunicación, las cuales ahora tienes que evaluar y filtrar para seleccionar solo aquellas que tienen el mejor potencial. Pero primero revisemos una clasificación general de medios, donde se integra el universo completo de plataformas que un mercadólogo tiene a su disposición. En general, hay tres grandes familias de medios de comunicación: medios **pagados**, medios **ganados** y medios **propios**.

Bajo nuestro control

💰 MEDIOS PAGADOS

Offline
- TV abierta.
- TV por cable o paga.
- Radio.
- Prensa.
- Publicidad exterior (*OOH*).

Online
- Publicidad *online*.
- Redes sociales.
- *Over the Top* / OTT (*e.g.* TV en línea, radio en línea).

🤝 MEDIOS PROPIOS

Offline
- Correo directo.
- *Material POP* (propio) en tiendas.
- Salas de exhibición propias.
- Eventos propios (*e.g.* cursos talleres, lanzamientos).

Online
- Sitios web propios.
- Cuentas en redes sociales propias
- Correo electrónico directo (*e-mailing*).

Fuera de nuestro control

🏆 MEDIOS GANADOS

- Notas, artículos, comentarios, testimoniales o reseñas favorables **no pagadas** que son publicadas por la prensa en medios *online* u *offline*, o por el público en general en redes sociales.

Figura 6.4 Clasificación general de medios (pagados, propios y ganados)

Un poco más adelante veremos un catálogo de medios más completo, por ahora lo importante es entender que cuando realizas una campaña no solo debes considerar medios a los cuales les pagas dinero para publicar tus anuncios; también debes echar mano de tus propios medios, como el sitio web, tiendas o cuentas en redes sociales, y finalmente también necesitas apoyarte de medios ganados, como la prensa o los *influencers* con quienes puedes compartir contenidos, presentaciones, muestras de producto o boletines de prensa, esto con la esperanza de que alguien "recoja la nota" y te dé difusión gratuita.

6.2.3.1 Ventajas y desventajas de medios pagados, propios y ganados

Emplear cada uno de estos medios tiene sus pros y sus contras. En el caso de los medios pagados se tiene control absoluto sobre el anuncio porque eres tú quien lo diseña y publica en función de tus necesidades, esto adicional al hecho de que en condiciones normales la publicidad pagada es la que mayor alcance tiene. Sin embargo, la credibilidad del mensaje en este ámbito es menor, pues está claro para la audiencia que los anuncios pagados atienden principalmente los intereses de la marca anunciante.

En el caso de los medios que son propios (a menos que seas un gigante como Amazon o Facebook) se tiene mucho menor alcance que con los anuncios pagados, aunque la credibilidad del mensaje sigue siendo igual. Sin embargo, los medios propios tienen la gran ventaja de que nos cuestan menos dinero o incluso nada, además de que nos permiten un amplio control sobre el mensaje y su difusión.

Finalmente están los medios ganados que también tienen menos alcance, a menos que la nota se haga "viral", lo cual no es común. Aquí prácticamente no se tiene control sobre lo que se dice acerca de nuestro producto porque los medios serios publican contenido editorial desde un punto de vista objetivo e imparcial. Pero, por las mismas razones, cuando la nota es favorable la credibilidad del producto frente a la audiencia es mucho mayor que en medios propios o pagados.

Cuando desarrollamos un plan de medios es difícil lograr un balance absoluto entre estos tres grupos de canales de comunicación, sin embargo lo importante es no olvidar incluir tácticas en la pauta en medios que sean pagadas, propias y ganadas.

6.2.3.2 **La *mezcla de medios***

Los planes de medios deben ser integrales, y un plan integral emplea o mezcla los medios pagados, con los ganados y los propios. Medios que a su vez atienden cada una de las etapas del proceso de *destilación de clientes; conocimiento, curiosidad, convicción, conversión y compromiso.* Cuando estamos desarrollando la estrategia de medios esta "mezcla" puede representarse a través de un esquema que propone y permite visualizar las plataformas o canales de comunicación que se planean usar en la pauta, sin mucho nivel de detalle (por ahora). Dicho ejercicio no solo te ayuda a representar a grandes rasgos las plataformas a emplear, también permite anticipar si existe un balance entre los medios (ganados, pagados y propios) y las etapas del proceso de *destilación.* A manera de referencia veamos entonces un esquema conceptual que ilustra los diferentes componentes o tácticas que se podrían incluir en una típica *mezcla de medios.*

MEDIOS
- TV por cable.
- *Display banner.*
- Redes sociales.
- *Google Search Engine Marketing (SEM).*

RELACIONES PÚBLICAS
(PRENSA / PR)
- Compartir contenidos (*Content Marketing*).
- Colaborar para crear contenidos.
- Boletines de prensa.
- Conferencias de prensa.
- *Media kits.*

COLATERAL
- *Emailing.*
- Correo directo.
- Catálogos.
- *Flyers* o *brochures.*
- Muestrarios.
- Material Punto de Venta (*POP*).
- *Landing page.*
- Material promocional.

360°

LA CAMPAÑA INTEGRAL
Conocimiento y Conversión

EVENTOS
(ACTIVACIONES)
- Cursos.
- Lanzamientos.
- Experiencias.
- Expos.

CONTENT MARKETING
- Información de interés para el *target.*
- Historias muy entretenidas para el *target.*

Figura 6.5. Ejemplo de los elementos y medios involucrados en una campaña integral

Ahora veamos un ejemplo más puntual de una *mezcla de medios* para una campaña ficticia, que incluye medios pagados, propios y ganados, donde además reflejamos la etapa del proceso de *destilación de clientes* atendida por cada plataforma o táctica.

Etapas en el proceso de 'Destilación de clientes'

Conocimiento   Curiosidad   Convicción   Conversión   Compromiso

MEDIOS GANADOS

MEDIOS PAGADOS

Relaciones públicas
- Distribuir boletín de prensa.
- Realizar conferencia de prensa.

TV por cable
- Colocar 300 *spots* en *prime time*, en el Canal X.

Content Marketing
- Crear contenido en video sobre la historia detrás de nuestra tecnología.
- Compartir contenido en redes sociales.

Online
- Contratar *display banner* programático: 10 mil clics.
- Anuncios en Facebook: 20 mil clics.
- SEM Google: 7 mil clics.
- *Pre-roll video* en YouTube: 15 mil clics.

360°

LA CAMPAÑA INTEGRAL

Evento de lanzamiento
- Invitar a 200 personas: *blogers*, *youtubers*, *influences* y prensa.

Marketing directo
- Enviar *newsletter* por correo electrónico a todos los contactos.
- Enviar catálogo impreso a clientes; mil contactos.
- Enviar estuche con muestra de producto a *influencers*; 200 contactos.

Landing page
- Atraer al menos 50 mil usuarios únicos.

Punto de venta
- Enviar nuevo exhibidor a 500 puntos de venta.
- Crear curso electrónico para capacitar a promotores en 500 puntos de venta.

MEDIOS PROPIOS

Figura 6.6 Ejemplo de una mezcla de medios en una campaña integral ficticia

Considera que la **mezcla de medios** para tu campaña no tiene que ser parecida a la de la figura 6.6, lo importante es entender que el espíritu detrás de este ejercicio es identificar, agrupar y balancear las diferentes plataformas de comunicación que deseas incluir en tu campaña, para después usar el esquema como una guía general durante el desarrollo de la pauta en medios.

Una forma en la que podríamos encontrar inspiración para comenzar a armar nuestra mezcla de medios es retomando un concepto de *marketing* conocido como la ***'Travesía del cliente' ('Customer journey')***.

La *travesía del cliente* es básicamente un mapeo del recorrido que un cliente o prospecto sigue desde que ve un anuncio (*conocimiento*) hasta que completa una compra (*conversión*).

Conceptualmente es una idea completamente consistente con el proceso de *destilación*, la diferencia es que la travesía del cliente más bien representa, a través de un **diagrama de flujo**, cada uno de los puntos de contacto (*i.e.* anuncios, *landing page*, envío de correos electrónicos, etc.) entre un cliente y la marca en una determinada campaña. Este concepto también considera aquellos factores que podrían motivar o desanimar a dicho cliente a continuar y completar su recorrido hasta el final del proceso (o sea comprar y recomendar). Para construir la travesía de tus clientes lo primero es ponerte en sus zapatos tratando de imaginar qué acciones tomarían una vez que hayan visitado alguno de tus anuncios.

Por ejemplo: Imaginemos un microempresario que vende **cursos de guitarra en línea.** Desde el punto de vista del cliente, todo comienza al ver un video en YouTube con una demostración de una lección de guitarra en 3 minutos. Al finalizar el video, el instructor de guitarra ofrece un mini curso gratuito (*Call to Action*) accesible a quien dé clic en un enlace disponible en la parte inferior del video.

Cuando esta persona da clic y entra al *landing page* se le solicita su correo electrónico para poder acceder al mini curso gratuito de guitarra. Unos minutos después de cargar sus datos en un formulario, la persona recibe un correo electrónico con un enlace al mini curso, y un día después la persona recibe un correo personalizado donde se le agradece su interés y se le invita a comprar el curso completo de 3 horas. Dos días después esta persona recibe otro correo donde ahora se le ofrece un descuento del 10% en caso de adquirir el curso de 3 horas, con lo cual finalmente el cliente se anima a comprar el curso a través de un enlace que lo vuelve a llevar al *landing page*, donde finalmente completa la transacción.

Ahora veamos como luce esta misma travesía del cliente en un diagrama de flujo.

Inicio

1 CLIC EN VIDEO ⚑

El usuario da clic al video en YouTube, lo que inicia la travesía. Al final del video se presenta un enlace que ofrece un mini curso gratuito.

2 CLIC EN ENLACE

El usuario decide investigar más sobre el mini curso y da clic en el enlace que aparece en el video (*Call to Action*).

3 VISITA AL *LANDING PAGE*

El *landing page* expande la información sobre el mini curso y solicita el correo del usuario para darle acceso.

4 RECIBE ENLACE

Después de llenar un breve formulario, el usuario recibe un enlace por correo para acceder al mini curso.

5 TOMA MINI CURSO

El usuario toma el mini curso, lo cual es automáticamente registrado por el sistema (CRM) del empresario.

[Un día después...]

6 RECIBE *E-MAIL*

El usuario recibe un correo con un agradecimiento por su interés y se le invita a comprar el curso completo de tres horas.

[Dos días después...]

7 RECIBE *E-MAIL*

El usuario recibe otro correo donde se le ofrece un 10% de descuento en la compra del curso completo.

8 CLIC EN ENLACE

El usuario da clic al enlace para adquirir el curso completo con el descuento.

Final ⚑

9 *LANDING PAGE*

El usuario llega al *landing page* y efectúa la compra del curso completo.

Figura 6.7 *Ejemplo ficticio de la travesía de un cliente sobre la venta de cursos de guitarra en línea*

Aquí cabe hacer un breve paréntesis para aclarar que los diagramas de *travesía del cliente* son una parte esencial de lo que se conoce como la '**automatización de marketing**' (*marketing automation*), donde básicamente hay un número de empresas (Hubspot.com, InfusionSoft.com, Marketo.com, etc.) que ofrecen realizar dicho diagrama dentro de sus plataformas, para automatizar ciertos aspectos de tu publicidad, durante los puntos de contacto con tus clientes y prospectos.

Esta 'automatización' es realizada por estos proveedores, por ejemplo, publicando automáticamente tus anuncios en redes sociales, o enviando correos electrónicos con una frecuencia preestablecida o con base en acciones tomadas por el *target* (como la apertura de correos o los clics en enlaces y las transacciones en un *landing page*), llevando además un registro de todas estas interacciones, así como del avance de cada cliente potencial a través de las diferentes etapas en su travesía.

Finalmente, y regresando al tema, hay que entender que además de que esta es una forma en la cual podemos estructurar, evaluar y mejorar nuestro proceso de *conversiones* de prospectos a clientes, también puede ser un recurso que nos ayude a **visualizar parte de los medios que podríamos integrar en nuestra** *mezcla* de una forma lógica y congruente con lo que es un proceso de compra.

Para cerrar este punto, ahora intenta representar y clasificar, **de forma muy general**, tu *mezcla de medios*, identificando aquellas diferentes plataformas de comunicación que te gustaría incluir en tu campaña.

6.2.4 **Versiones de anuncios**

En algunos casos, y desde una perspectiva de planeación de medios, es recomendable contar con más de una versión de anuncios para tu campaña. En esto hay que aclarar que las diferentes versiones de un anuncio siempre venden lo mismo, pero lo hacen a través de pequeñas o notables variaciones en la forma de contar la historia. Es decir, de cambios en el *arte*, en el *copy* o en ambos, aunque **siempre bajo el mismo "paraguas creativo"**; conservando el mensaje central, la misma esencia, *valores de marca* y eslogan, de forma en que no importa cuantas versiones de anuncios tengas, siempre debe haber un hilo conductor entre todas ellas que las identifica como parte de una misma campaña.

Es importante entonces no confundir el concepto de 'versión de anuncio' con la 'configuración'. Con 'configuración' me refiero específicamente a las diferentes dimensiones, tamaños y formatos que debes aplicar a tus anuncios para que se adapten a las **especificaciones técnicas** requeridas por cada medio en tu pauta, ya sea TV, revistas, periódicos, *display banners*, radio, etcétera.

Hay diferentes razones por las cuales necesitarías tener más de una versión del anuncio:

1) **El concepto de 'frecuencia':** La frecuencia es la cantidad de veces que un anuncio es mostrado a un individuo dentro de un periodo de tiempo. Se entiende que mientras más veces mostremos el anuncio, mejores son las posibilidades de crear *conocimiento* y *conversión* en el *target*. Sin embargo, si la frecuencia es demasiado alta, hay un efecto contraproducente, pues causa cansancio o incluso hartazgo en la audiencia (llamado '*wearout*'). De esta forma, tener más de una versión de un anuncio te puede ayudar a evitar esa fatiga. También es importante destacar que el concepto de frecuencia siempre estará atado al tiempo o duración de la campaña, pues no es lo mismo, por ejemplo; colocar 10 anuncios distribuidos en un periodo de 10 días (baja frecuencia) que colocar 10 anuncios distribuidos en un periodo de un día (alta frecuencia).

2) *Targets* **secundarios:** En ocasiones los mercadólogos integramos bajo una misma campaña un *target* primario y un target secundario (*targeting* con enfoque múltiple). Y si tuvimos razones estratégicas para dividir el *target* de nuestra campaña en dos o más segmentos de mercado, entonces es posible que también se requiera de al menos dos versiones de anuncios; una versión para el *target* primario y otra para el secundario. Aunque, habrá otros casos donde los anuncios para el *target* secundario tienen que ser sustancialmente diferentes a los del target primario, todo dependerá de que tan parecidos o distintos sean estos *targets*.

3) *Pruebas A/B:* Con la facilidad de medición que nos ofrece la publicidad digital, las '***pruebas A/B***' (o '*A/B test*'), se han vuelto muy populares, especialmente en campañas *online*. Las *pruebas A/B* se emplean para comparar y evaluar el desempeño de dos diferentes versiones de anuncios y así asignar un mayor presupuesto a aquella versión que dio mejores resultados.

Por ejemplo: Si tienes dos versiones de un mismo anuncio; la versión *A* y la versión *B*, puedes difundir ambas versiones de forma simultánea en el mismo medio *online* (e.g. Facebook, YouTube, Twitter, etc.), dirigidas al mismo *target*, ambas con el mismo presupuesto y durante el mismo periodo de tiempo.

De esta forma, al final es posible comparar el desempeño, donde quizá la versión *A* del anuncio generó un CTR más alto que la versión *B*, con lo cual se debería optimizar la campaña redistribuyendo el presupuesto para invertir más en la versión *A*, reduciendo o eliminando la inversión en la versión *B* del anuncio.

Sin embargo, hay que entender que las *pruebas A/B* son solo eso; pruebas. No significa que debamos dejar "corriendo" las diferentes versiones durante toda la campaña. Está demostrado, en estudios que citaremos en la sección sobre publicidad exterior (ver ejemplo sobre la empresa Ocean Outdoor), que la gente responde mejor a campañas que muestran la misma versión de un anuncio, en lugar de versiones diferentes.

De esta forma, y una vez concluidas las *pruebas A/B*, el *arte* o la creatividad de todos tus anuncios deben ser consistentes a través de todos los medios durante el resto de la campaña.

Finalmente, se debe destacar que no hay un número mágico para determinar cuántas versiones de anuncios necesita una campaña, pues esto dependerá de los factores arriba mencionados. Si no estas seguro, quizá lo más recomendable es empezar con solo dos versiones, siempre y cuando tu presupuesto lo permita.

6.2.5 **Destino y contacto**

No importa el tipo de campaña que desees realizar, en cualquier caso, vas a necesitar un sitio web en donde puedas dirigir o "aterrizar" todo el tráfico que van a generar tus anuncios. Sin embargo, hay que entender que desde la perspectiva del *marketing* no es conveniente dirigir el tráfico de una campaña -que anuncia un producto específico-, a un sitio web corporativo que promueve todos los productos de una empresa, entre otras cosas.

Cuando desarrollamos campañas publicitarias lo que se hace es crear un espacio web alterno que es especialmente diseñado para vender y en donde solo se presenta la información que es estrictamente relevante para el producto anunciado. A este sitio web especial se le conoce como '*landing page*' o '*micrositio*' y para crearlo hay dos opciones: construirlo como una página especial, en alguna sección dentro de nuestro sitio web corporativo existente, o construirlo como un sitio web nuevo y completamente independiente del sitio corporativo.

La razón ya debe ser evidente: cuando un posible cliente da clic en un anuncio *online* espera encontrarse de forma inmediata con el contenido que expande la información sobre el producto anunciado, permitiéndole completar una transacción de forma fácil y rápida. Si el cliente tiene muchos clics que dar o secciones que navegar para llegar a lo que se anuncia, o para comprar, la venta se puede perder. Por lo mismo los *landing pages* no tienen muchas secciones o botones, pues todo el contenido se debe desplegar en la misma página. Además, usar un *landing page* también te permite separar el tráfico que produce la campaña del tráfico regular del sitio corporativo, lo cual facilita medir su desempeño de manera individual.

Dicho esto, ahora pensemos en la dirección web (URL) que debería tener tu *landing page*.

Cuando hacemos publicidad *online* no hay pierde, pues es posible vincular la URL del *landing page* directamente con cada anuncio digital (ya sea Facebook Ads, Google Ads, etc). Aquí en realidad no es tan grave que la URL sea un poco larga, pues en publicidad *online* el *target* no tiene que teclear manualmente la dirección del *landing page* que desea visitar, solo da clic en el anuncio y listo. Sin embargo, el problema viene cuando integramos medios *offline* en nuestra campaña, como revistas impresas, TV, radio, *colateral* o publicidad exterior.

Es decir, si la dirección URL de tu *landing page* es demasiado larga o confusa ¿cómo le harías para incluirla en anuncios en revistas impresas, catálogos, televisión o publicidad exterior? Una de las cualidades más importantes en una URL que es visible a los clientes, es que esta sea breve, descriptiva de lo que se vende y memorable, es decir que sea fácil de recordar y escribir.

Así mismo, se recomienda que dicha dirección URL también integre palabras clave que se relacionen con la campaña en sí, para que de esta forma los motores de búsqueda, como Google, coloquen tu *landing page* en los primeros lugares de resultados.

De cualquier manera, ya sea que decidas alojar tu *landing page* en tu sitio corporativo actual o en un sitio web independiente, muy probablemente vas a necesitar contratar una dirección URL nueva ('dominio') que tenga las cualidades ya mencionadas. Si has decidido alojar tu *landing page* dentro de tu sitio corporativo entonces resulta inevitable terminar con dos URL para el mismo *landing page*. Por ejemplo, una URL con la dirección real y completa, digamos:

https://www.decoraciondeinteriores.com/productos#345!0/velas/
velasaromaticas/campania20.html

Y otra (llamada '*Marketing URL*'), por ejemplo:

VelasAromaticas.com

Esta '*Marketing URL*' (o dominio) la puedes contratar con algún proveedor de servicios web (*e.g.* Godaddy.com, Squarespace.com, Wix.com, etc.), la cual debería ser la dirección web visible al *target*, y puesto que es una dirección breve, memorable y descriptiva, también la podrás mostrar en todos los anuncios en medios *offline*.

Solo ten en cuenta que cuando se tiene el *landing page* alojado dentro del sitio web corporativo y se contrata una '*Marketing URL*' nueva, evidentemente será necesario enlazar ambas direcciones (acción conocida como '*Redirect*' o '*Domain Name Forwarding*'). De esta forma, cada vez que alguien teclee tu nueva '*Marketing URL*' será *redireccionado* al *landing page*.

Ahora bien, dependiendo de cada caso, es posible integrar otros medios de destino o contacto en los anuncios, como pueden ser números telefónicos sin costo, direcciones de tiendas físicas, *e-mails* o cuentas en redes sociales. En todo caso lo más recomendable para mantener el *arte* del anuncio "limpio" es solo mostrar el *landing page*, desde donde los clientes podrán acceder a otros datos de contacto. Considera que tener un *landing page* para tu campaña es entonces un requisito esencial, pues **mientras no esté listo para recibir clientes no deberías lanzar la campaña.**

6.2.6 La duración de la campaña

Ahora bien, ¿en qué fecha tienes planeado lanzar tu campaña, y **cuánto tiempo debe durar**? Esta es una de las preguntas más comunes, aunque no hay una respuesta que aplique para todos los casos.

Si bien hay mercadólogos que afirman que no hay una duración ideal, hay otros que dicen que si la hay, y en este último caso el consenso señala que el promedio de duración de una campaña publicitaria típica anda **entre los 45 y los 60 días de duración.** Aunque mejor solo usa este dato como referencia, ya que en realidad la duración de una campaña dependerá de varios factores:

1) **Los medios empleados:** Todos los medios de comunicación tienen un inventario limitado de espacios publicitarios, ya sean *spots* que una televisora puede colocar, páginas disponibles en una revista impresa, *ad slots* en un sitio web, o carteleras disponibles en la calle. Por ello, la fecha de inicio y la duración de la campaña podría depender un poco de la disponibilidad de esos espacios y de la capacidad de entrega que cada medio tiene.

   Adicionalmente, en muchas campañas no solo empleamos medios tradicionales de comunicación, también elaboramos y distribuimos *colateral de mercadotecnia*, como catálogos, folletos o muestrarios. Y si fuese el caso, ¿cuánto tiempo necesitarás para producir y distribuir dicho colateral? También podrías hacer activaciones, eventos o *experiencias de marca* en una o más ciudades. Si este fuese el caso ¿cuánto tiempo necesitarás para producir y ejecutar estos eventos? Probablemente esto tenga que definirse con base en un calendario, de esta forma la producción y ejecución de cada táctica en nuestro plan de medios debe tener una lógica y una secuencia que afectará la duración total de la campaña.

2) **La industria:** El tipo de industria en la que te encuentras también puede influir mucho en la duración de tus campañas. Una empresa que vende computadoras probablemente desarrolla campañas de más larga duración que una empresa que solo promueve conciertos. A una empresa que vende yates de un millón de dólares seguramente le toma más tiempo recorrer el proceso de *destilación de clientes* que a una empresa que vende mermelada de 3 dólares. O las campañas electorales; todas tienen una duración legal que cambia en cada país; en el caso de México duran alrededor de 90 días (elecciones presidenciales), en Canadá máximo 50 días y en España solo duran 15 días.

3) **El presupuesto:** Un presupuesto grande nos puede dar mucha flexibilidad para hacer campañas de corta duración (de días o semanas) con muy altas frecuencias o también para hacer campañas de largo plazo (de meses). Sin embargo, en la mayoría de los casos contamos con un presupuesto muy limitado por lo que es claro que la duración de una campaña tampoco se puede extender mucho más allá de los recursos que

tenemos. De esta forma, si quieres hacer campaña durante, digamos, dos meses, pero solo te alcanza para un mes, pues entonces la campaña tendrá que durar un mes.

4) **Los objetivos:** La *construcción de marca* es una estrategia de largo plazo por lo que está implícito que las campañas de este tipo pueden durar meses. Y las promociones sabemos que deben durar poco tiempo, algunas semanas o días quizá, para acentuar el sentido de urgencia. En lanzamientos de producto, los objetivos también pueden influir en la duración de tu campaña; ¿cuántos clics o *conversiones* quieres alcanzar?, ¿cuántos prospectos necesitas identificar?, ¿cuánto tiempo estimas que tomará generar y procesar esa cantidad de clics y *conversiones*?

Sea cual fuere el caso, no olvides que una campaña muy corta puede no alcanzar el número necesario de repeticiones ('frecuencia') para generar *recordación de marca*, pero por otro lado una campaña demasiado larga puede generar fatiga en la audiencia y a un alto costo. Es decir, necesitamos encontrar un balance.

De esta forma, para establecer el número de repeticiones que debe tener un anuncio durante una campaña, debemos fijar una frecuencia: describiendo la forma en que deseamos distribuir o repetir esos anuncios en el plan de medios a lo largo de una línea de tiempo. Es decir, ¿quieres que todos los anuncios se distribuyan de forma homogénea y **constante** durante el tiempo que dure la campaña? o quizá necesitas agrupar tus anuncios en dos o más grandes **etapas**, o tal vez requieres distribuir los anuncios de forma **intermitente**, con espacios o recesos cada cierto tiempo. En cualquier caso, la 'frecuencia' es un concepto más asociado a la construcción de la pauta en medios que revisaremos más a detalle, hacia el final del capítulo.

6.2.7 **Inversión estimada en medios**

Para cerrar el tema de la estrategia de medios, ahora necesitamos fijar una inversión estimada para los medios de comunicación a emplear.

En el capítulo 2 ya hemos hablado de estimar, a muy grandes rasgos, un presupuesto de campaña, y ahora ya tienes mucha más información para empezar a afinarlo, pues ya sabes cuáles son tus objetivos de campaña, ya tienes una buena idea de cómo se verá la creatividad de los anuncios y ya definiste los objetivos del plan de medios. También ya has hecho un análisis de audiencias y has esbozado una posible *mezcla de medios*, lo cual te permite visualizar, de forma más clara, el tipo de canales de comunicación que podrías emplear.

También ya sabemos que un presupuesto de campaña debe dividirse al menos en dos grandes rubros: '**inversión en medios**' y '**gastos de producción**'. Pero, ¿cómo decidir cuanto invertirás en medios y cuánto en producción?

Tradicionalmente la relación de gasto para una campaña ha sido 80% del presupuesto en medios y 20% en producción, aunque esto puede variar dependiendo del tipo de producción y de los medios empleados en la pauta. Se sabe que en las campañas de TV normalmente se emplea 90% del presupuesto para pagar por los *spots* y 10% en la producción del anuncio, pero esta distribución (90% - 10%) solo tiene sentido cuando se tiene mucho presupuesto.

Sin embargo, con la popularización de las plataformas digitales esta relación ha ido cambiando, ahora muchos anunciantes comienzan a asignar un mayor volumen de inversión a la producción. Pero, ¿cuál es la prioridad en tu campaña?, y ¿qué medios piensas usar? Una fuerte inversión en medios te dará alcance, pero una fuerte inversión en producción te puede dar anuncios más atractivos. Si estás planeando una campaña completamente *online* es probable que puedas asignar un poco más de dinero a la producción, quizá una cifra entre el 30 y el 40% de tu presupuesto, dejando entre 60 o 70% para los medios.

Una vez que hayas definido la proporción de inversión en medios y en producción, ya estás en mejores condiciones para evaluar y escoger los diferentes canales por incluir en tu pauta. De cualquier forma, ten en cuenta que la cifra que definas en este momento aún podría cambiar, pues todavía necesitas cotizar y negociar tarifas con cada medio involucrado.

Considera que con tu **presupuesto para medios** de comunicación, debes también incluir algunos gastos asociados, como por ejemplo:

- **Comisión de agencia:** En caso de que tengas el apoyo de una agencia de medios ya sabemos que ésta puede cobrarte entre 4 y 7% de la inversión en medios, o incluso 10% cuando la pauta involucra solo medios *online*.

- *Ad Serving Fees*: Si tienes pensado emplear publicidad digital y trabajas con una agencia de medios, hay otro tipo de comisiones que aplican. Los 'Ad Serving Fees' son comisiones que cobran los servidores que alojan y distribuyen tus anuncios digitales, específicamente anuncios de *display* como *banners* o video (no la publicidad en redes sociales). En cualquier caso, no suele ser una cantidad muy alta.

6.3 Características y criterios de evaluación para medios convencionales

Sean pagados, ganados o propios, en una campaña la batería clásica de medios y tácticas de comunicación puede comprender algunos de los siguientes elementos:

MEDIOS Y TÁCTICAS COMUNES

- **Televisión**
  - Televisión abierta.
  - Televisión de paga (o cable).
- **Radio**
- **Medios impresos**
  - Periódicos.
  - Revistas.
- *Online*
  - *Display banner* (compra directa o programática).
  - Video (*Pre-roll, skippable, non-skippable*).
  - *OTT* (TV y radio digital).
  - SEM y SEO.
  - Redes sociales.
- **Publicidad exterior**
  - Carteleras.
  - Transporte público.
  - Mobiliario urbano.
  - Cines.
- **Relaciones públicas**
  - Boletines y conferencias de prensa.
- **Eventos**
  - Patrocinios.
  - Expos.
- **Colateral**
  - *Telemarketing*, correo directo, *e-mailing*.
  - *Material POP.*
  - Catálogos, folletos y fichas técnicas.
  - Artículos promocionales.
- *Content marketing*

Figura 6.8 Ejemplos de los medios y tácticas más comunes en la publicidad

Cuando estamos evaluando medios de comunicación, el indicador más básico, pero no el único, para identificar su potencial es el **reach** (alcance), el cual puede expresarse como una cantidad de individuos o de hogares a los cuales dicho medio alcanza. Si bien el *reach* lo presentamos en el capítulo 4 como un indicador útil para fijar objetivos, también podemos emplearlo ahora para comparar y evaluar medios de comunicación.

El segundo indicador más importante es la '**afinidad**', que puede medirse a través de un porcentaje o cualquier otra escala numérica que nos diga qué tan interesado puede estar un individuo en un determinado medio de comunicación. Comúnmente, estos dos datos, *reach* y afinidad, son proporcionados por los mismos medios.

A continuación, haremos una revisión de las cualidades de los medios y tácticas de comunicación más empleados en las campañas publicitarias actuales.

6.4 **Medios *offline***

6.4.1 **Televisión**

La televisión, junto con la radio, son los medios masivos por excelencia; en países como México la penetración de la televisión "abierta" (la que es gratuita) puede llegar hasta el 93% de los hogares, (Instituto Federal de Telecomunicaciones, 2018), lo cual le da una ventaja a este medio sobre otros, como el internet, que en el mismo país alcanzó solo 56.4% de los hogares (Instituto Nacional de Estadística, Geografía e Informática, 2020). Sin embargo, en países desarrollados como Estados Unidos, la penetración del internet puede estar casi a la par del número de televidentes.

En el caso de la televisión de paga (o cable) la penetración es obviamente menor debido al costo de suscripción, donde solo 49% de los hogares en México contaba con este tipo de señal en 2018, (Instituto Federal de Telecomunicaciones, 2018).

De esta forma la TV, al ser un medio con un gran alcance, es ideal para productos de primera necesidad y/o consumo masivo dirigidos a *targets* muy amplios, donde el gran alcance de dicho medio justifica los altos costos.

Sin embargo, hay productos que no necesariamente son considerados de consumo masivo pero que también pueden encontrar en la televisión de paga una plataforma efectiva para llegar a segmentos de la población más específicos y a un costo más bajo que la TV abierta. De esta forma el costo y "la calidad" de un espacio publicitario en TV dependerá de la combinación de una serie de factores que son importantes de entender.

1) **La señal:** Esta puede ser abierta (gratuita) o cerrada (pagada; satelital, aérea o por cable), lo cual influye en el tamaño de la audiencia. Aunque la TV de paga llega a menos personas, tiene la ventaja de ofrecer una mayor diversidad de canales y programas.

   Esta variedad nos permite escoger entre una mayor cantidad y calidad de contenidos; desde programas sobre historia, ciencia, espectáculos, viajes, celebridades, deportes, cocina y hasta de ovnis. Esto nos permite encontrar espacios publicitarios en programas, casi de nicho, que podrían tener mayor afinidad con las cualidades de nuestro *target*. Adicionalmente, el alto costo de suscripción en la TV de paga implica que su audiencia también tiene un nivel socioeconómico más alto, lo cual es relevante y deseable para ciertas marcas.

2) **La cobertura (*'feed'*):** La cobertura de un canal de televisión puede ser nacional, regional o local. En el caso de la TV de paga podemos también realizar contrataciones de publicidad que van más allá de nuestras fronteras, pues algunas *networks* (televisoras) tienen una cobertura panregional, permitiéndonos trasmitir un anuncio en el mismo canal y en varios países de un mismo hemisferio, como Latinoamérica. En sentido contrario, también podemos emplear canales de TV que lleguen a localidades más pequeñas. Claramente mientras mayor sea la cobertura de un canal, mayor será la audiencia y mayor el costo por cada *spot*.

3) **Los *ratings*:** El alcance de la TV se mide en puntos de *rating*, donde un punto de *rating* equivale al 1% del total de hogares con televisión en un país. Por ejemplo, si un programa tiene 1 punto de *rating* en un país donde hay 95 millones de hogares con televisión, significa que dicho programa llega a 950 mil hogares. Como referencia, un *show* extremadamente popular como el *Super Bowl* tiene *ratings* que rondan los 40 puntos, es decir cerca de 50 millones de hogares en Estados Unidos. Llegar a una audiencia tan grande tiene un costo significativo, pues por un solo *spot* de 30 segundos en este evento se pagan varios millones de dólares. Para poner las cosas en perspectiva, en países como México, los *ratings* de los programas más populares en la actualidad, como algunas telenovelas, rondarán los 15 puntos de *rating*.

Para determinar el tamaño de la audiencia de un programa de TV hay varias agencias especializadas que miden los puntos de *rating* en cada país, los cuales incluso son publicados por diferentes instancias en internet. Sin embargo, lo ideal es emplear la información de una agencia especializada que sea **imparcial e independiente** a las televisoras; siendo Nielsen.com uno de los servicios más populares en el mundo. Específicamente en el caso de Latinoamérica, IBOPE (Kantar IBOPE) es una de las agencias de medición más reconocidas en la región.

Cuando compramos anuncios (*spots*) en TV, los puntos de *rating* son la referencia más básica para evaluar e identificar a aquellos programas que tienen mayor *reach*. Sin embargo, cuando compramos publicidad específicamente en TV de paga es posible que, en lugar de puntos de *rating*, recibamos la información sobre el tamaño de la audiencia solamente como *reach*, es decir simplemente el número de personas que ven un determinado programa de TV, esto debido a que el alcance de la TV de paga es mucho más limitado.

En todo caso, sea que tengamos la información de los puntos de *rating* o solo el dato del *reach*, recordemos que siempre es buena idea realizar nuestra evaluación considerando también la **afinidad** que los programas de TV tienen con las características de nuestro *target*. El nivel de esta afinidad usualmente se expresa a través de un porcentaje, y mientras más alto sea este, más altas son las posibilidades de que el *target* vea un determinado programa.

Por ejemplo: Si tu *target* son personas que les gusta cocinar, podemos esperar que un programa en TV de paga sobre cocina tenga una afinidad mucho más alta en tu *target* que un noticiario vespertino, incluso aunque el noticiario tenga mayor *rating.*

Cuando hacemos planeación de medios, así como análisis de *ratings* para una plataforma como la radio o la TV, también es común manejar dos conceptos afines: Los **GRPs** (*Gross Rating Points*) y los **TRPs** (*Target Rating Points*).

Los GRPs ('ge erre pes') son un indicador empleado por los publicistas para determinar la relación entre los puntos de *rating* de un espacio publicitario, en un programa de TV, con la cantidad de veces (frecuencia) que un anuncio fue mostrado en ese mismo programa, o sea es una forma de medir la exposición de nuestro anuncio frente a la audiencia. Hay más de una forma de calcular los GRPs, pero la más común es multiplicando el promedio de los puntos de *rating* de un programa de TV determinado por la frecuencia con la que un anuncio fue mostrado en dicho medio.

Fórmula:

GRPs = Promedio de puntos de *rating* de un programa **X** Frecuencia

Por ejemplo: Si nos anunciamos en un programa de TV que tiene en promedio ocho puntos de *rating* y pusimos el anuncio en seis ocasiones, entonces el total de GRPs es de 48.

Si bien los GRPs consideran el *rating* de un programa sobre una población general (por ejemplo, 'hogares en la ciudad de Santiago'), los **TRPs** son el mismo concepto, con la diferencia de que, en lugar de medir el impacto en una población general, se hacen **sobre una población específica, o sea, un** *target* (*e.g.* hogares en Santiago, NSE ABC+).

Para calcular los TRPs vamos a necesitar primero calcular los GRPs de los anuncios en cuestión, y ya una vez que lo tenemos, lo multiplicamos por el porcentaje de la audiencia, perteneciente a nuestro *target*, que ve dicho programa.

Fórmula:

$$TRPs = \frac{GRPs \times \text{Porcentaje de la audiencia que pertenece a nuestro } target}{100}$$

Por ejemplo: Digamos que tenemos un lote de automóviles que queremos anunciar en un programa de televisión local. Dicho programa tiene 10 puntos de *rating* y vamos a poner solo 7 *spots*. Entonces *10 x 7* nos da un GRP de 70.

Sin embargo, el *target* de nuestra campaña son mujeres de 28 a 65 años de edad, que según datos de alguna agencia (como Nielsen), representan hasta el 60% de la audiencia que ve ese programa donde queremos anunciarnos. Entonces *(70 x 60) / 100* nos da un TRP de 42.

Tanto GRPs como TRPs también pueden ser empleados en otros medios, además de la TV, como radio, revistas o publicidad exterior, incluso en publicidad *online* donde en la fórmula de GRP se reemplazan los 'puntos promedio de *rating*' por el 'alcance'. Sin embargo, hay que recordar que ambas métricas solo son un indicativo de la exposición de un anuncio frente a la audiencia, no determinan la eficacia de los anuncios.

De cualquier forma, lo importante es estar conscientes que el objetivo siempre es seleccionar programas o medios con alto alcance y afinidad en tu *target*.

4) **Franjas horarias:** Los horarios de programación en TV están organizados por bloques, siendo los más comunes el '*prime time*' y el '*daytime*'. El *prime time* (o PT) **tiene lugar entre las 7pm y 11pm y es el horario estelar** con el mayor volumen de audiencia y también el costo por *spot* más alto. El *daytime* (o DT), en contraste, es la franja horaria entre las 10am y las 4pm y tiene una menor audiencia y usualmente costos por *spot* más bajos.

En la mayoría de los casos el horario que queremos para nuestros anuncios es durante el *prime time*, sin embargo hay productos que prefieren el *daytime* debido al tipo de audiencia que ve TV en ese horario. Además del *prime time* y el *daytime*, hay otros bloques horarios de TV menos comunes de emplear, como el '**early morning**', que son programas que se transmiten temprano en la mañana antes del *daytime*. También está el '**early fringe**' que se transmite entre *daytime* y *prime time*, y finalmente el '*late fringe*' que se transmite tarde, por la noche, después del *prime time*.

Adicionalmente considera que hay otra modalidad de compra de *spots* conocida como '**ROS**' (*Run of Schedule*), donde los anuncios podrían aparecer en cualquier momento dentro de la franja horaria que contrates (*daytime, prime time...*), aunque el tiempo exacto de trasmisión de tu anuncio siempre quedará a discreción de la televisora. De forma opuesta, también puedes contratar *spots* para que aparezcan a una hora exacta o durante un programa específico, aunque esto obviamente incrementa el costo por *spot*.

5) **Los *spots*:** Los *spots* son el formato de anuncio usualmente empleado en TV, y por lo mismo también representan la unidad de compra estándar para este tipo de plataforma. Cuando integras TV en tu pauta en medios, compras un número de *spots* con diferentes formatos de tiempo, siendo el más común el de 30 segundos (30s), sin embargo hay otros formatos, como los de 5, 7, 10 e incluso 60 segundos.
Normalmente las pautas para TV emplean *spots* de 30s, aunque cuando estamos **produciendo** los comerciales es buena idea tener diferentes versiones de duración del mismo anuncio. La razón es que muchas veces las *networks* pueden ofrecerte algunos *spots* gratuitos de 5s o 10s como una bonificación, lo cual nos lleva a nuestro último punto.

6) **Las bonificaciones:** Cuando realizamos una inversión publicitaria en TV es común que las televisoras o *networks* ofrezcan 'bonificaciones'; usualmente *spots* de corta duración (5, 7 o 10 segundos) sin costo y casi siempre en *daytime*, que ya sabemos es un bloque horario con menor audiencia. Si bien estos *spots* gratuitos siempre son bien recibidos, es muy importante que agreguen cierto valor sobre lo que realmente necesitas como anunciante.

Por ejemplo: Imaginemos que necesitas pautar anuncios de 30 segundos en *prime time*, para lo cual estás considerando invertir un total de $46,500 en tres televisoras. Para poder comparar las diferentes ofertas, asignas preliminarmente el mismo monto de inversión a cada televisora, las cuales envían sus ofertas que se ven de la siguiente forma:

Network	Inversión Total por Medio	Costo por *Spot* de 30s en PT	Número de *Spots* de 30s en PT	Bonificaciones Ofrecidas *(Spots de 10s en DT)*	Número Total de *Spots*
Canal X	$15,500	$300	52	15	67
Canal Y	$15,500	$270	**57**	10	67
Canal Z	$15,500	$320	48	**30**	78

Tabla 6.4 Ejemplo ficticio de bonificación de spots en televisión

Según este ejemplo, tentativamente la mejor oferta pareciera ser la del Canal Z porque por la misma inversión ofrece 78 *spots* en total; 11 más que las otras dos televisoras. Sin embargo, lo que realmente necesitas son *spots* de 30 segundos en *prime time*, no *spots* de 10 segundos en *daytime*. En este caso el canal Y podría ofrecer el mejor trato, porque te da la mayor cantidad de *spots* con las cualidades que realmente necesitas (*spots* de 30s en PT). A veces algunas televisoras ponen "paja" para hacer más atractivas sus propuestas, inflando el volumen total de *spots* con bonificaciones de poco valor.

6.4.2 **Radio**

La publicidad en radio tiene varias similitudes con la televisión. Ambas plataformas son igualmente masivas, aunque quizá la radio un poco más, ya que logra cobertura en áreas geográficas remotas a través de la frecuencia en AM, la cual llega a poblaciones asiladas donde ni siquiera hay señal de TV. Por otro lado, el sistema de medición es el mismo; a través de puntos de *rating* (o alcance, para estaciones más pequeñas), los cuales son medidos por las mismas empresas que realizan las métricas para televisión, donde la unidad de compra estándar también es la misma; *spots* de 30 segundos, con posibilidad de comprar formatos más cortos (10 o 15 segundos) o más largos (60 segundos) u otros esquemas publicitarios como menciones o espacios patrocinados.

Dadas estas similitudes, quizá la diferencia más obvia entre lo que es un anuncio en televisión (que podemos escuchar y ver), y otro en radio (que solo podemos escuchar), sea, paradójicamente, la ventaja más fundamental que tiene la radio; el hecho de que es un medio que podemos consumir mientras realizamos otro tipo de actividades; como trabajar, estudiar o conducir.

Esto implica que los horarios estelares (*prime time*) en la radio sean diferentes a los de la televisión y se relacionen más bien con las horas pico de tráfico. Es decir, durante el tiempo que pasamos en nuestros coches o el transporte público; específicamente entre las 6am y las 10am y luego al regreso de la oficina, entre las 3pm y las 7pm.

Por otro lado, la gran cantidad de estaciones disponibles en la radio, tanto en FM como en AM, nos permite también dirigir anuncios a múltiples grupos demográficos con diferentes gustos musicales o preferencias por ciertos contenidos.

Adicionalmente, también es posible emplear esta plataforma masiva para llegar a audiencias fuera del *mainstream*, desde estaciones de radio estudiantiles o multiculturales hasta estaciones comunitarias indígenas, las cuales desarrollaron un papel de prevención muy importante durante la pandemia de COVID-19 en Latinoamérica.

Fuera de estas diferencias, las consideraciones para contratar y evaluar estaciones de radio son similares a la televisión, las cuales se reducen a escoger aquellas opciones con mayor alcance y afinidad en nuestro *target*.

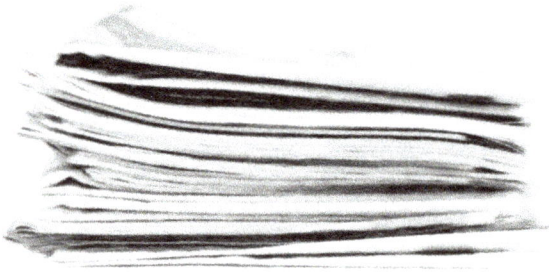

6.4.3 **Medios impresos**

No es ningún secreto el estrepitoso declive de los medios impresos que varios investigadores ya han identificado, tanto en revistas como en periódicos. Lo que antes se consideraba como una de las plataformas publicitarias más importantes ha perdido gran terreno frente a los medios digitales, reduciéndose a un medio táctico. Todavía hasta 2010 muchos publicistas que invertíamos en medios impresos dejábamos los pequeños sobrantes del presupuesto para la publicidad digital, ahora el paradigma se ha invertido a favor de la publicidad *online*.

Frente a estas circunstancias muchos periódicos y revistas se han adaptado ofreciendo sus contenidos en plataformas digitales, algunos con mayor éxito que otros. Aún así, pocos analistas se atreven a anunciar la desaparición absoluta de los medios impresos, pues hay nichos donde todavía se usan extensamente como el correo directo que incluye a esa publicidad impresa que envían las farmacias y los supermercados a nuestros domicilios.

Como la radio y la televisión, los medios impresos también tienen sus particularidades e indicadores, aunque la regla de oro para evaluar medios impresos sigue siendo la misma: alcance y afinidad al *target*.

En general hay cuatro factores clave en la evaluación de periódicos y revistas impresas:

1) **Tiraje:** Si bien el alcance de un medio impreso puede ser determinado a través de puntos de *rating* (siempre y cuando el medio sea analizado por servicios como Nielsen), hay otras formas de estimar su penetración, como el 'tiraje'. El tiraje es la cantidad de revistas o periódicos que una empresa editorial imprime bajo ciertos intervalos de tiempo, el cual puede ir desde unos cuantos miles de ejemplares, hasta cientos de miles para medios de distribución nacional.

   Mientras más alto sea el tiraje de un medio, más alto será el costo del anuncio, sin embargo es importante considerar que cuando contratamos un medio impreso queremos asegurarnos de que su tiraje esté certificado por una entidad independiente, como es en México el Instituto Verificador de Medios.

2) **Frecuencia:** Todos los medios impresos tienen una frecuencia de publicación que determina cada cuándo se imprimen y distribuyen. Esta frecuencia puede ser diaria, semanal, quincenal, mensual, bimestral, trimestral o en el caso de algunas guías, directorios o publicaciones especiales puede ser incluso anual.

   Conocer y plasmar en nuestra *pauta* la frecuencia de cada publicación es importante pues esto determinará la frecuencia de los anuncios. Para anticipar esto, es posible solicitar las fechas de cierre y el calendario editorial de cada medio impreso, lo cual también te puede ayudar a planear la inserción de anuncios en ciertas publicaciones especiales, como artículos o suplementos que pueden tener mayor afinidad con tu *target*.

3) **Distribución:** La distribución de un medio impreso puede ser gratuita o pagada. Considerando que las publicaciones pagadas cuentan con mejores ingresos, es previsible que también publiquen contenidos de mejor calidad que las publicaciones gratuitas, lo cual también determina la lealtad de sus lectores.

Dentro de las publicaciones pagadas hay algunas que también se distribuyen a través de **suscripciones** o a través de lo que se llama 'venta en establecimientos cerrados', como los supermercados. Si bien la distribución de las publicaciones en establecimientos cerrados normalmente tiene una gran cobertura geográfica, también es importante mencionar que aquellas publicaciones con una base de suscriptores adicionalmente te podrían permitir la inserción de folletos (que se conocen como '**encartes**') dentro de sus páginas y en zonas geográficas tan específicas como un código o área postal.

Adicionalmente, dentro del espectro de la distribución, hay un concepto que también es útil para evaluar el alcance de un medio impreso el cual se conoce como '***pass along***', que representa el número de lectores que tiene **un solo ejemplar** de una determinada revista o periódico impreso.

> **Por ejemplo:** Para entender '*pass along*' piensa en el periódico que llega a una casa ¿Cuántas personas que viven ahí leerán ese mismo ejemplar? Además de la persona que lo compró, probablemente también lo lean otros miembros de la familia.

De esta forma el *pass along* se representa a través de un número que puede ser 1.5, 2, 3, 4, etc. Esto significa que, por ejemplo, si el *pass along* de una revista es de 3, entonces hay tres personas que leen el mismo ejemplar en un hogar u oficina.

4) **Formatos:** La unidad de venta de un anuncio en medios impresos se le conoce como '**inserción**', una inserción equivale a un anuncio en una revista, dos inserciones a dos anuncios, etc. Al igual que los *spots* en TV, las inserciones tienen diferentes formatos o tamaños, aunque los más populares son de una página completa, doble página, ½ página y ¼ de página.

También hay formatos publicitarios especiales como los '*gatefolds*' que son páginas dobles desplegables, o los encartes publicitarios ya mencionados.

Cuando publicamos anuncios en medios impresos, también es importante considerar la posición, es decir la página del periódico o la revista donde se ubicará nuestro anuncio. En revistas, la posición ideal se ubica entre las primeras 10 páginas. Algunos medios dicen cobrar esta posición, aunque puede ser negociable.

En periódicos la posición ideal puede depender de la sección que sea más relevante para el *target* ('internacional', 'nacional', 'local', 'negocios', etc.), aunque evidentemente los anuncios en portada son los más visibles. Además, hay algunas revistas que ofrecen posiciones especiales, con mejor visibilidad, como son los forros o pasta de la revista.

1era de forros
[Portada]

4ta de forros
[Contraportada]

2da de forros
[Lado opuesto a la portada]

3era de forros
[Lado opuesto a la contraportada]

Figura 6.9 *Denominación de espacios publicitarios en los forros de una revista*

Si bien ya hemos establecido que los medios impresos han ido en declive estos siguen siendo relevantes en ciertas circunstancias, como en eventos, *expos*, conciertos, festivales, comunicados corporativos, convocatorias o para llegar a mercados de nicho o ciertos grupos demográficos, como los adultos mayores, que son más afines a leer en papel. Sin embargo, ten en cuenta que normalmente la publicidad en medios impresos es más cara que la publicidad digital, las fechas de publicación son más inflexibles, es más difícil medir su contribución en la campaña y una vez que se publica el anuncio no hay forma de corregir errores, por lo que debes evaluar bien su uso.

6.4.4 **Publicidad exterior**

La publicidad exterior, también conocida como 'OOH' ('*Out Of Home*') o '*Outdoor Media*' es una de las formas más antiguas de anunciarse y tiene lugar principalmente en **espacios públicos**; abiertos o cerrados **con alto tráfico peatonal o vehicular** y en el sistema de transporte público.

La representación más típica de esta plataforma es el tradicional *billboard*, también llamado; 'espectacular', 'cartel', 'cartelera', 'monocolumna', 'unipole', 'unipolar', 'monoposte' o 'valla'. Sin embargo, en esta esfera de la publicidad existen ya cientos de formatos en espacios diferentes, los cuales podríamos clasificar bajo tres grandes grupos: a) *Billboards* y mobiliario urbano, b) Transporte público y c) Espacios públicos.

Tradicionalmente, este tipo de medios publicitarios son en su mayoría impresos los cuales se fijan en diferentes superficies o estructuras, aunque esta plataforma también está evolucionando de formatos impresos (OOH) a **formatos digitales (DOOH)**, lo que trae varios beneficios.

Por ejemplo, algunas de las empresas en este sector ofrecen *billboards* digitales interconectados a través de una red que permite cambiar, actualizar o reemplazar un anuncio digital en tiempo real y en diferentes ubicaciones de manera simultánea. Adicionalmente la publicidad exterior digital es definitivamente más vistosa que su contraparte impresa, pues permite emplear anuncios dinámicos (con movimiento) o incluso videos en *loop* (en bucle) con duraciones que van de los 10 hasta los 15 segundos por segmento.

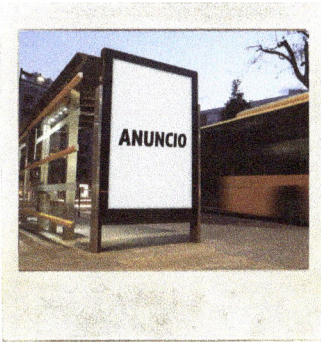

Billboards y mobiliario urbano

- *Billboards* ●▲ ■
- *Gran formato* (*gigantografías*) ▲ ■
- Vallas (a nivel de piso) ●▲ ■
- Paradas de autobús ●▲ ■
- Bancas ▲ ■
- Puentes ●▲ ■

Transporte público

- Autobuses ▲ ★ ■
- Metro ●▲ ★ ■
- Tren urbano ●▲ ★ ■
- Taxis ●▲ ★ ■

Espacios públicos

- Cines ●▲ ★ ■
- Aeropuertos ●▲ ★ ■
- Centros de convenciones ●▲ ★ ■
- Universidades ●▲ ★
- Edificios públicos (elevadores, pasillos) ●▲ ★ ■
- Estaciones del metro o tren ●▲ ★
- Baños en bares y restaurantes ●▲ ★
- Estadios ●▲ ★ ■
- Cadenas de restaurantes ●▲ ★
- Supermercados ▲ ★

● ANUNCIOS DIGITALES (EN RED) ★ ANUNCIOS EN INTERIORES
▲ ANUNCIOS IMPRESOS ■ ANUNCIOS EN EXTERIORES

Figura 6.10 *Clasificación general de la publicidad exterior por tipo de medio*

Quizá la única ventaja que conserva la publicidad exterior impresa es que el anuncio (al ser estático) no rota y mantiene la presencia de tu marca el 100% del periodo de contratación, a diferencia de los *billboards* digitales que alternan *artes* de diferentes marcas varias veces en un solo día. También es cierto que la publicidad exterior impresa aún cuenta con mucha más cobertura geográfica que su contraparte digital pues obviamente sus costos de instalación y mantenimiento son menores.

Los formatos y estilos de publicidad exterior **pueden variar considerablemente en cada país,** por ejemplo, en algunas ciudades de América Latina se permite colocar este tipo de publicidad en pasos a desnivel (puentes vehiculares), lo cual no esta permitido en algunas ciudades de Norteamérica. De hecho, este es un sector de la publicidad que está frecuentemente enfrentando procesos de regulación, porque al usar el espacio público se puede entrar en conflicto con ciertas normas ambientales, de seguridad y de tránsito. Si estas considerando emplear publicidad exterior es importante asegurarte que la empresa que lo ofrece cumpla con las normas de tu localidad.

La posibilidad de llevar tu marca a los espacios públicos por donde se mueve tu *target* es una de las grandes ventajas de la publicidad exterior. Esto se debe a que cada grupo demográfico tienen sus espacios favoritos en función de aquellas actividades comunes que realizan. Piensa cuáles son los espacios comunes de tu *target*; aquellas avenidas por donde transitan, aquellos edificios por los que pasan o a donde entran. Esquinas que cruzan todos los días, eventos a los que van, restaurantes, supermercados, bares o cines que visitan con frecuencia. En muchos de estos espacios hay con seguridad oportunidades de publicidad exterior, por lo que dirigir comunicación en congruencia con la rutina de aquellos que pertenecen a tu *target* hacen de esta plataforma un medio táctico.

Ahora vamos al otro extremo. Piensa en la cantidad de anuncios espectaculares disponibles en cada ciudad de tu país y en la cantidad de gente que recorre sus principales avenidas todos los días, o en la cantidad de unidades del transporte público que hay, que quizá alcancen millones de personas. Esto implica que la publicidad exterior también puede usarse como **un medio de difusión masiva,** es decir es una plataforma muy versátil que podemos adaptar a necesidades de comunicación muy específicas.

Considerando la gran diversidad de medios de publicidad exterior sería difícil proporcionar recomendaciones para cada caso en particular, sin embargo hay **criterios generales** y consideraciones que podemos seguir al margen del formato o plataforma:

1) **Escoge bien la ubicación:** El elemento clave de la publicidad exterior es sin duda la ubicación, pues todo se reduce a emplear anuncios en aquellos lugares donde hay flujo y concentración de personas que pertenecen a tu *target*. Para una campaña nacional o regional, esto no solo se debe limitar a la selección de anuncios en un conjunto de ciudades, también debe procurar llegar a aquellas áreas específicas en cada ciudad que son relevantes para el *target*.

   En aquellos casos donde se emplea la publicidad exterior con pocos anuncios colocados en lugares estratégicos, también es posible considerar **hacer sinergia con el contexto** que rodea al mismo anuncio. Esto se logra usando el entorno o edificios contiguos a nuestro favor (*e.g. billboards* anunciando una universidad junto a un centro de educación media superior). Aunque esta ventaja también debe tomarse en cuenta para evitar situaciones inversas donde el contexto o la ubicación del *billboard* es inapropiada (*e.g.* un *billboard* anunciando bebidas alcohólicas junto o muy cerca de una escuela o de un grupo de apoyo para adicciones).

   Como cualquier otro medio de comunicación la publicidad exterior también tiene sus indicadores estandarizados, como *impresiones* y/o puntos de *rating* que nos permiten evaluar su impacto y contribución. Pero, a diferencia de otros medios, algunas plataformas OOH como los *billboards* miden su alcance y afinidad usando una combinación de modelos, algoritmos, *software*, sensores, cartografía digital, flujos de tráfico y encuestas de origen y destino para determinar cuáles son aquellas ubicaciones que tienen el potencial de generar el mayor número de *impresiones* y *rating* en ciertas audiencias.

   Para evaluar cuáles son aquellas ubicaciones que son más afines a tu *target*, recomiendo pedir ayuda a las mismas empresas que ofrecen publicidad exterior en tu localidad o a través de una agencia de medios.

   Por otro lado, cuando contrates publicidad exterior considera que estás comprando posiciones específicas en calles, avenidas o intersecciones, o al interior de edificios o plazas, por lo que, además de la ubicación, es igualmente importante tomar en cuenta la **visibilidad** del anuncio.

Es decir, hay que asegurarse que el *billboard*, la valla, cartelera, etc., no esté bloqueada por árboles, edificios u otros anuncios o estructuras, y que además su orientación, respecto al flujo de vehículos o transeúntes, sea adecuada y facilite su lectura.

Es importante además, tener en cuenta que las empresas que comercializan este tipo de publicidad manejan un inventario con espacios publicitarios limitados, donde usualmente aquellos con la mejor ubicación, *rating* y/o alcance son los más solicitados, por lo que durante el proceso de planeación de medios te aconsejo reservar con tiempo los espacios que te interesan.

2) **Sé breve:** En Estados Unidos y Canadá hay una regla general en publicidad exterior que dice que el mensaje no debe exceder las siete palabras, por lo que debemos ser tan breves como sea posible. Esto implica que el *copy* y/o las imágenes empleadas en el *arte* deben poder ser asimiladas por la audiencia en cuatro segundos o menos, y cuando hablamos de publicidad exterior en autopistas, el tiempo de lectura debe ser menor. Por lo mismo, en la composición de tu *arte* publicitario no describas con palabras lo que puedes comunicar con una imagen.

3) **Simple pero atractivo:** La simplicidad del mensaje y del anuncio no deben ir en detrimento del atractivo visual, por esto es recomendable usar colores que contrasten en combinaciones vibrantes pero lógicas. Por otro lado, se dice que el uso del *espacio blanco* no aplica para anuncios exteriores, aunque es evidente que las campañas más exitosas de *billboards* lo han usado para separar los elementos gráficos y de texto, haciendo los anuncios más atractivos y fáciles de comprender. Adicionalmente también debemos evitar emplear tipografías con formas caprichosas o en tamaños demasiado pequeños.

Como ejemplo de una buena ejecución de publicidad exterior, tenemos a la icónica y multipremiada campaña de **Librerías Gandhi** desarrollada por Ogilvy & Mather, que a través de una serie de geniales mensajes en *billboards*, estimuló a un amplio sector de la población en México a leer más.

Gráfico 6.1 *Anuncio de publicidad exterior de Librerías Gandhi. Anuncio reproducido con el amable permiso de Librerías Gandhi.*

4) **Integra otros medios:** Ya sabemos que lo recomendable es mezclar diferentes tipos de plataformas en nuestra pauta para lograr un balance entre medios pagados, propios y ganados y también para atender las cinco etapas del proceso de *destilación de clientes*, sin embargo podemos agregar una razón más:

En el año 2015 una empresa del Reino Unido conocida como Ocean Outdoor publicó un interesante estudio que empleó la neurociencia para evaluar la forma en la cual las personas respondían a una serie de anuncios en ciertos medios de comunicación.

Uno de los hallazgos más reveladores fue que **los anuncios desplegados en dispositivos móviles (i.e.** *Smartphones***) lograban 48% más de eficacia cuando la misma audiencia había sido expuesta previamente a publicidad exterior digital de la misma marca** (Andrew, 2015).

En el mismo estudio, Ocean Outdoor también encontró que la publicidad en revistas impresas lograba mejores resultados cuando la audiencia era expuesta a anuncios de la misma marca que aparecieron previamente en televisión.

Esto no es solo un importante *insight* que confirma los beneficios de un plan de medios multicanal. También, como lo indica el reporte de Ocean Outdoor:

"Muestra la sinergia que hay entre ciertos medios pasivos o sedentarios como la televisión y las revistas; que se consumen sentados en un sofá, y la sinergia de medios más activos como la publicidad exterior digital y los anuncios en dispositivos móviles, que se consumen cuando estamos en la calle y en movimiento". Traducción del autor.

De esta manera queda claro que combinar el uso de publicidad exterior digital y publicidad *online* es recomendable, considerando que los anuncios DOOH deben preceder a los anuncios en dispositivos móviles.

6.4.5 **Cines**

La publicidad en cines, considerada dentro del mundo de la publicidad exterior (OOH), es probablemente una de las formas más efectivas de anunciarse, y la razón tiene mucho que ver con el estado de ánimo y las condiciones bajo las cuales vamos a ver una película. Cuando vamos al cine está la expectativa por disfrutar lo que vamos a ver, y ya una vez dentro de la sala, la atención es prácticamente absoluta pues es uno de los pocos lugares donde nos desprendemos del celular.

Adicionalmente, la atmósfera para ver publicidad es perfecta; una pantalla enorme con un gran sonido en una sala oscura que tiene pocas distracciones. Finalmente hay un tiempo de espera que antecede a la película (el *'preshow'*) donde realmente no hay mucho que hacer más que esperar, es decir; la audiencia esta cautiva y es en ese momento que se muestran los anuncios. No hay muchos medios publicitarios que puedan ofrecer tales condiciones.

Para calcular el tamaño de la audiencia en cines las empresas en este sector realizan estimaciones sobre la asistencia semanal en cada una de sus salas, que dependiendo del tamaño de las instalaciones, puede ir desde miles hasta las decenas de miles de asistentes semanales, por complejo.

Si esta es una actividad afín a nuestro *target*, entonces podemos evaluar el alcance que las diferentes cadenas de cine tienen con base en el número y tamaño de sus salas y su cobertura geográfica, pues algunas de estas empresas tienen instalaciones a nivel regional y otras a nivel nacional o incluso panregional.

Por otro lado, para atender el aspecto de la **afinidad** en este medio, también es importante evaluar la capacidad que cada cadena de cines tiene para difundir anuncios a diferentes perfiles demográficos. Algunas de estas cadenas permiten segmentar a la audiencia por ciudad y de acuerdo al formato de sala; que puede ser *'value'* (para un NSE D+), 'estándar' (NSE C o 'clase media') y *'premium'* (NSE A,B,C+) con las llamadas salas 'VIP'. Cada formato de sala (*'value'*, 'estándar' o *'premium'*) está directamente relacionado con su ubicación en diferentes barrios, ya sean estos populares, de clase media o clase alta.

Finalmente tenemos los diferentes formatos publicitarios, que van desde *spots* de 60 segundos (llamados 'cineminuto'), a los *spots* de 10 segundos ('cortinillas'). Los *spots* usualmente son programados cada semana vía satélite. Los cines también ofrecen otros espacios publicitarios disponibles, como *display banners* en sus sitios web o carteleras impresas y digitales que se ubican en el área de *lobby* o pasillos en cada complejo, incluyendo las zonas de dulcería y comida rápida. En algunos casos los cines también ofrecen contenido para entretener a la gente que espera sentada dentro de la sala, el cual es posible patrocinar; desde trivias hasta juegos donde los asistentes usan su celular para interactuar a través de la pantalla grande.

6.5 **Medios *online***

6.5.1 **Consideraciones y retos**

La publicidad digital u *online* es aquella que colocamos en medios que requieren de una conexión a internet para poder difundir sus contenidos; como los tradicionales anuncios o *banners* en sitios web, en redes sociales y videos, así como en motores de búsqueda (SEM) y más recientemente en plataformas de '*streaming*' (OTT) de audio y video.

Al día de hoy, la publicidad *online* es probablemente la plataforma de comunicación más amplia, democrática, diversa, dinámica, medible y compleja, la cual da voz a empresas y organizaciones de cualquier tamaño y que además tiene capacidad de llegar tanto a las masas como a nichos de mercado; razones por las cuales dedicaremos más tiempo en estudiar. Sin embargo, hay aspectos fundamentales en la publicidad digital que se deben tomar en cuenta, considerando por ejemplo, la existencia de **las diferentes 'pantallas'** que usamos diariamente para consumir estos contenidos electrónicos.

Tradicionalmente a la televisión se le consideraba como 'la primera pantalla' pues la gente pasaba más tiempo frente a ella que frente a la computadora (la 'segunda pantalla') o a los dispositivos móviles (la 'tercera pantalla'). Esto empezó a cambiar alrededor de 2010, cuando comenzó la masificación de los *smartphones* y las *tablets*; el mismo año en que fue lanzado el iPad y tres años después del primer iPhone.

Debido al incremento en el uso de dispositivos móviles en los años siguientes, los hábitos de consumo de medios comenzaron a cambiar también, pues la cantidad de tiempo que pasábamos frente a la pantalla del televisor y a la pantalla de nuestros dispositivos móviles se empezó a igualar, esto hasta 2019, año en el que el portal eMarketer.com reportó que la gente, al menos en Estados Unidos, ya pasaba más tiempo frente a la pantalla del *smartphone* que frente al televisor (Amy He, 2019).

En el caso de países como México, por el ejemplo, el consumo de contenidos en internet ya es mucho mayor en *smartphones* (81%) que en computadoras (20%), (Instituto Federal de Telecomunicaciones, 2018).

De esta forma **los dispositivos móviles representan en la actualidad la nueva 'primera pantalla'**, lo cual obviamente tiene sus implicaciones desde el punto de vista publicitario, pues antes diseñábamos una campaña para que funcionara en una pantalla de TV o computadora y luego veíamos la forma de adaptar el arte del anuncio a un formato más pequeño. Ahora el paradigma es el escenario inverso, especialmente cuando nos dirigimos a un *target* joven.

Esta masificación de los dispositivos móviles ha fortalecido aún más a la publicidad digital, lo cual también la ha vuelto más sofisticada, para bien y para mal. De esta forma hay consideraciones, retos y limitantes que debemos tener en cuenta al emplear este canal de comunicación.

1) **Demasiadas opciones, demasiada información:** Seleccionar medios *online* para una pauta puede ser un trabajo un poco intimidante pues simplemente hay demasiadas opciones y combinaciones de donde escoger.

   Es una verdadera jungla digital allá afuera; *apps* y redes sociales que entran y salen del juego al por mayor, nuevas reglas, formatos, parámetros, métricas y criterios que además cambian constantemente. Cada día surgen nuevas plataformas digitales que traen todo un mundo de particularidades.

   Esto es el día a día de la publicidad en la actualidad. Sin embargo, hay ciertas plataformas digitales que son dominantes, las cuales revisaremos a lo largo de este capítulo, aunque sin entrar en detalles demasiado finos debido a su fugacidad y los constantes cambios que experimentan, considerando que además es importante aprender practicando.

2) *Ad blockers:* Los bloqueadores de anuncios es un *software* que elimina la publicidad (*display banners*) que aparece en las páginas web o en las aplicaciones para dispositivos móviles. La finalidad de estas *apps* es mejorar la experiencia de navegación de los usuarios, por ejemplo; evitando los molestos anuncios *pop-up* que aparecen encimados al texto de un artículo. Adicionalmente los *ad blockers* también se pueden usar para obstaculizar *malware* o sistemas que rastrean nuestra información personal.

Todo esto suena muy bien para el usuario, aunque esta incapacidad de mostrar anuncios obviamente se convierte en un problema para los anunciantes y las empresas que publican contenido en la web, y que en muchos casos viven de la venta de esos espacios publicitarios.

A continuación, veamos un gráfico creado por las empresas Kepios, Hootsuite y We Are Social (2020) relacionado con el porcentaje de uso de *ad blockers* por país; *("Porcentaje de Usuarios en Internet Entre 16 y 64 Años que Emplean Herramientas para Bloquear Publicidad en Línea Cada Mes").*

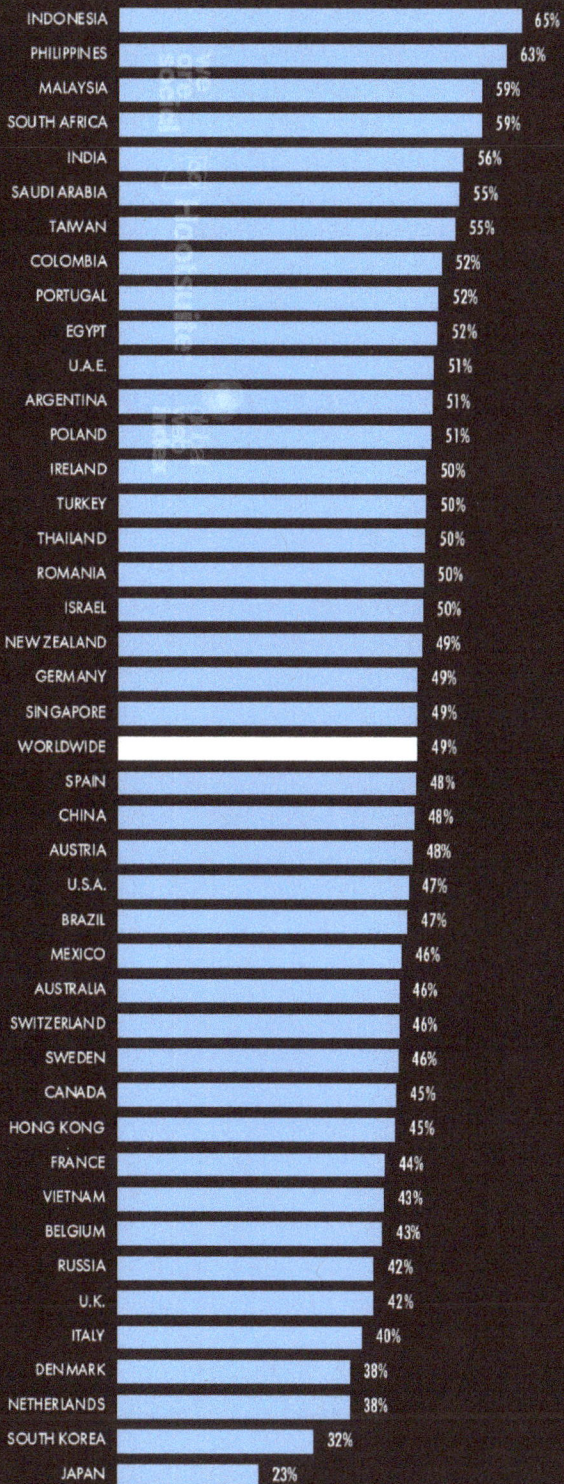

JAN 2020

USE OF AD BLOCKERS

PERCENTAGE OF INTERNET USERS AGED 16 TO 64 WHO USE TOOLS TO BLOCK ONLINE ADVERTISING EACH MONTH

País	%
INDONESIA	65%
PHILIPPINES	63%
MALAYSIA	59%
SOUTH AFRICA	59%
INDIA	56%
SAUDI ARABIA	55%
TAIWAN	55%
COLOMBIA	52%
PORTUGAL	52%
EGYPT	52%
U.A.E.	51%
ARGENTINA	51%
POLAND	51%
IRELAND	50%
TURKEY	50%
THAILAND	50%
ROMANIA	50%
ISRAEL	50%
NEW ZEALAND	49%
GERMANY	49%
SINGAPORE	49%
WORLDWIDE	49%
SPAIN	48%
CHINA	48%
AUSTRIA	48%
U.S.A.	47%
BRAZIL	47%
MEXICO	46%
AUSTRALIA	46%
SWITZERLAND	46%
SWEDEN	46%
CANADA	45%
HONG KONG	45%
FRANCE	44%
VIETNAM	43%
BELGIUM	43%
RUSSIA	42%
U.K.	42%
ITALY	40%
DENMARK	38%
NETHERLANDS	38%
SOUTH KOREA	32%
JAPAN	23%

SOURCE: GLOBALWEBINDEX (Q3 2019). FIGURES REPRESENT THE FINDINGS OF A BROAD SURVEY OF INTERNET USERS AGED 16 TO 64. SEE GLOBALWEBINDEX.COM FOR MORE DETAILS

68

we are social • **Hootsuite®**

Figura 6.11 Uso de bloqueadores de anuncios por país en enero de 2020. Fuente: Hootsuite & We Are Social (2020), "Digital 2020 Global Digital Overview", extraído de https://datareportal.com/reports/digital-2020-global-digital-overview

3) **Relativa transparencia:** El flujo de anuncios e interacciones de la audiencia en la publicidad digital ocurre dentro de un ecosistema operado en buena parte por *software* y computadoras, el cual hace sentir al anunciante que cuenta con una transparencia total y un acceso a la "información perfecta". La publicidad digital es sin duda un medio extremadamente valioso, pero no es ni perfecto ni absolutamente transparente. De hecho, a veces parece que algo se pierde en el camino, reportes donde hay vacíos de información, o datos que no concuerdan, o anomalías que no se pueden explicar.

Anuncios que no sabemos si fueron *servidos* (mostrados) en su totalidad o incluso falta de certeza para saber exactamente a dónde se fue cada centavo del dinero que invertimos en una pauta digital. Esto ha llegado a ocurrir específicamente en el ámbito del *marketing* programático, donde hay al menos un caso reciente bien documentado, el cual expondremos un poco más adelante.

4) **Limitaciones en el *marketing* político:** Las elecciones de 2016 en los Estados Unidos abrieron el debate sobre la falta de regulación de las campañas políticas en medios digitales, esto derivado de señalamientos de manipulación e interferencia de gobiernos extranjeros por influir en las preferencias de los votantes en este país, así como por la difusión masiva de *fake news*. Tres años después algunas de las plataformas más grandes de publicidad digital en el mundo anunciaron que tomaban cartas en el asunto, implementando nuevos controles y políticas para evitar la manipulación de la opinión pública. Si bien estos nuevos controles se desarrollaron inicialmente para el mercado estadounidense, está claro que ahora también son aplicables en otros países.

a) **Twitter:** Esta empresa fue una de las primeras en anunciar cambios en sus medidas respecto al tema, esto a finales del 2019. De acuerdo con un comunicado (Twitter Business, 2019), Twitter **determinó prohibir en su plataforma los anuncios políticos**, esto bajo el argumento de que la difusión de este tipo de publicaciones debería ser orgánica ('ganada') y no pagada. Esta medida afecta tanto a candidatos como partidos políticos, aunque tampoco permite la publicidad pagada para promover a funcionarios públicos que han sido electos o designados, así como la promoción de legislación pasada, presente o futura, incluyendo anuncios que estén vinculados a *micrositios* que tienen contenido político, entre otros cambios.

Si bien las publicaciones con contenido político que son pagadas ya no son posibles en Twitter evidentemente aún queda la posibilidad de continuar su difusión a través de las tradicionales publicaciones orgánicas.

b) **Google:** Google Ads es una de las plataformas publicitarias más importantes en el mundo. En este caso, las medidas anunciadas por esta empresa (Spencer, 2019) también limitan de manera general el número de variables de segmentación que se pueden emplear para definir el *target* de una campaña política, permitiendo solamente el uso de variables básicas, como; edad, género y ubicación geográfica.

   También se permite el uso de algunas variables de segmentación de contexto, (*e.g.* personas que les gusta leer sobre un tema, como cocina, política, etc.). Sin embargo, otras formas de segmentación no están permitidas, como por ejemplo, las que se basan en la afiliación o preferencia política de una persona (esto es, de izquierda, centro o derecha) y otras formas de *microtargeting granular* que emplean muchas variables de segmentación y/o criterios muy finos para definir al *target*.

c) **Facebook:** Si bien esta empresa no se sumó de inicio a las iniciativas de regulación de publicidad política implementadas por Twitter y Google a finales de 2019, posteriormente anunciaron mejoras que atendían algunas de las preocupaciones del público en este ámbito, incluyendo la posibilidad de que cada usuario pudiese bloquear los anuncios políticos que aparecen en su perfil (Gleit, 2020).

De cualquier manera, estos cambios de políticas y controles, en la plataforma digital que sea, deben monitorearse de forma continua, pues en cualquier momento las reglas podrían volver a cambiar.

Una vez aclarados los retos y limitantes, ahora entremos de lleno al tema identificando a las principales plataformas de publicidad digital como: *display banners*, redes sociales, video y publicidad en motores de búsqueda (SEM), cada una con sus particularidades que describiremos a continuación.

6.5.2 *Display banners*

Esta es la forma más reconocible de publicidad cuando visitamos una página en internet. Estos anuncios son espacios cuadrados o rectangulares, que se localizan en diferentes áreas de un sitio web. Algunos *display banners* son estáticos (muestran una imagen fija) y algunos son dinámicos o animados, llamados '*rich media*', pero sin ser video. En prácticamente todos los casos este tipo de anuncios contienen un enlace a una página web o *landing page*, al cual podemos acceder dando clic en el anuncio.

Algunos de estos *display banners* se encuentran en posiciones de alta visibilidad; es decir justo al inicio de una página web; a esto lo conocemos como 'posición *premium*' y otros están ubicados en secciones de la página que poca gente visita, llamadas posiciones de 'baja visibilidad'.

A los medios, como portales, periódicos y revistas *online* que publican contenido en internet y que ofrecen espacios publicitarios les llamamos '*publishers*' (término en inglés para 'editorial') y todos estos *publishers* van a tener, en sus sitios web, espacios de alta y baja visibilidad. Aquellos espacios publicitarios de alta visibilidad forman parte del llamado '**inventario premium**' y aquellos espacios de baja visibilidad usualmente forman parte del llamado '*remnant inventory*' o 'inventario de espacios no vendidos'. Cuando contratas *display banners* para tu campaña **obviamente lo que quieres son espacios publicitarios del inventario** *premium*, el cual es más caro pero efectivo.

De cualquier forma, antes de preocuparnos por el inventario *premium*, la primera consideración es encontrar sitios web que tengan un alto tráfico y afinidad con nuestra audiencia objetivo. La forma tradicional de determinar esto es comparando y analizando el tráfico de un número de *publishers* para determinar su alcance, así como el perfil demográfico de la gente que visita dichos sitios para determinar el nivel de **afinidad** con nuestro *target*.

Ahora bien, cuando se contrata un espacio publicitario para un *display banner*, en general hay dos formas de hacerlo; comprando un número de **impresiones** o comprando un número de **clics** (en el *banner*), aunque esto depende de cada *publisher*, pues algunos de los que ofrecen *impresiones* no necesariamente ofrecen clics, y viceversa.

> **Nota:** Recuerda que las '*impresiones*' son la cantidad de veces que un anuncio es mostrado por un sitio web o *publisher*, lo cual no necesariamente garantiza que tu *target* vea cada una de esas *impresiones* o anuncios.

Cuando compras espacios publicitarios que solo ofrecen **impresiones**, estas van a ser cotizadas (valuadas) por el *publisher* con base en el '**CPM**' (Costo por millar).

> **Por ejemplo,** queremos contratar 270,000 *impresiones* en el sitio 'Amantes del Pilates' y el *publisher* te ofrece un CPM de $12, lo que significa que en total pagarás $3,240. Recuerda que es 'costo por millar' o 'costo por cada mil', por lo que en este ejemplo, al ser el CPM de $12 por cada 1,000 *impresiones*, el costo total de la inversión se obtiene al multiplicar *270 x $12*, en lugar de *270,000 x $12*.

De esta forma, para negociar la tarifa con cada *publisher* lo mejor es enfocarse en bajar el CPM, pues el número de *impresiones* que un sitio puede entregar va a estar siempre limitado en virtud del inventario de espacios publicitarios disponibles y al tráfico de visitantes que tenga.

Por otro lado, tenemos sitios web o plataformas, como Google Ads o Facebook, que en lugar de impresiones, ofrecen cobrar por los clics que cada persona dé en tu *display banner*. Si este es el caso, los clics van a ser cotizados por el *publisher* como '**CPC**' (Costo por clic).

Por ejemplo, tienes $3,000 dólares para gastar en tu campaña de Facebook y ellos nos ofrecen un CPC inicial de $1.86 esto significa que con tu presupuesto podrías obtener aproximadamente hasta 1,612 clics en tu *banner*.

Al igual que en el caso anterior, si quieres negociar con un *publisher* que vende espacios publicitarios con base en clics debes enfocarte en bajar el CPC. Aunque aquí hay que aclarar: a diferencia de las *impresiones*, cuando alguien da clic en tu anuncio significa que hay una interacción del *target*, por lo que es más conveniente, cuando sea posible, comprar clics en lugar de *impresiones*.

Finalmente, consideremos casos que son menos comunes; aquellos donde, en lugar de comprar *impresiones* o clics a un *banner*, lo que se puede comprar es el espacio publicitario en sí, esto por una cantidad de días previamente acordada (*e.g.* **CPD**: *Costo Por Día / Cost Per Day*) y sin importar el número de *impresiones* o de clics que este *banner* pueda generar. Este esquema de compra de espacios CPD, más parecido a un patrocinio, implica que mientras tu *banner* esté publicado, absolutamente todos los visitantes que ingresen al sitio lo tendrán que ver, lo cual incrementará su costo y reducirá su duración, esto es porque el *publisher* no puede -ni debe- rotar el *arte* de ese espacio publicitario para mostrar *banners* de otros anunciantes, es una forma de exclusividad por tiempo limitado.

En sitios muy populares la duración de anuncios CPD normalmente es de un solo día o de una cantidad de días previamente pactada. Esto a diferencia de cuando compramos *impresiones* o clics, donde la vida del anuncio depende de que tan rápido se agote la cantidad de clics o *impresiones* previamente contratadas.

En todo caso, al comprar espacios bajo CPD, es importante asegurarse que se trata de un sitio extremadamente popular para tu *target*, o que llega a una audiencia de nicho que no se podría alcanzar con otros medios.

Ahora bien, al margen de las unidades de compra (CPM, CPC, CPD), en la actualidad **hay tres formas** básicas de contratar publicidad en *display banners*: a) **Directa**, b) **Programática**, c) **A través de Google Display**.

6.5.2.1 Compra directa

La compra directa es el método original de contratar *display banners* y es de las pocas modalidades en publicidad digital donde todavía podemos negociar tarifas. Típicamente el proceso inicia con la identificación de aquellos sitios web que pueden tener un alto alcance y afinidad con tu *target*, para luego ponerte en contacto **directo** con cada *publisher* y así solicitarles aquella información que te permitirá evaluar a detalle su sitio. Dicha información puede incluir desde el tráfico y perfil de su audiencia, hasta las tarifas (CPC, CPM o CPD) que cobran por sus espacios.

Para conocer el tráfico de un sitio web puedes pedirlo directamente al dueño o administrador de cada sitio que sea de tu interés. Alternativamente también hay una forma de evaluar la popularidad de casi cualquier sitio web en el mundo ingresando la URL (i.e. www.etc...) que te interesa en un portal como Alexa.com, buscando al fondo de esta página, del lado derecho, la opción '*Browse Top Sites*'.

Cuando compres *banners* de forma directa también es importante que analices el contenido editorial de cada sitio, y una vez que has comparado su contenido, tráfico y costos contra otros sitios similares, puedes negociar las tarifas y finalmente proceder a la reservación de los espacios publicitarios. También deberás afinar detalles importantes con cada *publisher*, como por ejemplo, las posiciones que deseas para tus anuncios, así como las condiciones de pago, las especificaciones técnicas y las fechas en que debes realizar la entrega de los activos, es decir los anuncios ya adaptados en diferentes tamaños.

Finalmente considera que algunos espacios publicitarios de *display banner* se pueden adquirir con una posición fija, en algún área o sección del sitio web que te interesa, o bajo la modalidad '*Run of Site*' (ROS), lo cual implica que tu anuncio podría aparecer en cualquier sección y/o posición, pero a un menor costo.

> **Nota:** No confundir el término **ROS de '*Run of Site*'**, en el contexto de la publicidad *online* con **ROS** de '***Run of Schedule***', en el contexto la publicidad en televisión.

Si bien la compra directa fue el método tradicional para contratar *display banners* ahora está siendo reemplazada por las **compras programáticas**, también conocidas como; *'programmatic marketing', 'programmatic buying', 'programmatic digital advertising'* o *'real time bidding'* ('puja o subasta en tiempo real').

La compra programática es **un proceso automatizado para planear y comprar anuncios digitales**, donde el anunciante solo se enfoca en establecer un presupuesto, objetivos y un *target* en lugar de buscar, escoger y negociar con cada *publisher* que se desea integrar a la pauta en medios.

¿Qué significa esto? Significa que todo el proceso de búsqueda, evaluación, y compra de espacios con los *publishers* (incluyendo la colocación misma de los anuncios) lo podrías realizar de manera automática y casi instantánea. ¿Suena atractivo, no? Es sin duda un sistema muy conveniente pero también es importante entender cómo funciona, pues de otra forma podría crearnos algunos problemas.

Primero ten en cuenta que este mundo de las compras programáticas es muy técnico, incluso para profesionales con muchos años de experiencia, por lo que solo revisaremos las generalidades.

Desde nuestra perspectiva como anunciantes, el proceso de compras programáticas inicia cuando, idealmente junto con tu agencia de medios, estableces **tres parámetros básicos:** Los **objetivos** de la campaña (ya sean de *conocimiento* y/o *conversión*), el **presupuesto** que tienes específicamente para *display banners* y la definición de tu *target*. Así mismo, necesitarás entregar los *banners* (los activos creativos) de la campaña bajo ciertas medidas o tamaños que ya han sido estandarizadas para plataformas programáticas.

Una vez que se tiene esta información básica, las agencias de medios emplean un sistema en línea conocido como **'DSP'** (*Demand Side Platform*) en el cual cargan los parámetros de tu campaña, esto para que dicho sistema realice una búsqueda automatizada de aquellos espacios publicitarios que son relevantes y afines a tu audiencia objetivo y que además se ajustan a tu presupuesto.

Sin embargo, dependiendo del tipo de compra programática que estés realizando (ya sea privada o pública) podrás saber o no, en dónde aparecerán tus anuncios. Es decir, en cualquier tipo de compra programática se supone que tus anuncios siempre serán colocados en sitios web que son relevantes para tu *target*, es solo que en ciertas **modalidades de compra programática** no tendrás visibilidad sobre cuáles son los *publishers* específicos que terminarán publicando tus anuncios.

Hay en general dos formas a través de las cuales un *Demand Side Platform* (DSP) puede buscar y contratar los espacios publicitarios para tus anuncios, lo cual naturalmente se puede escoger desde un inicio; *'private exchanges'* y *'ad exchanges'*.

1) **Private exchanges:** Algunos *publishers* muy reconocidos separan una parte de su inventario de espacios publicitarios para que estos sean adquiridos por agencias de medios a través de lo que se conoce como 'intercambios privados', a los cuales solo es posible acceder por invitación del *publisher* y donde solo se pueden adquirir espacios publicitarios de ese mismo *publisher*.

Por lo mismo, este esquema de compra tiene la ventaja de que los anunciantes, o sus agencias de medios, saben exactamente qué espacios publicitarios están comprando y en cuáles sitios web aparecerán sus anuncios.

Otra característica de los *private exchanges* es que el proceso de compra y venta se lleva a cabo a través de una puja o subasta automatizada (***Real Time Bidding*** o RTB), donde la agencia de medios o anunciante que ofreció el precio más alto por CPM o CPC gana la subasta (y/o los espacios *premium*). Posteriormente el *publisher* coloca la publicidad contratada en su sitio web empleando un servidor especial (conocido como el *'Ad Server'*).

Sin embargo, **hay una variante** en el modo de compra en *private exchanges*, conocida como ***'guaranteed direct'*** (o 'compra directa garantizada'), el cual presenta algunas diferencias. Por ejemplo, bajo esta modalidad los anuncios no se compran a través de una subasta o puja (RTB), pues el *publisher* simplemente fija su precio, que normalmente es alto, debido a que el inventario de espacios publicitarios que ofrece es solo *premium*. O sea, espacios con las mejores posiciones y en donde además se garantiza la entrega de todas las *impresiones* del *display banner* contratadas por el anunciante. Por estas razones, quizá sea la modalidad de compra más segura y la que más ventajas ofrece en el ámbito programático.

2) ***Ad Exchanges:*** Finalmente tenemos la segunda modalidad de compra programática, que en mi opinión es un poco menos transparente.

A diferencia de *private exchanges*, este esquema es **público**; participan varios *publishers*, por lo que no hay forma de saber exactamente en dónde se están contratando los espacios publicitarios. Es decir, los anunciantes dependen ciegamente de la definición del *target* que su agencia cargó en el DSP.

Además, es sabido que el inventario que se vende y se compra bajo *ad exchanges* no es *premium*, más bien *remnant inventory*, o sea 'espacios publicitarios no vendidos' que probablemente se ubican en posiciones no muy visibles de un determinado sitio web. Adicionalmente *ad exchanges* también opera bajo un sistema de subastas (RTB) donde las ofertas de compra más altas son las que ganan los espacios publicitarios disponibles.

COMPRAS PROGRAMÁTICAS

MERCADO DE ANUNCIOS EN LÍNEA

AGENCIA DE MEDIOS

ANUNCIANTE

Definen:
- *Target*
- Objetivos
- Presupuesto

PRIVATE EXCHANGES

- Cada '*private exchange*' involucra a un solo *publisher*.
- El anunciante solo puede participar con invitación del *publisher*.
- Venta de inventario *premium*.
- Queda claro qué es lo que se compra.

PUBLISHER

NBC
Spotify
GQ
Vogue
CNN, etc.

MODO 1 ▶ **GUARANTEED DIRECT**
- El *publisher* fija su precio, pero garantiza las posiciones y la cantidad de impresiones pactada.

MODO 2 ▶ **REAL TIME BIDDING**
- Los espacios publicitarios se subastan.

DSP

DEMAND-SIDE PLATFORM

Software que ayuda al anunciante y a su agencia a encontrar y comprar espacios publicitarios en sitios que son relevantes al *target*.

AD EXCHANGES

- Participan varios *publishers* y no se requiere de invitación.
- Venta de inventario que no es '*premium*'.
- No hay certeza de lo que se compra (*i.e.* sitios y posiciones).

MODO 3 ▶ **REAL TIME BIDDING**
- Los espacios publicitarios se subastan.

SSP

SUPPLY-SIDE PLATFORM

Software que ayuda al *publisher* a vender espacios publicitarios y a administrar su inventario.

El anuncio se publica cuando el DSP encuentra al *publisher* correcto, el cual llega al *target* definido, por el precio (CPM) ofrecido.

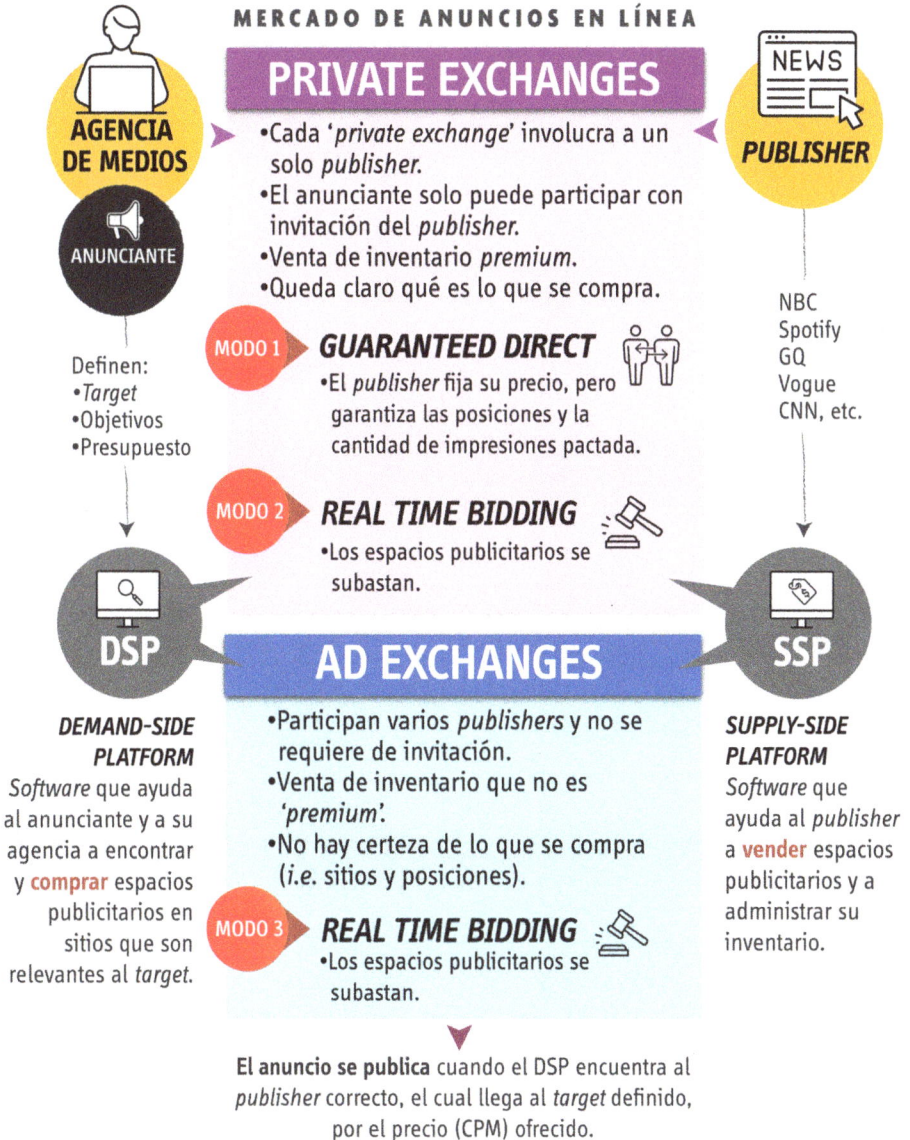

Figura 6.12 Esquema general de funcionamiento de la publicidad programática

347

Ventajas del *marketing* programático:

- El *marketing* programático es sin duda una herramienta muy útil para tener presencia masiva en un amplio espectro de *publishers*.

- El proceso automatizado de búsqueda, compra y colocación de anuncios te puede ahorrar muchísimo tiempo y recursos.

- Las diferentes modalidades de compra te permiten ceñirte a un presupuesto.

- Es una plataforma que tiene un enfoque cuantitativo que puede llegar rápidamente a audiencias muy grandes.

- Los anuncios pueden optimizarse en tiempo real, lo que facilita probar diferentes versiones de anuncios sin detener la campaña (*pruebas A/B*).

Desventajas del *marketing* programático:

- La naturaleza cuantitativa de esta plataforma puede limitar los aspectos creativos de tus anuncios.

- Cuando se compran anuncios bajo la modalidad de *ad exchanges* no es posible ver el contexto; no se sabe dónde aparecerán los anuncios o junto a qué contenidos.

  Por ejemplo: En una compra programática, el anuncio (*banner*) de una marca de bebidas aparece, por coincidencia, junto a un artículo en un periódico *online* que casualmente critica a esa marca.

- La falta de transparencia se prestó hace algunos años para que un grupo de individuos defraudara a un número de anunciantes empleando una combinación de *bots* que simulaban tráfico (tanto *impresiones* como clics) y sitios web falsos que eran presentados como *publishers* reconocidos.

- Cuando se realizan compras bajo la modalidad de *ad exchanges*, los espacios publicitarios que ocupan los banners usualmente no se ubican en las posiciones más visibles de una determinada página web.

- Se ha identificado una carga considerable de comisiones en el proceso de compras programáticas, así como inconsistencias que posiblemente tengan que ver con la complejidad del proceso y las muchas capas de intermediarios que hay en el mundo programático.

  Por ejemplo: En mayo de 2020 la organización británica **ISBA (Incorporated Society of British Advertisers)** publicó el reporte de un revelador estudio titulado *'Programmatic Supply Chain Transparency Study'*, (Estudio Sobre la Transparencia de la Cadena de Suministro Programática). Traducción del autor.

  Dicho estudio, que tomó cerca de dos años realizar, buscaba responder ¿cómo funciona la cadena de distribución en compras programáticas y cómo se puede evaluar su valor como medio de comunicación?

  Para realizarlo se recolectó información sobre las campañas programáticas de 15 anunciantes, 12 agencias, 5 proveedores de DSP, 6 proveedores de SSP y 12 *publishers*. Entre los hallazgos más impactantes reportados (ISBA, 2020) se destacó que:

  "De la inversión total en compras programáticas que fueron consideradas para el estudio, sólo el 51% del monto invertido por los anunciantes llegó a los bolsillos de los publishers".

  "Alrededor de un 34% de la inversión de los anunciantes se diluyó en comisiones que cobraron las diferentes capas de intermediarios [agencias de medios, DSP, SSP, etc.]".

  *"Y, en promedio, un 15% de esa inversión total de los anunciantes, simplemente **no pudo atribuirse**"*, es decir, **no se supo a dónde se fue.**

Recomendaciones finales para compras programáticas:

- Técnicamente es posible que un anunciante pequeño pueda realizar compras programáticas sin ayuda de una agencia de medios, esto a través de las llamadas *'Self-Serve DSP's'* que son plataformas de autoservicio, a las que cualquier persona puede acceder en línea. Sin embargo, ya sabemos que esta es una forma muy técnica o particular de comprar espacios publicitarios, por lo que los más inexpertos quizá deban buscar el apoyo o asesoría de una agencia de medios o consultor con experiencia en el tema.

- Cuando configuramos una campaña programática no se recomienda usar demasiadas variables de segmentación en la definición del *target*, pues esto puede subir los costos de la campaña y atomizar a la audiencia.

- Al ser *guaranteed direct* el esquema de compras programáticas más transparente es también el más recomendable.

- Por su naturaleza de difusión masiva se considera que las compras programáticas son ideales para campañas de *conocimiento de marca* y para empresas de bienes de consumo masivo con audiencias muy grandes.

- Durante una campaña programática es importante probar primero diferentes versiones de anuncios (*pruebas A/B*), para constatar cuáles tienen el mejor desempeño.

6.5.2.3 Google Display Network

Google cuenta con diferentes plataformas publicitarias, entre las que se incluye a Google Adwords, Google Search y **Google Display Network** (GDN) la cual ha sido por muchos años uno de los medios publicitarios *online* más populares y accesibles, que además es de 'autoservicio', lo cual implica que puede ser usado con relativa facilidad por cualquier persona y con presupuestos muy pequeños. Si bien esta red publicitaria no se considera programática hay aspectos que funcionan de manera similar.

GDN es entonces una red de espacios publicitarios para *display banners* de imágenes estáticas, imágenes animadas o solo texto, la cual tiene capacidad de mostrar anuncios en millones de sitios web (*publishers*), videos y *apps* alrededor del mundo. Desde los periódicos más influyentes y otras reconocidas publicaciones, hasta sitios pequeñitos, de nicho. De acuerdo con Google, esta red de sitios alcanza hasta el 90% de las personas en el mundo que están conectadas a internet.

¿Cómo Contratar Anuncios en Google Ads?

Lo primero es abrir una cuenta en Google Ads https://ads.google.com/intl/es_es/home/. Luego, desde tu cuenta, busca el botón 'Crear Campaña' que te llevará a un formulario el cual te permitirá configurar tu campaña para que el sistema pueda determinar dónde y cómo mostrar tus anuncios. Veamos algunos ejemplos de las preguntas que GDN nos hará para poder configurar una campaña:

1) **Seleccionar objetivos de la campaña:** Hay varios tipos de objetivos de campaña que puedes seleccionar en GDN, pero conceptualmente todo se trata de aclarar si tu meta es lograr *'reconocimiento' de marca* (*conocimiento*), tráfico, *conversión* o ventas *online*.

2) **Definir el *landing page*:** Aquí debes especificar la dirección URL de tu *micrositio* donde aterrizará el tráfico generado por la campaña.

3) **Seleccionar el área geográfica:** Esta es la cobertura que quieres dar a tu campaña, que puede ser desde un país, estado o provincia, ciudad, código postal o incluso un perímetro geográfico aún más pequeño (*geotargeting*).

4) **Seleccionar el idioma:** Aquí debes especificar el idioma que habla el *target* a quien va dirigida la campaña.

5) **Seleccionar el tipo y valor de la puja:** Similar a las compras programáticas, en GDN los espacios publicitarios se subastan, por lo que es necesario pujar para ofrecer un valor por dichos espacios. Dependiendo de tus necesidades puedes pujar para comprar clics (CPC), *impresiones* (CPM) o *conversiones* (CPA o *Cost per Acquisition*), siendo **CPC** una de las unidades de compra y puja más populares.

   Determinar el valor de tu puja no es algo que debas tomar a la ligera; si el valor es demasiado bajo, la exposición de tus anuncios será nula o limitada y si el valor es demasiado alto, podrías drenar tu presupuesto.

   Si bien se puede seleccionar manualmente el valor monetario por el cual deseas pujar, también puedes fijar límites y dejar esta decisión en modo automático, para que Google encuentre un precio o valor que produzca resultados; esto último es lo recomendable cuando eres nuevo.
   Después, durante la implementación de la campaña, podrás monitorear este valor para ajustarlo basándote en tus limitantes de presupuesto o al promedio que tu industria paga por un clic (puedes, por ejemplo, buscar en internet: "*¿Cuál es el promedio de CPC 2020 en Google Display?*").

6) **Seleccionar el presupuesto:** Cuando seleccionas un valor para tu puja no significa que estás estableciendo tu inversión total en GDN, más bien estarías fijando un costo por unidad (CPC, CPM, CPA). El presupuesto de campaña que GDN te pide fijar es para determinar la cantidad promedio de dinero que deseas invertir **cada día que dure la campaña.**

De esta forma, el presupuesto promedio diario que asignes multiplicado por la cantidad de días que dure tu campaña te debe dar el total del monto de inversión.

No hay en realidad una cantidad mínima de inversión, aunque un presupuesto menor a $10 dólares diarios en GDN podría no mostrar grandes resultados.

7) **Definir la programación de anuncios:** Una vez definido el presupuesto diario se te pedirá establecer la fecha de inicio y de finalización de la campaña en esta plataforma (5 días, 10 días, etc.). Aquí es muy importante destacar que **debes especificar una fecha de terminación de la campaña** si no deseas seguir pagando por los anuncios indefinidamente.

8) **Establecer la rotación:** GDN permite cargar diferentes versiones de un anuncio con la finalidad de rotarlos, para determinar cuál se desempeña mejor. Si hicieras tu propio análisis, tu mismo podrías decidir cómo rotar tus anuncios, aunque también puedes seleccionar el 'modo automático de rotación' para que el *software* de GDN haga el análisis y las optimizaciones necesarias.

9) **Limitar la frecuencia:** Para evitar fatiga (*wearout*) en la audiencia, GDN permite limitar la frecuencia con la que los anuncios se mostrarán, aunque también podrás dejar esta decisión en modo automático.

10) **Seleccionar dispositivos:** GDN también te permite seleccionar el tipo de dispositivos donde deseas que tu campaña sea expuesta (computadoras, *smartphones* o *tablets*), pues para ciertas empresas esto puede ser relevante en virtud de los productos que venden.

11) **Anuncios dinámicos:** Esta es una opción que ofrece GDN para tiendas virtuales, en donde el *arte* de los *display banners* es automáticamente personalizado, considerando las interacciones de la audiencia en el sitio web del anunciante. GDN puede, por ejemplo, crear y mostrar de forma automatizada un anuncio con fotos y precios de aquellos productos que son más populares en tu tienda en línea. Sin embargo, si no tienes experiencia previa en el uso de GDN, es mejor considerar esta opción hasta que acumules un historial de uso en esta plataforma.

12) **Seleccionar exclusiones de contenido:** Para evitar situaciones donde los anuncios puedan ser colocados en sitios o contextos poco apropiados, sería prudente seleccionar este modo. Por ejemplo; puedes excluir de tu campaña a sitios que publican contenido sobre tragedias, conflictos, sexo o temas sociales muy sensibles, aunque también es posible pedir exclusiones para que tus anuncios no aparezcan en la mitad inferior de cualquier página web, pues estos espacios normalmente tienen baja visibilidad.

13) *Targeting*: Aquí nuevamente echaremos mano de todo lo aprendido en el capítulo 3, pues es donde debes especificar quién es tu audiencia objetivo. Para esto, GDN ofrece una impresionante variedad de opciones que te permitirán definir quién es tu *target*. Hay alrededor de ocho diferentes formas de segmentar la audiencia en GDN, las cuales pueden combinarse y así crear diferentes audiencias para una campaña. Veamos solo algunos ejemplos:

a) **Segmentación demográfica:** GDN permite seleccionar audiencias empleando variables como edad, género o estado civil, lo cual se suma a las variables de región geográfica e idioma ya establecidas.

b) **Segmentación '*in market*':** Este modo de segmentación te permite dirigir tu campaña a personas que -Google sabe- han estado buscando o comprando cierto tipo de productos, situación que es ideal para campañas de *conversión*. Por ejemplo; si vendes cascos para ciclistas, puedes configurar al *target* de la campaña bajo esta modalidad, mostrando tus *display banners* a personas que compraron una bici en línea o que visitan sitios o *apps* que venden bicicletas o cascos para ciclistas. Esto es considerando el historial de navegación de tu audiencia.

De hecho, a este tipo de segmentación se le conoce como '*remarketing*' o '*retargeting*', lo cual explica por qué cuando haces búsquedas o consultas sobre cierto tipo de información, te aparece después publicidad relacionada a esas mismas búsquedas.

c) **Segmentación por *keywords*:** En la segmentación por *keywords* puedes escoger mostrar tus anuncios en sitios web que usan ciertas 'palabras clave' -en el contenido- las cuales son afines a tu campaña.

Por ejemplo, si tienes un restaurante de comida italiana puedes seleccionar *keywords* como: *'pasta'*, *'espagueti'*, *'spaghetti'*, *'lasaña'*, *'lasagna'*, *'comida italiana'*, *'pizza'*, etc. Un poco más adelante, en la sección sobre publicidad en motores de búsqueda, ampliamos la información sobre el uso de *keywords* para llegar a audiencias específicas.

d) **Segmentación por emplazamientos (*placements*):** En este modo de segmentación, GDN te permite seleccionar manualmente diferentes sitios web que has identificado como populares con tu audiencia. Es un poco similar el esquema de 'compra directa' de *display banners*, solo que no es necesario entrar en contacto con cada *publisher*. Sin embargo, ten en cuenta que algunos de los sitios que te podrían interesar, quizá no son parte de la red de GDN, aunque si este fuese el caso, la misma herramienta de configuración de audiencias te lo hará saber en el momento que especifiques la dirección (URL) de cada sitio que sea de tu interés.

14) **Crear los anuncios:** Después de escoger una estrategia de *targeting*, lo que sigue es proporcionar tus anuncios a GDN, es decir los activos creativos que deseas publicar (*display banners*, en este caso). Aquí hay dos formas de hacerlo; una es simplemente cargando las imágenes (archivos) correspondientes a cada **banner** que deseas publicar y otra es empleando el formato *'display* adaptable' que se ofrece, donde también tendrás que cargar los archivos con las imágenes además de redactar un título y descripción para cada anuncio. Ambas formas se pueden probar para evaluar y ver cuál da mejores resultados.

Recuerda que cuando cargues tus anuncios en GDN se te pediría hacerlo utilizando las diferentes medidas y especificaciones que se te indicarán, como por ejemplo; imágenes de 300x250, 250x250 o 120x600. Para ajustar los *banners* bajo las especificaciones de GDN puedes pedir ayuda a un diseñador gráfico con experiencia en publicidad digital.

Recomendaciones para Google Display Network:

Para cerrar este tema veamos algunas recomendaciones finales, en caso de que consideres GDN para tu pauta en medios:

1) **Arte:** Debes asegurarte que tus anuncios de *display banner* tengan un *arte* y creatividad con las cualidades que definiste en el capítulo anterior; deben ser atractivos, memorables, claros, útiles, etc. Adicionalmente debes tener especial cuidado en la redacción y la ortografía del *copy*, pues de otra forma tu anuncio podría no ser aprobado por GDN. También recuerda emplear más de una versión del anuncio para realizar *pruebas A/B* y así permitir a GDN la optimización de tu campaña.

2) **Targeting:** De las ocho diferentes estrategias para configurar el *target* en GDN (demográfica, por *keywords*, por emplazamientos, *in market*...), considera que puedes experimentar combinando varios de esos criterios en una misma campaña, aunque ten en cuenta que si agregas demasiadas variables de segmentación, el tamaño de tu audiencia se podría pulverizar.

   Otra forma de experimentar con el *targeting* en GDN es creando diferentes 'grupos de campañas' que esencialmente anuncian lo mismo pero que emplean diferentes estilos de *targeting*. Por ejemplo, en el grupo de anuncios de la campaña *A*, puedes probar una combinación de variables de segmentación demográfica por '*keywords*', mientras en el grupo de anuncios de tu campaña *B* puedes probar variables de segmentación por 'emplazamiento' e '*in-market*', o cualquier otra combinación que tenga más sentido para ti. En todo caso, la clave de estos experimentos es trabajar por ensayo y error, hasta encontrar la combinación ideal de versiones de anuncios y configuraciones del *target*.

   Finalmente considera que mientras tu audiencia objetivo consuma contenidos en sitios web (periódicos, revistas *online*, portales de espectáculos, clima, etc.) o *apps* gratuitas, el display banner de GDN podría ser una herramienta muy útil. Quizá no tenga el *reach* que tienen las redes sociales en adolescentes o adultos jóvenes, pero podría funcionar bien en una población de mayor edad.

3) **Landing page:** Hay aspectos de tu *landing page* que son evaluados por Google antes de publicar tus anuncios, como el tiempo en que tu sitio tarda en cargar o la congruencia entre el mensaje de tus *display banners* y el contenido que forma parte del *landing page*.

4) **Medición, desempeño y optimización:** La experiencia nos dice que no debemos esperar a tener la combinación correcta de criterios (*targeting*, puja, *arte*, etc.) desde el primer intento. Usando las diferentes herramientas de medición que ofrecen los reportes provistos por GDN y por Google Analytics, debemos siempre procurar optimizar nuestras campañas.

En conclusión, el *display banner* en sus diferentes formas de contratación (directa, programática o GDN) representa una herramienta muy útil para llegar a mercados de forma masiva o a audiencias de *nicho*. Una de sus más grandes ventajas es su alcance combinado con la gran variedad de opciones de *targeting*, donde es posible emplear desde criterios muy básicos de segmentación demográfica hasta esquemas programáticos sofisticados que tienen la capacidad de mostrar anuncios, incluso basándose en los cambios del clima.

Para aquellos con un poco de experiencia en el mundo digital, no debería ser demasiado complicado probar plataformas como GDN o intentar realizar negociaciones directas con *publishers* que son relevantes para el *target*.

6.5.3 **Redes sociales**

Las redes sociales son uno de los canales más populares y accesibles que tenemos para realizar publicidad a través de una gran variedad de plataformas, cada una con sus diferentes particularidades y procesos, que nos darían tema para otro libro. Por esta razón solo nos enfocaremos en las redes que son más comunes; **Facebook, Instagram, Twitter y YouTube**, donde revisaremos los procesos de contratación y configuración de campañas, desde una perspectiva general. También mencionaremos brevemente otras plataformas emergentes o de nicho.

Hay dos formas de emplear las redes sociales para hacer publicidad: desde una perspectiva '*orgánica*' o desde una perspectiva '**de paga**'.

6.5.3.1 **Las publicaciones *orgánicas***

La *publicidad orgánica* no cuesta. Son como las típicas publicaciones que realizamos todos los días desde nuestro perfil en redes sociales, las cuales solo tienen exposición en las personas que nos siguen y en algunos casos, ni siquiera en todos ellos, pues estas plataformas emplean algoritmos que optimizan el flujo de contenidos que cada persona ve desde su perfil.

Por lo mismo que no cuestan, las publicaciones *orgánicas* son una de las formas más comunes en que los microempresarios promocionan sus negocios, pidiendo o invitando a sus familiares y amistades a que interactúen o compartan sus publicaciones.

Sin embargo, hay que considerar que en muchos casos esas publicaciones son compartidas con personas (nuestros *followers*) que no necesariamente tienen el perfil del *target*, donde además hay obvias limitaciones de alcance, incluso aún cuando se tengan muchos seguidores. Afortunadamente las principales plataformas en redes sociales han diseñado interfaces para contratar y colocar anuncios de una forma relativamente sencilla y a costos realmente bajos (desde $1 dólar).

De cualquier manera, el limitado alcance de **las publicaciones *orgánicas*** no debería ser un impedimento para usarlas, pues siguen siendo útiles incluso cuando se tiene un presupuesto publicitario, ya que nos ayudan a balancear la *mezcla de medios*, donde además podemos destacar otras ventajas:

- **Funcionalidad:** Las publicaciones *orgánicas* son un gran apoyo para anunciar lanzamientos, actualizaciones de producto, promociones, comunicados, convocatorias o concursos.

- **Medio de contacto:** A diferencia de los *display banners*, las redes sociales tienen una naturaleza multidireccional. No solo son un medio de contacto con nuestra audiencia, también nos permiten entablar un diálogo con varias personas a la vez y de forma transparente. Desafortunadamente algunas empresas renuncian a esta cualidad al no atender o responder a las preguntas de sus seguidores.

- **Presencia:** La popularidad de un perfil en redes la podemos determinar con base en la cantidad y la calidad de sus publicaciones y seguidores, lo cual ayuda a la marca a construir cierta autoridad social en el mercado y la comunidad.

- *Construcción de marca:* Las redes sociales también son un excelente medio para construir y desarrollar la identidad de marca difundiendo y compartiendo contenido orgánico que es interesante o entretenido para el *target* y que es consistente con tus *valores de marca*.

Una vez establecidas algunas de las cualidades de las publicaciones *orgánicas*, nos enfocaremos en revisar y describir las características y beneficios de la **publicidad pagada en redes sociales.**

Lo primero es considerar que, a diferencia de las publicaciones *orgánicas*, cuando pagamos por publicidad en plataformas como Facebook, Instagram, Twitter o YouTube mejoramos drásticamente dos de los aspectos más importantes en publicidad: **alcance** y **afinidad**.

Dependiendo del presupuesto, plataformas como Facebook tienen la capacidad de llegar a millones de personas y sus herramientas de configuración de audiencias permiten impactar solo a aquellos quienes tienen las cualidades específicas del *target* seleccionado, y esto a un nivel impresionantemente fino. Sin embargo, hay que considerar que cada una de estas redes sociales son particularmente populares en ciertos grupos demográficos. Por ejemplo, Facebook es más popular en Latinoamérica que en Europa occidental, Snapchat es más popular en adolescentes, Instagram con adultos jóvenes, YouTube es un poco más popular con personas con mayor grado de estudios y en general Twitter es más popular con hombres que con mujeres, lo cual también puede variar por país y al paso de los años.

Por esta razón es importante que entiendas cuál es la composición demográfica actual de las redes sociales que te interesa emplear, esto en base a las características de tu *target* y del país en donde te encuentres. Una forma de obtener esta información actualizada es a través de los reportes que cada año publican diferentes empresas, como es el caso de la colaboración entre Kepios, Hootsuite y We Are Social a través de sus reportes anuales *'Digital Global Report'*.

Consideremos, por ejemplo, uno de los gráficos publicados en este reporte titulado *"Tiempo Diario de Uso en Redes Sociales"* que describe **la cantidad de horas y minutos diarios que pasan en redes sociales** los internautas de entre 16 y 64 años, por país y en cualquier tipo de dispositivo. En esta figura (6.13) es posible observar que Latinoamérica destaca por su alto uso de redes sociales, pues 4 de los 10 países con consumos más altos se ubican en esta región, incluyendo a Colombia, Brasil, México y Argentina (Kemp, 2020).

Si bien entre continentes hay variaciones en el uso de ciertas redes sociales en Hispanoamérica este consumo es más o menos homogéneo.

DAILY TIME SPENT USING SOCIAL MEDIA

JAN 2020

AVERAGE DAILY TIME (IN HOURS AND MINUTES) THAT INTERNET USERS AGED 16 TO 64 SPEND USING SOCIAL MEDIA ON ANY DEVICE

PHILIPPINES	03:53
COLOMBIA	03:45
BRAZIL	03:31
NIGERIA	03:30
INDONESIA	03:26
MEXICO	03:25
KENYA	03:23
ARGENTINA	03:11
SOUTH AFRICA	03:10
SAUDI ARABIA	03:02
GHANA	03:01
EGYPT	02:57
U.A.E.	02:57
THAILAND	02:55
TURKEY	02:51
MALAYSIA	02:45
RUSSIA	02:26
MOROCCO	02:25
INDIA	02:24
WORLDWIDE	02:24
VIETNAM	02:22
ROMANIA	02:13
CHINA	02:12
SINGAPORE	02:08
PORTUGAL	02:04
U.S.A.	02:03
ISRAEL	02:02
POLAND	02:00
TAIWAN	02:00
HONG KONG	01:57
ITALY	01:57
SPAIN	01:51
CANADA	01:49
IRELAND	01:49
SWEDEN	01:48
NEW ZEALAND	01:45
AUSTRALIA	01:44
FRANCE	01:42
U.K.	01:42
BELGIUM	01:36
DENMARK	01:33
AUSTRIA	01:20
GERMANY	01:19
NETHERLANDS	01:19
SWITZERLAND	01:18
SOUTH KOREA	01:13
JAPAN	00:45

Figura 6.13 Tiempo diario de uso, en minutos, en redes sociales en enero de 2020 por país. **Fuente:** Hootsuite & We Are Social (2020), "Digital 2020 Global Digital Overview," extraído de https://datareportal.com/reports/digital-2020-global-digital-overview

MOST-USED SOCIAL MEDIA PLATFORMS

PERCENTAGE OF INTERNET USERS AGED 16 TO 64 WHO REPORT USING EACH PLATFORM IN THE PAST MONTH

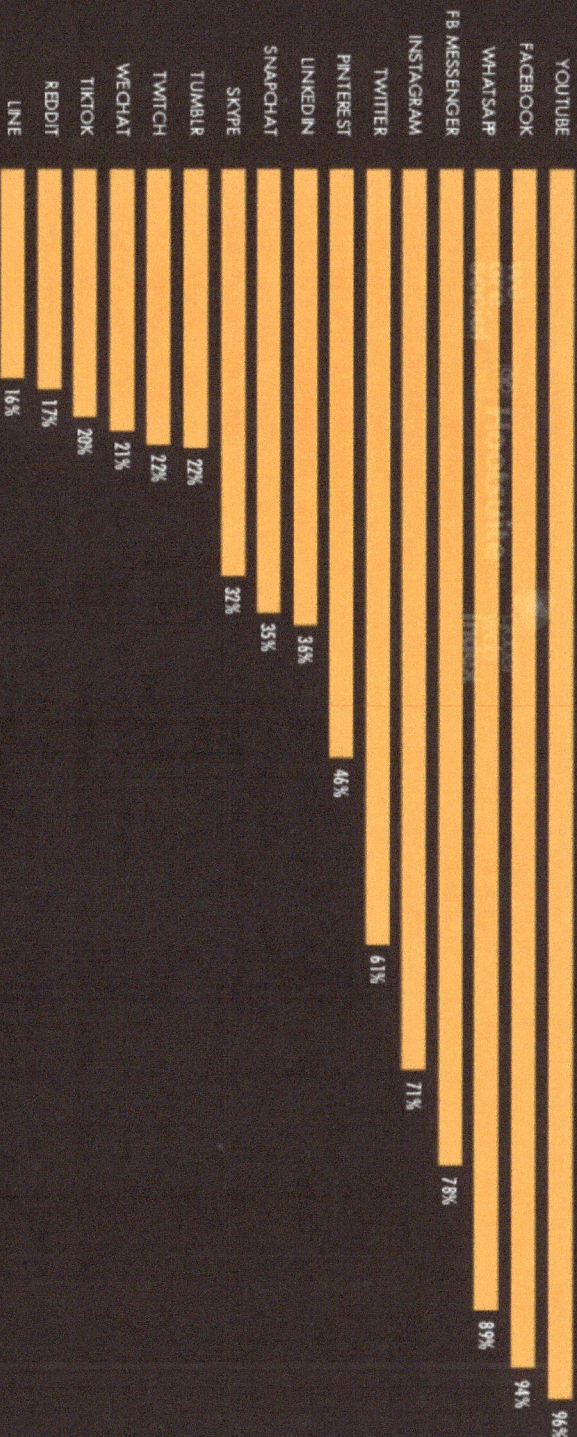

JAN 2020

Platform	Percentage
YOUTUBE	96%
FACEBOOK	94%
WHATSAPP	89%
FB MESSENGER	78%
INSTAGRAM	71%
TWITTER	61%
PINTEREST	46%
LINKEDIN	36%
SNAPCHAT	35%
SKYPE	32%
TUMBLR	22%
TWITCH	22%
WECHAT	21%
TIKTOK	20%
REDDIT	17%
LINE	16%

MÉXICO

we are social · Hootsuite

43

Figura 6.14 "Plataformas en redes sociales más usadas. Porcentaje de usuarios en internet entre 16 y 64 años que reportaron usar cada plataforma en el mes pasado, en México (2020)". **Fuente:** Hootsuite & We Are Social (2020), "Digital 2020 México," extraído de https://datareportal.com/reports/digital-2020-mexico

En la figura 6.14 podemos observar cuáles son las plataformas en redes sociales más usadas en México. Un escenario que es similar al de otros países de la región.

Adicionalmente, podemos notar otro interesante punto en común en Latinoamérica, como son los **medios de comunicación que las personas dicen usar para descubrir marcas nuevas**, como se muestra a continuación en las *figuras 6.15, 6.16 y 6.17,* donde en el caso de México, Argentina y Colombia (respectivamente), la fuente preferida son las redes sociales, seguido por la publicidad en televisión (en el caso de Argentina y Colombia), mientras que en México la segunda fuente para descubrir marcas nuevas son los motores de búsqueda (Kemp, 2020).

> **Nota:** En la siguiente tabla podemos ver la traducción para cada uno de los conceptos incluidos en las figuras que se muestran a continuación.

Término en Inglés	Traducción al Español
ADS IN SOCIAL MEDIA	Anuncios en redes sociales.
SEARCH ENGINES	Motores de búsqueda (*e.g.* Google).
ADS ON TELEVISION	Anuncios en televisión.
WORD-OF-MOUTH RECOMMENDATIONS	Publicidad (recomendaciones) de boca en boca.
RETAIL WEBSITES	Tiendas en línea.
BRAND OR PRODUCT WEBSITES	Sitios web de marcas o productos.
ADS ON WEBSITES	Anuncios en sitios web.
RECOMMENDATIONS OR COMMENTS ON SOCIAL MEDIA	Recomendaciones o comentarios en las redes sociales.
IN-STORE DISPLAY OR PROMOTIONS	Exhibición del producto o promociones en tiendas.
TV SHOWS OR FILMS	Programas de televisión o películas.

Tabla 6.5 Traducción de las fuentes o canales bajo los que se descubren nuevas marcas

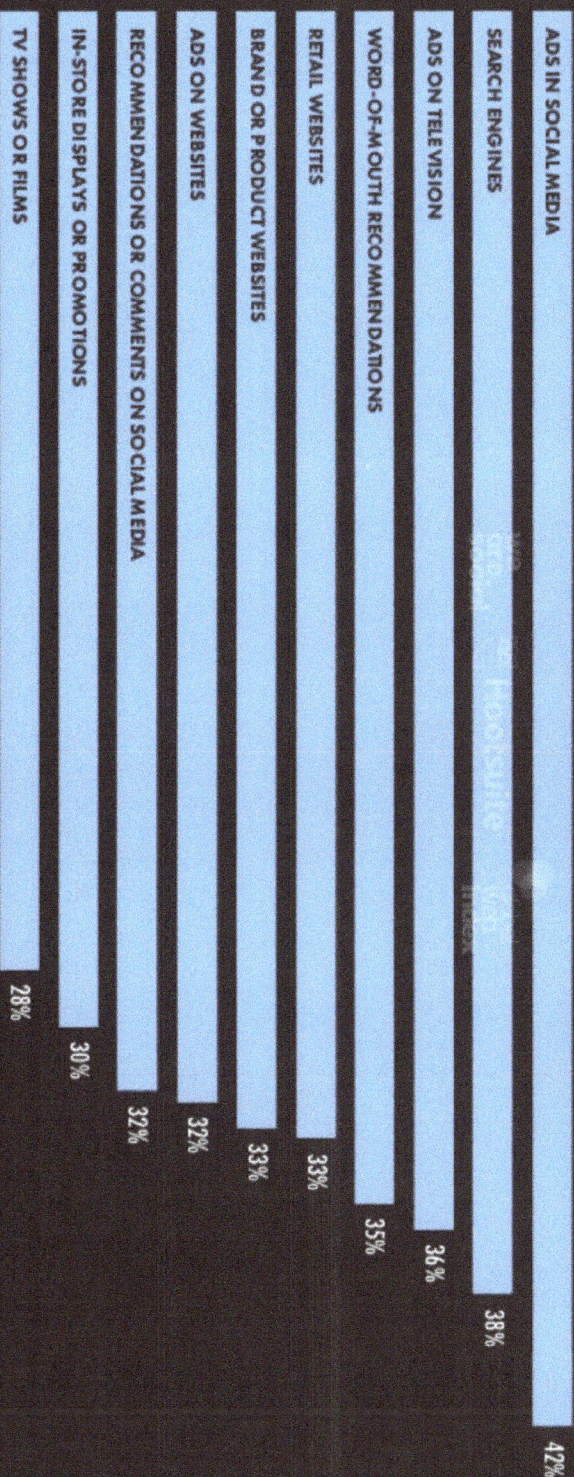

Figura 6.15 "Fuentes para descubrir nuevas marcas. Porcentaje de usuarios que dijeron descubrir nuevas marcas y productos a través de cada canal". **Fuente:** Hootsuite & We Are Social (2020), "Digital 2020 Mexico," extraído de https://datareportal.com/reports/digital-2020-mexico

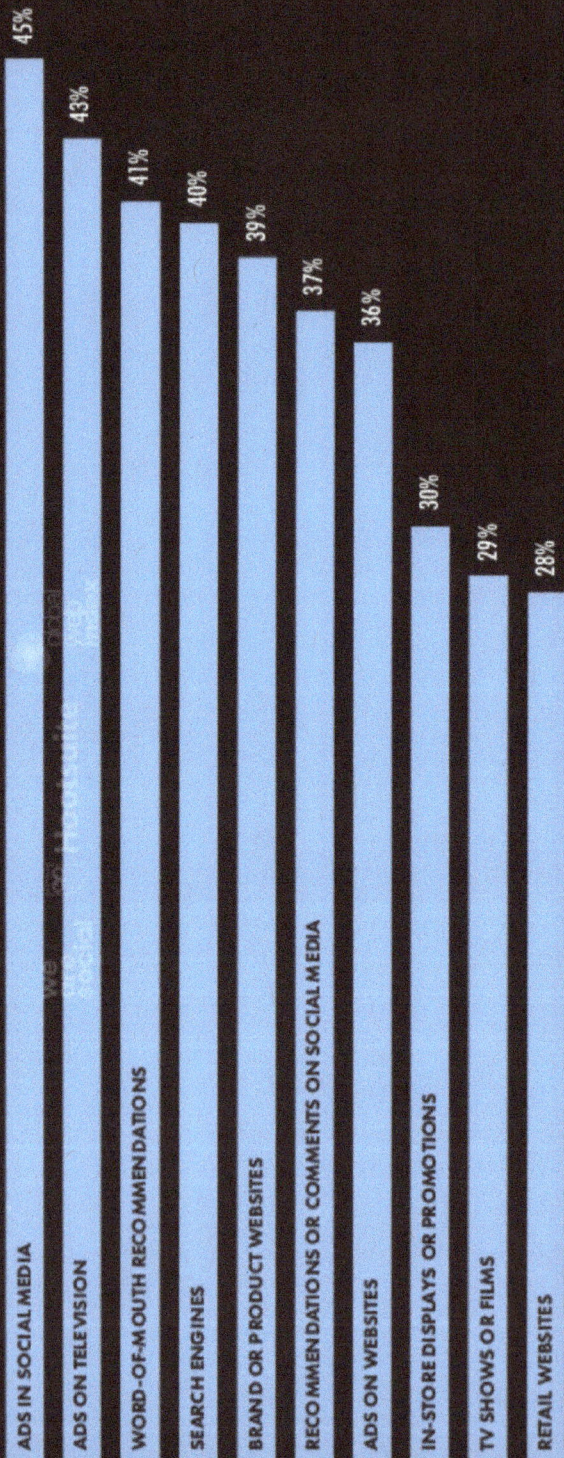

JAN 2020

SOURCES OF NEW BRAND DISCOVERY

PERCENTAGE OF INTERNET USERS AGED 16 TO 64 WHO SAY THEY DISCOVER NEW BRANDS AND PRODUCTS VIA EACH CHANNEL

ARGENTINA

ADS IN SOCIAL MEDIA	45%
ADS ON TELEVISION	43%
WORD-OF-MOUTH RECOMMENDATIONS	41%
SEARCH ENGINES	40%
BRAND OR PRODUCT WEBSITES	39%
RECOMMENDATIONS OR COMMENTS ON SOCIAL MEDIA	37%
ADS ON WEBSITES	36%
IN-STORE DISPLAYS OR PROMOTIONS	30%
TV SHOWS OR FILMS	29%
RETAIL WEBSITES	28%

SOURCE: GLOBALWEBINDEX (Q3 2019). FIGURES REPRESENT THE FINDINGS OF A BROAD SURVEY OF INTERNET USERS AGED 16 TO 64. SEE GLOBALWEBINDEX.COM FOR MORE DETAILS

we are social   Hootsuite

Figura 6.16 "Fuentes para descubrir nuevas marcas. Porcentaje de usuarios en internet entre 16 y 64 años, en Argentina, que dijeron descubrir nuevas marcas y productos a través de cada canal". Fuente: Hootsuite & We Are Social (2020), "Digital 2020 Argentina", extraído de https://datareportal.com/reports/digital-2020-argentina

JAN 2020

SOURCES OF NEW BRAND DISCOVERY

PERCENTAGE OF INTERNET USERS AGED 16 TO 64 WHO SAY THEY DISCOVER NEW BRANDS AND PRODUCTS VIA EACH CHANNEL

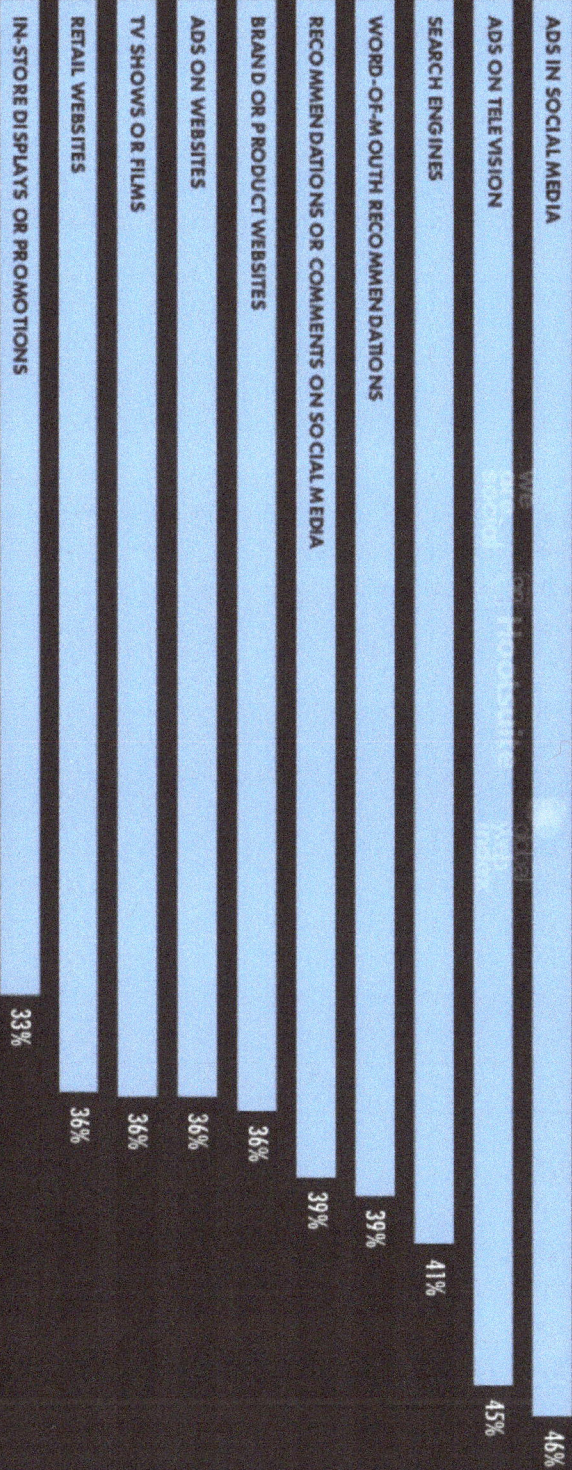

COLOMBIA

ADS IN SOCIAL MEDIA	46%
ADS ON TELEVISION	45%
SEARCH ENGINES	41%
WORD-OF-MOUTH RECOMMENDATIONS	39%
RECOMMENDATIONS OR COMMENTS ON SOCIAL MEDIA	39%
BRAND OR PRODUCT WEBSITES	36%
ADS ON WEBSITES	36%
TV SHOWS OR FILMS	36%
RETAIL WEBSITES	36%
IN-STORE DISPLAYS OR PROMOTIONS	33%

SOURCE: GLOBALWEBINDEX [Q3 2019]. FIGURES REPRESENT THE FINDINGS OF A BROAD SURVEY OF INTERNET USERS AGED 16 TO 64. SEE GLOBALWEBINDEX.COM FOR MORE DETAILS.

we are social · Hootsuite

Figura 6.17 "Fuentes para descubrir nuevas marcas. Porcentaje de usuarios en internet entre 16 y 64 años, en Colombia, que dijeron descubrir nuevas marcas y productos a través de cada canal". **Fuente:** Hootsuite & We Are Social (2020), "Digital 2020 Colombia," extraído de https://datareportal.com/reports/digital-2020-colombia

70

Otro aspecto interesante que podemos observar en estos reportes es la importancia que el *display banner* ('*Ads on Websites*') ocupa en México, Argentina y Colombia, la cual es inferior a la que tiene la publicidad en redes sociales.

Este es un dato que te podría ayudar a entender cómo priorizar la distribución de tu presupuesto en medios digitales. También es importante resaltar el valor que tiene el *colateral* como los sitios web ('*Retail & Brand or Product Websites*') o el *material POP* y las promociones en punto de venta (*In-store Displays or Promotions*), pues a pesar de que estas no son plataformas que típicamente consideraríamos de *conocimiento de marca*, sí son medios empleados por un tercio de los participantes en el estudio para descubrir marcas nuevas.

En todo caso es importante recordar que **no es recomendable apostar todo tu presupuesto a una sola plataforma, pues descubrir marcas es solo una parte del proceso de *marketing*,** por lo que necesitarás emplear otros medios para completar las etapas restantes en el proceso de *destilación de clientes*.

6.5.3.3 Recomendaciones generales para la publicidad en redes sociales

Para continuar con la identificación de características y criterios de evaluación para redes sociales, y antes de entender el proceso de compra de anuncios en estas plataformas, veamos rápidamente algunas recomendaciones generales:

1) **Consistencia:** Durante tu análisis de audiencias, identifica plataformas en redes sociales que sean consistentes con tu *target*, pero recuerda que la audiencia de cada red social puede variar por país. En general sabemos que medios como Instagram, Snapchat y Tiktok van dirigidos a jóvenes. Facebook y YouTube son plataformas de largo alcance que llegan a un espectro de edades mucho más amplio; desde jóvenes hasta adultos mayores. Otro tipo de redes sociales te permitirán llegar a nichos o mercados específicos, como mujeres (*e.g.* Pinterest), adultos mayores (*e.g.* Facebook) o profesionistas (*e.g.* LinkedIn).

2) **La primera pantalla:** Quizá en América Latina todavía pasamos la misma cantidad de tiempo frente al televisor que en la pantalla del celular, pero la tendencia actual indica que las pequeñas pantallas de los teléfonos móviles dominarán sobre cualquier otro medio.

En México, sabemos que la gente ya pasa más tiempo navegando desde su celular (81%) que desde cualquier otro dispositivo conectado a internet (Instituto Federal de Telecomunicaciones, 2018).

Esto supone que, si vas a realizar una campaña en redes sociales, la creatividad de tu anuncio debe estar diseñada, por *default*, para que se vea y funcione bien en pantallas móviles, especialmente en *smartphones*. Esta consideración también aplica al diseño de tu *landing page*, que debe ser 100% funcional en pantallas pequeñas.

3) **Elementos visuales:** En redes sociales las imágenes funcionan mucho mejor que el texto, y el video funciona mucho mejor que las imágenes. En todo caso, ya sean imágenes o video, siempre debes usar elementos de alta calidad.

4) *Targeting*: En todas las plataformas -en redes sociales- donde es posible contratar publicidad pagada, se puede configurar el *target* de los anuncios empleando un gran número de variables. Ya sabemos que no es buena idea pulverizar demasiado a la audiencia usando un exceso de variables, sin embargo, es recomendable probar diferentes combinaciones de segmentación del mercado las cuales puedes comparar y evaluar con *pruebas A/B*.

5) *Landing page*: Al igual que con cualquier otro medio digital, no uses sitios web corporativos para aterrizar el tráfico de una campaña en redes sociales, mejor desarrolla un *landing page* especialmente diseñado para vender o realizar *conversiones*.

6) **Interacción:** Es importante estar atento y responder a la retroalimentación y a las preguntas de tu audiencia en tus anuncios en redes, de esta forma les ayudas a recorrer las diferentes etapas del proceso de *destilación de clientes*. Cada vez que publiques un anuncio pagado en redes sociales es buena idea anticipar las posibles preguntas que la gente pueda realizar, para lo cual también es posible anticipar posibles respuestas.

7) **El *wearout*:** Recuerda que una frecuencia de anuncios demasiado alta puede causar fatiga en la audiencia. Algunos administradores de anuncios en redes sociales, como YouTube, te permiten establecer un límite a la cantidad de veces que un individuo estará expuesto a un determinado anuncio. En todo caso, cuando somos principiantes es mejor dejar esta decisión en 'modo automático', es decir al criterio de la plataforma.

8) **Tres segundos:** Los anuncios en video generan más interacciones que los anuncios de imagen estáticos, sin embargo, cuando empleas anuncios de video en redes sociales, solo tienes alrededor de tres segundos para capturar la atención de tu *target*. En plataformas como Facebook mucha gente ve los anuncios de video sin volumen, por lo que también es importante integrar subtítulos en el mismo idioma. Esto lo puedes realizar en plataformas como Facebook y YouTube cargando, adjunto al video, un archivo '*.srt*'. El '*.srt*' es un formato común que ayuda a establecer cuáles líneas de texto deben mostrarse en determinados tiempos en un video.

9) **Evaluación:** Todas las plataformas de redes sociales, en su sección de administración de anuncios, te ofrecen un tablero con reportes sobre aquellas métricas (*views*, CTR, VTR, *impresiones*, etc.) que te ayudarán a comparar y evaluar el desempeño de tus anuncios. No dejes de usar esta información para optimizar tus campañas.

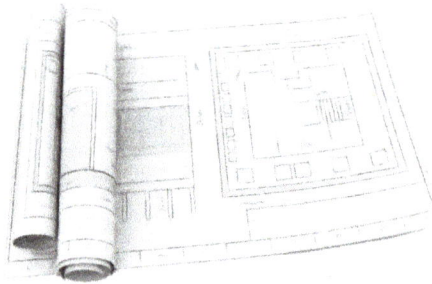

6.5.3.4 La estructura de una campaña en redes sociales

Antes de revisar el proceso general de contratación de anuncios en las principales plataformas de redes sociales, primero hay que entender la forma en la cual estas empresas estructuran una campaña publicitaria.

Para publicar un anuncio en una red social, este debe estar contenido dentro de un **'Grupo de Anuncios'**, y la razón por la cual se nos pide crear un grupo de anuncios es para poder separar las diferentes versiones que tenemos, ya sea porque estos anuncios van dirigidos a *targets* diferentes, porque queremos evitar fatiga en la audiencia o porque deseamos hacer *pruebas A/B*. Sin embargo, todos los anuncios y todos los grupos de anuncios (para un mismo producto) van a estar contenidos a su vez dentro de una 'Campaña'. Veamos un diagrama que ilustra esto.

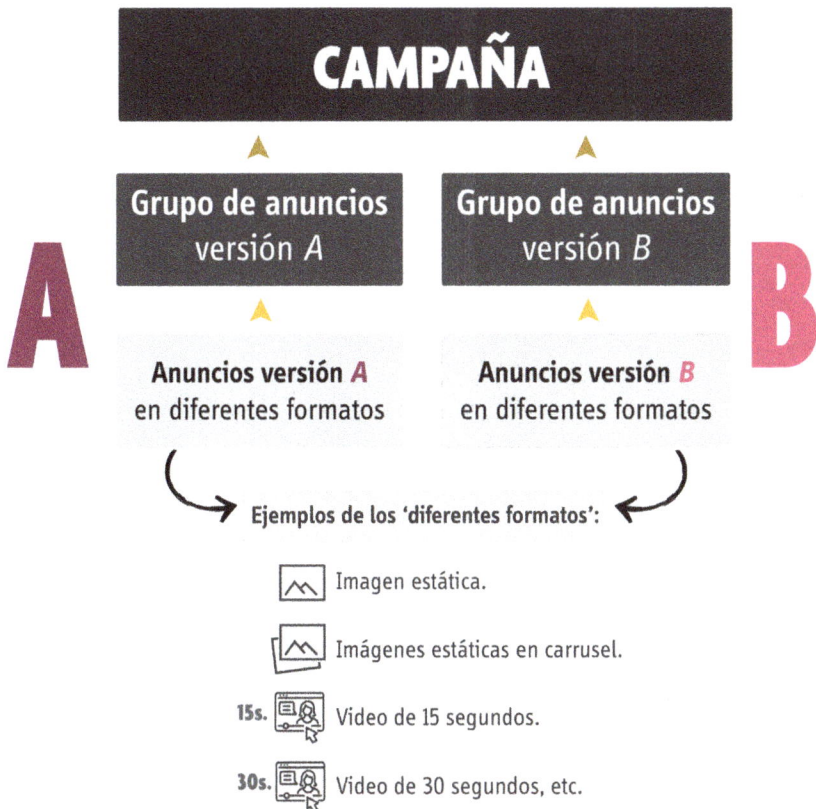

CAMPAÑA

▲ ▲

Grupo de anuncios
versión *A*

Grupo de anuncios
versión *B*

A B

▲ ▲

Anuncios versión *A*
en diferentes formatos

Anuncios versión *B*
en diferentes formatos

Ejemplos de los 'diferentes formatos':

Imagen estática.

Imágenes estáticas en carrusel.

15s. Video de 15 segundos.

30s. Video de 30 segundos, etc.

Figura 6.18 Estructura típica de una campaña en redes sociales

Esa es la forma en que las redes sociales ordenan y estructuran tus anuncios, por lo que durante el proceso de contratación se te pedirá que **designes un nombre** a la 'Campaña', al 'Grupo de anuncios' y a cada 'Anuncio' que deseas colocar, esto con fines de identificación y control.

Proceso general de compra de publicidad en redes sociales

Cada red social tiene su propio proceso para contratar y colocar anuncios, que esencialmente es muy similar al ya visto en Google Display Network. De hecho, puesto que algunas redes sociales son parte de la misma corporación, el proceso de llenar los respectivos formularios de configuración de campañas puede ser parecido o incluso idéntico.

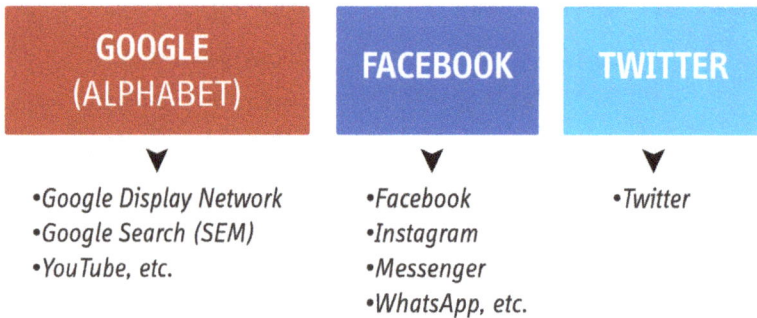

Figura 6.19 Las principales plataformas publicitarias por corporación

Por lo mismo, para evitar repetir la forma en que este proceso funciona con cada red social, hemos sintetizado todo en un esquema genérico de 12 pasos.

Algunas de las preguntas o campos planteados en el proceso de cada red social podrían variar ligeramente, pero si puedes asimilar este esquema, probablemente no tendrás problema para realizar la contratación de tus anuncios.

Solo ten en cuenta que las redes sociales constantemente realizan ajustes, por lo que es recomendable que te actualices a través de tutoriales en línea o incluso tomando los cursos de certificación que algunas plataformas ya ofrecen, como la certificación 'Blueprint' de Facebook, o la certificación de 'Publicidad en Búsquedas' de Google, entre otros.

PROCESO GENERAL DE COMPRA DE ESPACIOS PUBLICITARIOS EN REDES SOCIALES

1. Abrir cuenta
2. Crear campaña
3. Definir objetivos
4. Crear un grupo de anuncios
5. Definir la ubicación geográfica
6. Definir la audiencia objetivo
7. Definir un presupuesto
8. Establecer la duración
9. Escoger emplazamientos
10. Crear anuncio
11. Especificar una forma de pago
12. Publicar campaña

Figura 6.20 *Proceso general de compra de espacios publicitarios en redes sociales*

1) **Abrir una cuenta:** Para colocar anuncios en cualquier red social necesitas primero tener o crear un 'perfil' **como empresa.**

   En el caso particular de Facebook ten cuidado; no es lo mismo crear un perfil para una persona (*Facebook Profile*), que crear una página para una empresa (*Facebook Fan Page*). Lo que necesitas hacer aquí es crear una página para tu empresa, lo cual puedes realizar desde tu perfil personal: Desde el menú superior de Facebook busca la opción 'Crear' y luego la opción 'Página'.

   De esta forma podrás gestionar tus campañas, desde tu perfil, donde tú mismo te designas como administrador de la página de tu empresa, con la posibilidad de asignar a otras personas como colaboradores, para que también ellos puedan crear o modificar tus campañas, en caso de ser necesario. En Facebook, crear la página de tu empresa como si fuese el perfil de una persona es muy mala idea.

   Adicionalmente también se te pedirá abrir una cuenta en el **administrador de anuncios** de cada plataforma (Facebook for Business, Twitter Ads, YouTube Ads, etc.), mientras que en el caso de Instagram se puede gestionar desde el mismo administrador de anuncios de Facebook for Business.

2) **Crear campaña:** En el perfil de tu negocio en redes sociales o en el administrador de anuncios, generalmente hay un botón que dice 'Crear Campaña', lo cual inicia el proceso de contratación de anuncios donde se te pedirá asignarle un nombre a la campaña.

3) **Definir objetivos:** El administrador de anuncios te pedirá definir tus objetivos de campaña. Para entender la lógica detrás de los objetivos de una campaña en redes sociales solo recuerda las cinco etapas del proceso de *destilación de clientes: conocimiento, curiosidad, convicción, conversión y compromiso.*

   Durante la configuración de tu campaña te darás cuenta que las redes sociales solo usan tres de las etapas del "*embudo*" o proceso de *destilación de clientes* para fijar tus objetivos. Desde el menú de objetivos en Facebook, Twitter o YouTube, selecciona '**Reconocimiento**' para lograr exposición de marca (lo mismo que '*conocimiento*'), '**Consideración**' para lograr tráfico a un landing page o interacciones (lo mismo que '*curiosidad*' o '*convicción*') y '**Conversión**' para lograr compras en línea o descargas de contenido.

Si no estás seguro de cuál modalidad de objetivo debes escoger, puedes empezar seleccionando 'Reconocimiento' o la opción de 'Tráfico' para hacer tus primeras pruebas.

4) **Crear un grupo de anuncios:** Algunas plataformas como Facebook te permiten dividir las campañas en diferentes grupos de anuncios para poder realizar *pruebas A/B* o para impactar diferentes audiencias, en cuyo caso se te pedirá designar un nombre a cada grupo de anuncios.

5) **Definir la ubicación geográfica:** Antes de que se te pida definir quién es tu audiencia objetivo, estas plataformas te solicitarán designar un área geográfica para tu campaña ya sea un país, estado o provincia, ciudad, código postal e incluso dirección postal, opción que no siempre está disponible en todos los países.

6) **Definir la audiencia objetivo:** En este punto las diferentes plataformas de redes sociales te piden definir tu *target*, lo que usualmente se hace seleccionando diferentes variables de segmentación desde un menú. Dependiendo de cada plataforma, estas opciones van desde variables demográficas hasta segmentación por intereses, palabras clave, comportamientos o *retargeting*. También es posible seleccionar 'exclusiones de contenido', es decir temas o contenidos con los cuales no quieres asociar tu campaña. Conforme agregues variables de segmentación podrás ver un marcador en la misma pantalla del administrador de anuncios que ajusta el tamaño de tu audiencia objetivo, de manera que, mientras más variables agregues podrás ver -en tiempo real- cómo esta se reduce en tamaño.

7) **Definir un presupuesto:** En esta sección se te pide fijar una unidad de compra para tus anuncios que, dependiendo del tipo de objetivo que seleccionaste al inicio, puede ser CPC, CPM, *conversiones*, etc. Usualmente el presupuesto que fijes será diario, aunque posteriormente también podrás especificar un presupuesto límite para toda la campaña, al margen de los días de duración.

En algunas plataformas hay una 'opción avanzada' para seleccionar el valor de tu puja, ya sea por CPC, *impresiones*, etc. Si tienes poca experiencia debes dejar que la plataforma defina el valor de tu puja en 'modo automático', pues de otra forma podrías poner un valor demasiado bajo impidiendo que tu anuncio se muestre, o un valor demasiado alto, que podría debilitar tu presupuesto.

Adicionalmente, algunas plataformas te preguntan si deseas que los anuncios se entreguen de forma 'acelerada' o en modo 'estándar', salvo en casos especiales el modo estándar es la opción más común.

8) **Establecer la duración:** Aquí estableces la duración de la campaña donde debes especificar una fecha de inicio y una fecha de finalización. En algunos casos también es posible establecer en qué horas del día deseas entregar los anuncios e incluso es posible fijar un límite a la frecuencia de exposición de los anuncios por persona (para evitar el *wearout*). En todo caso, se recomienda a los principiantes también dejar esta decisión en modo automático para que la plataforma decida cuál es la mejor frecuencia.

9) **Escoger emplazamientos:** Como ya vimos en páginas anteriores, Facebook y Google son empresas que tienen diferentes plataformas publicitarias bajo un mismo "paraguas", además de tener convenios o alianzas con otras redes publicitarias digitales para llevar tus anuncios a sitios fuera del ecosistema de Facebook o Google. Facebook por ejemplo, además de contar con la plataforma que lleva el mismo nombre, es propietaria de Instagram, Messenger y de una red publicitaria en línea conocida como 'Facebook Audience Network', que permite a esta empresa mostrar tus anuncios en *apps* y páginas web en otros sitios dentro o fuera del ecosistema de Facebook.

De esta forma, al definir los 'emplazamientos', estás escogiendo cuáles son las redes o *networks* donde deseas que tus anuncios se muestren. Si, por ejemplo, estás en el administrador de anuncios de Facebook y quieres montar una campaña que solo se vea en Instagram, esta sección es el lugar para indicarlo. En algunos casos también es posible dejar esta opción de *networks* en modo automático para que la plataforma decida.

10) **Crear anuncio:** Ahora es momento de cargar el archivo con tu anuncio, donde te pedirán que le asignes un nombre. En este caso debes también especificar los **formatos de anuncio** que deseas emplear. Cada plataforma cuenta con una variedad de formatos, cada uno con sus ventajas y desventajas, los cuales describiremos más adelante.

Ya una vez seleccionado el formato se te pedirá **cargar los archivos** de cada anuncio bajo ciertas especificaciones que se indican (tipo de archivo, tamaño de imagen, etc.). En algunos casos se te pedirá poner un **título** a la publicación o anuncio, el cual puede ser parte del *copy* que ya desarrollaste en el capítulo anterior, como el encabezado, y en algunos casos un **texto descriptivo**. Aquí podrás poner el subencabezado que también ya tienes. Considera que todos estos títulos y subtítulos en redes sociales tendrán un límite de caracteres y usualmente es texto que se muestra en un área separada o fuera del *arte* principal del anuncio.

Después de cargar el texto se te pedirá indicar cuál es la dirección web (URL) del *landing page* donde deseas aterrizar el tráfico que generen los anuncios.

Por último, en algunos casos también tendrás la opción de definir o escoger, de un menú preestablecido, un ***call to action***, el cual usualmente puede ser 'Contáctanos', 'Descargar' (para anuncios de *apps*), 'Cotizar' o 'Más información', entre otros, así como la selección del idioma en el cual estás publicando el anuncio.

11) **Especificar una forma de pago:** Todas estas plataformas te pedirán al final del proceso (algunas al principio) que definas tu forma de pago; usualmente cargando los datos de una tarjeta de crédito.

12) **Publicar campaña:** En esta última etapa del proceso se muestra un botón 'Publicar' o 'Iniciar campaña' junto a un resumen sobre la campaña que acabas de configurar, esto para que revises y des tu autorización antes de que la plataforma publique tus anuncios.

6.5.3.6 Principales redes sociales y sus particularidades

1) **Facebook:** Esta sigue siendo una de las plataformas con mayor alcance en el mundo, permitiéndote llegar a un amplio espectro de edades, niveles socioeconómicos y estilos de vida. Hay dos formas de publicar un anuncio en Facebook, una es a través del administrador de anuncios (Facebook for Business); siguiendo un proceso similar al recién descrito. La otra forma es más directa, donde simplemente necesitas postear una publicación -desde tu página de negocio- de manera orgánica, y posteriormente seleccionar la opción 'Impulsar publicación' que aparece ahí mismo.
Este proceso es más rápido, pero reducirá el tamaño del formulario antes descrito, lo cual limitará las opciones de configuración de tu anuncio.

Adicionalmente, quisiera mencionar que Facebook cuenta con una herramienta llamada **'Facebook Pixel'**, la cual permite rastrear las visitas generadas por la campaña en tu *landing page*, esto con la finalidad de mejorar en un futuro tu capacidad de análisis y segmentación de las audiencias en Facebook e Instagram. Facebook Pixel puede ser especialmente útil si tienes una tienda en línea, y si esto es algo que te interesa emplear, necesitas copiar y pegar un código (llamado 'Pixel ID') en el código de tu *landing page*, esto con ayuda de la persona que administra tu sitio web.

A continuación, revisemos algunas otras características de esta plataforma:

- **Omnipresencia:** Es una plataforma casi universal para consumir noticias y entretenimiento la cual llega a un espectro demográfico muy amplio. En su sitio web, Facebook dice que más de 70% de los usuarios que están en internet tienen una cuenta con ellos, donde sus audiencias combinadas (incluyendo Instagram y WhatsApp) representan aproximadamente tres mil millones de personas en el mundo.

- **Accesibilidad:** Tiene un sistema relativamente sencillo de contratación de anuncios con una inversión mínima, que puede ser desde un dólar al día.

- **Conveniencia:** Hay una gran variedad de opciones de segmentación de audiencias, desde parámetros básicos hasta opciones de micro-*targeting*. Sus formatos publicitarios incluyen hasta seis diferentes opciones, entre las que destacan: publicaciones pagadas de imagen o video (*promoted posts*), publicaciones de carrusel, canvas ads, o anuncios de eventos, entre otros.

- **Medible:** Facebook además tiene un sistema bastante aceptable para medir el desempeño de los anuncios que publiques en su plataforma.

Desde un punto de vista publicitario, en esta plataforma no se encuentran desventajas significativas, al margen de las conocidas controversias que se han ventilado en los principales medios de comunicación.

Si bien Facebook ha estado recientemente bajo el escrutinio público por sus sistemas de moderación de contenidos, en septiembre de 2020 la Federación Mundial de Anunciantes (WFA) difundió la formalización de un compromiso entre las principales plataformas de redes sociales, que incluyen a Facebook, para *"adoptar un conjunto común de definiciones con la finalidad de monitorear y controlar las publicaciones relacionadas a discursos de odio y otros contenidos inapropiados"* (2020). Traducción del autor.

Para conocer más sobre las oportunidades publicitarias en Facebook visita: https://www.facebook.com/business/ads

2) **Instagram:** Con cientos de millones de usuarios activos por día, esta es una plataforma para dispositivos móviles muy popular en los segmentos jóvenes de la población, cuyas edades oscilan entre 18 y 34 años. Es un medio completamente visual que puede emplearse para *construir marca*, específicamente con productos o servicios de consumo (B2C) que tengan algún aspecto o proceso visualmente atractivo, entretenido o impactante. Como ya sabemos, los anuncios en esta plataforma se configuran desde el administrador de anuncios de Facebook, por lo cual no es necesario tener una cuenta o perfil en Instagram. Adicionalmente Instagram ofrecen diferentes formatos publicitarios, entre los que destacan los *story ads, photo ads, video ads,* o los *carousel ads* que muestran una secuencia de imágenes estáticas.

A continuación, revisemos algunas otras características de esta plataforma:

- **Plataforma visual:** Su interfaz favorece y resalta el contenido creado a partir de imágenes y video, lo cual es ideal para postear anuncios sobre productos, lugares o servicios con atractivo visual, y en industrias específicas, como arte, diseño gráfico o industrial, cocina, repostería, moda, joyería, arquitectura, interiorismo, viajes o turismo, electrónica de consumo, maquillaje, entretenimiento y *fitness,* entre otros. Adicionalmente estos tópicos pueden presentarse con diferentes tipos de narrativa, desde retratos de la vida de las personas, estilos o momentos de vida; hasta demostraciones, o mini tutoriales. Aunque nuevamente, el tipo de plataforma y su audiencia exigen que los contenidos tengan un notable atractivo visual, al margen de las historias que presentan.

- **Conveniencia:** Puesto que los anuncios son gestionados desde el administrador de anuncios de Facebook, tenemos acceso a las mismas herramientas de *targeting* y a diferentes formatos publicitarios.

- *Tienda en línea:* Recientemente, Instagram ha añadido una sección de *shopping* dentro de su plataforma, que permite a los usuarios realizar compras de diversos productos, sin salir de la aplicación. De esta forma *influencers* y empresarios pueden montar una tienda en línea dentro del mismo ecosistema, con secciones especiales para expandir la información de cada producto.

- *Influencers:* Instagram, junto con YouTube se caracteriza por tener una gran comunidad de *influencers*. Los '*influencers*' son celebridades o personas comunes que tienen presencia en redes sociales, y son seguidos por decenas de miles, cientos de miles o incluso millones de personas. Puesto que son considerados líderes de opinión en áreas específicas (gastronomía, moda, etc.) algunas marcas colaboran y patrocinan a estas personas para promocionar sus productos.

- **Limitaciones de alcance:** El tipo de contenidos que se publican en esta plataforma atrae a sectores muy específicos de la población, lo cual pone en desventaja a aquellas organizaciones cuyo contenido no tiene un gran atractivo visual. Para conocer más sobre las oportunidades publicitarias en Instagram visita:
  https://business.instagram.com/advertising?locale=es_LA

3) **YouTube:** De acuerdo con Google, cada mes, cerca de dos mil millones de personas en el mundo entran a YouTube para buscar todo tipo de contenidos. De hecho se dice que, después de Google, YouTube es el segundo motor de búsqueda más importante en la red, además de ser el sitio preferido para ver videos en línea.

A diferencia de Instagram, YouTube llega a una audiencia más amplia, con el grueso de sus seguidores en un rango de edad entre los 18 y los 45 años. No es solo una gran plataforma de entretenimiento, también se ha constituido como un sitio importante de tutoriales para realizar desde las tareas más sencillas, hasta las más complejas.

Sin embargo, los contenidos más populares en esta plataforma aún giran alrededor del entretenimiento, específicamente música y videojuegos. Desde un punto de vista publicitario, YouTube es probablemente la plataforma de **autoservicio** para colocar anuncios en **video** más popular que hay, aunque ciertamente no es la única. Por otro lado, YouTube tiene la ventaja de que al ser parte de Google, te permite usar tu misma cuenta de Google Ads para configurar tus anuncios en video, aunque es necesario abrir un perfil o cuenta en YouTube para tener un lugar donde alojar los videos que deseas promocionar.

Para colocar anuncios de video en YouTube el proceso va a ser muy similar a los casos anteriores, desde tu cuenta en Google Ads buscas el botón 'Campaña nueva', o bien puedes directamente ir al video que deseas promocionar, seleccionar 'Editar video' y luego desde el menú de opciones seleccionar 'Promocionar'. La extensión de opciones que se te presenten para configurar tu campaña dependerá de que tengas o no activado el modo de 'Configuración guiada del anuncio'. Dicho modo pretende facilitarte el proceso de contratación, aunque los mercadólogos más experimentados siempre podrán deshabilitarlo seleccionando 'Cambiar al modo experto' desde la página de inicio de Google Ads.

Una vez que ya has entrado al administrador de anuncios de Google Ads, se te pedirá establecer el **tipo de objetivo** que quieres lograr, para lo cual se te presentan siete opciones ('Ventas', 'Oportunidades de venta', 'Tráfico al sitio web', 'Consideración de la marca', etc.), que siguen siendo objetivos consistentes con las etapas del proceso de *destilación de clientes*. Ten en cuenta que tu selección de objetivos influirá en el tipo de formatos publicitarios y de puja (CPM, CPV o CPA) que la plataforma te ofrecerá más adelante. Si deseas tú mismo configurar manualmente todas las variables de tu campaña para escoger libremente los formatos de anuncios o estrategias de puja, entonces deberás seleccionar la opción 'Crear una campaña sin un objetivo concreto' y luego 'Crear una campaña de video personalizada'.

Entre los formatos de anuncio más populares de YouTube hay, por ejemplo, los llamados **'Anuncios de video saltables'** (*In-Stream skippable video ads*) que la audiencia puede saltarse o brincarse después de cinco segundos de ver el anuncio. También están los **'Anuncios de video no saltables'** (*In-Stream non-skippable video ads*) que solo duran 10 o 15 segundos y los cuales la audiencia no puede saltar. También se ofrecen los **'*Bumper ads*'** los cuales duran solo seis segundos y tampoco son saltables.

Formato	Duración	¿Saltable?
In-Stream Skippable Video Ads	Varios minutos.	Si, después de cinco segundos.
In-Stream Non-Skippable Video Ads	10 o 15 segundos.	No.
Bumper Ads	6 segundos.	No.

*Tabla 6.6 Los principales formatos de anuncios en video para YouTube y sus duraciones (2020). **Nota:** Las duraciones totales de los anuncios de video en YouTube puede variar en cada país. Consulta la hoja de especificaciones de Google Ads y YouTube para información actualizada en* https://www.youtube.com/intl/es-419/ads/

En todo caso, cuando planeamos campañas en YouTube, invariablemente surge la pregunta: ¿Qué conviene más; contratar anuncios de video saltables o no saltables?

Como en todo, hay ventajas y desventajas; por un lado, **los anuncios en video no-saltables** "obligan" a la audiencia a mirar el anuncio por al menos 10 o 15 segundos, sin posibilidad de interrumpirlo, por lo que pareciera la opción más segura. Sin embargo, también es cierto que la gente durante esos 15 segundos simplemente podría estar mirando hacia otro lado, pues no hay datos de lo que esta sucediendo durante ese momento.

Por otro lado, **los anuncios de video saltables**, te permiten saber en que momento del video la audiencia perdió el interés por tu anuncio, pues los reportes de YouTube registran el tiempo exacto en que la audiencia se brinca el comercial, lo cual podría darte pistas de cómo mejorar tu video, o al menos en qué secciones. Recordemos que buena parte del trabajo en publicidad digital está basado en ensayo y error.

De esta forma, quizá sea recomendable hacer algunas pruebas con el formato de anuncios de video saltables para tener información que te permita optimizar tu video y de ahí decidir si te cambias a un formato no saltable. En todo caso la experiencia nos dice que no mucha gente llega hasta el final de un video, por lo que es mejor que pongas el punto crítico de tu anuncio durante los primeros segundos.

Adicionalmente hay otros formatos de publicidad en YouTube que no son video; por ejemplo, los llamados '*display ads*' que son una forma de *display banner*, los cuales aparecen como una imagen estática rectangular en el lado derecho de la pantalla, o los '*overlay ads*' que son banners rectangulares y semitransparentes que aparecen sobrepuestos en la parte baja del video que estamos reproduciendo, los cuales el usuario puede cerrar.

Otra particularidad del proceso de contratación de anuncios en YouTube es cuando debemos escoger los '**emplazamientos**', es decir las redes publicitarias desde donde se exhibirá la campaña. Dependiendo del emplazamiento, la difusión del anuncio puede limitarse a tener presencia solo dentro de YouTube o también puedes agregar la extensa base de '**socios de video de la red de display**' de Google; esto es una plataforma parecida al 'Facebook Audience Network'. Dicha red en YouTube está compuesta por sitios de *publishers* que tienen un acuerdo con Google para mostrar tus anuncios de video a través de sus sitios, fuera del ecosistema de YouTube, y que tratan una infinidad de temas, como videojuegos, noticias, deportes, entretenimiento, etc.

Un punto más a considerar en YouTube es el sistema de pujas, que como ya hemos indicado, puede variar dependiendo del tipo de objetivos que seleccionaste desde un inicio. Estas pujas pueden ser con base en un CPV (*Cost per View*, o 'Costo por cada visualización del anuncio'), CPM, o CPA (*Cost per Action*, o 'Costo por acción', como ventas o transacciones).

Por otro lado, considera que YouTube también te ofrece la opción de crear un *call to action*, el cual es especialmente importante configurar porque esto le va a dar visibilidad al enlace que lleva a tu *landing page*. Dicho enlace aparece en la parte inferior izquierda del video.

A continuación, revisemos algunas otras características de esta plataforma:

- **Eficacia:** El video es el formato publicitario del futuro pues esta comprobado que logra las mejores conversiones al ser más atractivo y dinámico que las imágenes estáticas.

- **Omnipresencia:** Como ya se mencionó, YouTube no solo es el segundo motor de búsqueda, es uno de los sitios más visitados en el mundo, por lo que el alcance de esta plataforma es masivo, llegando a un amplio espectro de consumidores, que además es altamente segmentable a través de las herramientas de *targeting* que ofrece Google Ads.

- **Conveniencia:** La posibilidad de gestionar tus anuncios desde Google Ads resulta conveniente, pues las compras publicitarias se pueden centralizar y realizar a costos relativamente bajos, además si ya te has familiarizado con otras plataformas publicitarias de Google, como GDN o Search de Google, ya necesitarás aprender el proceso de contratación de anuncios desde cero.

- **La duración de los anuncios:** El botón 'saltar' en los videos resulta una fantástica ventaja para la audiencia, incluso en anuncios no saltables los 10 o 15 segundos de duración son breves comparados con un típico *spot* de TV. Sin embargo, desde el punto de vista de un publicista, ya es un reto contar una historia de forma clara y entretenida en 30 segundos, no se diga en la mitad del tiempo.

Para conocer más sobre las oportunidades publicitarias en YouTube visita: https://www.youtube.com/intl/es-419/ads/

4) **Twitter:** Comparativamente hablando, Twitter tiene una base de usuarios menor a las plataformas anteriores, aunque esto no implica que su audiencia sea pequeña, pues se estima que cuenta con unos 330 millones de usuarios activos al mes. En el caso de Norteamérica se sabe además que la audiencia está principalmente compuesta por adultos jóvenes, con mayores recursos económicos y grado de estudios, lo cual es relevante para ciertas marcas.

El proceso de contratación de anuncios en Twitter es muy similar al de otras redes sociales. Para empezar, necesitarás abrir una cuenta en esta plataforma así como darte de **alta en su administrador de anuncios**, donde podrás cargar los datos de tu tarjeta de crédito para pagar por tus campañas.

La configuración de anuncios en esta plataforma transcurrirá de manera similar; tendrás que dar un nombre a la campaña y al grupo de anuncios, necesitarás además asignar un presupuesto, fechas de inicio y fin de la campaña, así como plantear los objetivos.

Dependiendo del tipo de objetivos que definas (*i.e. conocimiento, consideración* o *conversión*) podría variar la opción de puja que puedes realizar. Adicionalmente se te pedirá definir tu audiencia objetivo bajo una tipología de variables de segmentación similares a otras plataformas que ya hemos visto, donde también se incluye una opción de *retargeting* para impactar a personas que ya hayan interactuado con tus *tweets* en el pasado.

También, se te pedirá definir cuáles son los emplazamientos que deseas usar para tu campaña, pues al igual que Facebook con su red de *publishers* asociados, en Twitter también se te permite expandir el alcance de tus anuncios empleando la red '**Twitter Audience Platform**'.

Sin embargo, donde encontramos las diferencias más grandes en el proceso de configuración para esta plataforma es en el tipo de formatos publicitarios, que son muchos, por lo que aquí describiremos solo algunos:

a) **Promocionar un *tweet*:** Puedes promocionar un tweet nuevo, creado especialmente para tu campaña, o uno viejo que hayas publicado anteriormente. Este puede contener solo **texto**, un archivo **GIF** (animación), un **sondeo** (mini encuesta) o una **imagen**. Incluso también es posible promocionar *tweets* con algún video adjunto que puedes cargar desde el mismo administrador de anuncios. Este video puede tener una duración de hasta dos minutos, aunque para mejorar su desempeño se recomienda que no dure más de 15 segundos. Se entiende que cuando escogemos este formato publicitario es porque deseamos aumentar la interacción (*likes* o *retweets*) del *target* sobre un tweet específico. La unidad de compra para este tipo de anuncio puede ser CPM o CPE (*Cost per Engagement*), es decir, Twitter cobra cuando alguien da '*like*' o '*retweet*' a tu publicación promocionada.

b) **Promocionar un perfil:** Este formato publicitario ha sido diseñado para incrementar nuestra base de seguidores en Twitter. El *arte* en este tipo de anuncio es generado automáticamente a través de una adaptación de nuestra imagen de perfil. En este formato de anuncios Twitter coloca un botón 'Seguir' para tu audiencia, por lo que es importante incluir en el texto del anuncio alguna frase breve que invite a la gente a seguir tu perfil. La unidad de compra en este formato publicitario es CPF, la cual indica el costo por adquirir un seguidor nuevo.

Adicionalmente a estos esquemas de promoción pagada, Twitter ofrece una lista de formatos adicionales bajo el nombre de 'Cards' (como 'tarjetas'). Hay varios tipos de Twitter *cards* para satisfacer necesidades específicas de ciertas campañas.

Aunque a simple vista estas *cards* parecen un simple *tweet* promocionado, hay una funcionalidad específica. Por ejemplo, los *cards* te permiten agregar un encabezado, además de que la URL de tu *landing page* no se muestra completa, manteniendo el *arte* del anuncio más limpio. En su lugar, toda el área que ocupa el *arte* del anuncio está enlazada a tu *landing page*, a diferencia de un *tweet* promocionado donde el *arte* del anuncio no está enlazado.

Entre los diferentes **tipos de cards** podemos destacar:

- El *Website card*: Puede emplearse para promocionar tu *landing page* mostrando una imagen o video con la funcionalidad ya mencionada arriba.

- El *App card*: Este formato ha sido diseñado específicamente para promocionar la descarga de aplicaciones.

- El *Direct message card*: Diseñado para facilitar conversaciones con tu audiencia a través de botones integrados en el anuncio, los cuales están vinculados a plataformas para *chatear* con tus clientes.

La contratación de los *cards* en Twitter se puede realizar a través de diferentes unidades de compra, algunas de ellas conocidas (CPM, CPC, CPV) y otras no tanto (CPAC, CPI).

A continuación, revisemos algunas otras características de esta plataforma:

- **Epicentro de las discusiones en línea:** Si bien ya hemos mencionado que Twitter ha impuesto limitaciones en publicidad sobre temas políticos, es indiscutible que esta plataforma sigue siendo el epicentro de las discusiones de temas muy específicos, que además de la política, incluyen el activismo social, los pronunciamientos y temas de actualidad.

- **Inmediatez:** Twitter es además la plataforma obligada para informarse sobre temas que están sucediendo justo en este momento, por lo que sus contenidos usualmente proyectan un sentido de actualidad o inmediatez, lo cual puede ser interesante para ciertos lanzamientos.

- **Receptividad:** Algunos usuarios de esta red social perciben que la cantidad de anuncios que vemos en nuestro *newsfeed* de Twitter puede ser sustancialmente menor que en otras plataformas de redes sociales, por lo que la receptividad de la audiencia a los anuncios podría ser más alta.

- **¿Demasiados formatos publicitarios?:** En el verano de 2020 personalmente conté 20 diferentes formatos publicitarios disponibles en el administrador de anuncios de Twitter. Si bien una de las ventajas de la publicidad digital es probar diferentes formatos para optimizar los anuncios, cuando las opciones son demasiadas, la valoración de cada formato puede ser complicada o confusa.

Para conocer más sobre las oportunidades publicitarias en Twitter visita: https://business.twitter.com/es/advertising/campaign-types.html

5) **LinkedIn:** Pocas o ninguna red social tiene el grado de especialización negocio a negocio (B2B) que LinkedIn posee, lo cual permite difundir publicidad dirigida a diferentes sectores productivos, económicos y profesionales en todo el mundo. Con un estimado de 310 millones de usuarios al mes, LinkedIn concentra una gran red de conexiones, la cual además de facilitar el *networking* entre profesionistas, también permite gestionar procesos de reclutamiento, capacitación y publicación de contenidos especializados.

De esta forma, si tu empresa dirige productos o servicios a profesionistas u otras empresas (B2B), esta plataforma representa una opción a considerar en tu *mezcla de medios*.

En la actualidad, LinkedIn ofrece un amplio abanico de formatos publicitarios entre los que destacan: contenido patrocinado, mensajes patrocinados, *conversion ads*, anuncios en mensajes y anuncios de video, entre otros.

Al igual que las demás redes sociales, LinkedIn también te permite emplear diferentes opciones de segmentación, que se pueden dividir en tres áreas:

- *Targeting* **por ubicación:** país, estado, provincia o ciudad.

- *Targeting* **por atributos de la audiencia:** demográfica, por empresa, por grado de estudios, por nivel de experiencia profesional o por intereses profesionales.

- *Targeting* **por audiencias coincidentes:** que permite, por ejemplo, dirigir anuncios a tu propia red de contactos.

Para conocer más sobre la contratación de anuncios en LinkedIn puedes visitar: https://business.linkedin.com/es-es/marketing-solutions/ads

6) *Snapchat***:** Fundada en 2011 Snapchat es una de las redes sociales más efectivas para llegar a los segmentos más jóvenes de la población (Generación Z y *Millennials*) con una base de seguidores muy involucrada que pasa aproximadamente 30 minutos diarios en la *app*, de acuerdo con datos publicados por el mismo Snapchat.

Las opciones publicitarias comienzan desde $5 dólares al día con algunos formatos publicitarios similares a los de otras plataformas, como los anuncios de imagen, de video o los *story ads*. Sin embargo, Snapchat también ofrece otros formatos interesantes como los populares 'filtros comerciales' donde gráficos animados son sobrepuestos en el video que los usuarios capturan con sus *smartphones*, esto para hacerlos más divertidos, los cuales además se pueden compartir. En el modo de publicación publicitaria, los anunciantes pueden diseñar y configurar dichos filtros para que estos sean consistentes con la identidad de su marca.
Adicionalmente, Snapchat también cuenta con otro tipo de filtros llamados '*Lens AR Experiences*' que emplean tecnología de *realidad aumentada* (*Augmented Reality* o *AR*) para sobreponer al video animaciones interactivas aún más complejas, las cuales también pueden ser personalizadas por los anunciantes.

Finalmente se ofrecen diferentes opciones de segmentación de la audiencia con base en cualidades demográficas, intereses y ubicación. Además, ofrecen una buena herramienta para delimitar la cobertura de la campaña no solo por país o ciudad, sino también por perímetros geográficos muy específicos (*geofencing*) que puede resultar ideal para promover marcas durante eventos para jóvenes.

Para conocer más sobre la contratación de anuncios en Snapchat puedes visitar (en inglés): https://forbusiness.snapchat.com/?locale=es

7) **TikTok:** Esta es una de las redes sociales más populares y de mayor crecimiento en los últimos años, que de acuerdo al sitio web de TikTok, se encuentra presente en 150 países con una audiencia de cientos de millones de usuarios mensuales, específicamente adolescentes y adultos jóvenes.

Esta aplicación para dispositivos móviles difunde micro videos, grabados por los mismos usuarios, donde el contenido casi siempre tiene un fuerte enfoque de entretenimiento, incluyendo bromas, parodias, magia, baile, entre otros. Dicho contenido se puede compartir, comentar o dar *'like'* por lo que la plataforma permite la acumulación de seguidores, que en consecuencia ha generado la aparición de un gran número de *influencers*.

El proceso para contratar y configurar anuncios en TikTok no es muy diferente a las demás redes. Cuenta con alrededor de cinco formatos publicitarios que permiten difundir imágenes o video de hasta 60 segundos de duración, con la salvedad que TikTok tiene dos niveles de inversión mínima: un nivel de $50 dólares para lo que ellos denominan como 'grupo de anuncios' y otro de $500 dólares para el nivel denominado 'campaña'.

Al igual que en Snapchat o Instagram, por el tipo de plataforma y audiencia, es recomendable poner anuncios con creatividad que emule al contenido de los usuarios, es decir videos divertidos, irreverentes, irónicos, espontáneos, positivos y enfocados en entretener. Un comercial, con las propiedades y narrativa de un típico anuncio de TV probablemente tendrá pocas posibilidades de éxito en esta plataforma.

En Latinoamérica esta aplicación aún se esta dando a conocer, sin embargo, es claro que se trata de una plataforma especialmente popular entre los jóvenes, por lo que podría considerarse como de nicho, lo cual no le resta potencial.

Para conocer más sobre la contratación de anuncios en TikTok puedes visitar (en inglés): https://www.tiktok.com/business/en/apps/tiktok

8) Pinterest: Pinterest es una plataforma que ha continuado creciendo a lo largo de los últimos años, acercándose ya a las primeras posiciones en audiencia y constituyéndose como un excelente sitio para encontrar y compartir referencias visuales. Por lo mismo, mucha gente usa Pinterest como motor de búsqueda para encontrar imágenes sobre algunos temas específicos como; recetas de cocina, arte o tendencias en diseño de interiores y moda. De hecho, el formato de esta plataforma permite a los usuarios coleccionar imágenes sobre aquellas cosas que les gustan, como si fuese una especie de álbum o libro de recortes digital. Más recientemente, Pinterest también se ha convertido en un buen lugar para encontrar infografías sobre una enorme variedad de temas, donde algunos *publishers* ya emplean esta plataforma para mostrar las portadas de sus artículos.

Se sabe también que es una plataforma con una audiencia mayoritariamente compuesta por mujeres en un amplio rango de edad y con altos ingresos disponibles. Al igual que Instagram, se espera que los contenidos publicados en esta aplicación tengan cierto atractivo visual, por lo que la plataforma podría resultar más apta para empresas de consumo, especialmente aquellas que tienen tienda en línea.

Cuando entramos a nuestro perfil en Pinterest lo que vemos es una especie de *collage* o colección de imágenes sobre temas que nos interesan, donde cada imagen es un '*pin*'. Algunos de estos pines son contenido orgánico, que han compartido otros usuarios, y otros *pines* son de hecho anuncios, enlazados al *landing page* de algún anunciante.

Lo interesante de Pinterest como plataforma publicitaria es que, al ser una especie de motor de búsqueda de imágenes, te permite segmentar tu audiencia con base en palabras clave de productos que la gente está activamente buscando, por lo que es posible que los usuarios que realizan dichas búsquedas **ya tengan una intención de compra.**

Entre las opciones publicitarias podemos encontrar diferentes formatos, como el '*standard*' para imágenes estáticas, *video, shopping* (para tiendas en línea), *carousel* y *collections*, con unidades de compra que, dependiendo de los objetivos de la campaña, puede ser CPM, CPE o CPC. Al igual que la mayoría de las plataformas en redes sociales, la inversión publicitaria en Pinterest puede empezar desde cantidades muy pequeñas.

Para conocer más sobre la contratación de anuncios en Pinterest puedes visitar: https://business.pinterest.com/es/

9) **Servicios de Mensajería:** Las aplicaciones de mensajes *online* cobran más importancia cada año. Si bien durante mucho tiempo estas básicamente solo servían para *chatear* y hacer videollamadas, a partir de 2011 las cosas empezaron a cambiar con el lanzamiento de WeChat en China: una de las plataformas más innovadoras que, más allá de ser una aplicación de mensajes, también integró servicios de envío de dinero y pago de cuentas además de combinar funciones similares a las de Facebook y LinkedIn.

Con el paso del tiempo las aplicaciones de mensajería más populares en occidente fueron mejorando, integrando nuevas funcionalidades. En el caso específico de Latinoamérica, la aplicación más popular es **WhatsApp**, seguida por **Messenger**, ambas propiedad de Facebook, aunque en Estados Unidos y Canadá Messenger continúa siendo mucho más popular que WhatsApp.

Debido al intenso uso que la gente da a este tipo de aplicaciones no podemos ignorar las oportunidades de comunicación que estas plataformas representan. Sabemos, que más allá de tener conversaciones con familiares y amigos, muchas personas ya usan estos servicios para compartir notas informativas (o desinformativas) y/o para contratar o promover servicios y productos.

Sin embargo, emplear este tipo de canales probablemente tiene más sentido cuando queremos integrar tácticas que atienden **las últimas etapas** del proceso de *destilación de clientes* (*consideración, conversión y/o compromiso*). A continuación, veamos algunos de los formatos publicitarios disponibles, por plataforma:

a) **Facebook Messenger:** De acuerdo con datos de Facebook, esta plataforma cuenta con aproximadamente 1.3 billones de usuarios al mes, donde es posible contratar los espacios publicitarios desde el mismo administrador de anuncios de Facebook, bajo tres modalidades:

- *'Click to messenger',* se ve como el típico anuncio en Facebook que aparece en nuestro 'apartado de noticias' (*newsfeed*), con la salvedad de que al apretar el botón del *call to action* -en la parte inferior del anuncio-, se abre una sesión de *chat* en Messenger para entrar en contacto con el anunciante.

- *'Sponsored messages',* es un mensaje que llega a través de la aplicación de Messenger y al abrirlo, lleva al usuario a un *landing page* o a descargar una *app* o a iniciar un *chat* con el anunciante. Sin embargo, esta opción publicitaria solo está disponible para llegar a personas (clientes) que ya hayan contactado previamente a dicho anunciante a través de Messenger. Es decir, este formato publicitario es más una herramienta de *retargeting* que puede ser útil para construir la última etapa en el proceso de *destilación de clientes (compromiso).*

- *'Messenger stories',* son videos cortos o imágenes estáticas como los *stories* o 'historias' publicadas por tus amigos que se muestran en tu *newsfeed* de Facebook o Instagram, con la diferencia de que estos anuncios aparecen dentro de la *app* de Messenger, en la parte superior de la pantalla.

b) **WhatsApp:** Si bien esta *app* también pertenece a Facebook, al parecer no cuenta con el mismo abanico de formatos publicitarios que Messenger. A mediados de 2020 la única forma de realizar publicidad pagada bajo esta aplicación era a través de un formato llamado *'Click a WhatsApp'* que funciona igual que *'Click to* Messenger' y que también puedes contratar a través de Facebook.

En un tema aparte, para la pequeña empresa puede resultar conveniente descargar la aplicación **'WhatsApp Business'**, la cual es gratis y te permite crear un perfil para tu negocio e incluir un pequeño catálogo de productos o servicios que los clientes pueden visitar desde la aplicación.

Para más información sobre 'WhatsApp Business' visita:
https://www.whatsapp.com/business/?lang=es

En general, la comunicación con nuestros clientes y prospectos a través de aplicaciones de mensajería puede ser una herramienta muy útil para mejorar el servicio y motivar a que los clientes repitan la compra, sin embargo, al emplear este tipo de plataformas, es importante considerar que los clientes van a esperar el mismo nivel de atención como con cualquier otro medio de contacto.

Debido a esta necesidad de mantener un nivel de atención razonable en los *chats* entre empresa y cliente, se ha creado un *software* que emplea la inteligencia artificial para "personalizar" y automatizar ciertas interacciones con los clientes, como saludos y otros mensajes prefabricados, aunque con limitantes.

A este tipo de software de automatización de conversaciones se le conoce como '***chatbots***'. Con una simple búsqueda en internet podrás encontrar algunas empresas que desarrollan este tipo de tecnología y que te pueden asesorar en su implementación, tanto para Messenger como para WhatsApp. De hecho, WhatsApp for Business, ya ofrece un nivel básico de automatización de respuestas para ciertas preguntas sencillas.

Finalmente habrá que decir que, si bien los mensajes de texto SMS pueden ser empleados como herramienta publicitaria, en muchos países de Latinoamérica e incluso en Canadá, ésta forma de mensajear ha sido empleada extensamente por algunos individuos para cometer fraudes, lo cual ha desacreditado un poco a este medio.

En conclusión, y para cerrar el tema de publicidad en redes sociales, consideremos que el criterio más esencial en la evaluación y selección de este tipo de plataformas es simplemente identificar cuáles son aquellas redes que son más populares con tu *target* y cómo las usan.

6.5.4 **Publicidad digital en video**

El video es una de las tecnologías publicitarias de mayor impacto y crecimiento en el mundo, la cual, al no ser exclusiva de las redes sociales, la tenemos que presentar como un tema aparte. Y es que existe una gran cantidad de empresas que ofrecen publicidad en video a través de diferentes tecnologías, las cuales es importante identificar.

A continuación, se presenta una clasificación general de la publicidad en video *online*, sin embargo, ten en cuenta que esta es una industria muy reciente, por lo que aún no hay definiciones "escritas en piedra". Los expertos aún siguen poniéndose de acuerdo para homogeneizar algunos de los términos que a continuación identificaremos.

6.5.4.1 **Tecnologías de video publicitario** *online*

En general, hay cinco tipos de tecnología para promover nuestros anuncios en video a lo largo y ancho del internet:

IN-FEED

Video que fue cargado directamente desde la misma plataforma (e.g. Facebook, Twitter, etc.) en donde se muestra. Puede ser un video *orgánico* o un video promocionado.

IN-STREAM

Anuncios en video que aparecen mientras reproducimos otro video, ya sea al inicio, en medio, o al final.

OUT-STREAM

Anuncios en video que aparecen y se reproducen súbita y automáticamente cuando estamos leyendo un artículo en un sitio *web* y que desaparecen cuando nos desplazamos por la página.

LIVE STREAMING

Anuncios en video que aparecen al inicio de una transmisión en vivo (como en YouTube Live).

INTERSTICIALES

Anuncios en video que aparecen súbitamente, cubriendo toda la pantalla y que son difíciles de cerrar.

Figura 6.21 Los diferentes tipos de tecnologías de video publicitario en internet

393

1) **In-feed:** Esta es la forma más básica de publicidad en video, donde *'In-feed'* se refiere a una publicación, *orgánica* o pagada, que aparece dentro del *newsfeed* en una red social.

> **Veamos un ejemplo para quede más claro:** Supongamos que grabas un anuncio en video y lo cargas directamente desde tu perfil de Facebook, Twitter o Instagram. Este video aparecerá *'orgánicamente'* en el *newsfeed* de algunos de tus seguidores, pero si decides promover tu video invirtiendo, digamos $30 dólares, además de tus seguidores lo verán otras personas que tienen las cualidades que definiste como *target*.

2) **In-Stream:** Si te gusta ver videos en YouTube, ya conoces este tipo de formato publicitario. *In-Stream* son aquellos comerciales que aparecen antes **(Pre-Roll)**, durante **(Mid-Roll)** o al final **(Post-Roll)** de un video que escogimos ver, donde dichos anuncios también tienen la cualidad de poderse saltar (*skippable*), o no (*non-skippable*). Además de YouTube, plataformas como Facebook y Twitter también ofrecen videos *In-Stream* a través de sus redes y convenios con cientos de *publishers*, incluyendo a reconocidos periódicos, revistas, *blogs* y otros portales.

3) **Out-Stream:** Este es un formato relativamente nuevo que no lo vemos dentro del ecosistema de las principales redes sociales. Más bien, es común encontrarlo en sitios que tienen mucho contenido en texto, como una revista, un *blog* o un periódico en línea.

El formato funciona de la siguiente manera: mientras lees un artículo en línea aparece, entre párrafos, un anuncio en video que comienza a reproducirse automáticamente (*autoplay*), aunque si te desplazas hacia abajo de la página, el video se pausará automáticamente. Si regresas y logras ver más del 50% de la ventana que muestra el video, comenzará a auto-reproducirse nuevamente. Para que el video desaparezca por completo es necesario terminar de verlo sin pausas.

A este formato también se le conoce como *'In-Read'* o *'Native Video'* o *'Video nativo'* pues se supone que este tipo de anuncios debe tener cierta relación con el contenido del artículo que se está leyendo.

Al igual que los videos *In-Stream*, la definición de tu *target* condicionará los sitios de internet donde se mostrarán los anuncios *Out-Stream*, pues estos se distribuyen a través de una red publicitaria que funciona bajo un proceso programático, o similar.

4) **Live Streaming:** Estos son videos que se transmiten en vivo desde plataformas como Facebook, Twitter y YouTube; que en este último caso ofrece espacios publicitarios del tipo *Pre-Roll* justo antes de que comience la transmisión del video en vivo.

5) **Intersticiales:** Este tipo de anuncios pueden ser en video o imagen (que anteriormente se conocían como *Pop-up Ads*), los cuales usualmente aparecen en aplicaciones o dispositivos móviles cuando cambiamos de sección o después de completar una acción en una página web (como después de llenar un formulario). Debido a que son disruptivos, ocupan toda la pantalla y son difíciles de cerrar, por lo que pueden resultar bastante molestos para la audiencia.

La publicidad en video *online* es un excelente recurso para crear *conocimiento de marca*. Si tienes pensado incluir este tipo de medios en tu pauta, ahora ya tienes más referencias para poder escoger las tecnologías, formatos y plataformas que más te convengan, considerando que además de las principales redes sociales, **hay otras empresas** que tienen la capacidad de ofrecerte video *In-Stream, Out-Stream* y espacios **Intersticiales.**

Sin pretender dar recomendaciones específicas, podemos mencionar algunas de las empresas más conocidas en el mercado de la publicidad en video, tanto *In-Stream* como *Out-Stream:*

- Ads.google.com
- SpotX.tv
- VerizonMedia.com
- RubiconProject.com
- OpenX.com

Normalmente las agencias de medios ya colaboran con empresas de este tipo.

6.5.5 **Publicidad en motores de búsqueda**

No es secreto que Google concentra la mayor cantidad de búsquedas en internet en un amplio universo de cientos de millones de sitios. Tal inimaginable cobertura ha desatado una constante batalla entre empresas y organizaciones para lograr aparecer en las primeras posiciones de resultados de búsqueda, pues una mejor posición da mayor visibilidad, lo cual incrementa las visitas y el tráfico a un sitio web.

Debido a que los motores de búsqueda como Google emplean algoritmos (criterios e instrucciones) para decidir cuáles de esos millones de páginas aparecerán en los primeros lugares, ha surgido una comunidad de técnicos que trabaja y estudia de manera constante las formas en que las empresas pueden mejorar la posición orgánica de sus sitios web, lo cual ha dado luz a una especie de ciencia conocida como '*Search Engine Optimization*' o '**SEO**'.

El SEO es entonces una metodología que estudia esos algoritmos (algunos públicos y otros secretos), para entender cómo los motores de búsqueda priorizan sus resultados de búsqueda, esto con la finalidad de proponer una serie de recomendaciones para que las empresas y organizaciones puedan mejorar las oportunidades de aparecer en las primeras posiciones.

Dentro de las recomendaciones típicas propuestas por los profesionales del SEO, por ejemplo, podemos mencionar la mejora del contenido de un sitio web para hacerlo más relevante, útil o interesante, con una mejor estructura y calidad editorial, donde la redacción de dicho contenido incluya, además, las palabras clave (*keywords*) que la gente usa cuando realiza búsquedas para encontrar productos o servicios afines.

Sin embargo, optimizar orgánicamente el *ranking* de un sitio web a través de una estrategia de SEO puede ser un proceso largo, que requiere de asesoría profesional y que, en mercados muy competitivos, como los seguros o bienes raíces, podría tomar hasta un año para mostrar resultados.

Si bien todas las empresas y organizaciones deben siempre buscar la forma de optimizar su sitio web, también es posible echar mano de otra herramienta de corto plazo que también tiene capacidad de mejorar el *ranking* de tu sitio en los resultados de búsqueda. Esta herramienta de paga se conoce como 'Publicidad en motores de búsqueda', *'Search Ads',* **'Search Engine Marketing'** o SEM.

El **SEM** es uno de los grandes pilares de la publicidad digital; son **anuncios de texto que aparecen después de realizar una búsqueda en alguna plataforma como Google**, y puesto que son pagados, siempre los veremos en las primeras posiciones de las páginas de resultados de búsqueda. Estos anuncios son relativamente fáciles de distinguir, pues normalmente se identifican con una pequeña leyenda que dice 'anuncio' o *'ad'.*

Con esto quisiera resaltar la diferencia entre los **resultados de búsqueda pagados (SEM)** y los **resultados de búsqueda** *orgánicos*, tomando en consideración que estos últimos no se pagan y la única forma de mejorar su posición es siguiendo un proceso de optimización (SEO).

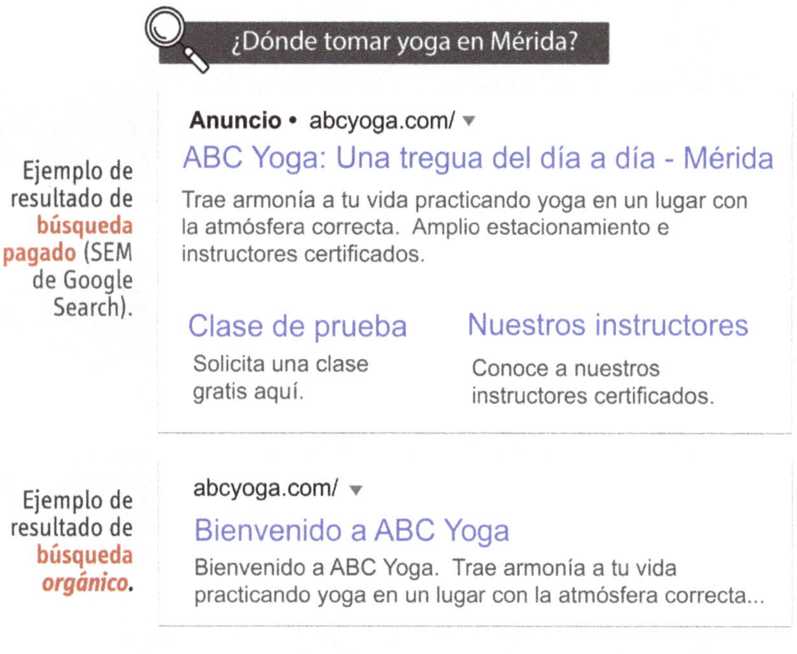

Figura 6.22 Diferencia entre un resultado de búsqueda pagado y uno orgánico

Ahora, para entender la importancia que tiene el SEM, también necesitamos reconocer el hecho de que, a diferencias de otros medios, este tipo de publicidad **solo se muestra cuando tu *target* está activamente buscando** tu producto o uno similar a través de búsquedas en línea. Es por esta razón que el SEM es una de las herramientas favoritas en la publicidad digital, pues nos ayuda a realizar *conversiones* con gente que ya está lista, o casi lista para comprar.

Si bien Google no es el único motor de búsqueda donde se puede hacer SEM, es sin duda el más poderoso dada la cantidad de consultas que concentra a nivel mundial. Por esta razón nos enfocaremos a entender cómo funciona el SEM específicamente en Google.

6.5.5.1 ¿Cómo contratar anuncios en Google Search?

Para contratar anuncios en esta plataforma vamos a recorrer un proceso similar al ya visto en Google Display Network (GDN) y YouTube.

1) **Abre una cuenta:** Nuevamente, el primer paso es abrir o tener una cuenta de anuncios en Google Ads, donde también se recomienda vincularla con Google Analytics, la cual es otra plataforma que básicamente sirve para medir el desempeño de tus anuncios y *landing page*.

2) **Selecciona un objetivo y tipo de campaña:** Una vez dentro de Google Ads, necesitas decidir si quieres configurar tus anuncios SEM bajo el 'modo asistido' o bajo el 'modo experto', siendo este último seleccionable desde la página de inicio de Google Ads. Para aquellos principiantes el modo asistido de configuración de anuncios puede ser lo más recomendable, el cual ya debe estar seleccionado por defecto. Bajo este modo se te pedirá especificar los objetivos de tu campaña dentro de un menú de opciones, donde podrás seleccionar la opción '**Tráfico al sitio web**' lo cual justamente te dará acceso a los anuncios de SEM.

   Una vez seleccionado el objetivo 'Tráfico al sitio web' se te pedirá escoger un tipo de campaña; que en este caso debe ser '**Búsqueda**'. Posteriormente se te dará la posibilidad de especificar una URL del sitio web corporativo de tu negocio (no el *landing page*). Esta URL se te pide para que Google pueda personalizar algunos aspectos del proceso de configuración de tus anuncios. Puesto que **la URL del landing page se debe especificar más adelante**, puedes dejar este campo en blanco si así lo deseas.

3) **Escoge los emplazamientos:** Posteriormente debemos especificar las redes publicitarias asociadas a Google que pueden extender la cobertura de tu campaña, aunque no se recomienda seleccionar la opción 'Red de display' o '*Display Network*' pues lo que queremos en este caso específico es enfocarnos en publicidad vía SEM.

4) **Define una fecha de inicio y finalización:** Una vez configuradas las redes necesitamos especificar las fechas de inicio y finalización de la campaña. Si esta opción no esta visible desde tu pantalla es posible que tengas que abrir o expandir una barra (justo después de 'Redes') llamada 'Mostrar más ajustes'. Aquí quisiera remarcar la importancia de **especificar una fecha de finalización**, pues de otra forma la campaña de SEM seguirá corriendo de manera indefinida, generando cobros a tu tarjeta de crédito. Posteriormente se te pedirá especificar la cobertura geográfica de la campaña (país, estado, ciudad...) y el idioma bajo el cual quieres publicar tu campaña.

5) **Define un *target* y presupuesto:** El siguiente paso es definir tu *target* a través de un menú de variables similares a las que ya hemos visto en otras plataformas y después necesitaremos fijar un presupuesto de gasto diario. Aunque Google SEM no impone un monto mínimo se recomienda empezar invirtiendo entre $10 y $15 dólares diarios, o más si tus recursos lo permiten.

6) **Fijar puja:** A continuación debemos fijar el tipo y valor de nuestra puja. Para las campañas SEM los clics, o sea CPC, son la unidad de compra más habitual. Ten en cuenta que cuando contratamos anuncios para SEM estamos pujando por *keywords* específicos que son afines a nuestro negocio. Como ya hemos dicho los *keywords* son aquellas palabras clave que la gente usa para buscar cualquier cosa en Google, (e.g. 'computadoras baratas', 'mejores hipotecas para comprar casa', 'maestría en administración', 'vuelos a Santiago', etc.) y es en parte, por estos *keywords*, que la plataforma decidirá qué anuncios va a mostrar a qué personas.

Hay algunos *keywords* que la gente busca más que otros, lo cual implica que aquellos con mayor demanda, usualmente tienen un CPC más alto. De esta forma, si nuestro negocio está relacionado con *keywords* que tienen mucha demanda, entonces el valor de las pujas para nuestros anuncios tendrán que ser más altas.

Por ejemplo: Si tenemos una sastrería en Madrid quizá queremos incluir en nuestra campaña de SEM *keywords* como 'sastre', 'sastrería', 'trajes a la medida', 'sastres a medida en Madrid', 'mejor sastre en Madrid', etc.

Sin embargo, en este mercado particular algunos *keywords*, como 'sastres a medida Madrid' (a un CPC de €0,78) son más competitivos que otros, como 'sastres en Madrid capital' (a un CPC de €0,28), es decir tienen más demanda por parte de los anunciantes y por lo mismo son más caros.

Aquí es importante aclarar que en el caso específico de Google SEM la puja más alta por CPC no es el único factor que define qué anunciante gana la subasta. Hay otros criterios que expondremos más adelante, sin embargo, el valor de puja sigue siendo un factor de peso. De cualquier forma, ya sabemos que pujar por un CPC demasiado alto puede drenar tu presupuesto, por lo que debemos recordar que la inversión en publicidad, como cualquier otro gasto operativo, debe ser razonable y debe permitir que tengamos el margen de ganancia esperado.

Para controlar el valor de tu puja, Google **te permite fijar un costo máximo por clic**, ahí mismo en la sección de 'Presupuesto y pujas', lo cual es recomendable hacer. Si no sabes cuál debería ser ese valor máximo, puedes hacer una rápida búsqueda en internet para identificar cuál es el CPC promedio – en SEM- que pagan otras empresas en tu misma industria (*e.g.* bienes raíces, servicios legales, hotelería, salud, educación, etc.).

> **Nota:** Debes buscar el valor promedio del año en curso *específicamente para Google SEM*, porque el CPC promedio en otras plataformas, como Google Display o redes sociales, puede ser diferente.

Si encuentras que el valor promedio en tu industria es un CPC que no drena tu presupuesto publicitario y que no se come tus márgenes de ganancia, entonces puedes empezar desde ahí, fijándolo como 'costo máximo por clic' en la configuración de la puja.

De cualquier manera, debemos dejar claro que el SEM no siempre es para todos; puede haber casos de negocios cuyos márgenes de utilidad sean muy pequeñitos y con productos asociados a *keywords* muy competitivos donde las pujas son muy altas. Si este es el caso quizá sea más conveniente buscar otras opciones de *keywords* menos competitivas o incluso otras opciones de publicidad digital. En países como Canadá, Estados Unidos o México, tradicionalmente los *keywords* asociados a empresas aseguradoras, de prestamos, hipotecas o servicios legales son de los más caros que hay.

7) **Seleccionar rotación de anuncios:** Esta sección te permite configurar la rotación de tus anuncios por días u horas, la cual también puedes no modificar y dejar que Google decida, basándose en los horarios y días en los cuales los anuncios se desempeñan mejor.

8) **Agregar extensiones:** Google nos da la opción de agregar 'Extensiones de anuncio' que básicamente son más texto y enlaces que se integran en la parte inferior de los anuncios SEM, lo cual también los hace un poco más grandes y vistosos. De acuerdo con Google, estas extensiones son importantes, pues tienen la capacidad de mejorar el desempeño de tus anuncios, para los cuales hay diferentes tipos:

Figura 6.23 Uso de las extensiones en resultados de búsqueda pagados (SEM)

- **Extensiones de texto destacado:** Este es un texto que puedes agregar abajo de la descripción del anuncio, con la simple intención de ampliar la información.

- **Extensiones de vínculos:** Estos son enlaces que aparecen justo abajo del encabezado y de la descripción de tu anuncio y sirven para presentar enlaces a secciones importantes dentro de tu *landing page*, como por ejemplo, una subpágina de promociones.

- **Extensiones de llamada:** Permite agregar y mostrar un número telefónico en el anuncio, al cual, desde un *smartphone*, le podemos dar clic para llamar.

- **Extensiones de aplicación:** Permite agregar un enlace al anuncio para descargar una *app*.

- **Extensiones de lugar:** Con esta opción puedes agregar una dirección postal que es visible desde el anuncio, ideal para tiendas o *retailers* como restaurantes u hoteles.

- **Extensión de opiniones:** Permite mostrar reseñas de tus clientes acerca de tus productos o servicios.

- **Extensión de fragmentos estructurados:** De forma similar al 'Texto destacado', permite agregar información para ampliar las características de tus productos o servicios.

9) **Asignar un nombre:** Si necesitas dividir tu campaña en más de una audiencia objetivo o en diferentes líneas de producto debes dar un nombre a cada **'Grupo de anuncios'**.

10) **Definir los *keywords*:** En esta sección debes especificar cuáles son los *keywords* que quieres emplear para tu campaña de SEM.

La forma más simple para definirlos es primero usando el sentido común, pensando en palabras clave que alguien perteneciente a tu *target* podría teclear para buscar productos como los que ofreces. Lo recomendable es empezar con mínimo 5 y máximo 20 *keywords* diferentes por cada grupo de anuncios.

Luego, mientras tecleas tus palabras clave, del lado derecho de la pantalla, Google desplegará una herramienta (llamada 'Ideas sobre palabras clave') donde podrás teclear el tipo de producto que vendes y/o la URL de tu sitio web o el de un competidor, esto para que Google analice su contenido y te proponga algunas ideas adicionales de *keywords*, en caso de que te falte inspiración.

Si anteriormente ya has realizado alguna campaña de SEM, también tendrás acceso a una herramienta llamada 'Planificador de palabras clave' a la cual puedes ingresar desde el menú superior de Google Ads bajo la opción 'Planificación'. Esta herramienta te dará aún más información sobre cada palabra clave, como cuáles son los *keywords* más buscados o los más competitivos, así como el rango de pujas en base al CPC para cada uno.

Cuando ya hayas definido una lista final de *keywords* para tu campaña hay dos consideraciones importantes que debes tomar en cuenta: las 'opciones de concordancia' y los '*keywords* negativos'.

a) **Las opciones de concordancia:** Cuando escribes tus *keywords* durante la configuración del anuncio de SEM, hay una forma de hacerle saber a Google que tanta similitud o 'concordancia' deseas que exista entre los *keywords* que estás seleccionando para tu anuncio y los *keywords* que en la práctica buscarán los usuarios en Google.

> **Por ejemplo:** No es lo mismo 'coches de carreras', que 'carreras de coches', por lo que si eres el organizador del Grand Prix y estás desarrollando una campaña SEM quizá te interese pujar por ambos *keywords*, ya que en las 'carreras de coches' hay 'coches de carreras'.

> Sin embargo, ¿qué pasa si fueses un distribuidor de 'coches de carreras'?, quizá no tendría mucho sentido pujar por los *keywords* 'carreras de coches'.

> En este punto debes saber que dependiendo de la forma en que escribas esos *keywords* en el configurador de anuncios de Google, podrías terminar mostrando tu anuncio a personas que buscan 'carreras de coches' cuando solo te interesa mostrarlo a personas que buscan 'coches de carreras'.

Por otro lado, también es importante considerar qué pasa si los clientes potenciales de este distribuidor de 'coches de carreras' usan sinónimos o términos similares para realizar sus búsquedas en Google, como 'autos de carreras', 'autos deportivos' o 'coches deportivos'. Aquí habrá que preguntarse; ¿también se mostrarán tus anuncios a estas personas si solo cargas los *keywords* 'coches de carreras'?

Es por esta razón que hay '**Opciones de concordancia**' que te permiten pedirle a Google que tus *keywords* apliquen en un sentido *amplio* (*broad match*), *de frase* (*phrase match*) o *exacto* (*exact match*).

Pensemos en otra situación; imaginemos que vendes pulseras (manillas) hechas a mano, por lo que tus *keywords*, entre otros, podrían ser '**pulseras artesanales**'.

Si quieres que Google muestre tus anuncios a personas que buscan estas palabras exactas, necesitas cargar los *keywords* entre corchetes; [pulseras artesanales], es decir con '**concordancia exacta**'. De esta forma si el usuario busca un producto tecleando *keywords* usando variaciones o sinónimos o escribe con faltas ortográficas, no se le mostrarán tus anuncios.

Pero quizá quieres que tus anuncios también aparezcan a personas que buscan este tipo de productos usando otras combinaciones de palabras, para lo cual necesitarías emplear la opción de '**concordancia de frase**' donde debes cargar tus *keywords* usando comillas dobles ("pulseras artesanales"). De esta forma, tus anuncios aparecerán sin importar el orden o la cantidad de palabras que el usuario agregue antes, en medio o después de "pulseras artesanales", (*e.g.* "pulseras artesanales para mujer", "pulseras de cuero artesanales", "¿En dónde comprar pulseras artesanales?", etc.). La condición en todo caso es que dicha búsqueda contenga las palabras *pulseras* y *artesanales* para que aparezcan los anuncios de SEM.

La otra opción es indicar a Google que queremos que los anuncios aparezcan a personas que teclean palabras iguales, similares o equivalentes a *pulseras artesanales*, incluso cuando los usuarios las teclean con faltas ortográficas. En estos casos, debemos usar la opción de '**concordancia amplia**', donde aquí simplemente escribimos los *keywords* deseados, sin corchetes ni comillas dobles.

Sin embargo, hay un poco de polémica sobre la interrogante de cuál es la mejor opción de concordancia que debe emplearse, algunos dicen que la 'concordancia amplia' al ser tan ambigua, trae tráfico de personas a nuestro sitio que realmente no tienen el perfil que necesitamos, por lo que al usar la opción de 'concordancia de frase' o 'concordancia exacta', nos aseguraría que los anuncios se muestren a personas con mejores posibilidades de realizar una compra. Sin embargo, es sabido que configurar nuestros *keywords* empleando 'concordancia de frase' y 'exacta' también podría limitar la exposición de los anuncios.

OPCIONES DE CONCORDANCIA
PARA *KEYWORDS*

Opciones	Ejemplos de keywords	
CONCORDANCIA AMPLIA ➤	pulseras artesanales	Los *keywords* se escriben **sin símbolos.**
CONCORDANCIA DE FRASE ➤	"pulseras artesanales"	Los *keywords* se escriben **entre comillas dobles.**
CONCORDANCIA EXACTA ➤	[pulseras artesanales]	Los *keywords* se escriben **entre corchetes.**

Figura 6.24 *Las opciones de concordancia para palabras clave en los anuncios de SEM ayudan a Google a determinar qué tanta similitud debe haber entre los keywords buscados por un usuario, y los keywords asignados al anuncio.*

En mi opinión todo se trata de probar; en publicidad digital tenemos que hacer pruebas constantes por lo que podemos empezar primero haciendo pruebas con *keywords* de 'concordancia exacta', y si el volumen de visitas a nuestra página es demasiado bajo podemos modificar a 'concordancia de frase' o incluso 'amplia'.

b) ***Keywords* negativos:** Google también te permite agregar 'keywords negativos' a tu campaña con la finalidad de no mostrar tus anuncios a personas que buscan ciertos términos que no deseas asociar con tus anuncios. Por ejemplo, vendes cursos en línea y decides poner la palabra 'gratis' como *keyword* negativo para evitar clics y tráfico en tu *landing page* de gente que solo busca cursos gratis.

Sin embargo, aprender a emplear los *keywords* negativos toma tiempo y tiene ciertos riesgos, pues fijarlos incorrectamente, ya sea en forma o cantidad, también podría limitar considerablemente la exposición de tus anuncios de SEM.

11) **Crear anuncio:** Finalmente Google Ads te pedirá crear el anuncio, para lo cual primero necesitas especificar la '**URL final**', con la dirección completa de tu *landing page*. Acto seguido, Google te pedirá redactar **tres títulos** de 30 caracteres cada uno y dos **líneas de descripción** con máximo 90 caracteres -cada una- para tu anuncio. Dependiendo del dispositivo desde donde el usuario vea los anuncios, podrían no mostrarse todas las opciones de títulos y descripciones que cargaste. En todo caso, estos títulos deben ser diferentes entre sí, pero congruentes con los objetivos de la campaña.

> **Por ejemplo,** imaginemos que tienes una agencia de viajes especializada en vuelos económicos que ofreces a 12 pagos sin intereses, por lo que los títulos de tu anuncio podrían verse así: **Título 1:** '*Vuelos económicos*', **Título 2:** '*Paga a 12 meses*', **Titulo 3:** '*Agencia Travelics*'.

Para definir estos títulos puedes revisar tus notas del capítulo anterior, pues puedes usar el *copy* que ya has desarrollado como fuente de inspiración. Considera también la posibilidad de poner en alguno de los títulos el nombre de tu marca o empresa, o los atributos clave del producto que vendes. Adicionalmente redacta estos títulos y descripciones considerando tus *valores de marca* e integrando *keywords* en el texto que sabes son relevantes para tu *target*.

Una vez que has agregado la URL del *landing page*, así como los títulos y descripción de los anuncios, se te pedirá especificar una '**Ruta del anuncio gráfico**'. Puesto que ya has especificado la 'URL final' para dicho anuncio, no es estrictamente necesario generarla, pues la única función de esta 'Ruta del anuncio gráfico' es mostrar a la audiencia una dirección web en el anuncio, aún cuando ya esté enlazado a nuestro *landing page*.

Figura 6.25 *Ejemplos de los diferentes componentes y extensiones de un anuncio de SEM*

Con esto concluye el proceso de configuración de anuncios en Google SEM, donde se te dará la opción de crear un segundo anuncio, lo cual implica volver a especificar la misma 'URL final' y volver a generar tres títulos y dos descripciones nuevas.

De hecho, **crear tres anuncios diferentes** por cada grupo de anuncios es lo recomendable para esta plataforma, pues necesitarás determinar cuáles funcionan mejor a través de una *prueba A/B*, pero recuerda: si únicamente estás promoviendo un solo producto a un mismo *target* no necesitas tener más de un grupo de anuncios.

Cuando termines de configurar tus tres anuncios, Google implementará la campaña y analizará su desempeño para determinar a cuál anuncio le dará más visibilidad.

6.5.5.2 Recomendaciones finales para Google Search

1) **Empieza con poco:** A menos que trabajes en una empresa grande o mediana, empieza con una inversión pequeña, de $10 a $15 dólares diarios y con fechas claras de inicio y finalización de la campaña.

2) **Ensayo y error:** Considera que probablemente no vas a obtener los mejores resultados al primer intento, estas son plataformas que tienen una curva de aprendizaje donde se necesita identificar cuál combinación de *keywords* y títulos funciona mejor, para lo cual es necesario probar varias versiones de anuncios.

3) **Analiza:** Del mismo modo como debes monitorear el desempeño de tus campañas desde los reportes que Google Ads te presentará, también debes monitorear los costos del CPC para los *keywords* que has escogido. De esta forma podrás saber si estás pagando algo que es razonable y consistente con tu presupuesto, o en el caso contrario, si tu puja se ha quedado demasiado corta.

4) **Cuida el nivel de calidad de los anuncios:** A diferencia de otras plataformas, la posición y visibilidad de tus anuncios SEM en Google Search dependen de dos factores: el valor de tu puja y lo que Google llama el 'Nivel de calidad' de los anuncios, o *'Quality score'.*

   Esa calificación o nivel de calidad que Google asigna a cada uno de tus anuncios está a su vez influenciado por la combinación de dos factores:

   - **El uso de *keywords*** en tu campaña, que sean relevantes, congruentes y específicos con lo que vendes.

   - **La calidad de tu *landing page,*** lo que significa que su contenido debe ser relevante, congruente con tus anuncios, fácil de usar, simple, con pocas secciones, diseñado para vender y sobre todo funcional, es decir que cuando la gente dé clic a los anuncios SEM, el *landing page* debe cargar rápidamente. También debe ser un sitio que permita a tu *target* completar de forma rápida y sencilla una compra o transacción.

   Desde tu perfil en Google Ads puedes checar el nivel de calidad que Google ha asignado a cada una de tus campañas en SEM.

5) **Infórmate:** Aunque probablemente ya tienes una idea más clara de cómo funciona esta plataforma, seguir el proceso para colocar anuncios en Google SEM puede ser un poco confuso las primeras veces.
   Para aprender no hay nada mejor que practicar, aunque si necesitas más referencias sobre el funcionamiento de los anuncios SEM en Google Search puedes buscar entre los diferentes tutoriales que se publican en YouTube, o directamente en: https://ads.google.com/intl/es_es/home/

6.5.6 **Plataformas digitales emergentes y alternas**

Para cerrar la sección de publicidad *online*, veamos rápidamente algunos medios alternos, así como plataformas digitales emergentes que tienen potencial.

1) *Over The Top* (OTT): Estas son plataformas que distribuyen contenido vía internet en formato de video o en audio, al cual podemos acceder en vivo o bajo demanda.

   a) **OTT para video:** Dicho de una forma simple, 'OTT para video' es televisión que vemos a través de internet. Es una plataforma donde podemos acceder a contenidos bajo demanda como películas, series o documentales a través de servicios como Netflix, Amazon Prime Video o Disney+, aunque estos medios al ser de paga (SVOD o *Suscription Video On Demand*), no ofrecen espacios publicitarios en la actualidad.

   Sin embargo, hay otras plataformas OTT llamadas AVOD (*Advertising-based Video On Demand*), las cuales también ofrecen acceso a películas o contenidos de televisión en donde sí es posible anunciarse. Para acceder a los contenidos de dichas plataformas, los usuarios se conectan desde una computadora, una consola de video juegos, un dispositivo móvil o a través de una *smart* TV, o 'televisión inteligente'.

   En la actualidad varias televisoras ya ofrecen acceso gratuito a su programación en línea con transmisiones en vivo o contenido bajo demanda, donde se ofrecen espacios publicitarios *In-Stream*, tipo *Mid-Roll* de 30 segundos no saltables, que se pueden adquirir directamente con las televisoras (CNN, ESPN, Discovery, etc.) o a través de proveedores de *marketing* programático OTT que tienen acceso al inventario de varias de estas *networks*.

   También hay empresas, como Roku o Jadoo, que ofrecen el acceso a contenidos bajo demanda y en vivo a través de interfaces especiales llamadas 'set-top boxes' que son parecidas a aquella caja negra que usamos para poder ver TV por cable, con la diferencia de que la conexión en este caso se realiza vía internet.

Todas estas nuevas plataformas constituyen la nueva TV del futuro, que eventualmente ofrecerá las mismas ventajas de *targeting*, medición y control que muchas de las plataformas digitales existentes.

b) **OTT para audio:** También llamado *'Programmatic Audio Advertising'* o simplemente *'Audio Advertising',* es casi el mismo concepto que el anterior, donde contenidos como música o *podcasts* se transmiten en vivo o bajo demanda, vía internet y a través de estaciones de radio digitales o *networks*, como DI.FM o plataformas como Spotify.

El *Audio Advertising* tiene un gran potencial pues se espera que en los próximos años más gente escuche contenidos en este tipo de plataformas que a través de la radio convencional, además de que ya es posible comprar espacios publicitarios que pueden ser contratados de forma automatizada a través de las mismas empresas que ofrecen publicidad programática.

A diferencia de las estaciones de radio convencionales, en *'Audio Advertising'* compramos *impresiones* en lugar de spots, donde el formato usual son *clips* de audio en formato MP3, M4A o WAV de 15 o 30 segundos, dependiendo de cada plataforma y *network*.

Como es previsible también contamos con varios de los beneficios de *targeting*, medición y control que encontramos en cualquier otro medio digital.

2) **Amazon.com:** Desde hace tiempo el gigante del comercio electrónico ofrece diferentes alternativas publicitarias. Si vendes productos a través de dicha plataforma, esta es una opción que debes considerar, pues Amazon sabe mejor que nadie qué están comprando sus clientes, información que puedes aprovechar para configurar tus anuncios.

La unidad de compra en Amazon es 'CPC', por lo que pagas solamente cuando alguien de clic en tus anuncios, ofreciendo varias opciones publicitarias, entre las que destacan:

a) **Anuncios de productos patrocinados:** Dentro del sitio de Amazon, estos anuncios aparecen en la página de resultados después de que algún usuario realiza la búsqueda de algún producto. La apariencia del anuncio es casi idéntica a la forma en que Amazon nos muestra cualquier otro producto de su catálogo, aunque éste no aparece en las primeras posiciones, sino mezclado entre los diferentes resultados de búsqueda. Al hacer clic, este tipo de anuncio te lleva a la típica página o ficha de Amazon que amplía la descripción del producto, con fotos, reseñas y un botón de compra.

b) **Anuncios de encabezado en búsquedas:** A diferencia del formato anterior, estos anuncios también serán visibles después de que alguien realice una búsqueda de un producto en Amazon, con la diferencia de que el anuncio se mostrará en la parte superior de la página de resultados. Al hacer clic, te llevará a una especie de *landing page* alojado dentro de Amazon y que despliega un catálogo con todos los productos que tú vendes en esta plataforma.

c) **Anuncios de *sponsored display*:** Este formato se ve similar a los 'anuncios de productos patrocinados', pues hay una foto del producto con su descripción, unas estrellas con la calificación asignada por los clientes y un precio. La diferencia radica en la forma de configurar el *target*, además de que las posiciones donde el anuncio aparece se amplían, incluyendo no solo las páginas de resultados de búsqueda de Amazon, sino también las páginas de reseñas de los productos o en los correos electrónicos que Amazon envía a sus clientes.

3) **'Mi Negocio' de Google:** Para concluir nuestra revisión sobre los principales medios publicitarios en línea quisiera resaltar la conveniencia e importancia de mantener una buena presencia de nuestra empresa a través de la plataforma en Google llamada 'Mi negocio'.

Dicha plataforma permitirá a tu empresa aparecer en Google Maps, además de presentarle a tu audiencia diferentes formas de contacto, incluyendo sitio web, dirección, teléfono e incluso mensajes de texto, esto cada vez que alguien busque a tu empresa en Google.
Adicionalmente 'Mi Negocio' también puede mostrar reseñas que tus clientes han dado sobre tus productos o servicios. En ciertos giros comerciales (desde plomeros o electricistas hasta despachos de arquitectos o abogados) estas reseñas pueden ser especialmente útiles para que tus clientes potenciales se decidan por tu producto (siempre y cuando las reseñas sean favorables), ayudándote a generar más *conversiones*. Para abrir una cuenta gratuita en Google 'Mi Negocio' visita:
https://www.google.com/intl/es-419_us/business/

Posiblemente habrá otras plataformas de reseñas en línea en tu localidad que también podrías evaluar para generar *conocimiento de marca* y *consideración* de forma gratuita.

6.6 **Relaciones públicas**

Las relaciones públicas (o 'PR', de *Public Relations*) es una herramienta empleada por empresas y organizaciones para comunicarse con el público en general y construir una percepción que les sea favorable, usualmente a través de mensajes de corte social. Además de los clientes, con el 'público' me refiero también a los llamados grupos de interés (*stakeholder groups*), los cuales son todas aquellas personas o entidades que rodean a una empresa; desde los accionistas, los empleados, los proveedores, el gobierno, la prensa y en general todos los miembros de la comunidad en donde opera una organización.

Las relaciones públicas son de hecho una función bastante robusta y compleja, pues alguien a cargo de esta área no solo es responsable de realizar eventos y escribir boletines de prensa. También tiene la enorme responsabilidad de diseñar las estrategias de gestión de riesgos y manejo de reputación de marca en situaciones de crisis. Cuando hay una tragedia o un escándalo vinculado a una organización son los publirrelacionistas quienes establecen una postura y representan a la empresa frente a prensa y a la comunidad, por lo que no es una actividad que debe tomarse a la ligera.

Al igual que un plan de campaña, las relaciones públicas emplean una mezcla de tácticas y medios para comunicar sus mensajes, entre los que destaca **'la prensa'**, es decir los equipos **editoriales** de periódicos, televisoras, estaciones de radio, revistas, portales o blogs que tienen cierto nivel de influencia en la comunidad.

Durante el desarrollo de una típica pauta los mercadólogos entramos en contacto con el **equipo comercial** de cada medio, los cuales venden espacios publicitarios. Pero cuando queremos integrar publicidad ganada en nuestro plan, entonces realizamos un esfuerzo de *'media relations'* (*'relaciones con la prensa'*), donde es necesario entrar en contacto con el **equipo editorial** en dichos medios.

Esta publicidad ganada tiene un gran valor, pues cuando la prensa publica una nota positiva sobre nuestros productos se crea un efecto favorable en el conocimiento y la credibilidad de nuestra marca. Sin embargo, recuerda que lo que la prensa diga o no sobre tu marca o empresa, siempre estará más o menos fuera de tu control, por lo mismo, este no es un recurso con el cual puedas contar siempre.

Por esta razón, de todo el universo de herramientas a disposición de las relaciones públicas, solo nos enfocaremos en entender algunos aspectos específicos del *media relations*, los cuales podrían ayudarte a conseguir algo de publicidad gratuita.

Ahora bien, normalmente cuando se quiere conseguir algo de publicidad ganada lo primero que viene a la mente es la elaboración y distribución de un **boletín de prensa**, sin embargo, es importante que como mercadólogos no confundamos la finalidad que cumple la publicidad pagada con la función de las relaciones públicas.

Lo menciono porque hay publirrelacionistas que esperan que la pauta en medios (pagados) de una campaña sea diseñada para cumplir objetivos de relaciones públicas, lo cual es absurdo porque la publicidad y las relaciones públicas tienen objetivos y contribuciones diferentes dentro de un plan de campaña. Por ejemplo, la publicidad pagada debería generar alcance, esto en contraste con la publicidad ganada, que debería generar -sobre todo- credibilidad.

Algunas de estas personas podrían pensar que al incluir a un determinado medio en una pauta publicitaria les asegura que dicho medio estará comprometido a publicar sus boletines de prensa.
Si bien algunos medios pequeños, donde ya compras espacios publicitarios, podrían estar algo más receptivos para revisar tus boletines, esto no significa que estén obligados a publicarlos, pues la historia que debes desarrollar en un boletín de prensa **debe brillar por sus propios méritos.** Dicho de otra forma, no es correcto usar la pauta de medios pagados como palanca para compensar la mediocridad de un boletín de prensa.

6.6.1 **Parámetros básicos para los *media relations***

Ya aclarado este punto consideremos ahora que, para realizar un ejercicio adecuado de *media relations* es necesario **ver el esfuerzo como una especie de micro campaña.** A final de cuentas los *media relations* son otro proceso más de comunicación, que puede ser aplicable tanto para miembros de la prensa tradicional como para *influencers* que puedan dar cobertura editorial (no pagada) a tu campaña desde sus *blogs* o redes sociales. De esta forma, un proceso de *media relations* necesitaría considerar los siguientes parámetros básicos.

Objetivo	Audiencia	Recursos	Mensaje	Medios
¿Qué queremos lograr?	¿A cuáles miembros de la prensa debemos dirigirnos?	¿Cuánto tiempo y dinero va a costar y qué necesitamos saber?	¿Cuál es el mensaje que queremos trasmitir?	¿Cuál es la mejor forma de entregar el mensaje a la prensa?

Figura 6.26 *Los parámetros básicos para planear una acción de media relations*

1) **Objetivo**: Aquí se determina qué es lo que quieres lograr con este esfuerzo de media relations. Si algún medio recogiera tu nota, ¿qué es lo que te gustaría que se dijera sobre tu producto o lanzamiento? ¿Cuántos medios esperas que publiquen tu nota?, por lo cual, ¿a cuántos medios consideras que debes enviar el boletín de prensa y/o invitar a una conferencia de prensa?

2) **Audiencia:** Como si fuese una micro campaña, también debes pensar y priorizar cuáles son los medios a quienes vas a dirigir tu boletín. A menos que hayas inventado algo verdaderamente revolucionario, es muy probable que los periódicos de circulación nacional no tengan mucho interés en publicar tus notas. Entonces tendría más sentido compartirlo con medios especializados en tu mismo giro empresarial (*i.e.* jardinería, tecnología, belleza, moda, autos, etc.), pues cuando hay afinidad entre el tema del boletín, el medio y la audiencia del medio, mejoran las posibilidades de que algún canal recoja la nota.

Puesto que a estas alturas ya habrás identificado cuáles canales de comunicación son relevantes para tu *target*, podrías aprovechar la misma lista de medios para ponerte en contacto con sus respectivas áreas editoriales. Con ellos podrías compartir tus boletines o incluso, invitarlos a tus eventos de lanzamiento. Si bien hay que ser estratégicos al escoger los medios a quienes enviarás el boletín, tampoco desprecies oportunidades de integrar plataformas alternativas y emergentes, como entrevistas en *podcasts* o *blogs* que sean relevantes para tu *target*.

Al final, lo que estamos buscando es desarrollar una relación amistosa y profesional con el equipo editorial de los medios que nos interesan. En cada medio esta relación será obviamente distinta a la que tenemos con el ejecutivo de cuenta que te vende los espacios publicitarios, pues los editores no están pensando en cómo mejorar tu imagen, más bien están enfocados en encontrar historias interesantes para su propia audiencia, notas que les den prestigio y *ratings*. Entonces, piensa qué historias interesantes puedes ofrecer. Considera compartir contenidos que difícilmente un editor podría obtener de otra forma y que te ayuden a construir o fortalecer tu relación con la prensa.

> **Por ejemplo:** Digamos que tienes un despacho de arquitectos y te han encargado la remodelación de un edificio histórico en el centro de la ciudad, ¿qué tan interesante podría ser para un medio especializado en arquitectura tener acceso a un proyecto de este tipo antes que nadie? Si tuvieses consentimiento del dueño del edificio quizá podrías compartir algunos detalles de los planos, o los *renders*, o la maqueta o incluso partes del proceso de remodelación. Acceso a contenidos de este tipo podrían ser interesantes para un medio especializado que podría dar exposición directa o indirecta a tu marca, si la historia se publica.

Cuando hayas decidido cuáles son los medios que quieres incluir para tus esfuerzos de *media relations*, entonces construye una lista de contactos, con los nombres, teléfonos y correos electrónicos de los editores que deseas contactar.

3) **Recursos:** Desde el punto de vista del *marketing* los *media relations* son una táctica para obtener publicidad gratuita, por lo que ya debe estar claro que no hay pagos de por medio. Sin embargo, en la forma en que tu quieras diseñar y distribuir tu boletín si puede haber gastos involucrados, como la producción de un video o quizá la entrega de la información a través de un evento, como una conferencia de prensa. También debes pensar en los tiempos que tienes para preparar tu boletín o *media kit* y en la mejor fecha para entregarlo. Otro de los recursos a considerar es la investigación que debes realizar antes de acercarte a la prensa, esto para determinar, por ejemplo, ¿cuándo sería el mejor momento para compartir nuestro boletín? y ¿cómo sería la mejor forma de compartirlo? Pero sobre todo, ¿qué temas o ángulos podrían llamar la atención de la prensa, en relación a nuestro lanzamiento o campaña?

4) Mensaje: No se trata de usar el mismo *copy* que has desarrollado para la publicidad. La esencia debe ser la misma, pero tendrás que *tropicalizarlo* un poco; piensa que ni el editor ni su auditorio están interesados en ver otro anuncio más, más bien quieren ver una historia interesante. Esto implica que la narrativa de tu boletín de prensa debe ser más parecida a un esfuerzo de *content marketing* que a un anuncio convencional, relación que expandiremos más adelante.

En todo caso, tu mensaje de *media relations* debe ser conciso, interesante y relevante. Es decir, un contenido que tú mismo estarías disfrutando de leer en un periódico o revista. El boletín debes redactarlo como si tú fueses el editor, pensando en lo que le interesa a la audiencia de dicho medio. No lo redactes en primera persona (*e.g. "En ABC Yoga nuestro compromiso es"....*) más bien en tercera persona, como si tú estuvieras relatando el suceso desde un punto de vista externo, a menos que -claro está- el boletín de prensa sea un comunicado formal o una postura oficial sobre un tema sensible.

Redactar la nota como si tú fueses el editor también te ayudará a darle un sabor más imparcial y objetivo al boletín, lo cual incluso podría ahorrarle algo de trabajo al editor, mejorando tus posibilidades para que se publique. Sin embargo, si logras que tu historia la publiquen no esperes ver tu texto original; en medios serios lo común es que el editor haga una interpretación.

Recuerda que el producto en este esfuerzo de *media relations* no son necesariamente los bienes que anuncias en la campaña, más bien es la historia en sí que le estás proponiendo al editor. Para desarrollar una historia interesante busca un ángulo que le dé un carácter de noticia a tu campaña, obviamente sin exagerar los datos ni las cualidades del producto.

La estructura típica de un boletín de prensa debe incluir:

- Lugar y fecha
- Datos de contacto de quien emite el boletín.
- Encabezado, subencabezado y resumen de la nota.
- Contenido; es decir el cuerpo del boletín en papelería membretada y de preferencia sin ocupar más de una página.

5) **Medios:** Aquí con 'medios' nos referimos a la forma en la cual haremos llegar la información a la prensa y/o los *influencers*. Para entregar tu boletín puedes empacarlo junto con otros archivos relevantes en lo que llamamos un *'Media kit'*, donde es recomendable incluir varios medios audiovisuales que apoyen a tu historia, como fotos y videos, incluso muestras de producto (si aplica y es costeable). También se recomienda incluir tu logotipo y una breve semblanza de la empresa.

Cuando envías tu boletín a diferentes editores debes visualizar este ejercicio como una forma de *pitch*, como si estuvieras vendiendo la nota. Puedes subir tu boletín en la sección de prensa de tu sitio web, pero no esperes que los editores lo encuentren de esta forma; es mejor ser proactivo y enviarlo por correo electrónico. Por otro lado, es sabido que los editores reciben más correos electrónicos con boletines de los que pueden revisar, por lo que solo abren y leen aquellos que tienen un título interesante y que son breves, claros y concisos.

Para redactar tu correo electrónico puedes emplear en el campo de 'asunto' una frase llamativa; un *gancho*. En el cuerpo del correo evita mensajes muy largos, más bien pon el encabezado y subtítulo de tu boletín, así como el resumen en un solo párrafo. Al final del correo también puedes incluir una breve nota personal dirigida al editor.
De esta forma todo el contenido de tu correo no debería ocupar más de dos o tres párrafos. También puedes adjuntar los archivos relevantes que contiene el *media kit* o un enlace para descargarlos. Una vez enviado el correo no está demás intentar contactar telefónicamente al editor para confirmar la recepción, dar seguimiento y aclarar dudas.

En el contexto de un lanzamiento de producto, las empresas que tienen un mayor poder de convocatoria también pueden invitar a un grupo selecto de medios especializados a una conferencia de prensa, la cual usualmente desarrollamos en un espacio céntrico, accesible (con estacionamiento) y cómodo, como el salón de algún hotel. En dicho evento se distribuye el boletín de prensa en versión impresa y electrónica y se realiza una presentación con la opción de una sesión de preguntas y respuestas al final. También es costumbre ofrecer a la prensa invitada un desayuno o refrigerio, ya que, debido a su trabajo, pasan buena parte del día en la calle. Alternativamente, en lugar de convocar una conferencia de prensa, es posible invitar a los medios e *influencers* a algún evento de lanzamiento, que ha sido diseñado expresamente para los clientes, donde todos pueden experimentar las bondades del producto anunciado en un ambiente con oportunidades espontáneas de foto que podrían ser más interesantes para la prensa.

6.7 **Eventos**

Hay varias razones por las cuales una empresa organiza eventos, sin embargo, aquí solo nos interesan aquellos que empleamos para apoyar nuestras campañas, como los **eventos de lanzamiento** o las '**experiencias de marca**', pues estas acciones siguen siendo tácticas comunes de encontrar en una campaña.

Si bien nos enfocaremos en entender el "esqueleto" de los eventos de lanzamiento, debemos mencionar que también existe un formato de evento bastante común en *marketing* llamado '**activaciones de marca**', en donde en lugar de traer a la audiencia a un recinto contratado por nosotros, más bien nuestra marca va a donde está la audiencia.

¿Y dónde puede estar la audiencia? Típicamente en centros de consumo como bares, clubes de golf, supermercados, universidades, centros de negocios, *expos*, centros comerciales o incluso plazas públicas, entre otros. Esto es porque usualmente las llamadas 'activaciones' se emplean para estimular la compra de un producto a través de promociones y en lugares donde la gente típicamente los adquiere o consume. Por otro lado, las activaciones también pueden usarse solo para *construir marca* o para tener presencia en espacios o centros de consumo que tienen un peso estratégico en nuestra campaña. Dicha presencia se manifiesta a través de actividades como juegos, degustaciones, demostraciones de producto, concursos o algún otro tipo de entretenimiento, lo cual es diferente a un patrocinio, donde la marca usualmente tiene una presencia más bien pasiva.

De cualquier forma, los eventos son una herramienta especialmente útil para atender las últimas etapas del proceso de *destilación de clientes (convicción, conversión y compromiso)* pues estos nos dan la oportunidad de interactuar frente a frente con clientes o prospectos, quienes por otro lado tienen la posibilidad de ver, tocar, probar o interactuar con nuestros productos en un ambiente que es congruente con nuestra identidad y/o que ha sido especialmente diseñado para reflejar y *tangibilizar* los valores de nuestra marca.

En general los eventos pueden consumir bastantes recursos, como tiempo, esfuerzo y dinero, por lo que debes **verlos más como una plataforma de conversión** de prospectos a clientes y no tanto como una herramienta para construir *conocimiento de marca*. Esto es porque el costo (CPM) de alcanzar algunas decenas o incluso miles de personas, a través de un evento, sería demasiado alto comparado con otros medios. Aunque siempre hay excepciones; hay casos donde tiene sentido hacer eventos para crear *conocimiento de marca* en mercados de *nicho*, como gente que es muy difícil de alcanzar de otra forma, como las marcas de súper lujo o los productos dirigidos a profesionistas ultra-especializados en alguna área.

Si tienes planeado apoyar tu campaña publicitaria con uno o varios eventos, vas a requerir de un presupuesto y un plan detallado, con cronogramas que indiquen tiempos de implementación y sus responsables. Dependiendo del tamaño, la cantidad y complejidad del evento necesitarás de un equipo de trabajo o incluso del apoyo de una agencia de eventos, conocidas como '**Agencias BTL**' ('BTL' viene del concepto *'Below The Line'*, asociado al uso de medios no-tradicionales). Una buena agencia BTL pueden llevarte de la mano desde el inicio hasta el final del proceso de planeación, producción y ejecución del evento.

La cosa con los eventos es que una vez que fijamos una fecha y enviamos invitaciones, vamos contra reloj; donde todo el esfuerzo y todos los recursos invertidos se reducen a un solo momento que quizá solo dure algunas horas y el cual esperamos sea perfecto: como una boda. Por lo mismo el nivel de estrés puede ser considerable. Debemos planear pensando en todo lo que podría salir mal, siempre manteniendo un margen de error (en tiempo y presupuesto), lo cual justamente va a permitir sacar el evento adelante cuando lleguen las primeras sorpresas.

En los eventos siempre surge algo, siempre. La diferencia es que con buena planeación y comunicación tendrás tiempo de hacer correcciones. Por lo mismo necesitas de un equipo o agencia BTL disciplinada, que trabaje con sentido de urgencia y que tenga excelentes cualidades de organización y comunicación.

Hay dos **máximas populare**s que he aprendido a lo largo de los años y que en mi experiencia han tenido especial importancia cuando he organizado eventos:

- **"La suposición es la madre de todas las desgracias":** No supongas nada, asegúrate que entendiste claramente lo que te comunican tus proveedores y colegas, confirma y repite las veces que sea necesario. Tampoco asumas que tus colegas te entendieron todo; confirma y repite la información las veces que sea necesario.

- **"Orden dada y no supervisada se la lleva la…":** La sabiduría de esta frase popular nos sugiere que aún cuando nuestra planeación sea brillante, si delegamos y no supervisamos, hay riesgo de que algunas cosas no sucedan, lo cual es particularmente indeseable cuando organizamos eventos.

6.7.1 Parámetros básicos para la organización de eventos

Como en cualquier otro proceso de comunicación, para organizar eventos debemos partir de la definición de parámetros básicos.

Objetivo	Audiencia	Recursos	Mensaje	Medios
¿Qué queremos lograr?	¿Quién necesitamos que vaya al evento?	¿Cuánto dinero, tiempo y gente necesitamos?, ¿qué debemos saber?	¿Cuál es el mensaje que queremos comunicar durante el evento?	¿De qué forma vamos a asegurarnos de llenar el evento?

Figura 6.27 Los parámetros básicos para planear un evento

1) **Objetivo:** ¿Qué queremos lograr con el evento?; *¿conocimiento de marca?, ¿conversiones?* ¿Cuántos prospectos o clientes queremos obtener a raíz del evento?, ¿cuántas personas necesitamos invitar para generar esa cantidad de prospectos? Y por supuesto, ¿qué esperamos que suceda después de que nuestros invitados acudan al evento?

2) **Audiencia:** Quizá el *target* de tu campaña sea el mismo perfil de personas que quieres ver en tu evento. Aunque en algunos casos podría ser de interés invitar a un *target* secundario, como gente que influye en la decisión de compra del *target* primario. Entonces, ¿a quién quieres invitar al evento?

Por otro lado, ¿quieres que el evento sea a puertas abiertas o quieres que solo atiendan personas por invitación? Y si este es el caso, ¿cuentas con una lista de contactos?, ¿en cuáles ciudades necesitas hacer los eventos?, ¿cuántos eventos necesitas realizar para cumplir tus objetivos?

3) **Recursos:** Considerando tus objetivos y audiencia, ¿cuáles son los recursos estimados que necesitas para realizar tus eventos?

a) **Dinero:** ¿Qué presupuesto necesitas para implementar los eventos en las ciudades que escogiste y para esa cantidad de personas? Dependiendo de cada caso, considera rubros como:

- *Venue* (el espacio físico donde tendrá lugar el evento).
- Permisos
- Producción (escenografía, videos, ambientación, diseño gráfico, etcétera).
- *Colateral* (catálogos, invitaciones, *roll-ups, landing page,* etcétera).
- Estacionamiento para invitados y proveedores.
- Exhibidores para mostrar los productos *(product display).*
- Renta de mobiliario (templete, *pódium*, mesas, sillas, sofás, etcétera).
- *Catering* (alimentos y bebidas).
- *Goodies* (obsequios, recuerdos, muestras de producto, etc.).
- Renta de equipo audiovisual, iluminación y/o ambientación.
- Entretenimiento (música, actos, *performance*, etc.).
- Servicios como seguridad, limpieza, paramédicos, meseros, guardarropa, *valet parking*, técnico del equipo audiovisual, maestro de ceremonias (MC), etcétera.

b) **Gente:** ¿Tienes un equipo de trabajo con experiencia que te pueda apoyar en la producción y ejecución del evento?, ¿Tienes presupuesto para contratar una agencia especializada en eventos? Si tienes pensado contratar una agencia BTL, ¿qué funciones vas a delegar? Por otro lado, ¿conoces proveedores confiables que puedan apoyarte con la producción de los materiales o prestando los servicios necesarios?

c) **Tiempo:** ¿Cuánto tiempo necesitas para planear y producir los eventos?, y en consecuencia ¿cuáles serían las mejores fechas para realizar los eventos?

Dependiendo del perfil de tu *target* considera evitar las temporadas vacacionales, festividades, días de asueto o sucesos relevantes que compitan por la atención o puedan afectar la asistencia o accesibilidad a tu evento, como conciertos, *expos*, torneos, marchas, desfiles o cierres de calles en las cercanías a la sede *(venue).*

Para esto puedes realizar una simple búsqueda en Google de las fechas que te interesan; esto te podría ayudar a evitar coincidir con algún suceso o festividad que afectase la asistencia a tu evento.

Además de dinero, personas y tiempo, otro recurso importante es la **información**; es decir, vas a necesitar revisar nuevamente tus *insights* de mercado para entender el perfil del *target* y diseñar el concepto creativo para el evento en función de esto. Suponiendo que el *target* del evento es el mismo que el de la campaña, ya tienes parte de la información.

Solo habrá que responder a ciertas preguntas, como, ¿qué tipos de experiencias le gusta al *target*?, ¿cómo y en dónde o en qué tipo de ambiente les gusta socializar?, ¿cómo preferirían presenciar una presentación?, ¿qué les gusta comer?, ¿cuáles géneros musicales escuchan?, ¿cuál es la mejor temporada, días u horarios para invitarlos a un evento? Y finalmente, ¿cuál es la mejor forma de invitarlos?

4) **Mensaje:** Hay de formas a formas de organizar eventos, una muy común es cuando el director de alguna empresa muestra una presentación desde su *laptop* en el salón de un hotel donde hay sillas y mesas dispuestas en formato tipo auditorio donde se acomoda a los invitados frente a un pódium. Junto al pódium dos *roll-ups* con el logotipo de la empresa flanquean al presentador y al fondo del salón hay unas mesas con bebidas y canapés. Los canapés son unos triangulitos de pan blanco de caja con las orillas recortadas y un relleno amarillo que nadie sabe qué es. ¿El momento más emocionante del evento? El final, cuando nos podemos ir.

Ahora, podríamos tener una presentación un poco más interesante o llamativa, en un hotel más sofisticado y con canapés deliciosos, aunque esto no necesariamente cambia demasiado las cosas. La razón por la cual un evento puede ser interesante, entretenido y memorable realmente no radica tanto en la manipulación individual de los elementos, tiene más bien que ver con **el concepto.**

Los eventos, al ser otro proceso más de comunicación, requieren de un fuerte concepto creativo para sobresalir. De la misma forma en que un buen concepto creativo hace la diferencia entre un anuncio bueno y uno malo, al margen de la calidad de producción.

Para ser más claros, puedes visualizar este concepto creativo como una temática que envuelve al evento y que está estrechamente vinculada al mensaje que quieres dar.

De esta forma, cada elemento; el *venue*, el *catering*, la invitación, la atmósfera, la presentación y todo lo que sucede durante el evento, está conectado por la misma idea y el mismo mensaje, considerando que dicho concepto creativo debería ser congruente con la creatividad que uses en tu campaña.

Ahora bien, con temática no quiero decir que decidamos entre "noche vaquera" o "noche de casino". Lo que necesitamos es que el evento sea una plataforma para contar **una historia:** la historia de tu marca/producto y la forma en la cual conecta con el *target*. De esta manera evitamos que la dichosa presentación en PowerPoint sea el momento estelar del evento, o peor aún la única forma para entregar tu mensaje.

En mi caso, la mayoría de los eventos que he organizado han tenido algún tipo de presentación, sin embargo, en algún lanzamiento intentamos experimentar organizando una serie de eventos **sin presentaciones** para una audiencia que considerábamos era razonablemente sofisticada.

Esta fue una situación muy controversial al inicio, pues algunos colegas esperaban ver un típico discurso, vamos, los mismos invitados en algún momento del evento se preguntaron: *¿A qué hora empieza el discurso?*

Pero las actividades y demostraciones de producto que organizamos a lo largo de la noche hicieron el punto, probablemente de una mejor forma que con cualquier presentación. Al final los invitados lo agradecieron, reconocieron que hubo un proceso de promoción de los productos, pero les gustó que este transcurrió de una forma natural, pues nunca sintieron que les estábamos vendiendo (aunque si hubo ventas), lo cual es ideal; ¡un evento con cualidades de *content marketing*!

De cualquier forma, con o sin presentación, en los eventos de lanzamiento es más importante pensar que el mensaje lo tenemos que trasmitir a través de una experiencia entretenida. Esto sí debe ser el elemento central del evento; lo cual podemos lograr a través de una representación, un *happening*, un *show*, una exhibición o mejor aún a través de una actividad que permita a los invitados jugar y experimentar el producto y sus valores de una forma memorable, sin forzar las cosas. Si aún así decides hacer una presentación, esta debe ser muy breve, no más de 10 minutos, y hecha con los más altos valores de producción.

Al final, dar un concepto creativo al evento te dará la oportunidad de conectar cada elemento bajo una misma idea, e incluso bajo una identidad gráfica que has diseñado específicamente para la ocasión. Un concepto creativo también te facilitará el proceso para encontrar ideas que cuenten esa historia y la transformen en una experiencia.

5) **Medios:** Esto tiene que ver más que nada con la forma de promocionar el evento para asegurarte que tengas la cantidad de invitados esperada. Todo puede estar hecho y puesto a la perfección, pero no hay peor sensación que un evento vacío. Empieza con lo básico, ya que tengas fechas preliminares, investiga qué días y horarios son los más convenientes para el grueso de tus invitados. Si planeas tener un evento abierto al público quizá tendrás que hacer algo de promoción dirigida, usando medios tácticos como las redes sociales u otros, dependiendo de tu audiencia.

En el caso de los eventos a puertas cerradas la promoción la desarrollamos de otra forma, principalmente usando nuestras listas de contactos (CRM), mandando correos electrónicos, envíos postales y realizando muchas llamadas telefónicas.

6.7.2 Elementos clave en los eventos de lanzamiento

Finalmente revisemos algunos de los elementos clave que debemos considerar en la organización de un evento.

Todos los elementos bajo un mismo concepto creativo

Venue ➤ El espacio físico donde tendrá lugar el evento.

Invitación ➤ Abierta al público o selectiva. Impresa, electrónica o ambas.

Catering ➤ Alimentos y bebidas congruentes con los gustos del *target*.

Ambientación ➤ La atmósfera que hace tangible al concepto creativo.

Show ➤ Una forma de entretenimiento vinculada al producto. El acto principal en el evento, aquello que motivó la convocatoria.

Venta (promoción) ➤ *Networking* o alguna labor de *conversión* vinculada al *show*.

Goodies ➤ Recuerdos, obsequios, colateral y sorteos.

Seguimiento ➤ Al día siguiente; conversión de prospectos en clientes.

Figura 6.28 Elementos clave en los eventos

1) **Venue:** Como ya vimos, el *venue* es el espacio físico que seleccionamos para nuestro evento. Un restaurante especial, el salón de un hotel bien puesto, un centro de espectáculos, un museo o galería de arte, el vestíbulo de un edificio emblemático. En cualquier caso el *venue* por sí solo debe ser lo suficientemente atractivo, interesante o aspiracional para motivar a que la gente asista, considerando también que debe ser accesible, seguro y con toda la infraestructura necesaria para acomodar y servir a todos los invitados.

Puesto que probablemente tendremos varias opciones con las cualidades ya descritas, procura escoger un espacio que te ayude a reflejar y *tangibilizar* tu concepto creativo y que sea del gusto del *target*, pues si el *venue* es realmente especial u original, habrá gente que vaya principalmente motivada por esta razón.

> **Por ejemplo:** Si estamos organizando un evento para diseñadores gráficos, un bar *trendy* en el distrito creativo de la ciudad podría ser una buena opción, sin embargo, considera que algunos de estos espacios podrían estar en vías con mucho tráfico o estar limitados en infraestructura, como estacionamiento, baños o instalaciones para realizar alguna presentación.

En este sentido, los grandes hoteles con espacio para eventos representan una de las opciones más seguras, aunque en muchos casos pueden también resultar poco emocionantes, dependiendo de la audiencia. Por otro lado, están los *venues* en espacios exteriores, como jardines o plazas, que pueden ser muy atractivos, sin embargo traen un riesgo considerable, por aquello de los cambios del clima. En todo caso, si realmente quieres un espacio exterior para tu evento, intenta reducir los riesgos contratando un *venue* que tenga un espacio exterior contiguo a uno interior; si llueve o baja la temperatura los invitados pueden refugiarse, por lo que el evento se debe planear para funcionar adecuadamente en cualquiera de los dos espacios.

El *venue* es de las primeras cosas que debes asegurar en cuanto tienes una fecha confirmada. Sin *venue* contratado no hay evento y con 'contratado' me refiero a literalmente tener un contrato firmado; hay historias de terror de eventos que han sido cancelados porque el dueño del *venue* decide, a última hora, que no puede o quiere tener el evento. Antes de contratar haz tu *scouting* y visita cada uno de los distintos *venues* que estés considerando; toma fotos y medidas, revisa las instalaciones, la seguridad, cerciórate que tengan todos los permisos, checa la accesibilidad a vías de comunicación y compara antes de firmar.

2) **Invitaciones:** Considerando que probablemente la mayoría de los eventos de lanzamiento son a puerta cerrada, pensemos un poco en el proceso de entrega de invitaciones.

Dependiendo de tu presupuesto, deberías enviar invitaciones electrónicas e invitaciones físicas, al menos **tres semanas antes** del evento. Aún cuando tengas un presupuesto limitado considera la opción de enviar invitaciones físicas porque pueden darte la oportunidad de crear un mayor impacto, pero recuerda: la invitación debe ser un preludio de esa 'historia' que vas a contar en el evento, es decir debe reflejar el concepto creativo desde el primer momento en que los invitados la ven.

Para mis eventos he enviado invitaciones junto a lentes oscuros, cofres con llaves metálicas, cartas perfumadas con plumas de ave y más recientemente una invitación con piezas de lego. Las invitaciones (físicas) son una oportunidad genial para sorprender y sobre todo para construir expectativa en nuestros invitados. Personalmente me gusta que la invitación sea además un artefacto que los invitados van a necesitar no solo para entrar, sino para participar en alguna actividad durante el evento.

Después de entregar la primera invitación, y un par de semanas antes del evento, podemos enviar a nuestros invitados un recordatorio por correo electrónico solicitando su confirmación de asistencia *(RSVP)*, y una semana antes es recomendable llamar por teléfono a los invitados que aún no han confirmado. La llamada es un medio más personal que te podría ayudar a incrementar tu base de asistentes, además de permitirte aclarar dudas y darte mejor visibilidad sobre el total de personas que podrían asistir. Considera que si bien es indeseable tener un evento vacío, está el otro extremo, donde un exceso de asistentes puede causar irritación con los invitados e incluso riesgos de seguridad.

3) *Catering:* El *catering*, es un anglicismo para referirnos al abastecimiento de alimentos y bebidas en un evento. No hay mucho que decir aquí, más que la importancia en la calidad, el servicio y la limpieza. No corras riesgos en este rubro, solo contrata empresas altamente profesionales y establecidas.

Muchas personas que salen de su trabajo para asistir a tu evento podrían ir en principio solo por la comida, por lo que es importante no decepcionar aquí.

Salvo que el evento sea en un restaurante y cada quien tenga asegurado un plato con comida, hay que pensar también en la distribución; es más recomendable que los meseros circulen con las charolas de alimentos por todo el espacio del evento, en lugar de concentrar la comida en un solo punto, lo cual es menos higiénico y provoca que ciertas personas se amontonen, o acaparen o desperdicien la comida. Lo mismo aplica para las bebidas.

Considera también el tema de las alergias alimentarias, y cuando aplique, incluye alternativas de alimentos para diferentes hábitos por estilos de vida (vegetarianos y demás) o creencias religiosas (Kosher, Halal, etc.) que sean parte de la dieta de tu audiencia.

4) **Ambientación:** La ambientación del evento se logra a través de elementos como la música (grabada o en vivo), la decoración, la iluminación, el mobiliario, el vestuario y los *'props'* o piezas de utilería que colocamos para traer nuestro concepto creativo a la vida. Todo debe ser congruente, y se espera que algunos de estos accesorios muestren el *branding* especial que has diseñado para tu evento.

Bajo este rubro también debes asegurarte que tus invitados estén cómodos y tengan oportunidad de sentarse, con música a un volumen que permita la conversación, pues el punto del evento sigue siendo vender. Una ambientación adecuada logra que los invitados se queden más tiempo, lo cual mejora nuestras oportunidades de *conversión*.

5) **El *Show*:** Con *'show'* no me refiero necesariamente a un espectáculo sino más bien al elemento central de entretenimiento que soporta todo tu concepto creativo, es la *pièce de résistance*, la parte crucial, el momento más emocionante para los invitados. Puede ser una develación, un *performance*, una demostración o expresión artística, algo con calidad de *contenido* por el que la gente pagaría para ver. Ese momento cúspide del evento cuando entregamos el mensaje vinculado al producto o servicio que vendemos, y recuerda que puedes o no incluir una presentación o discurso, todo depende de tu creatividad. En todo caso evita ideas demasiado complejas o elaboradas que puedan convertirse en una pesadilla (o riesgo) a la hora de producir o ejecutar, o que la audiencia simplemente podría no entender.

6) **Venta:** Durante un evento de lanzamiento (si aplica), es recomendable incorporar promotores de ventas que estén capacitados en el producto y familiarizados con el programa y el concepto creativo del evento. A final de cuentas lo que queremos es vender y ellos, además de atender (no hostigar) a los invitados, pueden ayudar a aclarar dudas, mostrar los productos y tomar registro de aquellas personas interesadas en el producto.

   Alternativamente también es posible contratar o colaborar con *influencers* que asistan al evento para que nos ayuden a trasmitir nuestro mensaje; quienes no necesariamente tienen que ser personalidades en redes sociales, pueden simplemente ser líderes de opinión en la categoría de productos. No hay necesariamente un momento específico para vender en un evento, aunque probablemente después de circular la comida y bebidas, los invitados estén más relajados y accesibles.

   Para apoyar al equipo de ventas es indispensable contar con catálogos o algún otro tipo de *colateral* que les ayude a cumplir su labor, adicional a un buen sistema de registro de invitados en el acceso principal.

7) **Los *goodies*:** Si no tenemos un gran poder de convocatoria, un recurso habitual para mejorar la asistencia al evento es realizar sorteos de premios como electrónicos, tarjetas de regalo o viajes, entre otros. Estos sorteos pueden anunciarse desde la invitación para crear anticipación, pero deben realizarse solo hasta el final del evento.
   Cuando el producto o la marca tienen suficiente fuerza para atraer a los invitados "sin ganchos" podemos pensar entonces en recuerdos, o los famosos *goodies*, que pueden ser desde material promocional de calidad hasta obsequios personalizados para cada invitado, pero siempre congruentes con el concepto creativo.

8) **Seguimiento:** En los días posteriores al evento es importante analizar los resultados: número de invitados, número de confirmados, número final de asistentes, tasa de asistencia y total de prospectos interesados. Esta información debe usarse como referencia para la organización de eventos futuros, y obviamente para intentar cerrar el ciclo de venta (el proceso de *destilación*). Esto se puede realizar a través del envío de correos donde se agradece la asistencia a los invitados y donde se les pide su retroalimentación. Por último, es recomendable compartir el registro de invitados con el equipo comercial, quienes deben dar continuidad al esfuerzo de prospección.

6.8 *Colateral* de mercadotecnia

Como ya hemos dicho, el *'colateral* de mercadotecnia', también llamado *'marketing collateral',* usualmente se refiere a materiales informativos o herramientas de venta que las empresas desarrollan para facilitarles a clientes y prospectos su recorrido por el proceso de decisión y compra. Cuando creamos algún tipo de *colateral,* este material podría estar relacionado con una campaña específica (como un *landing page*), o bien podría servir a todos los productos de una empresa, como un sitio web corporativo.

La lista de ejemplos puede ser muy extensa, desde cosas tan simples como papelería membretada, artículos promocionales, catálogos, folletos, fichas técnicas, exhibidores, listas de precios o muestrarios de producto, hasta cosas como testimoniales, correo directo *(emailing)* o cursos presenciales o en línea.

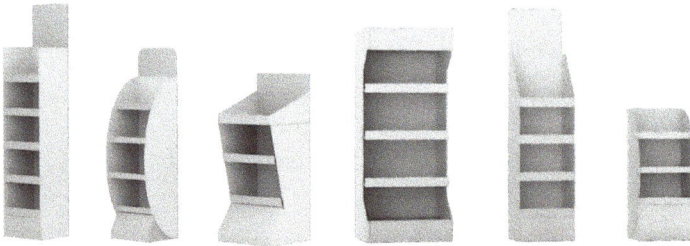

COLATERAL DE MERCADOTECNIA

- Correo directo *(emailing, email marketing).*
- Salas de exhibición *(showrooms).*
- Material Punto de Venta *(POP).*
- Muestras de producto y muestrarios.
- Exhibidores de producto *(display).*

- Catálogos, folletos, *brochures.*
- Listas de precios.
- *Apps.*
- Libros electrónicos *(ebooks).*
- Sitios web.
- *Micrositios (landing pages).*

- *Blogs.*
- Testimoniales.
- Guiones de venta (argumentarios).
- Artículos promocionales *(goodies).*
- Cotizadores.
- Fichas técnicas.
- *Posters.*
- *Roll-ups.*

Figura 6.29 Ejemplos de colateral de mercadotecnia

El *colateral* es realmente casi cualquier cosa que nos sirva para vender, o visto de otra forma, cualquier herramienta que le facilite al cliente el proceso de compra, por lo que obviamente el *colateral* puede también incluir herramientas digitales, como por ejemplo, una *app* gratuita para cotizar productos, o una app para personalizar el producto, o *ebooks,* tutoriales en línea, *webinars* o *newsletters.* De esta forma, prácticamente todo el *colateral* se puede considerar parte de aquellos medios que hemos identificado como 'propios', donde algunos podrían ayudarnos a generar *conocimiento de marca*, aunque el verdadero potencial de estas herramientas está en apoyar la *conversión* de prospectos a clientes.

Un poco más adelante identificaremos algunos ejemplos adicionales de *colateral* que podrías considerar para tu campaña. Por ahora es más importante entender que para desarrollar *colateral*, como con cualquier otro elemento de comunicación, también debemos definir parámetros básicos.

6.8.1 Parámetros básicos para el desarrollo de *colateral*

Objetivo ▸ **Audiencia** ▸ **Recursos** ▸ **Mensaje** ▸ **Medios**

| ¿Qué queremos lograr? | ¿Para quién es? | ¿Cuánto tiempo y dinero va a costar y qué necesitamos saber? | ¿Cuál es el mensaje y la función que va a desempeñar? | ¿De qué forma lo haremos llegar al *target*? |

Figura 6.30 Los parámetros básicos para el desarrollo de colateral de mercadotecnia

1) **Objetivo:** Antes de desarrollar *colateral*, pregúntate: ¿qué queremos lograr con esto?, ¿cuál será su contribución en la campaña y en las ventas?, ¿tiene este *colateral* un potencial real de realizar *conversiones*?, ¿por qué?, ¿cuántos de estos materiales necesitamos imprimir o producir para lograr el objetivo? Si el *colateral* es electrónico, estima; ¿cuántas vistas o descargas necesitas para considerarlo exitoso?, ¿qué acción esperas que tome el *target* cuando tenga acceso a este material?

2) **Audiencia:** ¿Para quién es el *colateral*?, ¿qué cualidades tiene esa audiencia y cómo podemos desarrollarlo en función de esto?, ¿hay alguna otra herramienta de venta que ya hayamos desarrollado para esa audiencia?, ¿por qué este material sería de utilidad para el *target* o para los vendedores?

3) **Recursos:** ¿Cuánto nos va a costar?, ¿cuánto tiempo tenemos para desarrollar y distribuir el *colateral*?, ¿tenemos la tecnología o los proveedores necesarios para desarrollar y distribuir un material de este tipo? Haz un poco de investigación, el equipo comercial en tu empresa puede ser una excelente fuente de ideas para este tipo de materiales, pues son ellos los que requieren de herramientas de ventas. Sin embargo, hay que tener cuidado de no perdernos en un mar de folletos, catálogos, páginas web, muestrarios, y en especial artículos promocionales (plumas, llaveros, gorras, etc.) pues ahí se puede desperdiciar mucho dinero.

4) **Mensaje:** Algunos tipos de colateral tienen capacidad de entregar un mensaje; como un exhibidor de productos, un *landing page* o un folleto. Sin embargo, en este contexto el *colateral* **debe tener una función específica;** ¿para qué es el material que queremos desarrollar?, ¿qué función cumple?, ¿cuál etapa del proceso de *destilación de clientes* nos ayuda a cumplir?, ¿de qué forma nos va a ayudar a vender? o ¿de qué forma ayuda al cliente a comprar?

5) **Medios:** El *colateral* es dinero perdido si no se entrega o se hace accesible a quien debe usarlo en el momento oportuno. ¿Cuál es la estrategia para hacer saber al *target* de la existencia de este tipo de material?, ¿cuál es la mejor forma de entregarlo?

6.8.2 **Correo directo**

Sin la intención de profundizar en el detalle de las características de cada tipo y forma de *colateral*, es importante hablar un poco más sobre el 'correo directo', es decir, los mensajes que enviamos por correo postal, mensajería o correo electrónico *(emailing, e-mail marketing)* a una base de contactos, usualmente nuestros clientes o prospectos.

Hace 10 años o más, durante el *boom* de las redes sociales algunos mercadólogos sugirieron la desaparición del correo electrónico como herramienta publicitaria, especialmente cuando en aquel entonces los buzones eran inundados sin piedad con *spam*.

En respuesta, las autoridades en diferentes países comenzaron a regular el envío de publicidad no solicitada y a exigir que las empresas tuviesen transparencia y mejores controles de gestión y confidencialidad en sus listas de contactos.

Ahora que el correo directo funciona de una forma un poco más civilizada -gracias a la legislación y las herramientas *anti-spam*- la mercadotecnia a través del correo electrónico hace un regreso triunfal como una herramienta publicitaria esencial, aunque a diferencia del pasado, ahora podemos ver al correo directo (especialmente el electrónico) más como un recurso para generar *conversión* en lugar de *conocimiento*.

Para organizar y mantener una lista de contactos de clientes y prospectos que pueda usarse eficiente y eficazmente, ha surgido ya toda una industria que ayuda a vincular los esfuerzos de la comunicación directa (como el *emailing*) con las diferentes etapas del proceso de *destilación de clientes*, esto a través de un concepto llamado **CRM** *(Customer Relationship Management)* o 'Gestión de las relaciones con clientes', que en su forma más simplista podríamos visualizar como una lista donde almacenamos datos de contacto de nuestros clientes para poder enviarles, por ejemplo, una tarjeta navideña al final del año.

Evidentemente, cuando realizamos una campaña, se requiere algo un poco más sofisticado que nos ayude a vender. Si bien podríamos tener nuestra lista o base de datos de clientes resguardada en una hoja de cálculo, estaríamos limitándonos un poco, pues con un sistema de CRM adecuado sería posible, por ejemplo, tener un expediente para cada cliente donde se registran sus consumos, preferencias o solicitudes de servicio. Podríamos también usar un CRM para coordinar envíos masivos de catálogos o exhibidores, invitaciones a eventos, citas de venta, o para llevar un control de solicitudes de servicio o quejas de los clientes, asignando a cada caso un *ticket* de servicio que no se cierra hasta que el problema se resuelva.

En la actualidad hay una gran cantidad de sistemas de CRM disponibles en internet que ofrecen diferentes niveles de funcionalidad y servicio, donde destacan empresas como: Salesforce.com, Hubspot.com, Pipedrive.com, etc. El CRM es entonces una plataforma o sistema que además de realizar envíos masivos por correo, te puede ayudar a gestionar las diferentes etapas del proceso de *destilación de clientes*. Además, algunos de estos proveedores también pueden ayudarte a vincular tu CRM con tu flujo de la *travesía del cliente* para automatizar acciones, como envío de correos electrónicos en las diferentes etapas del proceso de venta. De manera alternativa, si no puedes costear un CRM, siempre será una alternativa emplear una simple hoja de cálculo en combinación con servicios en línea, como Mailchimp.com, que te pueden ayudar a coordinar y realizar envíos masivos de *emails* a tu base de clientes y prospectos.

Finalmente quisiera remarcar que aunque uses un sofisticado CRM o una simple hoja en Excel para almacenar tus contactos, la información se vuelve inútil si no es confiable o no es actualizada al menos cada año. Además de que cualquier esfuerzo por recopilar, almacenar y utilizar datos de contacto debe cumplir con la legislación vigente en tu país y/o en el país, estado o provincia donde se encuentren tus clientes (*e.g. General Data Protection Regulation* o leyes 'anti-spam', de protección de datos personales, derecho a la privacidad, confidencialidad de datos, entre otras).

6.9 *Content marketing*

El *content marketing* o 'mercadotecnia de contenidos' es una manera de desarrollar mensajes publicitarios y a la vez también es una estrategia mediática, la última que revisaremos en este capítulo.

Anteriormente, en el capítulo 5, ya definíamos al *content marketing* como "una forma de hacer publicidad sin hacer publicidad", una manera de crear una historia o pieza informativa vinculada sutilmente a un producto, la cual resulta ser muy útil o entretenida para el *target*. Este enfoque permite que el mensaje sea absorbido por la audiencia objetivo de una forma más natural y *orgánica*, sin necesariamente imponer o hacer del producto el personaje central de la historia.

Irónicamente esto suena un poco contrario a lo que tradicionalmente hacemos en publicidad, que es enfocar la atención sobre la marca y el producto a través de un anuncio que es disruptivo, que busca imponerse sobre la publicidad de otras marcas para llamar la atención del *target*. Sin embargo, la razón principal por la cual hacemos *content marketing* es justamente porque el ambiente ya está saturado de mensajes. Desde hace décadas se hablaba de que un individuo promedio en Norteamérica está expuesto a más de tres mil mensajes publicitarios diarios.

Sea esta cifra correcta o no, sabemos que estamos inundados en publicidad, por lo que es entendible que la gente trate de evitarla. En parte por eso consumimos contenidos a través de Netflix, escuchamos radio en Apple Music o descargamos bloqueadores de anuncios en nuestros teléfonos. Bajo este mismo orden de ideas, también es entendible que los anunciantes busquen formas alternas de comunicación no disruptiva, como es la publicidad basada en contenidos.

Para aquellos anunciantes que trabajan en gobierno o en organizaciones sin fines de lucro la necesidad es la misma: se compite por la atención de las personas en un mar de mensajes, donde la mercadotecnia de contenidos puede emplearse para crear historias e información que permiten informar, persuadir o educar a una audiencia de una mejor manera.

Por otro lado, hay que entender que cuando realizamos mercadotecnia de contenidos también podemos difundirla a través de medios propios, pagados o ganados. Como ya se ha visto en el capítulo anterior, con la campaña 'Dumb Ways to Die', que fue promovida a través de medios pagados y propios, aunque su exitoso enfoque de contenido logró capturar la atención de la prensa y de otros *publishers*, quienes amplificaron el mensaje de forma gratuita.

Hay otros ejercicios de *content marketing*, incluso con décadas de antigüedad, que también han logrado un éxito considerable, como es el caso de la **Guía Michelin** que fue desarrollada por el conocido fabricante francés de neumáticos. Si bien esta guía fue creada originalmente para asistir a los automovilistas franceses de principios del siglo pasado, con mapas y listas de gasolineras, hoteles y restaurantes, esta se transformó con el tiempo en una de las referencias más importantes para calificar la calidad y el servicio de algunos restaurantes en Europa y otras partes del mundo. Dicho *rankeo* funciona a través de un sistema basado en estrellas que incluso en la actualidad puede tener un impacto considerable en la popularidad de un establecimiento de este tipo.

Aquí hay que destacar que probablemente uno de los factores más importantes que determinó el éxito de la Guía Michelin fue haber decidido invertir en la contratación de un grupo de críticos expertos en gastronomía que anónimamente visitan diferentes restaurantes para realizar sus evaluaciones.

Otro importante caso, que además es un buen ejemplo de un proceso de colaboración, fue el que se dio entre Hasbro (el fabricante de juguetes) y Marvel en la década de los 80 con **G.I. Joe**, una línea de figuras de acción que caracterizaba a diferentes personajes ficticios. Dicho concepto de juguetes luego evolucionó algunos años después, convirtiéndose en un exitoso cómic desarrollado por los caricaturistas de Marvel y posteriormente en dibujos animados y cine.

Lo interesante de este caso es que tradicionalmente son las historias de cine (contenido) las que se conviertan en juguetes o figuras de acción, no al revés. En todo caso hay que reconocer que una de las posibles razones del éxito de estos cómics fue la robusta historia de vida que Hasbro siempre desarrolló para cada una de las figuras de acción que vendía (usualmente plasmada al reverso del empaque), la cual sin duda fue una buena base para la creación de más contenido.

Así, de los ejemplos de la Guía Michelin y G.I. Joe, habrá que destacar sobre todo la colaboración o asociación que hubo entre la marca y personas expertas en la producción de ciertos tipos de contenidos, lo cual claramente mejoró su relevancia y calidad. De esto no hay duda, ya que en ambos casos la gente pagó gustosamente tanto por los cómics como por las guías.

En tu contexto, estas colaboraciones las puedes realizar contratando asesores especializados en aquellos temas o disciplinas que son relevantes para tu marca, o invitando a expertos a colaborar. También sería viable invitar a participar a algún *publisher* o *network*, que además de apoyar en el desarrollo del contenido, podría abrir la oportunidad de que este sea publicado, incrementando su credibilidad y difusión.

De esta forma, espero que los atributos del *content marketing* queden claros, ya que te permiten comunicar las cualidades de tus productos de una manera no disruptiva, potencialmente inspirando a tus clientes y mejorando su experiencia de consumo. Además, a diferencia de la publicidad convencional, el *content marketing* es una herramienta que te puede ayudar a explicar conceptos complejos de un producto, también contribuyendo a mejorar los resultados de búsqueda orgánicos (SEO) de tus sitios web, en motores de búsqueda como Google.

6.9.1 El espectro 'anuncio *vs.* contenido'

Si entendemos que el *content marketing* es la publicación de un contenido altamente relevante, que no parece anuncio y que en ocasiones puede incluso ser compartido por un *publisher* reconocido, debería entonces quedar clara la diferencia frente a lo que es un anuncio común. De hecho, el *content marketing* y un anuncio convencional podrían ser los dos extremos de un espectro publicitario, con un punto intermedio que combina un poco las cualidades de ambos.

ANUNCIO
Publicidad explícita.

El único momento de tu día en que vale la pena posar

PUBLIRREPORTAJE
Punto medio entre publicidad explícita e implícita.

El Yoga trae armonía a tu vida.

ABC Yoga invita a la comunidad a participar en esta práctica ancestral.

CONTENT MARKETING
Publicidad implícita.

Mitos y realidades del Yoga.

De acuerdo con un estudio realizado en colaboración con una escuela local de yoga, esta disciplina puede reducir sustancialmente el estrés.

Alcance y Control

Credibilidad y Relevancia

Figura 6.31 *Espectro de formatos publicitarios: de los anuncios convencionales al content marketing*

En la figura 6.31 podemos ver un ejemplo de la publicidad de un mismo anunciante ficticio (ABC Yoga), a través de los tres niveles del espectro: *content marketing*, publirreportaje y anuncio común.

En la parte baja del espectro tenemos como ejemplo la pieza de **content marketing**, que publica los resultados de un estudio hecho por ABC Yoga en colaboración con una revista *X* especializada en bienestar y salud, estudio que tuvo la finalidad de determinar los efectos del yoga en los niveles de estrés de las personas que lo practican. Dicha pieza de contenido tiene todos los elementos y el formato que podríamos ver en un artículo editorial, incluyendo gráficos y detalles interesantes sobre la metodología de estudio y sus resultados.

Esta colaboración, entre una revista y ABC Yoga no tiene que ser producto de una relación comercial, pues quizá hay un interés común y honesto por investigar el tema. Por un lado, la revista puede ver dicha colaboración como una oportunidad para generar contenido original que sea relevante para sus lectores, y además, que difícilmente podría crear sin el acceso a las instalaciones y a los alumnos de un estudio de yoga.

Por otro lado, ABC Yoga, además de ganar *insights* con los resultados del estudio se beneficia de la exposición de marca que el artículo le podría dar, aunque sea pequeña o discreta, pues hay que considerar que, en este tipo de colaboraciones, los anunciantes siempre sacrificamos control y exposición de marca para que el contenido tenga credibilidad y para respetar la integridad editorial del *publisher*, lo cual también implicaría transparentar la colaboración a la audiencia.

Entonces, en un verdadero esfuerzo de *content marketing*, todas las partes involucradas ganan, incluida la audiencia. Sin embargo, existe la posibilidad de que no todos los *publishers* estén abiertos a este tipo de colaboración. Pero aún cuando este fuese el caso, siempre existe la posibilidad de trabajar con expertos en la industria (invitados o contratados) para generar contenidos que después podemos distribuir a través de medios pagados o propios. Incluso, si los contenidos son realmente excepcionales, con el tiempo se podrían intentar vender, tal como hizo la Guía Michelin.

Continuando con nuestro recorrido, en la mitad de este espectro tenemos a los **'publirreportajes'**, también llamados 'infomerciales'.

Los publirreportajes son **piezas de contenido pagadas** (*online* u *offline*) que emulan a un artículo o reportaje editorial, lo cual es conveniente cuando se quiere expandir la información de los productos. Dependiendo del *publisher*, algunos publirreportajes pueden ser desarrollados por ellos mismos o por el anunciante.

Por otro lado, los publirreportajes pueden integrar imágenes y ciertos valores gráficos asociados a la marca del anunciante, mientras que en otros casos los *publishers* solo permiten la inclusión de algunas fotos pre-seleccionadas por el anunciante, lo cual ayuda al *publisher* a mantener la consistencia gráfica y editorial en su publicación. En cualquier caso, siempre se espera que un publirreportaje sea claramente identificado como 'contenido patrocinado', 'artículo patrocinado' o alguna otra frase similar para no hacer creer a la audiencia de que se trata de contenido editorial.

Puesto que la mayoría de los publirreportajes usualmente están abiertamente enfocados en promover atributos y cualidades de un producto, estos no cuentan con el mismo nivel de credibilidad o autoridad que tiene una pieza de *content marketing*, aunque sí pueden dar al anunciante mayor control en el contenido y la exposición de marca.

6.9.2 **Otras formas de *content marketing***

Similar a los publirreportajes también hay otras plataformas de comunicación pagada que se encuentran en un punto intermedio del espectro, permitiéndonos tener cierto balance entre el control y la credibilidad del anuncio. Por ejemplo, los llamados *'Native Ads'*, la publicidad vía *influencers* y el *'Product Placement'*.

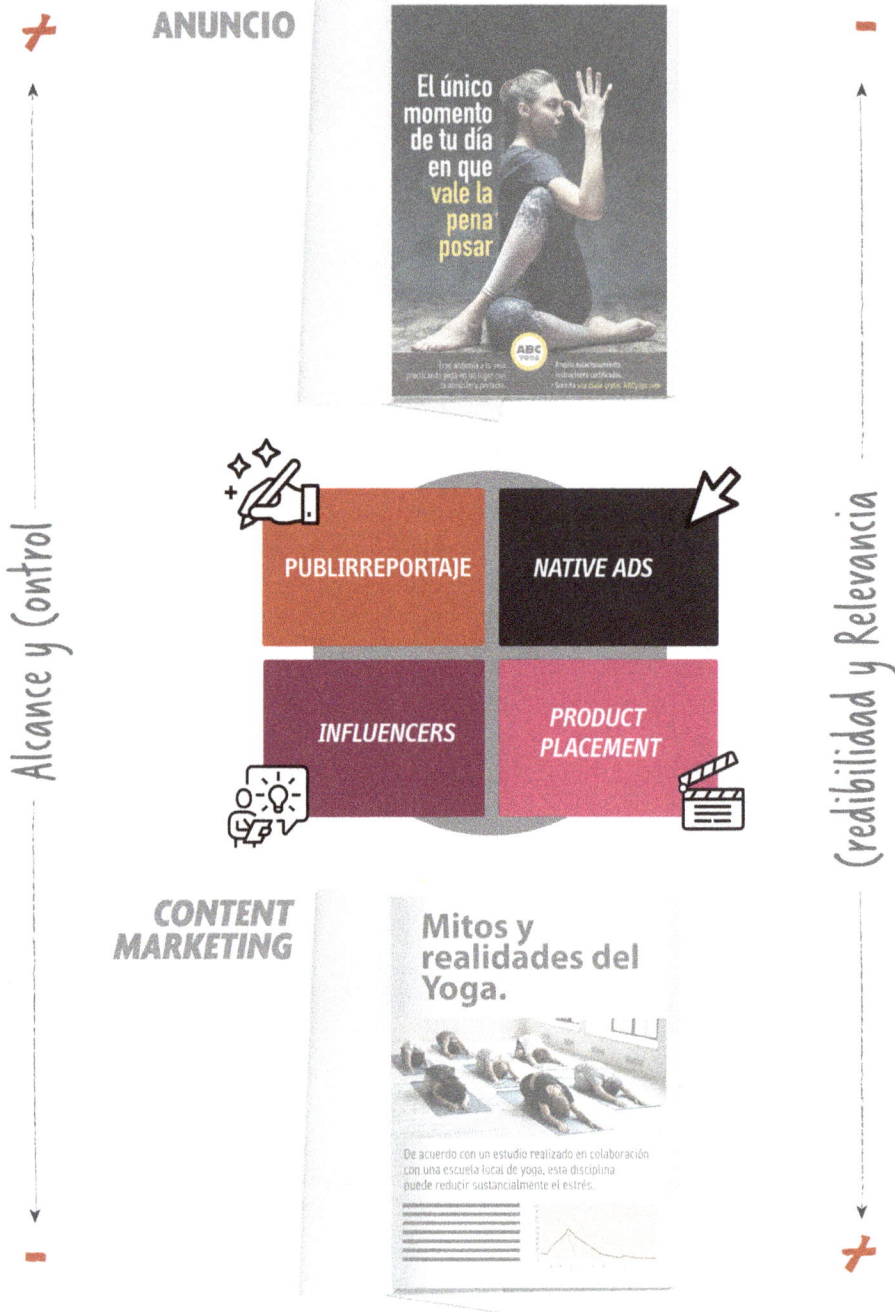

ANUNCIO

El único
momento
de tu día
en que
vale la
pena
posar

ABC
YOGA

PUBLIRREPORTAJE

NATIVE ADS

INFLUENCERS

PRODUCT
PLACEMENT

CONTENT
MARKETING

Mitos y
realidades del
Yoga.

De acuerdo con un estudio realizado en colaboración
con una escuela local de yoga, esta disciplina
puede reducir sustancialmente el estrés.

Alcance y Control

Credibilidad y Relevancia

Figura 6.32 *Otras formas de publicidad que combinan cualidades de anuncio y contenido*

6.9.2.1 *Native ads*

Estos son **anuncios** *online* **pagados** diseñados para no parecer anuncios sino contenido en forma de artículos, videos, infografías, etc. Los *native ads* ('anuncios nativos') de hecho son una plataforma publicitaria que puedes contratar de forma programática a través de diferentes empresas especializadas, como Redirect.com, Outbrain.com, Nativo.com o Taboola.com. Dichas empresas trabajan en colaboración con varios *publishers*, mucho de ellos de gran reputación, para la colocación de los anuncios.

Para colocar un *native ad*, los anunciantes deben seguir ciertos lineamientos que esencialmente tienen que ver con imitar el estilo gráfico y editorial de la publicación donde se desea insertar el anuncio. De igual manera también se espera que el contenido de un *native ad* sea congruente con el contenido editorial de dicha publicación.

Dentro del mundo de los *native ads* hay diferentes formatos que podemos emplear, algunos de estos son muy similares a los *display banners* que ya conocemos, con la diferencia de que el *arte* del "anuncio" se integra de forma más armoniosa con el contenido del sitio web del *publisher*, y en algunos otros formatos, los *native ads* buscan imitar a los típicos encabezados de noticias. En estos casos, la única forma de diferenciar dichos anuncios de otras notas reales es a través de una leyenda ('Artículos Recomendados') que usualmente aparece al fondo de una página web. En todo caso, cuando damos clic en cualquiera de estos formatos, los anuncios nativos nos llevarán directamente al *landing page* del anunciante.

También existe otro formato de anuncio nativo conocido como *'Branded Content',* el cual esencialmente es un contenido que imita todas las propiedades gráficas y editoriales de un artículo común y corriente, es decir es un publirreportaje en versión digital.

Si bien se entiende que los *publishers* y las plataformas de *native ads* deben ayudar a su audiencia a distinguir el contenido editorial de los anuncios nativos (*i.e.* usualmente colocando una frase que los distinga como anuncios), hay quienes dicen que esto no sucede de forma tan clara en todos los casos. Esto obviamente ha generado polémica, pues se argumenta que los *native ads* podrían, en algunos casos, confundir al público al hacerle creer que lee un artículo cuando en realidad está ante un anuncio.

Por estas mismas razones, organizaciones como la Interactive Advertising Bureau (IAB) o la Federal Trade Commission en los Estados Unidos han publicado ya una serie de principios y lineamientos para regular este tipo de publicidad. Algo similar a lo que ha sucedido con la publicidad pagada a *influencers* en redes sociales.

6.9.2.2 *Influencers*

En la sección de relaciones públicas hablamos un poco sobre los *influencers*, a los que hemos descrito como personas u organizaciones que son líderes de opinión en algún tema y que pueden tener influencia en las decisiones de ciertas audiencias. Algunos de ellos pueden contar con una gran base de seguidores en diferentes medios, incluyendo redes sociales.

Desde una perspectiva de relaciones públicas, nuestra relación con los *influencers* es puramente editorial, es decir, no hay pagos o beneficios económicos de por medio, donde la colaboración con un anunciante se da solamente en función de aquello que los *influencers* consideran agrega valor a sus seguidores.

Sin embargo, **desde una perspectiva publicitaria** podemos pagar a un *influencer* por difundir o crear un contenido sobre nuestra marca. Solo hay que tener claro que esto implicaría una relación comercial entre la marca y el *influencer*, la cual se espera sea revelada de forma transparente ante la audiencia.

En la actualidad algunos países ya han regulado este tipo de colaboraciones, que de hecho se les vincula a leyes de protección de los derechos del consumidor. Por ejemplo, la Autoridad de Estándares Publicitarios (Advertising Standards Authority, A.S.A) y el Comité de Prácticas Publicitarias (Committee of Advertising Practice, C.A.P), en Reino Unido ya han publicado una guía con lineamientos para *influencers* con la finalidad de que el público pueda distinguir con claridad cuando un contenido publicado por un medio es un anuncio. Mismo caso ocurre con la Comisión Federal de Comercio (Federal Trade Commission) en Estados Unidos, que también ha publicado sus propios lineamientos.

En el caso de Reino Unido, los lineamientos desarrollados por la A.S.A y la C.A.P (2020) establecen, por ejemplo, que las colaboraciones pagadas -en dinero o especie- entre *influencers* y marcas deben ser claramente reveladas de forma simple y directa dentro del contenido patrocinado.

Es decir, usando un lenguaje y palabras directas y fáciles de entender que identifiquen la publicación como un anuncio, patrocinio o publicidad, sin términos que puedan dejar poco clara dicha relación.

Estos lineamientos **tampoco permiten** revelar dichas colaboraciones en las secciones menos visibles de una publicación, como dentro de la descripción del perfil del *influencer*, o a la mitad de una trama de *hashtags*.

En algunos países de Latinoamérica, durante la fecha de elaboración de este libro, no había aún señales claras de que este tipo de relación comercial estuviese regulada. En algunos otros casos, la ley estableció que dichas colaboraciones fuesen autorreguladas entre los medios y los *influencers*. De cualquier forma, si tienes planeado considerar alguna táctica de promoción pagada con *influencers* o alguna colaboración del tipo *content marketing* con algún medio, es importante que primero consultes y te asesores sobre la legislación pertinente en tu localidad.

Ahora, ¿cómo decidir qué *influencers* podrías patrocinar para tu campaña? Una forma de determinarlo es a través de los estudios de mercado descritos en el capítulo 2, pues durante el proceso de investigación ya has preguntado a tu *target* acerca de las principales fuentes de información y entretenimiento que usan. De esta forma, estos *insights* te pueden dar pistas para identificar a aquellos *influencers* que son relevantes para tu audiencia, pues en muchos casos, las mismas personas que administran y/o publican en los medios favoritos de tu *target* pueden ser los mismos líderes de opinión de tu mercado.

Alternativamente, en casi todas las industrias, hay un pequeño grupo de personas que han construido cierta autoridad por su nivel de experiencia, sus conocimientos, sus publicaciones o actividades, donde es muy probable que para haber construido y mantenido dicha autoridad, tengan al menos una cuenta en redes sociales, un *blog*, un programa de radio o acceso a otras plataformas.

El tipo de colaboración con un *influencer* puede darse de varias formas. Por ejemplo, como anunciantes podríamos pagar a un *influencer* por una publicación única en sus redes sociales, o por un número de publicaciones o menciones diarias, semanales o mensuales, donde dicho pago puede incluir, o no, la producción misma del contenido a promover.

Aquí habría que destacar que algunas marcas importantes ya están delegando parte, si no es que toda la producción de sus contenidos para redes sociales a los mismos *influencers*, en lugar de hacerlo a través de una agencia productora, pues algunas de estas *estrellas* del *social media* ya cuentan con excelentes habilidades técnicas para escribir *copy*, grabar y editar video o para realizar y retocar fotografías.

Para evaluar y encontrar diferentes opciones de *influencers* también puedes emplear *software* especializado disponible en línea (Creator IQ, Mavrck, Socialbakers, etc.) y/o criterios similares a los que emplearías para escoger cualquier otro medio de comunicación.

1) **Alcance:** De todas nuestras opciones, ¿Cuáles *influencers* tiene el mayor volumen de seguidores?, ¿son esos seguidores de calidad o hay sospechas de que una gran cantidad puedan ser *bots* o cuentas falsas? En ocasiones la cantidad no es demasiado importante, pues una cuenta con miles o decenas de miles de seguidores podría ser suficiente siempre y cuando la tasa de interacción (*Engagement Rate*) entre el *influencer* y sus seguidores sea alta.

2) **Afinidad:** De todas las cuentas de *influencers* que estás considerando, ¿cuáles tienen el contenido con mayor afinidad a tu marca y producto?, ¿cuál *influencer* encarna de mejor forma la personalidad y los valores de tu marca? Aquí hay que revisar y evaluar muy bien las publicaciones e historial de cada candidato, pues es importante asegurarse no solo que el contenido sea congruente con la marca sino también que **sea profesional y éticamente "seguro"**, es decir, que no haya cosas como publicaciones con faltas de ortografía, vulgaridades, racismo, sexismo, homofobia, violencia, faltas de respeto, etc.   También puedes indagar qué otras marcas han patrocinado a esta persona y cuál ha sido su experiencia.

3) *Engagement:* Sobre las publicaciones de los diferentes *influencers* que estás considerando, ¿cuál es el nivel de *engagement* con sus audiencias? Para determinar esto, puedes usar indicadores como *Engagement Rate* (capítulo 4) que correlaciona el número de seguidores de una cuenta en redes sociales con interacciones como *likes, shares, retweets,* comentarios, etc.

4) **Condiciones:** Al igual que con cualquier otro medio, finalmente querrás evaluar las condiciones comerciales que además deberían quedar establecidas en un contrato; las tarifas, la forma de pago, los plazos de pago y la descripción del servicio en general, que también podría incluir

la producción de los activos y la entrega de algún tipo de reporte de desempeño.

La forma de pago puede ser en dinero o en especie, es decir obsequiando o prestando muestras de tus productos o servicios que además pueden ser parte del material para crear el mismo contenido que el *influencer* va a desarrollar. Por otro lado, una forma para determinar si estamos pagando al *influencer* un precio justo por cada posteo, podría ser usando la fórmula universal de CPM, pues dicha métrica te puede indicar lo que te costaría impactar a mil seguidores de cada *influencer* que estés considerando para tu campaña.

También podrías usar el CPM para comparar la inversión en un *influencer* *vs.* el costo de emplear cualquier otro medio.

6.9.2.3 *Product placement*

Conocido en español como 'emplazamiento publicitario', este tipo de táctica integra un producto dentro de la narrativa de una película, video o un programa de televisión o radio creado por un tercero.

La presencia de la marca en el contenido puede ser sutil, como una botella de cerveza que aparece al fondo de una escena, o puede ser más activa, donde los personajes principales interactúan o incluso mencionan el producto. En algunos otros casos esta presencia de marca puede también tener una presencia todavía más protagónica, como fue el caso de la película de 2003 'The Italian Job' ('La Estafa Maestra' en Latinoamérica) donde en la última parte de la película tenemos una emocionante persecución por las calles de Los Ángeles en vehículos Mini de diferentes colores.

Si bien en muchos casos el *product placement* es una presencia de marca usualmente pagada, en otros casos dicha colaboración puede darse de otras formas, por ejemplo; el anunciante presta productos o instalaciones que son cruciales en la trama de la historia, sin costo al equipo de producción y solo a cambio de la presencia de marca.

El racional detrás del *product placement* es totalmente consistente con el concepto de *content marketing*, pues desde el punto de vista del anunciante se trata de integrar el producto a una historia que encarna los valores y la esencia de la marca, con la diferencia de que dicha historia no se ha diseñado en función del producto sino con el objetivo de entretener a una audiencia.

Para buscar oportunidades de *product placement* es necesario acercarse con productoras de cine y televisión que realizan películas o programas consistentes con nuestros valores de marca y en los mercados que nos interesan.

6.9.3 **La estrategia de *content marketing***

El *content marketing* es como cualquier otro proceso de comunicación por lo que necesitamos desarrollar una estrategia que considere los siguientes puntos.

Objetivo	Audiencia	Recursos	Mensaje	Medios
¿Qué queremos lograr?	¿A quién va dirigido?	¿Cuánto tiempo y dinero va a costar y qué necesitamos saber?	¿Cuál es el mensaje? ¿Qué necesita saber la audiencia?	¿Cuál es la mejor forma de entregar el mensaje?

Figura 6.33 *Los parámetros básicos para el desarrollo de content marketing*

1) **Objetivo:** ¿Qué esperas lograr con este esfuerzo de *content marketing*?; *¿conocimiento de marca?, ¿conversiones?* Puesto que el *content marketing* es una herramienta que te permite expandir tu mensaje resulta ideal para desarrollar las etapas intermedias del proceso de *destilación de clientes,* como *curiosidad* o *convicción*, aunque también podrías emplearlo para crear *conocimiento.* Por otro lado, dependiendo de los medios de difusión del contenido, ¿qué indicadores de desempeño estás considerando usar para que tus objetivos de *content marketing* sean medibles?; *¿Brand Awareness?, ¿Views?,* ¿clics?, ¿descargas?, ¿visitas?, etc.

2) **Audiencia:** Muy probablemente el *target* de tu campaña sea la misma audiencia objetivo que quieres alcanzar con tu esfuerzo de *content marketing,* aunque también podría ser que quieres alcanzar un subgrupo específico de tu *target* o un *target* alterno, en todo caso necesitas establecer quién es el *target* de dicho esfuerzo.

446

3) **Recursos:** Además de establecer cuánto tiempo y dinero tienes para desarrollar el contenido, recuerda que también será necesario colaborar con personas expertas en el tema que piensas desarrollar. Una vez que ya hayas decidido cuál es el mensaje de tu estrategia de *content marketing,* investiga qué especialistas en el tema puedes contratar para que te ayuden a desarrollarlo y producirlo. Si no tienes presupuesto para esto, ¿con quién te podrías aliar para que te ayude?, y en dado caso, ¿cuál sería la retribución o beneficio para esos expertos colaboradores?, ¿qué ganarían?

4) **Mensaje:** Cuando abordamos la publicidad desde un punto de vista tradicional nos preguntamos ¿qué es lo que queremos comunicar?, pero cuando hacemos publicidad basada en contenidos, la pregunta más bien es: ¿qué es lo que el *target* necesita saber?, ¿qué tipo de información le interesa y le es útil?

Es decir, el diseño del mensaje se hace desde una perspectiva completamente empática; no se trata de empujar la información que ya tenemos, se trata más bien de identificar, desarrollar y empacar lo que necesita el *target* en términos de información, obviamente sobre temas que tienen algún vínculo con tus productos.

Por lo mismo necesitamos estar dispuestos a salir de nuestra "burbuja" o área de influencia, justamente por eso te estás asociando y colaborando con otros expertos en el tema, para que el *target* tenga una pieza de comunicación de alto valor, desarrollada desde su punto de vista, es decir; **contenido orientado al cliente, no orientado al producto o a la organización que lo difunde.**

Nuevamente, aquí vas a necesitar retomar esos *insights* que obtuviste durante la investigación de mercado referida en el capítulo 2. Ya que detectes aquellas fuentes de información y temas que son del interés de tu *target* busca el vínculo con tus productos y el mensaje de la campaña, para luego consolidar, desarrollar, pulir y empacar toda la información como si el contenido que has desarrollado fuese un producto en sí mismo.

Las oportunidades para generar contenidos interesantes pueden surgir de diferentes fuentes, por ejemplo; procesos internos de diseño, producción o entrega de nuestros productos que puedan resultar interesantes o atractivos. Si estás en la industria del entretenimiento, quizá a través de contenido puedas dar acceso a áreas o momentos que normalmente están restringidos al público, o que son inéditos, como un "detrás de cámaras". Incluso sería posible documentar (siempre con consentimiento) la forma como tus clientes experimentan un servicio o un evento. Piensa, por ejemplo, en los asistentes a un festival de música, un concierto, una *expo* o un parque de diversiones. Con buenos valores de producción y algo de originalidad se podrían crear cosas muy interesantes o divertidas.

Para empresas que están en el negocio de generar información, como las agencias de investigación de mercados, es común que se desarrollen encuestas, estudios o reportes interesantes que luego se comparten gratuitamente con el público a través de publicaciones o presentaciones. Esto es una forma de mercadotecnia de contenidos que también podría ser implementada por entidades como universidades, centros de investigación y organizaciones sin fines de lucro.

Finalmente, considera que cuando desarrollas una estrategia de mercadotecnia de contenidos hay un concepto que es de extrema utilidad al cual se le conoce como *'repurposing content'* o **'reutilización del contenido'**. Dicho burdamente es una forma de "reciclaje", donde desempolvas o *re-aprovechas* una historia o pieza de información que ya has creado, dándole un nuevo giro o ángulo para difundirla a través de nuevos formatos o plataformas de comunicación.

> **Por ejemplo,** digamos que tienes una empresa de banquetes, y das servicio de *catering* en bodas, eventos corporativos, graduaciones, etc. Para esto se te ha ocurrido desarrollar una serie de videos en YouTube donde muestras la forma de hacer diferentes tipos de canapés fríos.
>
> Bajo el concepto de *reutilización de contenidos*, lo que podrías hacer después es aprovechar la base de información que ya desarrollaste (las recetas y los videos) para mostrar el mismo contenido en otro tipo de plataformas, por ejemplo, puedes crear un *blog* con tus recetas las cuales podrías publicar en otras plataformas, como Pinterest, además de crear un *e-book* básicamente con el mismo contenido, el cual podrías poner a la venta.

La 'reutilización del contenido' es entonces una forma de aprovechar lo que ya tienes, que al difundirse en diferentes plataformas también da la oportunidad a la audiencia de absorberlo de diferentes maneras (vía texto, imágenes, video, etc.), lo cual además podría mejorar la posición orgánica de tus sitios en resultados de búsqueda web.

5) **Medios:** Ahora, ¿cómo vas a difundir tu contenido?, ¿tienes posibilidad de hacerlo a través de medios ganados, o solo a través de medios propios o pagados? Como ya hemos dicho, cuando difundimos contenido a través de medios ganados implica que el *publisher* puede convertirse en un colaborador para su desarrollo. Si bien esto nos restaría control, también daría mayor credibilidad al mensaje.

Si no logras encontrar una forma de colaborar con algún *publisher*, o bien, lo que quieres es control absoluto sobre el contenido, entonces necesitas emplear medios pagados y propios. En todo caso, ten en cuenta que aún empleando este tipo de medios vas a necesitar contratar y/o colaborar con expertos en el tema para que tu contenido realmente sea interesante o entretenido para tu *target*.

Cuando pensamos en formas de difundir nuestro contenido, el límite es la imaginación. Veamos una breve tabla que nos muestra algunas plataformas para difundir *content marketing* desde dos perspectivas: para empresas en mercados *Business to Consumer* (B2C) y empresas *Business to Business* (B2B).

B2C	**B2B**
Experiencia de marca, evento	Eventos, demostraciones
Video, 'mini film' o cortos	*Webinars*
Música	Talleres
Curso	Artículos o *e-books*
Artículos o *e-books*	Estudios, reportes
Mapas o guías	Infografías
Apps	*Apps*

Tabla 6.7 Posibles medios de difusión para el content marketing en mercados de consumo (B2C) y profesionales (B2B)

6.9.4 **Consideraciones finales para el *content marketing***

Para cerrar el tema de *content marketing* repasemos algunos factores importantes:

- Es imperativo tener una estrategia; definir objetivos, audiencia, recursos, mensaje y medios.

- Debes crear contenido con un sentido de empatía y autenticidad para que sea útil e informativo o muy entretenido para tu *target*. La creación del contenido debe realizarse siempre desde el punto de vista del cliente, y no desde el punto de vista del producto o de la organización que lo difunde.

- En la publicidad basada en contenidos, la marca no necesariamente es el héroe de la historia.

- Un error común es tratar de hacer todo el trabajo nosotros mismos. No olvides que esta es una tarea donde debemos colaborar, ya sea con clientes, medios, proveedores, *influencers*, especialistas y/o expertos en los temas de interés.

- Tu *customer avatar* y la identidad de marca pueden ser usados como trasfondo (*backstory*) de las historias que inspiran el contenido.

- El contenido debe difundirse desde una perspectiva multiplataforma, empleando medios propios, pagados y ganados, en la medida de lo posible.

- Las plataformas de difusión que selecciones deben ser congruentes y afines con tu *target* y contenido, el cual además debe ser fácil de compartir en redes sociales.

6.10 **Desarrollo de la pauta en medios**

Ahora ya tenemos una perspectiva más clara sobre la diversidad de plataformas y medios publicitarios para el diseño de una pauta en medios, donde algunos de estos canales podrían ser más adecuados para campañas de 'empresas que venden a consumidores' (B2C) y otros medios para 'empresas que venden a empresas' (B2B). Veamos una compilación final en las siguientes páginas.

MEDIOS DE COMUNICACIÓN *B2C*

		Offline	Online
PAGADOS	**MASIVOS**	•TV abierta. •Radio. •Revistas y periódicos. •Patrocinios. •Mensajes de texto (SMS). •*Content marketing* (TV, revistas, etc.).	•*Search Engine Marketing (SEM)*. •*Display banners* (Google Display, programáticos). •Video (*In-Stream, Out-Stream*, etc.). •Redes sociales (Facebook, Twitter, etc.). •*Content marketing*, publirreportajes, *product placement*, etc.
	TÁCTICOS	•TV de paga (cable). •Radio satelital. •*Out of Home* (cines, vallas, gigantografías, etc.). •Expos. •Patrocinios. •*Telemarketing*.	•*OTT* (*video on demand*, audio, etc.). •*Display banners* (compra directa, *in-app ads, geo-fencing*, etc.) •Redes sociales (Facebook, Twitter, Instagram, YouTube, Snapchat, Pinterest, TikTok). •Mensajería (Apps). •*Email marketing*. •*Content marketing, native ads, influencers*, etc.
PROPIOS		•Correo directo. •*Material POP* en tiendas. •*Showrooms*. •Eventos (cursos, talleres). •Testimoniales. •Catálogos, folletos, etc. •Muestrarios. •Artículos promocionales. •Presentaciones de venta. •Mantas, *posters, roll-ups*, etc.	•Publicación en perfil de redes sociales. •*Email marketing*. •Sitios *web (landing pages)* y *blogs*. •*E-books*. •Videos. •Testimoniales. •Pruebas de *software/apps (trials)*. •*Content marketing*.
GANADOS		•*Media relations* (prensa). •*Content marketing* (colaboraciones no pagadas). •Reseñas en línea.	

Figura 6.34 *Ejemplos de medios de comunicación empleados en campañas Business to Consumer*

MEDIOS DE COMUNICACIÓN *B2B*

PAGADOS

TÁCTICOS

Offline
- Directorios.
- Revistas especializadas.
- Guías especializadas.
- Patrocinios.
- Expos.
- Eventos y activaciones.
- *Out of Home* (aeropuertos, hospitales, centros de negocios, etc.).

Online
- *Search Engine Marketing (SEM)*.
- *Display banners* (Google Display, programáticos).
- Video (*In-Stream, Out-Stream*, etc.).
- Redes sociales (LinkedIn, Twitter, YouTube).
- *Content marketing*, publirreportajes, *influencers*, etc.

PROPIOS

Offline
- Correo directo.
- *Material POP* en tiendas.
- *Showrooms*.
- Eventos (cursos, talleres).
- Testimoniales.
- Catálogos, folletos, etc.
- Muestras gratuitas.
- Artículos promocionales.
- Presentaciones de venta.
- Mantas, *posters, roll-ups*, etc.

Online
- Publicaciones *orgánicas* en redes sociales.
- *Email marketing*.
- Sitios *web (landing pages)* y *blogs*.
- *E-books*.
- Videos.
- Testimoniales.
- Pruebas de *software* y de *apps (trials)*.
- *Content marketing*.

GANADOS

Offline / **Online**
- *Media relations* (prensa).
- *Content marketing* (colaboraciones no pagadas).
- Reseñas en línea.

Figura 6.35 *Ejemplos de medios de comunicación empleados en campañas Business to Business*

Tener un catálogo de medios como este puede ser una referencia útil, aunque se recomienda nunca dejar de buscar, para cada campaña, los medios que realmente reflejen las preferencias de tu *target*, lo cual solo puede conseguirse a través de la investigación de mercados y el análisis de audiencias.

Antes de entrar de lleno al tema del desarrollo de la pauta en medios, **recapitulemos y recordemos** que antes de sumergirnos en toda esta jungla de canales de comunicación, habíamos dicho que necesitábamos de una **estrategia de medios** que diera respuesta a preguntas como las siguientes:

- **Objetivos del plan de medios:** ¿Vas a realizar una campaña de *conocimiento de marca*, de *conversión* o integral?, ¿qué indicadores de desempeño vas a usar específicamente en tu plan de medios (*e.g. reach, impresiones,* clics, CTR, etc.)?

- *Target*: ¿Ya has definido a tu *target*?, ¿ya has hecho el análisis de audiencias?, ¿has identificado aquellos medios donde se presentan las mejores oportunidades para conectar con tu *target*?

- *Mezcla de medios:* Sin entrar en detalles, ¿tienes ya una idea general de qué medios de comunicación podrías emplear?, ¿los medios que has seleccionado atienden las etapas del proceso de *destilación de clientes* donde deseas enfocar tu campaña?

- **Versiones de anuncios por emplear:** ¿Sabes cuántas versiones de anuncios vas a necesitar?, ¿sabes cuántos grupos de anuncios tendrás en total?

- *Landing page:* ¿Ya has decidido dónde vas a alojar tu *landing page*?, ¿ya cuentas con el dominio (*Marketing URL*) para ese *landing page*?

- **Duración de la campaña:** ¿Ya tienes una fecha de inicio y finalización de tu campaña?

- **Inversión estimada:** ¿Ya sabes cuánto dinero podrás invertir en medios y cuánto en producción?, ¿ya has decidido si contratarás o no, a una agencia de medios?

Para poder continuar con el diseño de la pauta en medios deberíamos poder dar respuesta a todas las preguntas anteriores.

6.10.1 El otro *media kit*

Una vez resueltas aquellas preguntas básicas, ya podremos diseñar nuestra **pauta en medios,** que, si recuerdas, definimos como un programa detallado, que usualmente se hace en una hoja de cálculo y que especifica: cuáles son los medios de comunicación a emplear en la campaña, cuántos anuncios se pondrán por cada medio, durante cuánto tiempo y exactamente en qué días o semanas del año.

Esto implica, primero, comenzar a enlistar en una columna todos los medios que quieres incluir en tu campaña, de los cuales posteriormente tendremos que recabar cierta información básica.

Medio		
Discovery Channel - ROS / PT		
Display Banner - Programático		
Faceboook Ads		
Snapchat Ads		
SEM Google		
OOH - Billboards		
Spots radio 100.9FM		
OOH - Anuncio en cines		
Evento de lanzamiento		

Figura 6.36 Construyendo la pauta en medios

Para obtener esta información básica tenemos que solicitar el *media kit* de cada medio que has seleccionado. Este término *'media kit'* es el mismo ya referido en la sección relaciones públicas, con la diferencia de que en este contexto, el *media kit* es una especie de ficha técnica que debe incluir toda la información y detalles de los espacios publicitarios ofrecidos por un medio en particular, incluyendo su alcance en términos de audiencia, la composición demográfica de ésta, los formatos publicitarios disponibles, las especificaciones técnicas de cada formato publicitario que ofrecen, la forma en la cual se deben entregar cada activo creativo así como las tarifas publicitarias.

Con los medios tradicionales, que usualmente son *offline*, simplemente tenemos que hacer una llamada o enviar un correo para tener acceso a ese *media kit*. Puesto que hay un contacto personal con el medio es más fácil aclarar dudas, negociar tarifas y contratar los anuncios. A este tipo de medios vamos a llamarles de **'mostrador'**, donde se incluyen plataformas como la TV, radio, el periódico y las revistas impresas.

Luego tenemos los otros medios, que hemos llamado de **'autoservicio'**, donde la contratación y configuración de los anuncios la realizamos nosotros mismos; llenando un formulario en línea, como es el caso de Google Display, Google Search, y todas las redes sociales.

En estos casos, al no haber realmente contacto personal con el medio, no podemos pedir a alguien que nos envíe el *media kit*, más bien tenemos que buscarlo en las respectivas páginas web de cada plataforma. Para ubicar esta información puedes realizar una búsqueda en internet usando el término *"Media kit"* (Twitter *media kit*) o términos afines como "Guía de Anuncios" *(Guía de anuncios de Facebook)*.

Si la información de estos *media kits* en medios de autoservicio es insuficiente, puedes intentar ponerte en contacto con ellos a través de un *chat* en su sitio web o llamándoles por teléfono, si es posible. Otra opción es simular que vas a realizar una campaña desde el administrador de anuncios de cada plataforma, y conforme avances en la configuración de un anuncio (ficticio) tendrás acceso a detalles como el alcance, los formatos publicitarios disponibles y las tarifas. Al final del proceso siempre podrás cancelar las campañas ficticias que hayas creado. Una particularidad de los medios de autoservicio es que no hay realmente oportunidad de negociar las tarifas, pues como ya sabemos, estas se fijan a través de un sistema de pujas electrónicas en tiempo real (RTB).

Veamos una tabla con ejemplos de aquellos medios de mostrador, donde podemos intentar solicitar el *media kit*, así como aquellos medios de autoservicio donde el *media kit* o información asociada debe obtenerse en línea.

MEDIOS DE MOSTRADOR

- TV.
- Radio.
- Medios impresos.
- *Display banner* (compra directa).
- *Display banner* programático.
- Video programático (*In-stream, out-stream*).
- *OTT* (*video on demand* o audio).
- Publicidad exterior.

MEDIOS DE AUTOSERVICIO

- Redes sociales.
- *Display banner* (Google Display Network).
- *Display banner* programático.
- Video (*in-feed, in-stream*).
- *Search Engine Marketing* (SEM).

Figura 6.37 Ejemplos de medios de mostrador y medios de autoservicio

Como puedes ver en la figura 6.37, en todas las plataformas *offline* debería ser posible tener contacto con un ejecutivo de cuenta. En esta misma lista de 'medios de mostrador' también he incluido a las plataformas programáticas, pues algunas te ofrecen la posibilidad de tener contacto directo con un ejecutivo para realizar contrataciones; en otros casos, y dependiendo del medio, el modo de compra para publicidad programática será de autoservicio.

6.10.2 Información para analizar en el *media kit*

Una vez que ya has recopilado los *media kits* e información general de cada uno de los medios que te interesan, tendrás que enfocarte en evaluar aquellos datos que te ayudarán a hacer una selección final.

En este punto, la idea es aplicar un último filtro para reducir tu listado inicial, dejando solo aquellos medios que realmente ofrecen la mejor relación costo-beneficio en virtud de lo siguiente:

Figura 6.38 Variables mínimas para evaluar en cada medio que estés considerando para tu campaña

1) **Indicadores básicos de evaluación:** Recapitulando, hay tres indicadores fundamentales que te pueden ayudar a escoger entre un medio y otro, que además puedes usar indistintamente para comparar anuncios en cualquier plataforma de medios:

a) *Reach*: Cuando revisamos los *media kits* de los medios (típicamente *offline*) queremos identificar y comparar cuál es el alcance que tiene cada uno, pues ya sabemos que mientras mayor sea el alcance es mejor. Sin embargo, en ciertos medios digitales como redes sociales, Google Display o publicidad programática no tiene mucho sentido preguntarse cuál es el *reach* del medio, pues estas tres plataformas tienen capacidad de llegar a cientos de millones de personas. La pregunta en todo caso sería si la plataforma es compatible o afín a nuestro *target*, lo que nos lleva al siguiente punto.

Por ejemplo, si queremos llegar a adultos mayores tendría más sentido considerar una plataforma como Facebook en lugar de Instagram, esto al margen del alcance masivo que ambas plataformas tienen.

b) **Afinidad:** Ya hemos dicho que la afinidad es el otro factor esencial para evaluar el potencial de un medio publicitario. Para determinar si un medio tiene afinidad o no con tu *target* se investiga el mercado, pero suponiendo que quisieras probar o evaluar un medio nuevo -que no fue detectado por los estudios de mercado- entonces debes buscar en el *media kit* correspondiente cuál es la composición demográfica de la audiencia que dicho medio supuestamente alcanza, como rangos de edad, ubicación geográfica, nivel de estudios, y los rasgos psicográficos de esa audiencia, por ejemplo; gente deportista, amantes de las mascotas, etcétera.

Sin embargo, en la mayoría de los medios digitales (nuevamente) el alcance es tan masivo que una sola plataforma -Facebook, por ejemplo- podría llegar a una inmensidad de perfiles demográficos y psicográficos, por lo que la afinidad de Facebook es relativa.

Esto sería diferente para otras redes sociales, que no son tan masivas y que pueden resultar ser especialmente atractivas para perfiles demográficos más específicos (jóvenes, mujeres, gente con estudios postsecundarios, etc.), lo cual también puedes consultar a través de reportes en línea, por país, como los que hemos mostrado de Hootsuite, We Are Social y Kepios.

En todo caso recuerda: a diferencia de los medios *offline*, **cuando empleamos publicidad** digital más que contratar un espacio (como una inserción en una revista o un *spot* en radio), **estamos pagando para llegar a una audiencia**, es decir estamos contratando un espacio publicitario en función de quién lo va a ver, no pensando en dónde va a aparecer el anuncio. Esto es especialmente cierto en plataformas como Google Display o en publicidad programática.

c) **CPM:** Como ya hemos explicado, el *costo por millar* es un indicador que podemos usar casi de manera indistinta para evaluar el costo-beneficio de cualquier medio, ya sea *online* u *offline*.

De esta forma, durante el desarrollo de tu pauta, puedes usar la fórmula que dí en el capítulo 4 para identificar qué medios te ofrecen el CPM más bajo. Solo ten en cuenta que algunos medios pueden tener un CPM muy bajo (digamos $10), pero tal vez llegando a una pequeña cantidad de personas (quizá dos mil personas), cuando otros medios con un CPM un poco más alto (digamos $12) podrían llegar a veinte mil o más personas. Por una diferencia tan pequeña en el CPM (pero grande en el *reach*), no se deberían descartar ciertos medios.

2) **Formatos publicitarios disponibles:** A lo largo de este capítulo ya hemos revisado los principales formatos publicitarios de las plataformas más comunes (*canvas ads, carousel ads, Twitter cards, skippable video ads,* etc.), tanto en medios tradicionales como en digitales.

Si bien la variedad puede resultar un poco agobiante, lo que importa es escoger formatos que ofrecen la mejor experiencia para tu audiencia, la mejor visibilidad y las mejores tasas de conversión.

En el caso de la publicidad *online*, que se transforma rápidamente, es de especial importancia probar diferentes formatos y hacer mediciones de desempeño para identificar qué funciona mejor. Sin embargo, hay que estar conscientes que los medios también son negocios que buscan incrementar sus ganancias ofreciendo diferentes productos, muchas veces justamente a través de nuevos formatos publicitarios. Si bien es importante probar, usualmente es mejor empezar experimentando con los formatos tradicionales. También ten en cuenta que mientras más diversidad de formatos publicitarios incluyas en tu campaña, mayores serán los gastos de producción, pues un diseñador gráfico no cobra lo mismo por adaptar un concepto creativo en tres formatos que en diez.

3) **Especificaciones técnicas:** Cada formato, en cada plataforma publicitaria, va a tener sus propias especificaciones técnicas. Si quieres colocar una 'Publicación pagada' de imagen/foto en Facebook, debes considerar aspectos como el tipo de archivo (*jpg, png,* etc.), la relación de aspecto de la imagen, la resolución recomendada, una cantidad límite de caracteres para el texto principal del anuncio y una cantidad límite de caracteres para el titulo y la descripción, entre otros, y esto es solo para uno de varios formatos publicitarios.

Si en cambio el anuncio es para una revista impresa, necesitas especificaciones técnicas como las dimensiones del anuncio, la resolución del archivo, definir si la imagen debe incluir *rebase* (margen o sangrado), establecer en qué formato se debe entregar el archivo electrónico, entre otros.

En publicidad exterior impresa (como las *vallas*) la cantidad de especificaciones técnicas puede ser aún mayor, pues la impresión del anuncio puede involucrar diferentes materiales como lona o vinil e incluso adhesivos. Necesitaríamos hacer una enciclopedia para enlistar todas las especificaciones técnicas de los principales medios, lo cual tampoco tendría sentido, pues cada día estos formatos se modifican.

Lo importante es entender que, en el tema de las especificaciones técnicas se debe poner mucha atención, pues accidentalmente alguien podría configurar un anuncio con especificaciones inexactas, lo cual consumiría recursos; retrasando la entrega de los activos, y en consecuencia, el lanzamiento de la campaña.

Cuando contrates medios de mostrador, pide -por escrito- las especificaciones técnicas actualizadas al ejecutivo de cuenta que te atiende en cada medio. No te confíes de especificaciones que te hayan entregado en un *media kit* del año pasado, que ya podría ser obsoleto.

Para medios de autoservicio considera únicamente las especificaciones técnicas que aparecen en el mismo administrador de anuncios de cada plataforma o en sus respectivas páginas web. Evita tomar especificaciones técnicas de sitios, *blogs*, videos o publicaciones de terceros (incluyendo las descritas en este libro), ya que -nuevamente- estas pueden cambiar continuamente.

Entonces, por cada formato de anuncio que decidas incluir en tu pauta, tendrás una especificación técnica que atender. Si has incluido en tu pauta a tres medios diferentes, con tres formatos de anuncios cada uno, entonces tienes nueve activos en total que producir, cada uno con sus propias especificaciones.

Esta es una de las partes del proceso más laboriosas, la cual requiere de mucha atención a los detalles. De hecho, se recomienda desarrollar un 'Plan de producción y tráfico' que dé indicaciones claras y precisas sobre las especificaciones y fechas de entrega de cada uno de los activos, lo cual veremos con mayor detalle en el siguiente capítulo.

4) Tarifas publicadas: Los medios de mostrador usualmente publican sus tarifas en el *media kit*, o en un anexo. Los medios de autoservicio ya sabemos que no publican tarifas por aquello de las pujas, cuyo valor dependerá de varios factores. Por lo mismo la única forma de estimar tarifas en este caso (CPC, CPM, CPE, etc.) es simulando una contratación de un espacio publicitario desde el administrador de anuncios de cada plataforma digital.

En el caso de los medios *offline* de mostrador (TV, radio, prensa...) no es un secreto que en ocasiones las 'tarifas publicadas' no son necesariamente el valor que la mayoría de los anunciantes paga. En algunos casos estas tarifas pueden estar un poco "infladas", con lo cual estoy sugiriendo que es altamente recomendable negociar. A lo largo de mi carrera he visto a mucha gente pagar tarifas altas (hasta 25% más altas) por el simple hecho de que negociar los pone incómodos, o porque asumen que la primera tarifa que reciben es la buena.

Hay que quitarse los prejuicios; negociar en este contexto no es tan difícil, solo hay que practicar y preparar bien los argumentos y la información anticipadamente. Una vez que hayas recopilado todas las tarifas necesarias, haz tus comparativos de costo por *spot*, por inserción, por valla, por CPC o CPE, etcétera. Siempre comparando *peras con peras y manzanas con manzanas*, es decir, formatos y medios similares. Luego contrasta la información de costos por unidad con el alcance y el CPM de cada medio, ahí ya deberían empezar a salir algunos argumentos para tu negociación. Quizá encuentres, por ejemplo, que un medio tiene exactamente el mismo alcance que otro, pero con un CPM 20% más alto, eso probablemente se puede negociar.

¿Qué otros argumentos podemos usar para negociar tarifas?

a) **Nueva categoría de producto:** Digamos que vendes bicicletas eléctricas y estás pensando contratar publicidad en una estación de radio que nunca ha puesto anuncios de bicicletas eléctricas. Esto puedes usarlo como argumento para tener una mejor tarifa pues se entiende que cuando una nueva categoría de producto (como bicicletas eléctricas) invierte en un medio por primera vez, dicho anuncio puede atraer publicidad de otras marcas competidoras, o sea más negocio para la estación de radio.

b) **Medios nuevos:** Un medio que es nuevo está construyendo una reputación, por lo que usualmente tiene poca audiencia y pocos anunciantes.

De hecho, algunos medios nuevos ofrecen espacios gratuitos a marcas importantes para crear la impresión de que hay una demanda de espacios publicitarios. Sin embargo, cuando pautamos en un medio completamente nuevo estamos tomando un riesgo de que la inversión no reditúe, por lo que puedes pedir que dicho riesgo sea compensado con una mejor tarifa.

c) *Economías de escala:* Como dicen por ahí, "por docena es más barato". Es decir, mientras más alto sea tu volumen de compra, el precio unitario debe bajar.

Antes de negociar, prepara dos escenarios de compra con el medio que deseas contratar, donde ambos escenarios se ubican dentro de un límite de inversión que puedas pagar. Uno de los escenarios debe ser conservador y el otro debe tener un mayor volumen de inversión. Ofrece primero el escenario de compra más bajo y a partir de ahí negocia una mejor tarifa, después ofrece el escenario de inversión más alto para intentar obtener un descuento adicional.

Si tu empresa tiene más de una sucursal, filiales, presencia en otros países o empresas "hermanas", también puedes intentar consolidar todas las compras en una sola negociación, lo cual claramente debe ayudar a conseguir mejores tarifas.

d) *Bonificaciones:* Las bonificaciones que dan los medios son extras que ofrecen para hacer sus propuestas más atractivas, aunque ya hemos dicho que debemos tener cuidado aquí. Por ejemplo, un sitio web puede ofrecerte una bonificación de 100 mil *impresiones* en la contratación de un *display banner* lo cual suena muy bien, pero quizá omitieron decirte que la bonificación solo aplica para una sección del sitio que nadie visita, con un *display banner* muy pequeño o en un espacio al fondo de la página. Si aceptas bonificaciones, trata de que estas realmente sumen a tu campaña.

5) **Disponibilidad de espacios:** La disponibilidad de los espacios publicitarios en medios de comunicación tiene relación con dos aspectos: inventario y fechas de cierre.

Como sabemos todos los medios de comunicación tienen un inventario limitado de espacios publicitarios, ya sean *online* u *offline*. Cuando contrates espacios publicitarios, después de realizar las negociaciones de tarifas, necesitas reservar estos espacios para asegurar la presencia de tus anuncios en los tiempos requeridos. A esta reservación se le llama *'booking'*.

Algunos otros medios (especialmente los *offline*) también tienen diversos plazos de contratación mensual, trimestral, entre otros, así como fechas de cierre editorial. Piensa, por ejemplo, en una revista mensual que se imprime la última semana de cada mes, unos días antes de la impresión el *publisher* ya no puede aceptar cambios de contenido o nuevos anuncios, por lo que esto es algo que debes anticipar.

Aunque los medios electrónicos no tienen un proceso de imprenta, también manejan rangos mínimos de tiempo que son necesarios para cargar y configurar los anuncios en servidores propios o de terceros (*ad servers*). En general, un *publisher* necesitará tener tus anuncios (los activos) al menos una semana antes de la fecha esperada de publicación.

El reto en estos casos es identificar el total de los activos en la pauta que necesitarás producir en función de las fechas de entrega que exige cada medio; por lo que tendrás que crear un calendario de entrega de materiales, el cual puede desarrollarse en conjunto con tu plan de producción y tráfico. Esto es conveniente porque en un solo archivo podrías tener visibilidad sobre cada material entregable, con sus especificaciones técnicas, así como las fechas de entrega.

Finalmente considera que el tema de la disponibilidad de espacios publicitarios también se ve afectado por las fechas de publicación. Es decir, si vas a realizar una campaña que solo va a durar dos semanas, no tiene sentido incluir publicaciones que exceden ese periodo, por ejemplo, las revistas impresas mensuales o bimestrales. También hay otros medios como *billboards* y *vallas* que requieren plazos mínimos de contratación que pueden llegar a ser trimestrales.

6.10.3 **Desarrollando la pauta en medios**

Hasta este punto ya hemos aclarado los principales elementos de los *media kits* que vas a necesitar evaluar para construir tu pauta. Toda esta información debes analizarla y compararla, hacer llamadas, negociaciones y tomar decisiones para escoger aquellos medios que ofrecen el mayor alcance, la afinidad más alta y la mejor relación costo-beneficio para llegar a tu *target*.

Para construir nuestra pauta en medios podemos hacerlo en una hoja de cálculo (*i.e.* Excel), lo cual debe darnos visibilidad completa sobre todos los canales involucrados.

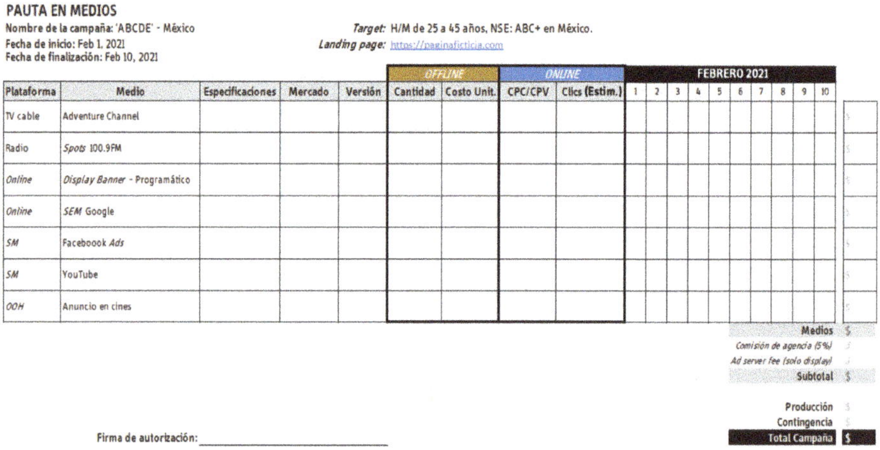

PAUTA EN MEDIOS
Nombre de la campaña: 'ABCDE' - México
Fecha de inicio: Feb 1, 2021
Fecha de finalización: Feb 10, 2021
Target: H/M de 25 a 45 años, NSE: ABC+ en México.
Landing page: https://paginaficticia.com

					OFFLINE		*ONLINE*		FEBRERO 2021										
Plataforma	Medio	Especificaciones	Mercado	Versión	Cantidad	Costo Unit.	CPC/CPV	Clics (Estim.)	1	2	3	4	5	6	7	8	9	10	
TV cable	Adventure Channel																		$
Radio	*Spots* 100.9FM																		$
Online	*Display Banner* - Programático																		$
Online	*SEM* Google																		$
SM	Faceboook *Ads*																		$
SM	YouTube																		$
OOH	Anuncio en cines																		$

Medios $
Comisión de agencia (5%) $
Ad server fee (solo display) $
Subtotal $

Producción $
Contingencia $
Total Campaña $

Firma de autorización: ______________________

Figura 6.39 *Los elementos y campos de una típica pauta en medios*

> **Nota:** Puedes consultar una imagen más amplia de este y otros diagramas en Alferatz.com. Para acceder a dichos recursos en línea consulta la última página del libro ('*Material Complementario*').

Como se muestra en la figura, puedes usar la misma hoja de cálculo donde creaste la lista con todos los medios a incluir en la campaña, pero tendrás que agregar una cantidad de columnas del lado derecho de cada medio, donde debes capturar parte de la información que ya has recopilado en los *media kits*.

A continuación, veamos la información básica que podrías integrar en dicho documento:

1) **Fecha de inicio y fin de la campaña:** En el encabezado de tu pauta en medios, debes especificar la fecha de inicio y finalización de la campaña.

   Para fijar una fecha de inicio date tiempo suficiente para planear y producir los activos de la campaña, incluyendo el *colateral* y el *landing page* (recuerda que sin un *landing page* no puedes lanzar). Debes también ser sensible a los tiempos que necesitan otras áreas de la empresa, como producción, logística y ventas, para estar listos antes del lanzamiento.

   También ten en cuenta que días o semanas antes de que la campaña se publique, ya debiste haber **llenado el canal**, es decir tu producto ya tiene que estar disponible en la red de distribución (tiendas, mayoristas, puntos de venta, etc.). Evita que el lanzamiento coincida con fechas que puedan considerarse conflictivas, que puedan afectar los flujos de trabajo de tus proveedores o fechas con demasiada actividad publicitaria que puedan distraer al *target*, como las festividades de fin de año, a menos que el consumo de tu producto se relacione con esas fechas. Si este fuese el caso, puedes buscar coincidir con fechas que resulten favorables o ventajosas para tu lanzamiento (vacaciones, ciclo escolar, celebraciones, cambios de estación, cambio de año fiscal, etc.).

2) **Presupuesto:** Recuerda que debes dividir tu presupuesto total de campaña en dos grandes rubros: 'medios de comunicación' y 'producción', en este último se debe incluir el costo de elaboración de todos los activos, según las diferentes especificaciones provistas por los medios. También es una buena práctica separar del presupuesto total un pequeño fondo de contingencia para cubrirte de eventualidades, como cambios o trabajos de producción no previstos.

   Asigna entonces un presupuesto final para tu pauta en medios. Y recuerda: si cuentas con el apoyo de una agencia de medios debes también separar una cantidad para pagar sus comisiones.

Ejemplo de un presupuesto de campaña

Medios	$250,000
Comisión de agencia (si aplica)	*$12,500*
Subtotal Medios	**$262,500**
Producción	$250,000
Contingencia	$15,000
Total Campaña	**$527,500**

Figura 6.40 *Estructura típica de un presupuesto de campaña*

Ya con un monto total de inversión para medios, ahora distribuye esa cantidad entre las diferentes plataformas que has incluido en tu pauta.

Con los medios de mostrador es más sencillo asignar los recursos, pues en principio ya te han enviado sus tarifas. En el caso de los medios de autoservicio (*online*), una práctica usual es asignar a cada medio algún **monto preliminar** que te parezca razonable, luego entra al administrador de anuncios de cada medio (Facebook, GDN, YouTube, Google SEM, etc.) y simula nuevamente la creación de una campaña, asignando ese monto preliminar para determinar qué alcance y tarifas podrías obtener en cada caso, luego regresa a tu pauta para hacer ajustes.

Al momento de lanzar la campaña, al monto total de inversión le llamamos **'presupuesto planeado'**, y cuando la campaña concluye, a ese monto total se le llamará **'presupuesto real'**. Esto es porque durante la ejecución de la campaña es inevitable que surjan imprevistos, como un medio que no alcanzó a entregar la totalidad de *spots* o *impresiones*, por lo que podría haber dinero que te devuelven, o también puede haber tácticas que se cancelaron o se ajustaron durante el camino.

3) *Target*: A estas alturas, el *target* de la campaña ya debe estar más claro que el agua. Para el caso particular de la pauta en medios puedes incluir la versión corta de tu descripción del *target* (*e.g. 'Personas de 25 a 45 años, NSE en México'*) en el área del encabezado.

También es indispensable **especificar 'el mercado'** o sea la cobertura geográfica aplicable para cada medio de comunicación, ya sean estados/provincias o ciudades donde quieres que aparezcan los anuncios.

> **Por ejemplo,** si vas a incluir *spots* de TV por cable es posible que la *network* (Turner, Fox, Disney, Televisa, etc.) tenga cobertura nacional, por lo que en este caso 'el mercado' para este canal podría ser todo el país, digamos México. Sin embargo, si también tienes pensado hacer publicidad exterior como vallas o *billboards* entonces quizá no tengas presupuesto para cubrir todas las ciudades del país, por lo que podrías solo incluir en tu pauta las tres ciudades más grandes, digamos Ciudad de México, Monterrey y Guadalajara.

El mercado al cual va dirigido cada medio lo podemos especificar en una columna aparte, como se mostró en la figura 6.39.

4) **Especificaciones técnicas:** La pauta en medios no es el mejor documento para concentrar y enlistar todas las especificaciones técnicas requeridas por cada canal y para cada activo, pues normalmente estamos limitados de espacio, y es justo por esta razón que se recomienda hacerlo aparte, en un plan de producción y tráfico.

Sin embargo, sí se espera que la pauta en medios describa algunas especificaciones **básicas** por cada medio, pues esto nos ayuda a evitar confusiones, permitiéndonos distinguir entre las diferentes tácticas que conforman la pauta.

5) **Versiones:** Ya sabemos que podemos contar con diferentes versiones de anuncios por diferentes motivos: cuando tenemos más de un *target*, cuando queremos realizar *pruebas A/B* o cuando la frecuencia de una campaña es muy alta y/o con una duración muy larga.

La existencia de estas diferentes versiones de anuncios es algo que sin duda queremos reflejar en nuestra pauta en medios, sin embargo, hay que considerar lo siguiente:

a) **Cuando tenemos más de un *target*:** Si estás dirigiendo la campaña a más de un *target* es muy probable que, además de las diferencias de *arte* en los anuncios, la *mezcla de medios* sea distinta. Si este es tu caso, lo más recomendable es que separes las pautas, es decir, que desarrolles una pauta en medios para el *target* primario y otra pauta para el *target* secundario.

b) **Cuando realizamos *pruebas A/B*:** En estos casos sí podemos concentrar todas las versiones de anuncios en la misma pauta. Sin embargo, recuerda que cuando configuras tus anuncios *online* en plataformas como Google Display Network o Google Search (SEM), normalmente te piden, por defecto, cargar más de una versión del anuncio para que ellos puedan realizar pruebas. Si has decidido incluir alguna de estas dos plataformas en tu pauta, dejando a Google realizar los cambios de versiones de forma automática, no tendría caso que reflejes las diferentes versiones de los anuncios en tu pauta en medios, al menos no de inicio, pues la rotación de dicho *arte* no estará bajo tu control. De cualquier forma, Google te hará saber cuál de las versiones está teniendo el mejor desempeño.

Por otro lado, si estás realizando *pruebas A/B* **no automatizadas** en otras plataformas, como redes sociales, YouTube o *display banner* programático sí tiene sentido reflejar las diferentes versiones de anuncios en tu pauta, pues los cambios o rotación del *arte* ahora sí dependerán de ti o de tu agencia. De otra forma, no reflejarlo podría ocasionar que las diferentes versiones no se roten en tiempo y forma.

c) **Cuando la frecuencia es alta y la duración de la campaña es larga:** En estos casos también debes reflejar los diferentes tipos de versiones de anuncios en la pauta.

Para reflejar las diferentes versiones de anuncios en cada medio puedes incluir una columna denominada 'Versiones', donde asignes un nombre o identificador para cada versión, como 'anuncio versión A', 'anuncio versión B', etc. Del mismo modo, tendrás que especificar los días de la semana o el mes en que quieres que se muestre cada versión del anuncio.

6) **Frecuencia:** Ya sabemos que la frecuencia de un anuncio en una campaña puede ser continua, intermitente o en etapas, lo cual también debe reflejarse en la hoja de cálculo donde estás construyendo la pauta. Esto, a través de una línea de tiempo que represente la duración total de la campaña, la cual se expresa en días y semanas o hasta meses, dependiendo de cada caso.

PAUTA EN MEDIOS

Nombre de la campaña: 'ABCDE' - México
Fecha de inicio: Feb 1, 2021
Fecha de finalización: Feb 10, 2021

Plataforma	Medio					FEBRERO 2021					
		1	2	3	4	5	6	7	8	9	10
TV cable	Adventure Channel										
Radio	*Spots* 100.9FM										
Online	*Display Banner* Programático	-									
Online	*SEM* Google										
SM	Faceboook *Ads*										
SM	YouTube										
OOH	Anuncio en cines										

Figura 6.41 Forma en que la frecuencia de cada medio puede ser representada en una pauta

Si la campaña es de corta duración, como en la ilustración, entonces puedes expresar la línea de tiempo en días, donde cada rectángulo representa un día. Normalmente los planeadores de medios colorean cada rectángulo para indicar que ese día debe mostrarse un anuncio empleando un medio en particular.

A veces la línea de tiempo de un medio se ve continua o sólida, es decir, todos los rectángulos en un renglón están coloreados para indicar que no hay pausas o interrupciones en la ejecución de ese anuncio. En otras ocasiones hay espacios blancos entre los rectángulos coloreados, esto para indicar qué días esperamos que un medio muestre los anuncios y qué días queremos pausarlos.

Las razones para hacer pausas entre un día y otro pueden ser múltiples: desde falta de disponibilidad de espacios en un medio hasta un tema de presupuesto.

Por ejemplo, digamos que has incluido TV en tu pauta: *spots* de 30 segundos en televisión, durante el *prime time*. Si tu campaña durase dos semanas y la frecuencia fuese **continua**, significa que durante 14 días tendrías que colocar una cantidad de *spots*, cada día. Digamos cinco *spots* diarios multiplicado por 14 días, dan un total de 70 *spots*.

Pero si contratar 70 *spots* se sale de tu presupuesto, entonces podrías alternar un día de *spots* por un día sin ellos. Esto implicaría una frecuencia **intermitente** durante 7 días, que multiplicados por cinco *spots* al día daría 35 spots en total. Si observas en la ilustración esta frecuencia aún mantiene presencia en dicho medio a lo largo de toda la campaña. Otra forma similar de resolver el mismo problema sería: de los 14 días de campaña solo pautar los *spots* durante los últimos 7 días, o bien agrupando los *spots* en dos **etapas**.

	Medio	Cantidad (spots)	FEBRERO 2021													
			1	2	3	4	5	6	7	8	9	10	11	12	13	14
CONTINUA	Adventure Channel ROS/PT *spots* 30s	70	5	5	5	5	5	5	5	5	5	5	5	5	5	5
INTERMITENTE	Adventure Channel ROS/PT *spots* 30s	35	5		5		5		5		5		5			5
EN ETAPAS	Adventure Channel ROS/PT *spots* 30s	35	5	5	5								5	5	5	5

Figura 6.42 Ejemplo de la distribución de spots de 30 segundos en TV, con diferentes tipos de frecuencia; continua, intermitente y en etapas.

En todo caso, es importante tener en cuenta que, si dejamos un hueco en la frecuencia de un medio, lo ideal es buscar cubrirlo con otro, a manera de que cada día que dure nuestra pauta haya alguna táctica generando presencia en el mercado. Tampoco olvides que es justo a través de una alta frecuencia que logramos que un anuncio se repita, pues cuando hay 'repetición' hay recordación de marca (*conocimiento*).

7) **Costos y otros campos:** Aquí las cosas dependen un poco de la naturaleza de cada medio que hayas incluido en tu pauta. En general necesitarás una columna para identificar la **cantidad** de unidades de compra en cada medio (ya sean *spots*, inserciones, clics, *impresiones*, vallas, etc.), y otra columna más para identificar el costo unitario de cada una de esas unidades de compra.

Cuando multiplicas ambos ('cantidad de unidades' y 'costo unitario') obtienes **el total de inversión para cada medio en particular,** siendo ese *total* otro campo que también debes agregar en una columna al final de tu hoja de cálculo.

En el caso de los medios digitales de autoservicio no siempre sabremos, de forma previa, cuál es la cantidad de unidades que queremos comprar (3,560 clics o 10,000 *impresiones* o 2,000 *views*, etc.) más bien pujamos por un costo (CPC, CPM, CPE, etc.) que, combinado con tu presupuesto, es lo que definirá la cantidad de unidades, por lo cual tendrás que entrar al administrador de anuncios de cada plataforma para hacer tus ensayos, como ya hemos explicado.

Dependiendo de tus necesidades y de los medios que incluyas, puedes agregar otro tipo de columnas a tu pauta que sean particulares de cada canal, por ejemplo: si tienes pensado emplear revistas impresas puedes incluir una columna para indicar la frecuencia de publicación de cada revista, la cual puede ser semanal, mensual, bimestral, etc.

Revisemos entonces una visualización final de cómo podría verse una pauta en medios, integrando diferentes plataformas con las variables ya identificadas:

PAUTA EN MEDIOS

Nombre de la campaña: 'ABCDE' - México
Fecha de inicio: Feb 1, 2021
Fecha de finalización: Feb 10, 2021

Target: H/M de 25 a 45 años, NSE: ABC+ en México.
Landing page: https://paginaficticia.com

Plataforma	Medio	Especificaciones	Mercado	Versión	OFFLINE Cantidad	OFFLINE Costo Unit.	ONLINE CPC/CPV	ONLINE Clics (Estim.)	FEBRERO 2021 1	2	3	4	5	6	7	8	9	10	$
TV cable	Adventure Channel	ROS/PT - spots 30s	México	A	200	$250	-	-		40	40	40	40	40	40	40		40	$50,000
Radio	Spots 100.9FM	ROS/PT 15-19 hrs - spots 30s	CDMX, GDL, MTY	A	250	$60	-	-	50		50		50		50		50		$15,000
Online	Display banner - Programático	Imagen (300x250, 728x90, 320x50)	México	A	-	-	$0.88	20,000											$17,600
Online	Display banner - Programático	Imagen (300x250, 728x90, 320x50)	México	B	-	-	$0.88	20,000											$17,600
Online	SEM Google	-	México	A	-	-	$0.30	15,000											$4,500
SM	Facebook Ads	Promoted post - video 30s	México	A	-	-	$0.45	10,000											$4,500
SM	YouTube	In-stream / saltable - video 30s	México	A	-	-	$0.70	5,000											$3,500
OOH	Anuncio en cines	Video - spots 60s. Salas VIP.	CDMX, GDL, MTY	A	320	$410	-	-				80		80		80		80	$131,200

Medios	**$243,900**
Comisión de agencia (5%)	$12,195
Ad server fee (solo display)	$880
Subtotal	**$256,975**
Producción	$250,000
Contingencia	$15,000
Total Campaña	**$521,975**

Firma de autorización:

Figura 6.43 Ejemplo de una típica pauta en medios (ficticia)

Ten en cuenta que durante el proceso de construcción de la pauta es normal y necesario jugar con los montos de inversión y las cantidades en general, por lo que **necesitarás hacer varias versiones del mismo archivo** para asegurarte de que al final tendrás una pauta balanceada que funcione, y que respete el presupuesto establecido.

6.10.4 **Autorización de la pauta en medios**

Una vez que has terminado tu pauta, lo que sigue es hacer una rápida revisión de los datos que has cargado en ella; las tarifas, las especificaciones, los mercados, las cantidades, los costos unitarios, etc. Además, debes asegurarte de que los medios y tácticas que has incluido reflejen tus objetivos del plan de medios, así como los objetivos de la campaña. Cuando todo esté listo, si trabajas como empleado, deberás solicitar a la dirección la autorización de la pauta. En estos casos es usual que la dirección solicite una o dos versiones de la pauta con diferentes montos de inversión, esto para crear una discusión y decidir cuál es el escenario más conveniente. También debes confirmar con la dirección de *marketing* cada elemento clave de tu plan de medios: la fecha de lanzamiento y duración de la campaña, los montos de inversión, el *target*, el *landing page*, así como la *mezcla de medios* propuesta.

Si cuentas con una agencia de medios, la pauta debe ser elaborada por ellos, por lo que tu rol se reducirá a solo revisar que esta tenga sentido con tu estrategia, presupuesto y objetivos del plan de medios, los cuales siempre deben ser establecidos por el responsable de la campaña, no por la agencia. Una vez aprobada la pauta, la agencia podrá iniciar las contrataciones con cada medio.

Si no tienes agencia de medios, te corresponde ponerte en contacto con cada medio para realizar las reservaciones de espacios (*booking*) y firmar los contratos correspondientes. Este ejercicio de reservación y contratación también debe ser una última oportunidad para **verificar las especificaciones técnicas** de cada medio, así como las fechas de entrega. Recuerda que la pauta irá sufriendo modificaciones días antes y durante la ejecución de la campaña, por lo que los montos de inversión en medios podrían fluctuar ante posibles cambios, cancelaciones u optimizaciones de inversión, por lo mismo es esencial mantener siempre a la mano una versión actualizada de la pauta.

Una vez que la pauta ha sido autorizada, y que los espacios publicitarios estén reservados y contratados, lo que sigue es la producción de los **activos creativos.** Esto, con base en las especificaciones y fechas de entrega estipuladas por cada uno de los medios, y a través de un plan de producción y tráfico, pero de esto hablaremos a detalle en el siguiente capítulo.

6.11 *Checklist:* Plan de medios y pauta en medios

Contexto Target Objetivos Mensaje Medios Producción Lanzamiento

✓ Estrategia y plan de medios

✓ Pauta en medios

Para concluir este capítulo revisemos los puntos clave del proceso, donde enlistamos todas las acciones y los entregables sobre los cuales tienes que trabajar.

El primer grupo de entregables está asociado al desarrollo de una **estrategia y plan de medios:**

1) **Agencia de medios:** Decide desde un principio si contratarás una agencia de medios. Para pautas sencillas no es absolutamente necesario, pero si es recomendable cuando queremos integrar medios con procesos de compra muy técnicos, como la publicidad programática o la televisión.

2) **Objetivos:** Define los objetivos tácticos de tu plan de medios en función de lo que quieres lograr; *conocimiento* de marca, *conversión*, o ambas. Los objetivos del plan de medios deben definirse usando indicadores de desempeño *específicos* como *reach*, *impresiones*, clics, CTR, ER, seguidores, etcétera.

3) **Análisis de audiencias:** A partir de la definición de tu *target* es necesario revisar los *insights* que obtuviste en tu investigación (capítulo 2) para determinar cuáles son las plataformas de medios, sean estos convencionales o no, que presentan las mejores oportunidades de conectar con el *target*.

4) *Mezcla de medios:* De manera resumida, y en un sencillo diagrama, representa cuáles son las plataformas y tácticas que estas considerando incluir en tu pauta. Ten en cuenta que estos medios deben ser congruentes con las etapas del proceso de *destilación de clientes* que has decidido recorrer, y además debes procurar incluir tanto medios pagados como propios y ganados.

5) **Versiones:** Confirma si requieres de más de una versión de anuncios, esto en caso de que tengas múltiples *targets*, necesites realizar *pruebas A/B* o si tu campaña es de muy larga duración o alta frecuencia.

6) **Medios de contacto:** Define cuáles serán las cualidades y tiempos de producción del *landing page* donde aterrizarás todo el tráfico de tu campaña. También decide si habrá otros medios de contacto, como números telefónicos, correos electrónicos o salas de exhibición.

7) **Duración:** Con base en tu presupuesto, y la complejidad de producción, define cuál será la duración de la campaña, incluyendo la fecha tentativa de lanzamiento y finalización.

8) **Presupuesto:** El presupuesto de una campaña publicitaria debe incluir cuando menos dos rubros: la inversión total en medios y la producción de los activos creativos. La proporción de gasto entre medios y producción depende de cada empresa, aunque algunas destinan entre 60 y 70% de su presupuesto de campaña en medios y lo restante en producción.

Por último, los siguientes elementos son parte del desarrollo de la **pauta en medios:**

1) **Identificación de los medios:** Con base en tu *target*, tus objetivos de campaña, tu análisis de audiencias y la *mezcla de medios*, ahora identifica **detalladamente**, todos los posibles medios que sean relevantes y que puedan ser costeados con el presupuesto que has asignado. Este ejercicio también puede incluir el uso de tácticas como eventos, acciones de relaciones públicas (*media relations*), *colateral* y *content marketing*.

2) **Compilación de datos:** Ya sea solicitando *media kits* a medios de mostrador o visitando los sitios web de medios de autoservicio, necesitas recopilar información básica de cada medio que has considerado para la pauta, lo cual puede incluir datos como *reach*, afinidad, CPM, formatos publicitarios, especificaciones técnicas, cobertura/mercados, tarifas, y disponibilidad de espacios. Durante dicho proceso también es posible negociar las tarifas con los medios de mostrador.

3) **Desarrollo de la pauta en medios:** En una hoja de cálculo enlista la selección final de medios para tu pauta, que debe incluir campos y columnas con los datos que has recopilado, como las especificaciones, los mercados y versiones de anuncios por emplear, asignando una cantidad de unidades (*i.e. spots,* inserciones, *impresiones,* clics, etc.) a cada medio. Posteriormente debes multiplicar la 'cantidad de unidades' por el 'costo unitario' de cada medio con la finalidad de obtener la inversión total por canal y consecuentemente la inversión total en medios. Esta cifra, el 'total de la inversión en medios' evidentemente debe ser consistente con el presupuesto -de medios- que originalmente habías asignado.

4) **Autorización y contratación:** Una vez presentada y aprobada la pauta en medios debes proceder a la reservación y contratación de los espacios publicitarios, donde es recomendable confirmar nuevamente las especificaciones técnicas, así como las fechas de entrega de todos los activos.

CAPITULO 7

Produce la campaña

7. PRODUCE LA CAMPAÑA

En este capítulo daremos respuesta a las siguientes preguntas:

- *¿Cuáles son las etapas del proceso de producción publicitaria?*
- *¿Cuáles son las diferentes opciones de producción?*
- *¿Qué tipo de proveedores necesitas buscar para producir los anuncios?*
- *¿Cuál es el rol de las agencias creativas en la producción?*
- *¿Cómo desarrollar un plan de producción y tráfico?*

7.1 El proceso de producción

Ya que contamos con un plan de medios, incluyendo la pauta, debemos tener visibilidad sobre todos los anuncios o activos creativos que se necesitan producir, esto con base en las especificaciones técnicas proporcionadas por los mismos medios. Ahora ya es el momento de comenzar a organizar la información que adquiriste a través de los *media kits*, evaluando las diferentes opciones de producción, para finalmente integrar un plan que te permita ordenar, priorizar y controlar la creación y entrega (tráfico) de todos los activos a cada medio.

Dependiendo de los medios que has seleccionado, el proceso de producción podría incluir desde anuncios impresos para revistas, *display banners*, video, *spots* de radio, publicidad exterior, *colateral* o incluso eventos. Puesto que la naturaleza de dicho proceso podría variar significativamente, según sea el caso, nos enfocaremos en revisar el flujo considerando solo aquellos activos que son más comunes, como los *display banners*, la publicidad impresa, el video o los anuncios en radio. En general, un típico proceso de producción de activos involucra nueve pasos:

1) Revisar documentos
2) Enlistar los activos por producir
3) Definir el tipo de producción
4) Preproducción
5) Producción
6) Postproducción
7) Aprobación de *originales*
8) Adaptación de anuncios
9) Tráfico

7.1.1 **Revisar documentos**

Nuestro proceso de producción iniciará con una rápida revisión de ciertos documentos que ya debemos tener listos, el **borrador del anuncio** (*mock-up*) y el *brief creativo*, ambos temas desarrollados en el capítulo 5, los cuales también tendremos que compartir con las personas a cargo de la producción. Si nuestro anuncio es un video entonces en lugar de *mock-up* debemos tener un *storyboard*, y si nuestro anuncio es para radio entonces debemos contar con un guion. Algunas campañas multiplataforma podrían requerir los tres elementos a la vez: *mock-up, storyboard* y guion.

a) **Revisión del *mock-up, storyboard* y/o guion:** Revisar el *mock-up* con la gente que participará en la producción es esencial para trasmitir nuestra visión de cómo debe verse y/o escucharse el anuncio. Recordemos que estos guiones, *storyboards* o *mock-ups* solo son borradores hechos con dibujos o recortes de imágenes, y únicamente son de referencia.

b) *Brief creativo:* Como ya sabemos, este documento explica la estrategia detrás del anuncio. No importa la forma en que planeamos producir los anuncios; ya sea que contratemos un fotógrafo profesional, que rentemos imágenes de *stock*, o que tomemos las fotos nosotros mismos, siempre necesitamos dejar claro cuáles son la *esencia* y los *valores de marca*, y esto nos llevará a determinar cuáles serán los '**valores de producción**'. Los valores de producción es la técnica o materiales que se emplean para hacer un anuncio más atractivo a través del correcto uso y selección de la iluminación, la escenografía, la decoración, los *props*, la música y sonidos, entre otros.

Si bien el *mock-up* es una referencia importante para los productores, el *brief creativo* es la guía estratégica que nos debería ayudar a tomar decisiones durante las etapas de preproducción, producción y postproducción de nuestros anuncios.

7.1.2 **Enlistar los activos a producir**

Con nuestros borradores y *brief creativo* en mano, lo que sigue es hacer un listado completo de todos los activos que necesitamos producir y entregar a cada uno de los medios que fueron incluidos en la pauta.

Para esto, consideremos que antes de realizar 5, 10 o 20 adaptaciones de anuncios en diferentes medidas y formatos, primero necesitamos un "machote" o archivo fuente desde donde se desarrollarán posteriormente todas las adaptaciones necesarias. A este "machote" o archivo modelo le llamaremos el *'original'.*

Cuando producimos anuncios, casi para cualquier medio, usualmente hay dos fases involucradas; primero la producción de un *original* (el archivo fuente) y luego el resto de los anuncios en sus diferentes tamaños y formatos.

Los días de filmación, grabación, o de sesiones fotográficas los usamos para producir ese *original.* Cuando el *original* es aprobado, entonces lo editamos y adaptamos basándonos en las especificaciones técnicas requeridas por cada anuncio en la pauta.

> **Por ejemplo:** Imagina que vamos a desarrollar una campaña que involucra medios *online* y *billboards* (publicidad exterior). Para ello necesitaremos adaptar nuestro anuncio *'original'* en tres medidas para *display banners*, y en dos para *billboards*. En este caso, nuestro plan de producción debería contemplar entonces el desarrollo de **seis activos en total**, incluyendo la producción del *'original'* que usaremos como referencia.

Figura 7.1 Ejemplos de posibles adaptaciones a partir del 'original' de un anuncio

De esta forma debe quedar claro que el *original* es un archivo electrónico en alta resolución, con un tamaño y/o una duración suficiente para realizar diferentes adaptaciones, donde se han integrado todos los elementos que idealmente debe tener el anuncio: *arte*, encabezado, subencabezado, cuerpo de texto, medios de contacto, *call to action*, etc. Luego, conforme adaptemos este *original* en los diferentes formatos, duraciones o dimensiones, es posible que tengamos que sacrificar algunos de estos elementos, pues no siempre será posible integrar toda la información en cada formato, por lo cual necesitamos priorizar aquellos elementos que son más importantes.

Esto mismo aplica para anuncios en video o audio. Primero comenzamos produciendo un *original* -digamos de un minuto- el cual después podremos adaptar a diferentes duraciones (6, 15 o 30 segundos), con base en los requerimientos de cada medio involucrado.

Ahora bien, ¿qué tipo de activos podría incluir un proceso de producción publicitario?

1) **Video:** También llamado 'pietaje', el video puede ser tanto para anuncios *online* como para cine o TV.

   Aquí necesitamos abrir un paréntesis: Cuando el video involucra algún presentador, como en un testimonial o entrevista, usualmente hay dos elementos que se deben producir; el **'A-Roll'** y el **'B-Roll'**. El *A-Roll* es la porción primaria del video donde usualmente aparece un presentador, entrevistador o el personaje principal de la historia. El *B-Roll* es la porción secundaria del video, la cual grabamos para mostrar imágenes como paisajes, demostraciones o situaciones que complementan y visualmente apoyan la narrativa que nos cuenta el personaje principal que aparece en el *A-Roll*.

   En anuncios de video de bajo presupuesto (como los *In-Stream Skippable Ads*, que muy seguido vemos en redes sociales), es común que aparezca algún personaje o presentador en primer plano, hablando y hablando durante la duración total del video (*A-Roll*). A esto en inglés le llaman un *'talking head'*, o una 'cabeza hablante', lo cual puede resultar muy aburrido para la audiencia. Por esta razón es importante considerar la incorporación de un *B-Roll* en un video de este tipo, con la finalidad de enriquecer la narrativa, mostrando imágenes que ilustran y apoyan la historia o información que se presenta. Así mezclamos y alternamos, en un mismo video, imágenes tanto de *A-Roll* como de *B-Roll* para hacer las cosas más amenas.

   Haciendo una analogía, imagínate que asistes a una conferencia. La historia o información que verbalmente da el conferencista sería equivalente al *A-Roll* y las imágenes o videos que nos muestra durante su presentación serían el equivalente al *B-Roll*.

   No olvides que en la producción de videos debemos contemplar la realización de otros elementos accesorios que sobreponemos a la imagen en video, como logotipos, *product shots* o texto, a los cuales se les llama *supers* (de superposiciones), los cuales se agregan durante la edición del video, en la etapa de postproducción.

2) **Animaciones:** Pueden ser animaciones simples para "vestir" o adornar un video, o pueden ser animaciones complejas o renderizaciones que son parte del elemento central de un anuncio, como una simulación en 3D que ilustra la forma en la cual funciona un producto.

3) **Audio:** Puede ser audio para un spot en radio o audio para un anuncio en video. La **'voz en *off***' (o *voice-over*) es un término para referirse a aquella voz que escuchamos como fondo (no se ve de quién es la voz), narrando un video o película.

La producción de audio también puede incluir el desarrollo o renta de música de fondo para ambientar un video. Cuando la música es el elemento central del anuncio podríamos producir un *jingle*, que es una canción corta, básica y con una letra simple y "pegajosa" que usualmente integra el eslogan de la campaña y el nombre de la marca. Adicionalmente, la producción de audio puede incluir la creación de efectos especiales de sonido *(FX)* o también los llamados *'foleys',* o audio que imita o simula sonidos particulares (pisadas, una puerta que se cierra, un auto pasando, un golpe, los sonidos que emite algún animal...). Los *foleys* se graban en postproducción y se emplean para mejorar o dramatizar el audio original de un anuncio.

4) **Imágenes:** Las imágenes pueden ser fotografías, *product shots*, ilustraciones, diagramas o iconos. Si piensas colaborar con algún *influencer* que tenga cierta experiencia y habilidades fotográficas puedes obtener algunas de tus fotos de esta forma, considerando que antes sería necesario aclarar los aspectos legales de propiedad y derechos de uso de las imágenes. En la mayoría de los casos es mejor contratar un fotógrafo profesional, teniendo en cuenta que en fotografía también hay áreas de especialización, pues no es lo mismo un fotógrafo de eventos sociales, que de interiorismo, paisajes, retratos o *product shots*.

En el ámbito de los *product shots* hay fotógrafos que incluso se especializan en categorías de producto muy específicas, como comida o automóviles, pues se requieren conocimientos técnicos sobre iluminación, maquillaje y efectos especiales que se usan para resaltar las cualidades de los productos anunciados.

5) **Tipografías:** Algunas marcas tienen presupuesto para desarrollar sus propias tipografías con ayuda de un diseñador gráfico, esto para integrar los *valores de marca* en el logo, texto o eslogan del anuncio.

6) **Elementos web interactivos:** Usualmente, cuando desarrollamos *display banners* de imagen estática podemos recurrir a un diseñador gráfico, pero cuando los *banners* integran algún tipo de animación o interacción (*'rich media'*), también es necesario involucrar a un programador web, ya que el desarrollo de este tipo de *banners* requiere de herramientas de codificación, como HTML5. La mayoría de las agencias de medios integran, dentro de sus equipos de trabajo, tanto a diseñadores gráficos como a programadores web, los cuales pueden ayudar a desarrollar elementos web interactivos.

7) *Colateral*: Como ya hemos establecido, la lista de los diferentes tipos de *colateral* puede ser interminable, pero recordemos que se trata esencialmente de herramientas de venta tangibles (catálogos, muestrarios, exhibidores, etc.) o digitales, entre las que destaca la creación de *landing pages*. En la actualidad muchas empresas en línea nos permiten crear un *landing page* sin tener conocimientos de programación web (instapage. com, unbounce.com, hubspot.com, wix.com, etc.). Sin embargo, cuando necesitamos integrar funciones complejas o un grado más alto de personalización es necesario colaborar con proveedores especializados.

8) **Otros:** Algunos otros elementos que podríamos necesitar producir para una campaña incluye a eventos, *guerrilla marketing* (publicidad exterior altamente creativa), activaciones o *expos*.

Antes de dar el siguiente paso, pongamos en una lista todos los activos (*originales* y adaptaciones) que necesitarías producir para tu campaña, incluyendo una columna con los medios de comunicación donde serán colocados dichos anuncios, así como sus especificaciones. Recuerda que **las especificaciones las debes obtener directamente de cada medio**, y podrían involucrar algunos detalles como los siguientes, dependiendo de cada plataforma y formato.

Video	Audio	Display Banners	Medios Impresos
Duración (30s, 15s, 6s).	Duración (30s, 15s, 6s).	Dimensiones (300x250, 336x280, etc.).	Formato del archivo (PDF, JPG, EPS, etc.).
Resolución (640 pixels x 360 pixels, etc.).	Formato de archivo (WAV, MP3, etc.).	Tamaño o "peso" (150 kb, etc.).	Resolución (300 dpi, etc.).
Relación de espacio (4:3, etc.).	Tamaño del archivo (1 MB, etc.).	Formato del archivo (JPG, PNG, etc.).	Dimensiones, con o sin rebase (22 x 28.5 cms, etc.).
Formato de archivo (AVI, MP4, MPEG, etc.).	Volumen.	Borde en contraste (blanco o negro).	Formato (Una página, media página, doble página, etc.).
Tamaño del archivo (1 MB, etc.)			
Cuadros por segundo (24 FPS, 30 FPS, etc.).			

Tabla 7.1 Ejemplos de especificaciones según el tipo de plataforma

Ahora veamos un ejemplo de cómo podría verse una lista de activos para una campaña.

En la figura 7.2, que se muestra a continuación, podrás notar que necesitamos crear tanto anuncios en formato de imagen para *display banners* y *billboards*, así como anuncios en formato de video y audio, para YouTube y radio, respectivamente. De esta forma, en total, se producirán **tres *originales*** y siete adaptaciones, es decir 10 activos en total.

Plan de Producción y Tráfico

Campaña: ABC Yoga

		Concepto	Medio	Especificaciones
ORIGINALES	1	***Original:*** Anuncio en imagen	*Online* y OOH	PDF 21x29.7 cms., RGB y CMYK 300 dpi.
	2	***Original:*** Anuncio en video	Redes sociales	30s, MP4, resolución 640p x 360p, 30 FPS.
	3	***Original:*** Anuncio en audio	90.5 FM	30s, MP3. Archivo; 1 MB
ADAPTACIONES	4	*Spot* en radio, 15s.	90.5 FM	15s, MP3. Archivo; 1 MB
	5	*Display banners* - Google	Google Display Network	JPG; 300x250p, 728x90p, 300x50p, 320x50. 150 KB.
	6	*Display banners* - Facebook	Facebook	JPG; 1200x628p. Relación de espacio 16:9
	7	*Billboard* - Av. Reforma	Vallas y Carteleras, S.A.	8x3 mts. Archivo a escala 1:10 a 300ppp CMYK
	8	*Billboard* - Calle Florencia	Vallas y Carteleras, S.A.	12x3.65 mts. Archivo a escala 1:10 a 300ppp CMYK
	9	Video - 15s	YouTube	15s, MP4. Resolución 640x360p, 30FPS, Máx. 1 GB
	10	Video - 6s	YouTube	6s, MP4. Resolución 640x360p, 30 FPS, Máx. 1 GB

Figura 7.2 *Construyendo el plan de producción y tráfico (ejemplo).*
Nota: Siempre podrás crear un archivo adjunto a tu plan de producción y tráfico en caso de que necesites más espacio para incluir especificaciones adicionales por cada medio.

Al enlistar cada activo que necesitas en tu campaña también ya estas dando el primer paso para construir tu **'Plan de producción y tráfico'**, el cual será necesario para recorrer el resto del proceso de producción, pues se trata de un documento que te ayudará a organizar y priorizar todos los activos por producir.

7.1.3 Definir el tipo de producción

Ya una vez identificados los diferentes activos por producir lo que sigue es tomar una serie de decisiones en relación con el tipo de producción y el grado de ayuda que deseas recibir durante dicho proceso; lo cual dependerá de la cantidad de presupuesto -de producción- que tengas.

Si cuentas con el apoyo de una agencia creativa se asume que ellos han desarrollado el concepto y *mock-up* de tu anuncio, por lo que juntos podrán explorar las diferentes opciones de producción. Eventualmente tu agencia también se encargará de buscar los distintos proveedores (productoras, estudios, videógrafos, programadores, diseñadores gráficos, etc.) que la campaña requiere, así como cotizar diferentes opciones que se ajusten a tu presupuesto. Posteriormente, la agencia también coordinará todo el proceso de producción de *originales* así como las adaptaciones bajo las especificaciones requeridas por cada medio.

Si no cuentas con el apoyo de una agencia creativa, todo este proceso lo tendrás que realizar por tu cuenta, por lo que la primera decisión que tendrás que tomar será en relación con la forma de producir el video, audio, o las fotos que necesitas, donde casi siempre hay dos opciones: la 'producción original' o la 'renta de activos'.

7.1.3.1 La producción original

Con **'producción original'** me refiero a crear por tu cuenta (idealmente contratando a un especialista) las fotos, video, imágenes, ilustraciones o audio que necesitas. Esta modalidad usualmente es más costosa y laboriosa, pero si tienes el presupuesto puede ser conveniente, ya que cualquier cosa que necesites producir se hará bajo tus especificaciones y necesidades particulares, reflejando la esencia y valores únicos de tu marca, con total libertad. Esto también implica más trabajo pues, dependiendo del tipo de producción, en algunos casos será necesario buscar y evaluar locaciones, talento (actores, actrices, presentadores, etc.), *props*, vestuario, así como a los especialistas a cargo de la producción.

Por otro lado, una de las ventajas más importantes de la producción original tiene que ver con el uso exclusivo del material en cuestión. Es decir, lo que sea que produzcas es solo para tu empresa, nadie más lo puede usar. Sin embargo, cuando hay talento involucrado en dicha producción hay un aspecto importante a considerar: los derechos de uso del material. Cuando realizamos una producción original, los artistas involucrados deben ceder los derechos de uso de imagen por un tiempo razonable, al menos durante el periodo de vida de la campaña, también considerando la posibilidad de que en un futuro necesites "revivir" y usar esos anuncios.

Dicha cesión de derechos usualmente es a cambio de un pago de regalías, y si después del periodo estipulado en el contrato hay interés en volver a emplear esos anuncios entonces se deben negociar los pagos de derechos correspondientes.

Estos pagos o regalías pueden variar con base en diferentes factores, como los mercados (países) donde se planea difundir la publicidad, los medios involucrados (internet, TV, radio, prensa, etc.) y obviamente la cantidad de tiempo en que se usará la imagen de dichos artistas.

Por eso es importante tener un control preciso sobre todos los anuncios *originales* que produzcas en todas tus campañas, esto para asegurarse de que cumplimos nuestras obligaciones con el talento involucrado y que difundimos los anuncios con base en lo estipulado en estos contratos.

Para llevar un control profesional de los activos que se producen para cada campaña, y también para dar un acceso controlado de dichos activos a diferentes colaboradores, algunas empresas contratan plataformas conocidas como ‘Digital Asset Management’ (DAM) o ‘Gestión de activos digitales’, que básicamente son repositorios, como un banco o base de datos en línea, que almacenan todos los documentos, fotos, audios y videos de una empresa de forma organizada. Entre algunos de los DAM más conocidos se incluye a empresas como Adobe, Canto, Bynder, etc.

De cualquier forma, si planeas desarrollar producción original que involucre a talentos, espacios públicos o cualquier clase de artistas **es muy importante que busques asesoría legal especializada.** Esto por supuesto también aplica con gente común y corriente; si sales a la calle a tomar fotos o video para tu anuncio y ahí aparece gente, entonces necesitas pedir, a cada persona que aparezca en las imágenes, la firma de un documento de cesión de derechos, entre otros factores. Lo mismo podría aplicar en fotografía o video de ciertos espacios públicos o privados.

Otra de las opciones que tenemos es producir nuestros anuncios rentando ciertos elementos (como video, imágenes, ilustraciones o audio) que son **'libres de regalías'** *(Royalty Free)* o con **'derechos reservados'** o 'administrados' *(Rights Managed).*

En todo caso a este tipo de recursos creativos, en el mundo del *marketing*, se les conoce como *'stock images'* o *'stock video',* los cuales son elementos que no fueron creados para una campaña en particular, más bien son genéricos y se ofrecen a cualquier empresa. Estos activos pueden ser adquiridos a través de una gran variedad de plataformas en línea, como gettyimages. com, istockphoto.com, shutterstock.com, entre otros, los cuales almacenan millones de imágenes, ilustraciones, videos, música e incluso efectos de audio. Sin embargo, rentar cualquiera de estos activos usualmente no da exclusividad de uso.

Esto implica que siempre habrá un riesgo de que otra empresa (incluso un competidor tuyo) rente la misma foto o video para sus campañas.

1) **Activos libres de regalías:** Esta es una opción conveniente y de bajo costo para obtener imágenes, video o audio, que, dependiendo de la plataforma y sus términos y condiciones, puede permitirte usar un activo por tiempo ilimitado, en cualquier parte del mundo y en cualquier medio. Aunque aún hay ciertas restricciones que impiden su uso, como -obviamente- en actividades ilícitas o contenidos que podrían considerarse indecentes o controversiales. Algunas plataformas te ofrecen la opción de contratar los activos libres de regalías de manera exclusiva, para lo cual tendrás que ponerte en contacto con ellos y negociar el costo.

2) **Activos con derechos reservados:** Estos se adquieren en las mismas plataformas ya mencionadas y difieren del caso anterior en virtud de que existe un mayor número de limitantes, como la forma de usar dicha imagen o video, la duración en el uso y los medios de difusión, entre otros. Si las condiciones de tu campaña cambian (digamos que contratas una foto para usarla en Chile que después quieres usarla en otro país), entonces sería necesario pagar por otra licencia de uso. Al igual que en el caso de los activos libres de regalías, también es posible negociar con cada plataforma por una exclusividad de uso, evidentemente pagando el precio.

De la misma forma en que mantenemos un control de nuestros activos en producciones originales, también necesitamos hacer lo mismo cuando rentamos los activos a través de plataformas de *stock*, especialmente aquellos activos con derechos reservados, pues mantener un registro y control nos ayuda a evitar que violemos los términos y condiciones de uso, especialmente con relación al tiempo de uso de los activos.

Finalmente consideremos lo siguiente: si bien los sitios que ofrecen activos en renta pueden ser un gran recurso cuando tenemos poco presupuesto, no significa que podremos prescindir por completo de la producción original. Es decir, podríamos encontrar en istockphoto.com una linda imagen de fondo para nuestro anuncio, sin embargo, aún necesitamos desarrollar todo el diseño gráfico que acompaña a dicha imagen, incluidos elementos indispensables como el texto, *product shots* y logotipo. De cualquier forma, cuando busques imágenes de renta en cualquiera de estas plataformas revisa siempre los términos y condiciones de uso y ten a la mano tu *brief creativo* y tu *mock-up*, pues cualquier activo que escojas debe ser consistente con tus *valores de marca* y con el concepto creativo que ya has desarrollado.

Entonces, considerando tus recursos **¿cuál es el mejor camino para producir los anuncios de tu campaña; la producción original, o la renta de activos?**

7.1.4 **Preproducción**

Durante el proceso de preproducción preparamos el terreno definiendo los lineamientos e identificando los recursos (tiempo y dinero) requeridos para poder producir nuestros anuncios, donde va a ser necesario convocar una **junta de producción** con nuestra agencia creativa o -a falta de esta-, con nuestros colaboradores.

Sin embargo, antes debes agregar **fechas de entrega** para cada uno de los activos que necesitas producir en el **plan de producción y tráfico.** Solo ten en cuenta que hay diferentes fechas que debes identificar: 1) La fecha de entrega, 2) La fecha de tráfico y 3) La fecha de publicación (del anuncio). También puede ser útil asignar una prioridad a la producción de cada activo.

1) **Fecha de entrega:** Esta es la fecha en que el **proveedor** (productora, agencia creativa, diseñador gráfico, etc.) te tiene que entregar un determinado activo ya listo para su adaptación. Recuerda darte un margen de tiempo entre la fecha de entrega de un activo y la fecha de publicación.

2) **Fecha de tráfico:** Esta es la fecha en que el responsable de la campaña (tú o tu agencia de medios), debe entregar los activos a cada medio de comunicación; la fecha de tráfico debe obviamente ser congruente con los tiempos solicitados por cada medio.

Sin embargo, si has decidido no contratar una agencia de medios, entonces tú estableces cuál sería la fecha de tráfico, específicamente para los medios de autoservicio (Google Display, Google Search, redes sociales, etc.), pues en estos casos la responsabilidad cagar y configurar los anuncios es nuestra.

3) **Fecha de publicación** (*'in market'*): Esta es la fecha en que el anuncio será publicado por un medio determinado (la fecha en que el anuncio estará en el mercado), la cual también te servirá para posteriormente monitorear dichas publicaciones y confirmar que tus anuncios han sido colocados en tiempo y forma. Casi siempre es posible solicitar a los mismos medios, o a tu agencia de medios, que te envíen **prueba o evidencia** de que el anuncio fue publicado.

Por ejemplo, si publicas un anuncio en revistas, puedes solicitar al medio que te envíe un ejemplar como evidencia, si se trata de un *display banner* contratado en un medio de mostrador puedes pedir que tomen una captura de pantalla. Con medios *online* de autoservicio realmente no es posible pedir que envíen evidencia (si acaso podrás consultar un reporte), más bien tendrías que buscarla tú mismo. Buscar esta evidencia no solo te ayuda a confirmar que tu anuncio fue publicado, también te sirve para identificar las condiciones bajo las cuales fue publicado (posición *premium vs.* posiciones desventajosas), e incluso también te puede servir para asegurarte de que los enlaces de cada *banner* funcionen (dando clic a tu propio anuncio).

Aunque ten en cuenta: que un sitio web haya publicado tu anuncio no significa que aparecerá cada vez que entres a dicho sitio. Esto dependerá, primero, de si eres *target* o no de esa campaña (*i.e.* si tu perfil demográfico y los *cookies* en tu navegador te califican como audiencia para ver ese tipo de anuncios), pero suponiendo que sí eres *target*, entonces aún tu habilidad para ver tus propios anuncios dependerá del inventario de espacios publicitarios que tenga el sitio y de la cantidad de *impresiones* que hayas contratado. Es decir, si se trata de un sitio web con mucho tráfico donde contrataste un número relativamente bajo de *impresiones*, es poco probable que puedas ver tus anuncios publicados en la primera oportunidad, o incluso después de varios intentos.

4) **Prioridad:** Para ayudar a nuestros colaboradores, como agencias o productoras, a organizar el flujo de trabajo, también puedes agregar al plan de producción y tráfico una columna donde asignas la prioridad de producción de cada activo a través de un número (#1, #2, #3, etc.).

5) **Confirmación de recepción:** Cada vez que entregues un activo a un medio de mostrador también es buena idea contactarlos para confirmar su recepción por escrito, por lo que es aconsejable agregar una última columna de 'Recibido' a tu plan de producción y tráfico. De esta forma podrás registrar la fecha en que los medios confirmaron la recepción de los archivos.

Veamos nuevamente un ejemplo de cómo nuestro plan de producción y tráfico se va transformando, ahora ya integrando las diferentes fechas y estableciendo claramente cuáles son las prioridades.

Plan de Producción y Tráfico

Campaña: ABC Yoga

	Concepto	Medio	Especificaciones	Responsable	Costo	Fecha de Entrega	Fecha de Tráfico	Fecha de Publicación	Prioridad	¿Recibido?
ORIGINALES										
1	**Original:** Anuncio en imagen	*Online* y OOH	PDF 21x29.7 cms., RGB y CMYK 300 dpi.		$	25-01-21	-	-	3	
2	**Original:** Anuncio en video	Redes sociales	30s, MP4, resolución 640p x 360p, 30 FPS.		$	18-01-21	-	-	1	
3	**Original:** Anuncio en audio	90.5 FM	30s, MP3, Archivo: 1 MB		$	21-01-21	15-02-21	01-03-21	2	
ADAPTACIONES										
4	*Spot* en radio, 15s.	90.5 FM	15s, MP3, Archivo: 1 MB		$	08-02-21	15-02-21	01-03-21	8	
5	*Display banners* - Google	Google Display Network	JPG; 300x250p, 728x90p, 300x50p, 320x50. 150 KB.		$	16-02-21	22-02-21	03-03-21	9	
6	*Display banners* - Facebook	Facebook	JPG; 1200x628p. Relación de espacio 16:9		$	16-02-21	22-02-21	03-03-21	10	
7	*Billboard* - Av. Reforma	Vallas y Carteleras, S.A.	8x3 mts. Archivo a escala 1:10 a 300ppp CMYK		$	29-01-21	08-02-21	10-03-21	4	
8	*Billboard* - Calle Florencia	Vallas y Carteleras, S.A.	12x3.65 mts. Archivo a escala 1:10 a 300ppp CMYK		$	29-01-21	08-02-21	10-03-21	5	
9	Vídeo - 15s	YouTube	15s, MP4, Resolución 640x360p, 30FPS, Máx. 1 GB		$	08-02-21	15-02-21	01-03-21	6	
10	Vídeo - 6s	YouTube	6s, MP4, Resolución 640x360p, 30 FPS, Máx. 1 GB		$	08-02-21	15-02-21	01-03-21	7	
				Costo Total de Producción	$					

Figura 7.3 Construyendo el plan de producción y tráfico (ejemplo)

Observa, además, como hemos agregado dos columnas en el medio de la tabla: 'Responsable' y 'Costo', las cuales llenaremos un poco más adelante, después de tener la junta de producción. Notarás también que el original para anuncios de imagen y video (renglones 1 y 2) no tienen fecha de tráfico o publicación, pues estos activos solo servirán para realizar adaptaciones.

7.1.4.1 La junta de producción

Continuando en nuestro proceso de preproducción publicitaria, ahora necesitamos convocar a una junta con aquellas personas (*e.g.* agencia creativa o colaboradores), que estarán involucradas en la producción de los *originales* y las adaptaciones de los anuncios. Si no cuentas con una agencia creativa entonces deberás convocar a varias juntas de producción con cada productora o proveedor que te esté apoyando, y si piensas producir los activos por tu cuenta, entonces tendrás que coordinar estas juntas con tu propio equipo de trabajo.

Durante la junta de producción, primero revisaremos nuestro *brief creativo*, así como el *mock-up*, guion y/o *storyboard* del anuncio que queremos producir. Esto con la finalidad de confirmar e informar a las partes involucradas, de aspectos importantes de la campaña, como la audiencia objetivo, el presupuesto de producción, las cualidades del anuncio, así como los valores de producción que esperamos ver, ya que esto determinará lo que algunos llaman el '*look & feel*' de la campaña, es decir su apariencia, su energía y los sentimientos que debe inspirar en la audiencia.

El segundo punto más importante que tratar en dicha junta es la revisión de tu plan de producción y tráfico, donde ya has identificado todos los activos (*originales* y adaptaciones) que necesitas producir, así como sus especificaciones y fechas de entrega.

Seguramente tendrás más de una junta de producción, al menos dos; una para lanzar el proyecto de producción y otra para realizar aprobaciones, pues también necesitarás revisar los detalles de aquellos elementos que aparecerán en el anuncio.

> **Por ejemplo:** Si el anuncio tiene como escenario un parque, entonces en la junta de producción se discute sobre el tipo de parque, qué secciones o áreas de dicho espacio ayudarían a contar mejor la historia, con qué tipo de luz (mañana, medio día, atardecer, etc.), entre otros detalles. Si como parte de la historia del anuncio hay, por ejemplo, una bicicleta involucrada, entonces se necesita discutir sobre el modelo, el color, el estilo, etc.

Para agilizar las cosas, las agencias (o las productoras) usualmente se preparan para estas juntas llevando referencias; es decir fotos, imágenes, sonidos o videos que les ayudan a ilustrar o ejemplificar todos los elementos que están planeando usar en la sesión fotográfica o grabación del comercial. Si planeas producir tus anuncios internamente igual tendrás que reunir este tipo de referencias para discutirlas con tus colegas.

Durante la junta de producción también se debe proponer un **calendario de trabajo** que establezca todas las acciones a coordinar, como búsqueda de locaciones, días de filmación o grabación, días de *casting*, etcétera, lo cual usualmente es responsabilidad de la agencia o la productora. Es evidente que dicho calendario debe además ser congruente con las fechas de entrega estipuladas en tu plan de producción y tráfico.

En estas juntas también es importante aclarar cuántas versiones del anuncio necesitas, así como la cantidad y características de los activos con base en las especificaciones técnicas solicitadas por cada medio.

Después de una o dos juntas de producción, el anunciante y su agencia creativa -o productora- deberían tener claro lo siguiente:

- ¿Qué es lo que se va a producir?
- ¿Cuál es el **presupuesto** total disponible para la producción?
- ¿Qué elementos (fotos, imagen, sonidos, etc.) serán producción original y cuáles serán rentados en bancos de imágenes o *stock*?
- ¿Cuáles son los **valores de producción** que esperamos ver en el anuncio?
- ¿Cuál es la visión del productor o diseñador para su realización?, ¿cuáles son sus **referencias** que inspirarán la producción?
- ¿Cuáles son las características generales (y ejemplos) de los elementos más importantes de la producción del anuncio? (Locación, talento, *props...*).
- ¿Cuántas **versiones** de anuncios vamos a realizar?
- ¿**Cuántos activos creativos** necesitamos producir con base en las especificaciones de los medios?
- ¿Cuáles son todas las **actividades** que se necesitan realizar para completar el proceso de producción de los anuncios?, ¿quiénes son los responsables de cada actividad?
- ¿En qué **fechas** se deben aprobar materiales o elementos empleados en la producción? (Locación, talento, *props...*).
- ¿Cuáles son las fechas de entrega del *original* y de los activos de cada anuncio ya adaptados?

Tras concluir la junta de producción, la agencia creativa y/o productoras (o tú si vas a producir los anuncios por tu cuenta) se dan a la tarea de cotizar y conseguir todos los recursos necesarios en función del presupuesto asignado y con base en los valores de producción definidos, aspectos que necesitarán ser aprobados por el responsable de la campaña.

Esto puede involucrar, por ejemplo, la realización de *castings* con agencias de modelos, actores o actrices, o talento de *voz en off*, así como renta de mobiliario, equipo, vestuario, maquillaje, ambientación, alimentos para el día de grabación, entre otros.

También se deben buscar las locaciones para las filmaciones o sesiones fotográficas *(scouting);* si bien los espacios públicos o exteriores pueden ser visualmente interesantes también son más caros y complicados de gestionar, por lo que se debe considerar como opción la grabación en un estudio, ya que estos cuentan con toda la infraestructura necesaria. De otra manera, las filmaciones o sesiones en exteriores pueden generar costos adicionales, como permisos, renta de baños portátiles, planta de luz, carpas, traslados de personal, talento y equipo, mobiliario, o incluso el llamado *'rain insurance',* que es una póliza de seguro que los anunciantes pagan en caso de que una filmación o sesión fotográfica se tenga que suspender por mal clima, pues la productora, la locación, los que rentan el equipo y el talento igual cobran su día de trabajo.

7.1.4.2 **Buscar proveedores**

Después de nuestra primera junta de producción, y suponiendo que no contamos con una agencia creativa, nosotros tenemos la responsabilidad de buscar a los diferentes proveedores que nos apoyarán con la producción. Si este es el caso aún es recomendable contar, cuando menos, con el apoyo de algún profesional o una productora, pues estas no solo producen el anuncio, también hacen las cotizaciones, los *castings*, la búsqueda de locaciones y consiguen los *props*, contratan el equipo necesario, rentan el vestuario, obtienen los permisos de foto o filmación, etcétera.

Algunas productoras se especializan en ciertas áreas, como video y fotografía, otras en audio y música y otras más en eventos (agencias BTL). Aunque las productoras más grandes tienen capacidad de apoyar en un abanico de áreas más amplio, subcontratando especialistas cuando es necesario.

En el siguiente gráfico se ilustra lo que podría ser un posible espectro de proveedores que trabajan en la producción de diferentes tipos de activos.

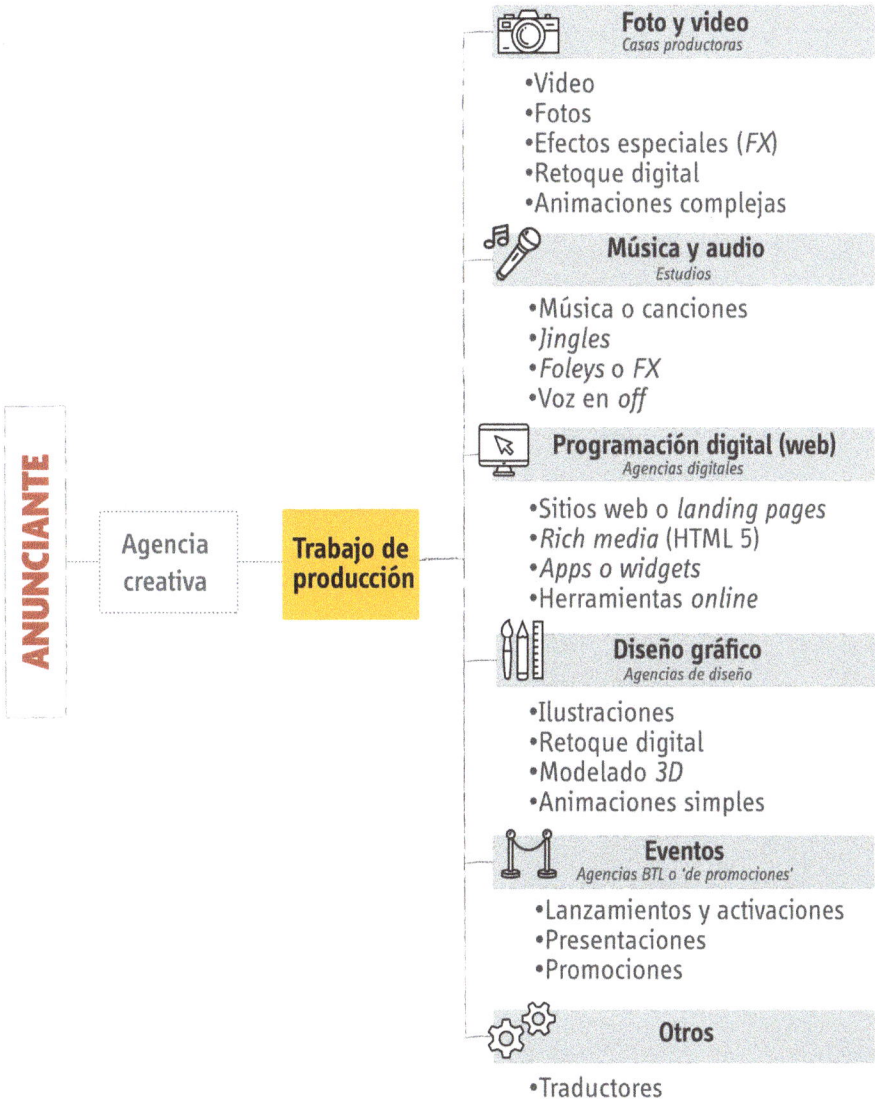

Foto y video
Casas productoras

- Video
- Fotos
- Efectos especiales (*FX*)
- Retoque digital
- Animaciones complejas

Música y audio
Estudios

- Música o canciones
- *Jingles*
- *Foleys* o *FX*
- Voz en *off*

Programación digital (web)
Agencias digitales

- Sitios web o *landing pages*
- *Rich media* (HTML 5)
- *Apps o widgets*
- Herramientas *online*

Diseño gráfico
Agencias de diseño

- Ilustraciones
- Retoque digital
- Modelado *3D*
- Animaciones simples

Eventos
Agencias BTL o 'de promociones'

- Lanzamientos y activaciones
- Presentaciones
- Promociones

Otros

- Traductores

ANUNCIANTE

Agencia creativa

Trabajo de producción

Figura 7.4 Ejemplos de proveedores que trabajan en la producción de diferentes tipos de activos

Como en todo, cuando buscamos proveedores que nos apoyen con el trabajo de producción es importante evaluar entre varias opciones. En el caso de las casas productoras de video o audio, o incluso agencias BTL, el procedimiento estándar es solicitar un *'demo reel',* el cual es un video que muestra su trabajo en solo dos minutos o menos.

Para despachos de diseño gráfico o de programación digital podemos solicitar una muestra de su portafolio de trabajo con ejemplos de proyectos que han hecho para otros clientes.

Aquí es importante recordar que, cuando evaluamos específicamente el *demo reel* de una productora, no estamos calificando la creatividad o calidad de una historia (por ejemplo, de un comercial de TV), **más bien estamos evaluando su realización,** es decir la forma de contar la historia así como los valores de producción. Esto es porque la creatividad en realidad es responsabilidad del anunciante y su agencia creativa.

7.1.4.3 **Cotizaciones y contratos**

Una vez identificados aquellos proveedores que nos interesan, debemos comenzar a cotizar la producción de los diferentes activos para finalmente decidir a que productores invitaremos a trabajar. Recuerda que ya establecimos un presupuesto de producción, que dependiendo de cada caso podríamos estimar entre 30, 40 o 50% del presupuesto total de la campaña.

Teniendo en la mano las cotizaciones de cada proveedor es posible evaluar cuáles proveedores representan la mejor opción desde varios ángulos, ya que además del costo, queremos considerar aspectos como tiempo de entrega, experiencia, credenciales (con base en el análisis del *demo reel*), formas y plazos de pago, servicio, etc. Revisa con atención las propuestas económicas, considerando que algunas productoras suelen integrar ciertos rubros en sus cotizaciones con los que podríamos no estar familiarizados; conceptos como: 'dirección creativa', 'manejo de cuenta', 'soporte digital', etc. A veces los nombres de estos rubros no nos dicen mucho, por lo que es mejor aclarar aquellos donde tengas dudas. Me ha tocado, por ejemplo, que alguna productora quiere cobrar la dirección creativa de un anuncio que ya está hecho, que ya tiene la creatividad resuelta y donde solo es necesario adaptar el anuncio a un determinado formato.

Ya que hayas escogido una alineación de proveedores con sus cotizaciones finales, podrás integrar esos montos en tu plan de producción y tráfico, junto con el nombre del proveedor o responsable de cada activo, con quienes eventualmente tendrás que realizar más juntas de producción de manera individual. Veamos cómo los diferentes montos y proveedores se van integrando en un plan de producción y tráfico.

Plan de Producción y Tráfico

Campaña: ABC Yoga

	Concepto	Medio	Especificaciones	Responsable	Costo	Fecha de Entrega	Fecha de Tráfico	Fecha de Publicación	Prioridad	¿Recibido?
ORIGINALES										
1	**Original:** Anuncio en imagen	*Online* y OOH	PDF 21x29.7 cms., RGB y CMYK 300 dpi.	Agencia ABC	$1,800	25-01-21	-	-	3	
2	**Original:** Anuncio en video	Redes sociales	30s, MP4, resolución 640p x 360p, 30 FPS.	Estudio Roma	$4,000	18-01-21	-	-	1	
3	**Original:** Anuncio en audio	90.5 FM	30s, MP3. Archivo: 1 MB	Estudio Roma	$1,000	21-01-21	15-02-21	01-03-21	2	
ADAPTACIONES										
4	*Spot* en radio, 15s.	90.5 FM	15s, MP3. Archivo: 1 MB	Estudio Roma	$250	08-02-21	15-02-21	01-03-21	8	
5	*Display banners* - Google	Google Display Network	JPG; 300x250p, 728x90p, 300x50p, 320x50, 150 KB.	Agencia ABC	$100	16-02-21	22-02-21	03-03-21	9	
6	*Display banners* - Facebook	Facebook	JPG; 1200x628p. Relación de espacio 16:9	Agencia ABC	$100	16-02-21	22-02-21	03-03-21	10	
7	*Billboard* - Av. Reforma	Vallas y Cartelera, S.A.	8x3 mts. Archivo a escala 1:10 a 300ppp CMYK	Empresa Vallas	$500	29-01-21	08-02-21	10-03-21	4	
8	*Billboard* - Calle Florencia	Vallas y Cartelera, S.A.	12x3.65 mts. Archivo a escala 1:10 a 300ppp CMYK	Empresa Vallas	$500	29-01-21	08-02-21	10-03-21	5	
9	Video - 15s	YouTube	15s, MP4, Resolución 640x360p, 30FPS, Máx. 1 GB	Estudio Roma	$250	08-02-21	15-02-21	01-03-21	6	
10	Video - 6s	YouTube	6s, MP4, Resolución 640x360p, 30 FPS, Máx. 1 GB	Estudio Roma	$250	08-02-21	15-02-21	01-03-21	7	
				Costo Total de Producción	**$8,750**					

Figura 7.5 Construyendo el plan de producción y tráfico (ejemplo)

Una vez que has consolidado los costos de producción de cada activo puedes comparar el costo total del plan de producción y tráfico con tu presupuesto inicial de producción para determinar si es necesario buscar proveedores más económicos o de plano eliminar ciertas tácticas prescindibles, en caso de que el presupuesto sea restringido. Si el costo total de producción y tu presupuesto de producción son equiparables, entonces puedes proceder a la revisión y firma de los contratos.

Ahora bien, si tu producción será original y realizada a través de un tercero, recuerda poner atención en el contrato. Ahí se establece qué se quiere producir, sus cualidades, fechas de realización y entrega, costos y plazos de pago. Aunque también en este contrato es donde se establece el tema de los **derechos de uso** de los activos que estás adquiriendo. En general, cuando contratamos a un diseñador, un fotógrafo, un músico o un director o videógrafo para una producción original, queremos incluir en el contrato la cesión de derechos de lo que se ha producido, esto con la finalidad de que podamos usar los activos de forma permanente. En todo caso, para todos estos temas es recomendable contar con algún tipo de asesoría legal.

Sin embargo, cuando las imágenes, sonidos o videos que planeas usar en la campaña las adquieres o rentas a través de un banco de imágenes, ya sean 'libres de regalías' o con 'derechos reservados' o modalidades similares, claramente no eres dueño de esos elementos, solo tienes permiso de usarlos, por lo que tendrás que alinearte a los términos y condiciones de uso que fija cada proveedor y que aceptas al momento de adquirirlos.

7.1.5 **Producción**

Es durante esta etapa que producimos los materiales necesarios para nuestros anuncios. Es el día de filmación, de grabaciones o de sesiones fotográficas, o bien, la fecha del 'kick-off', cuando inician los trabajos de diseño gráfico o web.

Por los costos asociados a este tipo de procesos (renta de equipo, de estudio, talento y otros), siempre debe procurarse que las sesiones fotográficas, grabaciones o filmaciones se realicen en el menor tiempo posible. En sesiones fotográficas, filmaciones o grabaciones es común que los días de producción sean muy intensos y con poco descanso, sin embargo, es importante que la persona responsable de la campaña se encuentre presente en todo momento.

Esto con la finalidad de asegurar que los elementos involucrados en la producción reflejen los lineamientos del *brief* y sean congruentes con el *mock-up, storyboard* o guion. También es importante estar alerta para detectar situaciones (*e.g.* actuación, uso de ciertas poses, expresiones, *props*, vestuario, palabras, etc.) que podrían afectar negativamente el sentido del mensaje o la reputación de la marca.

> **Por ejemplo.** Recuerdo una sesión fotográfica donde teníamos como escenario la sala (o *'living'*) de una casa donde participaba un modelo, que representaba a un padre de familia y a un niño, simulando ser su hijo. La situación que queríamos fotografiar era simplemente a un padre cariñoso conviviendo alegremente con su hijo. Sin embargo, para hacer sonreír al niño, al modelo que interpretaba al papá se le ocurrió hacer un juego con las manos, como en un truco de magia donde mostraba su mano empuñada al niño, como si dentro tuviese una sorpresa. Sin embargo, desde el punto de vista de la cámara, la imagen era la de un padre mostrándole un puño cerrado al niño-actor, situación que podría más bien evocar violencia.

Esta es una de las grandes ventajas del trabajo en equipo, en ocasiones podremos percatarnos de situaciones que nadie más ha notado durante la filmación o sesión fotográfica. Aunque, de forma mucho más común nuestra presencia tendría más que ver con aclarar dudas al equipo de producción, resolver disyuntivas y por supuesto aprobar las fotos, el audio o el video al concluir la sesión. Por lo mismo, es importante estar presente con nuestra documentación (*mock-ups,* guion, *storyboard* y *brief creativo*) a la mano, para cualquier consulta.

Sin embargo, también es importante dejar a la agencia o productora hacer su trabajo, para eso hemos contratado profesionales. Definitivamente no queremos sobre-controlar el proceso, pues de otra forma nuestra presencia se vuelve más un fastidio que una ayuda. En mi experiencia, quizá sea en la producción de eventos donde más he tenido que involucrarme personalmente.

En otro tipo de producciones, más de *escritorio*, como diseño gráfico, edición de video, audio o programación de elementos digitales, realmente no tenemos que estar presentes, salvos en casos excepcionales o trabajos urgentes. De cualquier manera, será necesario mantener un flujo constante de información con nuestros proveedores para dar seguimiento a los avances.

7.1.6 **Postproducción**

En la etapa de postproducción es cuando editamos los videos, audios y fotos que hemos tomado, agregando efectos especiales, voz en *off*, *supers*, ajuste de brillos y colores, edición de audio o video para finalmente armar el *original* de nuestro anuncio con las especificaciones requeridas.

En anuncios gráficos es en esta etapa cuando se integran las fotos, el *copy* y los *product shots* en una sola composición.

Sin embargo, debido a las mejoras tecnológicas en *software* de edición de video, audio o diseño gráfico, hay quienes se confían y descuidan la calidad de una sesión fotográfica, grabación o filmación pensando que cualquier descuido se podrá corregir más tarde con trabajo de edición; esto puede ser un problema. Personalmente he visto, por ejemplo, *product shots* con una iluminación tan mala que no hay *software* que lo pueda maquillar.

Por esta razón, siempre ten en mente que el material que obtengas durante la etapa de producción, ya sea foto, video o audio, tiene que ser de la mejor calidad posible. Es decir, debe realizarse con los estándares más altos; con los encuadres y la iluminación adecuadas, con los colores y elementos que esperábamos ver, de manera tal que usamos la etapa de postproducción solo **para mejorar y enaltecer un material, no para maquillar errores** que se pudieron evitar durante las grabaciones o sesiones de foto.

Somos humanos, y en algunos casos tendremos errores, pero si somos cuidadosos habrá fallas que podrán corregirse en postproducción. Aunque este es un último recurso del cual no debemos abusar.

7.1.7 **Aprobación de originales**

La etapa de postproducción concluye cuando aprobamos el *original*, el cual ya integra todos los elementos que queremos ver en nuestro anuncio (*arte, copy* y elementos de apoyo). Dicho *original* lo debemos comparar contra el *mock-up* y el *brief* para asegurarnos que no falte nada. En estos casos también puede ser conveniente circular el *original* con un par de colegas para que nos den sus impresiones y para encontrar errores o detalles adicionales. De hecho, es normal que el *original* dé algunas vueltas entre el anunciante y su agencia o productor antes de ser aprobado.

La revisión del *original* debe ser minuciosa, pues cualquier error en el diseño o trabajo de edición podrían trasmitirse al resto de las adaptaciones, causando costos adicionales en tiempo y dinero.

7.1.8 **Adaptación**

Una vez aprobado el *original*, ya estamos listos para realizar las adaptaciones necesarias de acuerdo con las especificaciones técnicas requeridas por cada medio.

En esta etapa, nuestro plan de producción y tráfico comienza a resultar de gran utilidad, ya que con él podemos coordinar el trabajo y las entregas con los diferentes medios.

De la misma forma en la cual hay un proceso de aprobación y ajustes para los *originales* también necesitamos hacer lo mismo con cada una de las adaptaciones. Obviamente no es necesario esperar a tener todas las adaptaciones del plan de producción listas para comenzar a entregar los activos a los medios, por esto hemos definido prioridades y fechas de entrega para cada material.

7.1.9 **Tráfico**

Una vez que aprobamos las primeras adaptaciones, los activos ya deben estar listos para su entrega (o 'tráfico') de acuerdo con tu plan. Recuerda que las fechas de entrega de cada activo deben estar vinculadas a los plazos y procesos internos de cada medio. Por ejemplo, cuando entregamos activos para publicaciones como periódicos o revistas impresos, el envío debe realizarse antes de su fecha de impresión. En otro tipo de anuncios, como la publicidad exterior, los plazos de entrega de activos pueden ser más amplios. Incluso los medios digitales (de mostrador), como sitios web o plataformas programáticas -donde todo debería ser más rápido- también tienen sus plazos para revisar, configurar y cargar los activos en los *ad servers*.

Durante este proceso de tráfico es recomendable también llevar un control de lo que se ha entregado, registrando en la última columna del plan de producción la fecha en que cada medio recibe los activos. Evita entregar activos a los medios que no hayas revisado minuciosamente, pues esta es realmente la última oportunidad que tendrás para asegurarte que no hay errores.

Para plataformas *online* de autoservicio como Google Display, o en cualquiera de las redes sociales, eres tú quien debe cargar los archivos directamente, antes configurando cada anuncio como ya lo hemos descrito en el capítulo anterior; seleccionando las audiencias, el valor de la puja, el presupuesto, etcétera. A menos de que cuentes con una agencia de medios.

Finalmente es **muy importante** considerar que antes de comenzar a entregar los activos a los medios, **hay algunos puntos y preguntas que debes despejar antes del lanzamiento de la campaña.** Básicamente aspectos como procesos, notificaciones y consultas que deben realizarse, los cuales describiremos a detalle en el siguiente y último capítulo.

7.2 *Checklist:* La producción de la campaña

Contexto · Target · Objetivos · Mensaje · Medios · **Producción** · Lanzamiento

Plan de producción y tráfico ✓
Producción del *original* y adaptaciones ✓

Hay tres entregables esenciales en esta etapa del desarrollo de la campaña: el plan de producción y tráfico, él o los *originales* del anuncio y las adaptaciones.

Para concluir el presente capítulo, realicemos un *checklist* rápido sobre aquellos aspectos clave del proceso de producción. Dependiendo de si cuentas o no con el apoyo de una agencia ya sabemos que el proceso podría variar, sin embargo, más o menos debería cumplir con los siguientes pasos:

1) **Enlistar los activos por producir:** Los 'activos' son todos los anuncios, en diferentes medidas, duraciones y formatos, que debes producir de acuerdo con tu plan de medios, incluyendo la producción de uno o más *originales* y las adaptaciones necesarias con base en el *original*. Con todas tus especificaciones en mano, construye un listado que agrupe a todos los activos.

2) **Decidir sobre el tipo de producción:** De acuerdo con tus recursos, decide si los activos para tu campaña serán una producción original o si los rentarás en algún sitio de *stock* en modalidad 'libre de regalías' o con 'derechos reservados'.

3) **Elaborar un plan de producción y tráfico:** Usando el mismo archivo con tu lista de activos por producir, ahora comienza a desarrollar un plan de producción y tráfico en el cual debes incluir todos los *originales* y adaptaciones que necesitas desarrollar, integrando también las especificaciones propias de cada activo, así como sus fechas de entrega, tráfico y publicación.

4) **Convocar una junta de producción:** La junta debe reunir al responsable de la campaña y las partes involucradas. Quien tenga la responsabilidad de producir los activos tiene que proponer un calendario de trabajo que esté alineado con el plan de producción y tráfico. En dicho calendario se deben estipular las fechas de las sesiones fotográficas, grabaciones o diseño, así como las fechas en que se deben aprobar los elementos involucrados en la producción. Adicionalmente, en dicha junta, se deben presentar y discutir las ideas y referencias de todos aquellos elementos clave que formarán parte de la producción como las locaciones, el talento o los *props*.

5) **Obtener propuestas y cotizaciones:** Quien esté a cargo de la producción tendrá que buscar proveedores, propuestas y cotizaciones según lo establecido en la junta de producción, las cuales deberán ser sometidas al responsable de la campaña para su aprobación final. Esto debe incluir la aprobación de un presupuesto final de producción, la aprobación de un calendario de trabajo y la aprobación de los elementos clave que se emplearán en el anuncio.

6) **Finalizar el plan de producción y tráfico:** Con la información obtenida de diferentes proveedores se deben completar todas las columnas y campos del plan de producción y tráfico; integrando los costos de producción de cada activo, cuyo monto total debe ser consistente con el presupuesto asignado. Adicionalmente se deben confirmar quiénes serán los proveedores y cuáles las fechas de entrega para cada activo.

7) **Producir el *original*:** Después de producir el o los *originales*, estos deben someterse a la aprobación del responsable de la campaña.

8) **Producir las adaptaciones:** A partir del *original* se deben realizar las adaptaciones para los diferentes activos descritos en el plan de producción y tráfico, los cuales también deben ser aprobados.

9) **Tráfico de activos:** Los activos de la campaña deben estar listos para su entrega, **y esta no debe efectuarse hasta responder ciertas preguntas de control** en los días o semanas previos a la campaña.

CAPITULO 8

Lanza y controla la campaña

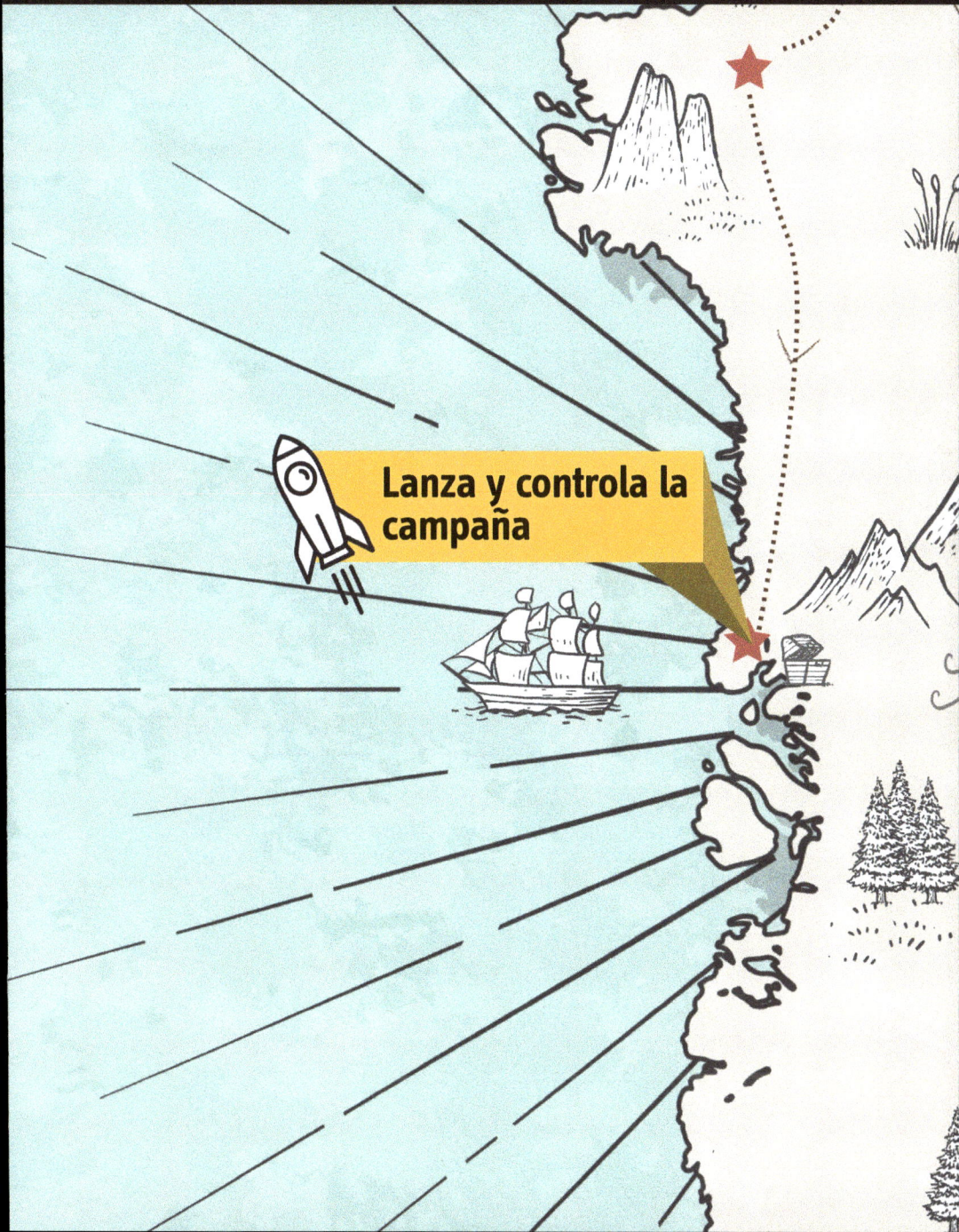

8. LANZA Y CONTROLA LA CAMPAÑA

En este capítulo daremos respuesta a las siguientes preguntas:

- *¿Qué herramientas pueden usarse para gestionar el lanzamiento de la campaña y sus procesos?*
- *¿Qué hacer antes del lanzamiento?*
- *¿Qué hacer durante el lanzamiento?*
- *¿Qué hacer después del lanzamiento?*

8.1 Gestión de proyectos

Como ya habrás notado, desarrollar, producir y ejecutar una campaña publicitaria es un esfuerzo que involucra un número considerable de actividades, incluyendo la administración de recursos, como el presupuesto, los colaboradores y agencias, y todo esto dentro de un plazo limitado de tiempo.

Por lo mismo, para gestionar debidamente todo el proceso es recomendable contar con algún tipo de sistema o herramienta que te permitan organizar y controlar el trabajo.

Esto es posible realizarlo desde una simple hoja de cálculo, en *software* como Excel, o empleando herramientas especializadas en gestión de proyectos (*'Project Management'*), donde es posible enlistar todas las actividades que necesitas realizar, asignando a cada actividad, por ejemplo, una fecha de inicio, una fecha de entrega y un responsable (entre otros campos), para finalmente visualizar todo nuestro proyecto a través de una línea de tiempo, a la cual se le conoce como 'diagrama de Gantt'.

Si no quieres gestionar tu proyecto desde una hoja de Excel, existen muchas alternativas de *software* especializado para todos los tamaños de bolsillos, desde Project de Microsoft, Merlin (para *macs*), o herramientas en línea como Monday.com o Asana.com

De cualquier manera, ya sea que uses una simple hoja de cálculo o un *software* especializado, es importante que tengas un sistema para organizar todas las actividades involucradas en la campaña, desde la organización del trabajo de investigación de mercados, la segmentación, el desarrollo del mensaje, la planificación de medios, la producción y entrega de anuncios, hasta su monitoreo y optimización.

A manera de referencia, veamos un ejemplo ficticio de cómo podríamos capturar algunas de las tareas de una campaña en un diagrama de Gantt.

Plan de Implementación

Campaña: ABC Yoga

	Actividad	Responsable	Inicio	Finalización	Avance	ABRIL					MAYO	
						S1	S2	S3	S4	S5	S1	S2
15	Desarrollar arquitectura de marca	Juan	29-03-21	01-04-21	100%							
16	Desarrollar *brief creativo*	Juan	06-04-21	08-04-21	100%							
17	Desarrollar concepto creativo	María	08-04-21	12-04-21	20%							
18	Desarrollar *mock-up* del anuncio	María	12-04-21	15-04-21	0%							
19	Buscar agencia de medios	Rosa	06-04-21	20-04-21	50%							
20	Definir objetivos plan de medios	Juan	08-04-21	09-04-21	30%							
21	Completar análisis de audiencias	Juan	08-04-21	14-04-21	0%							
22	Desarrollar *mezcla de medios*	Pedro	15-04-21	21-04-21	0%							
23	Definir cuántas versiones de anuncios	Juan	21-04-21	22-04-21	0%							
24	Definir los medios de contacto	Rosa	08-04-21	08-04-21	0%							
25	Definir la duración de la campaña	Juan	08-04-21	08-04-21	0%							
26	Definir el presupuesto de medios	Juan	21-04-21	22-04-21	0%							
27	Desarrollar la pauta en medios	Rosa / Agencia	22-04-21	29-04-21	0%							
28	Revisar y autorizar la pauta en medios	Juan	29-04-21	06-05-21	0%							

Figura 8.1 Ejemplo de un típico diagrama de Gantt

En la ilustración podemos ver cómo a cada tarea se le ha asignado un responsable, así como una fecha de inicio y finalización, lo cual también puede representarse en una línea de tiempo dividida por días, semanas o meses, dependiendo de la duración del proyecto. También es posible agregar una columna para indicar el avance de cada tarea.

Adicionalmente, existen otro tipo de herramientas de planeación, como los famosos mapas mentales, que son muy útiles para estructurar y desarrollar ideas y proyectos, como el ejemplo referido en el capítulo 5, en donde creamos un mapa mental para desarrollar un concepto creativo. Personalmente he empleado dos diferentes tipos de herramientas para desarrollar mapas mentales; MindManager.com y Xmind.net

Figura 5.10 *Ejemplo de un mapa mental*

Ahora bien, para adentrarnos en el tema principal de este capítulo consideremos entonces que hay tres momentos clave en la vida de una campaña; **antes** del lanzamiento, **durante** los días de campaña y **después** de la campaña. Cada momento con sus puntos particulares y algunos realmente más del lado de la mercadotecnia que de la publicidad, sin embargo, aún siguen siendo factores que de cualquier forma debemos tomar en cuenta, los cuales presentaremos a continuación.

8.2 **Antes del lanzamiento**

1) **Permisos y autorizaciones:** Antes de lanzar la campaña, y con los anuncios en mano, debes asegurarte contar con todos los permisos internos, que además de las autorizaciones de la dirección general o de mercadotecnia, podrían involucrar otras áreas o niveles de donde es necesario obtener una firma, por ejemplo; oficinas corporativas o centrales, comités o mesas directivas.

   De igual forma, y con base en la legislación de cada país, ciertos productos regulados como las bebidas alcohólicas, podrían también necesitar someter sus anuncios para autorización ante algún tipo de agencia de gobierno o instancia reguladora. También en algunos países, como México, es necesario obtener un permiso especial cuando una campaña o promoción involucra sorteos o juegos de azar. Si tu producto requiere de aprobaciones de agencias de gobierno o instancias reguladoras es probable que sea necesario integrar alguna leyenda o número de permiso en el arte de los anuncios. Si consideras que tu campaña podría necesitar algún tipo de aprobación o permiso legal debes consultar primero con un abogado.

2) **Procesos:** Si el producto que anuncias en la campaña es nuevo, debes asegurarte de que ya se han desarrollado los **procesos internos** necesarios para facilitar su comercialización y distribución sin contratiempos.

   Ciertamente desarrollar procesos es una función que se sale del área de responsabilidad de la publicidad, sin embargo, si no hay procesos establecidos, ¿cómo sabe el personal de tu organización cómo debe hacer para comercializar o distribuir el producto que vas a anunciar?, ¿cómo pueden los clientes colocar un pedido? o ¿cómo se debe atender o dar soporte técnico o servicio a los clientes?

Los procesos pueden desarrollarse empleando diagramas de flujo, algo similar al ejemplo de la *travesía del cliente* que vimos en el capítulo 6, donde se describe a detalle, por ejemplo, los pasos, y puntos de contacto por los que tiene que pasar un cliente para adquirir un producto. De esta forma, y en caso de que no lo hayas contemplado, hay ciertos procesos que se deberían tener antes de lanzar una campaña, por ejemplo:

- Procesos de ventas (directas o a través de distribuidores, sucursales o tiendas en línea).
- Procesos de soporte técnico y servicio a clientes.
- Procesos para atender clientes a través de medios de contacto (*e.g. call center,* redes sociales, correo electrónico, etc.).

Estos procesos no tienen que ser diagramas sofisticados, simplemente se necesita un conjunto de instrucciones para que los empleados de la empresa sepan qué hacer en el momento en que caiga el primer pedido o pregunta.

Sin embargo, también es posible que en tu empresa u organización ya existan procesos de atención y servicio a clientes, en cuyo caso solo recomendaría que te asegures que dichos procesos también funcionarán para la campaña que estás planeando lanzar.

En el aspecto comercial, también consideremos que, si la campaña es para lanzar un producto o servicio nuevo, previamente debemos contar con una **lista de precios**, así como un esquema de descuentos, bonificaciones y márgenes en caso de que cuentes con una red de distribuidores.

3) **Notificación interna:** Cuando lanzamos una campaña es importante notificar por escrito y en algunos casos incluso capacitar a las áreas internas de la empresa que tienen relación directa con la campaña, como *logística* o *producción*, y otras áreas que también tienen contacto directo con los clientes, como el *call center, ventas* o *soporte técnico,* entre otras.

Conceptualmente hablando, la idea es que todo el personal que deba estar enterado sobre el lanzamiento tenga la información necesaria. Idealmente, durante este esfuerzo también queremos sembrar algo de entusiasmo en nuestros colaboradores, quizá a través de una emocionante presentación con aquellas personas que son clave para el proyecto.

Entonces piensa: ¿qué áreas y personas dentro de tu organización deberían estar enteradas del lanzamiento?, ¿cuáles son los aspectos de la campaña sobre los cuales deberían estar informados?

Para lograr dicho cometido una forma de compartir la información puede ser a través de la elaboración y difusión de alguna especie de *'kit de lanzamiento',* el cual puedes compartir a través de una presentación o de un documento electrónico que integre elementos como antecedentes, objetivos de campaña y *marketing,* atributos del producto o servicio, *valores y esencia de marca, promesa de marca,* audiencia objetivo y duración de la campaña, así como ejemplos de la publicidad y quizá incluso una lista de posibles preguntas y respuestas comunes (FAQ, Q&A).

Por otro lado, y dependiendo del contexto, hay ciertas campañas que se necesitan desarrollar bajo un nivel casi absoluto de secreto, esto bajo el entendido de que si muchos empleados o proveedores tienen información estratégica, entonces la campaña se podría filtrar antes de tiempo. Esto arruinaría el elemento sorpresa o incluso podría animar a la competencia a reaccionar anticipadamente.

Este tipo de situación puede ser especialmente común en industrias muy competitivas o en lanzamientos sensibles, donde habría que ser más bien cuidadosos de compartir los detalles solo dentro de un pequeño círculo de colaboradores. Esto también veremos que ocurre, por ejemplo, con lanzamientos de productos de alta tecnología o en las ya referidas campañas tipo *teaser*, donde se difunden anuncios que buscan crear expectativa en la audiencia sin revelar el producto o marca detrás de la campaña, hasta después de un cierto número de días.

Sin embargo, incluso en esos casos necesitaremos cierto nivel de colaboración con otras áreas o proveedores internos o externos que proveen insumos a la campaña. En tales circunstancias es común que las empresas soliciten la firma de contratos de confidencialidad (NDA o *Non-disclosure Agreement*) e incluso usen pseudónimos o nombres en clave para camuflar a los nombres de los productos, prototipos y conceptos creativos durante el proceso de planeación y producción.

4) **El *colateral* debe estar listo:** El *colateral de marketing* que vas a emplear en la campaña debe estar listo semanas antes del lanzamiento, especialmente el *landing page*, por lo que es absolutamente necesario no realizar el tráfico de activos hasta que el *micrositio* (o donde sea que vayas a aterrizar el tráfico digital de la campaña) esté 100% listo y funcional. Sin embargo, hay otro tipo de *colateral* que también puede ser crucial para el lanzamiento y que podrías necesitar distribuir semanas antes, como listas de precios, catálogos, folletos, muestrarios o exhibidores de producto *(material POP)*.

5) ***Llenado de canal:*** Como ya sabemos *llenar el canal* significa abastecer a las tiendas, sucursales, distribuidores y centros de distribución con un inventario del producto a lanzar, junto con todos los *materiales POP* y *colateral* necesario para apoyar su comercialización.

   Lanzar una campaña sin haber *llenado el canal* suena absurdo, aunque sucede todo el tiempo. ¿Cuántas veces has visto anunciado un producto que días después intentas comprar, pero no se encuentra disponible en las tiendas? Esta situación sería una absoluta pérdida de dinero. *Llenar el canal* antes de lanzar una campaña es un esfuerzo clave que además exige colaboración entre mercadotecnia y otras áreas, como *producción, logística* y *ventas*.

6) **Revisar que los medios de contacto funcionen:** En los anuncios seguramente estaremos difundiendo medios de contacto, como direcciones web, teléfonos, correos, cuentas en redes sociales o incluso direcciones físicas de oficinas o sucursales. Puesto que algunos de estos medios fueron especialmente creados para la campaña (como un *landing page*) es esencial asegurarte que todos funcionen correctamente antes de la fecha de lanzamiento. Visita tus propios *micrositios*, llama a los teléfonos que estás proporcionando, escribe a las direcciones de correo electrónico o *chats*; haz pruebas para asegurarte que hay alguien del otro lado listo para contestar las preguntas de los clientes.

7) **Tener un sistema de evaluación de medios:** Durante la definición de los objetivos tácticos ya debiste haber establecido cuáles serán los indicadores *específicos (reach, impresiones,* CTR, VTR, etc.) que usarás para medir el desempeño de tu campaña.

Antes de lanzar asegúrate de que contarás con la información necesaria para medir esos objetivos con base en reportes internos y aquellos que pueden ofrecerte los medios que estás planeando contratar. Con los medios de autoservicio tendrás que entrar a los administradores de campañas de cada una de las plataformas empleadas (Facebook, Twitter, YouTube, Google Display, etc.) para identificar el tipo de indicadores disponibles, pues no todas las plataformas miden los mismos indicadores. En el caso de los medios de mostrador podrás ponerte en contacto con ellos de forma anticipada para especificar el tipo de reporte que necesitarás y la frecuencia con la que requerirás la información.

Ten en cuenta que no debes esperar al final de la campaña para evaluar el desempeño de los medios *online*, por lo que es importante que establezcas una fecha, poco después del inicio o a mitad de la campaña, en la cual realizarás cuando menos una evaluación del desempeño y optimización de los medios empleados, como las *pruebas A/B*.

Esto también implica pedir apoyo a tu proveedor web para decidir qué plataforma vas a usar (*e.g.* Google Analytics) para evaluar el tráfico de tu *landing page*, pues podría ser necesario configurar o "pegar" algunos códigos en dicho sitio antes del lanzamiento. De esta forma, la plataforma de análisis de tráfico que hayas decidido emplear podrá registrar todas las visitas -y sus fuentes de tráfico- en tu *landing page*.

8) **Tráfico de activos:** Cuando todos los puntos anteriores estén listos, ya podrás entregar los anuncios adaptados a todos los medios de comunicación, esto conforme al plan de producción y tráfico que ya has elaborado. Recuerda que la recepción de los activos debe ser confirmada por escrito, por cada medio.

8.3 Durante los días de campaña

La fecha de lanzamiento de tu campaña ha llegado y ahora debemos enfocarnos en lo siguiente:

1) **Distribuir los boletines de prensa:** Si has integrado una estrategia de *media relations* en tu campaña, ahora es momento de armar y compartir esos boletines de la forma descrita en el capítulo 6.

2) **Monitorear la publicación de anuncios:** Dentro de lo posible debes monitorear los anuncios que, de acuerdo con tu pauta en medios, ya debieron haber sido publicados. Para la publicidad en sitios web y revistas impresas también puedes revisar las posiciones en que fueron colocados tus anuncios. En el caso de las revistas impresas lo ideal es estar en las 10 primeras páginas, y en sitios web en las secciones de mayor tráfico (como 'Home'), y en la parte superior de cada página, especialmente si has pagado por posiciones especiales o espacios de inventario *premium*.

Adicionalmente, cuando tengas posibilidad de ver alguno de tus *display banners* ya publicados, es recomendable dar un clic para asegurarte que el enlace al *landing page* funciona, pues no es raro encontrarse con *display banners* con enlaces "rotos" (desactivados).

Si los anuncios de *display banner* que contrataste son *rich media* y contienen animaciones o algún tipo de interacción también debes asegurarte de que estos funcionen. En general, la idea es confirmar que los anuncios han sido publicados en tiempo y forma y que los enlaces y medios de contacto se desempeñan correctamente.

Recuerda que en publicidad digital (*display banners*, video, SEM, etc.) la oportunidad de ver tu propio anuncio publicado dependerá de una serie de factores, como los descritos en el capítulo anterior, por lo que si no te es posible ver tus anuncios del todo, tendrás que confiar en los reportes que genera cada medio.

3) **Monitorear la distribución de colateral:** Más allá de confirmar que el *landing page* funciona debes también asegurarte de que el resto del *colateral*, como folletos, catálogos o exhibidores, se entregan conforme al plan.
Si el *colateral* es digital, como videos, *ebooks* o *apps*, es importante revisar que el *target* los esté descargando. Si el *colateral* es físico, como catálogos, habrá que asegurarse de que está llegando a quien tenga que llegar, esto con una simple llamada o enviando un correo. No esperemos al final de la campaña para descubrir que el *colateral* no está siendo entregado.

4) **Atender las interacciones en redes sociales:** Si has integrado redes sociales en tu campaña, debes también revisar las secciones de comentarios para atender preguntas. Recuerda que muchas de estas interacciones representan un paso intermedio (*i.e. curiosidad, convicción*) en el proceso de *destilación de clientes;* por lo que dar una simple respuesta

podría ayudarte a convertir un prospecto en cliente. Si tienes pensado delegar la gestión de las interacciones en redes sociales a un colaborador es recomendable que definas ciertos criterios para responder preguntas, lo cual puedes lograr a través de la elaboración de un documento de 'Preguntas y respuestas' o '*Q&A*' (*Questions and Answers*). Esto debería facilitar y dar consistencia a las interacciones con la audiencia.

5) **Obtener evidencia:** Al margen de la evidencia que cada medio pueda entregarte sobre la publicación de los anuncios es una buena práctica tomar capturas de pantalla o simplemente fotos, lo cual te servirá posteriormente para armar un reporte.

6) **Optimización:** La optimización es un proceso que debe efectuarse mientras la campaña se encuentre activa. Específicamente queremos evaluar el desempeño de la publicidad *online* para ajustar las inversiones en cada medio; asignando más recursos a aquellos anuncios que se desempeñan mejor, pero siempre con base en el análisis de los indicadores que decidiste usar desde un inicio (CTR, CTV, *views,* clics, *conversiones,* etc.), especialmente si has decidido realizar *pruebas A/B.*

Recordemos lo visto en el capítulo 6, donde algunos medios de autoservicio como Google Display o YouTube nos dan la opción de dejar la optimización de anuncios de forma automatizada -al criterio de la plataforma-, sin embargo, aún en estos casos es importante que revises con frecuencia los reportes de desempeño que estas plataformas te ofrecen.

Dentro de este proceso de análisis y optimización de medios considera que es necesario dejar transcurrir cierto tiempo. ¿Cuánto tiempo? Depende de la duración de tu campaña. En mi experiencia, en campañas que duran digamos unas seis semanas, normalmente hacemos cuando menos un ejercicio de evaluación y optimización de medios justo a la mitad; en todo caso el 'cuándo' debe ser algo planeado con antelación.

Para comenzar a evaluar una campaña que está en curso es necesario consultar los reportes de los medios *online* que estas empleando, esto es desde el administrador de anuncios de cada plataforma (para medios de autoservicio). Si estás evaluando diferentes versiones de anuncios dentro de un mismo medio -digamos Facebook- hay varios indicadores que podrías comparar, como alcance, interacciones o clics. Sin embargo, analizar el CTR es más importante, pues este indicador te puede dar una idea más clara de la efectividad de cada anuncio. Comparar *impresiones, alcance* o número de interacciones puede ser engañoso ya que estos indicadores siempre están sujetos al monto de inversión, pues mientras más dinero inviertas en un medio, más *impresiones* y *alcance* consigues, cosa que no necesariamente afecta al CTR.

A continuación, veamos un ejemplo ficticio donde evaluamos el desempeño de un anuncio en Facebook con dos versiones (una *prueba A/B*).

FACEBOOK	Campaña 2021	
	A	B
Impresiones	2,137	2,135
Alcance	1,988	1,192
Interacciones	475	285
Reacciones	100	60
Clics	7	5
CTR	0.33%	0.23%
Comentarios (cant.)	25	15

Tabla 8.1 Simulación del desempeño de dos anuncios (versión A y versión B) en una campaña en redes sociales

A simple vista pareciera que el anuncio versión *A* se ha desempeñado mejor que el anuncio versión *B* al tener un CTR de 0.33%, con lo cual alguien podría considerar mover la inversión del anuncio versión *B* al *A*.

Sin embargo, si vemos más allá de nuestras dos versiones de anuncios, podríamos darnos cuenta que de hecho, ambos anuncios, *A* y *B*, están teniendo un pobre desempeño cuando comparamos su CTR con el resultado de campañas anteriores (*e.g.* 'Campaña 2018') o incluso comparado con el nivel promedio de un CTR para anuncios en Facebook, en una determinada industria y año (*'benchmark'*).

FACEBOOK	Campaña 2021		Campaña 2018	Benchmark CTR 2020 (Industria Educativa)
	A	B		
Impresiones	2,137	2,135	3,000	
Alcance	1,988	1,192	2,837	
Interacciones	475	285	1,946	
Reacciones	100	60	350	
Clics	7	5	25	
CTR	0.33%	0.23%	0.83%	0.73%
Comentarios (cant.)	25	15	86	

Tabla 8.2 La "fotografía completa" del desempeño de dos anuncios la obtenemos, en este ejemplo, al comparar los resultados actuales (2021) con el desempeño de campañas pasadas (2018) o con el promedio de la industria.

De esta forma, cuando realizamos este tipo de análisis no solo debemos comparar el desempeño de los anuncios dentro de una misma plataforma, sino también debemos compararlo con **campañas anteriores** (que usaron el mismo medio) o con el desempeño promedio de anuncios en nuestra industria o giro empresarial.

Como ya sabemos estas referencias de desempeño, por industria y por plataforma son fáciles de encontrar con una simple búsqueda en Google. Por ejemplo, buscando; *"CTR promedio de un anuncio en Facebook, por industria en 2020"* o *"CTR óptimo en Facebook en 2020".*

Una situación del tipo que nos presenta la tabla 8.2, con CTR tan bajos, podría ser un indicativo de que los anuncios en Facebook de la campaña 2021 simplemente son menos atractivos y/o relevantes que aquellos publicados en el 2018, frente a lo cual se podría ajustar el mensaje o la creatividad de dichos anuncios para intentar subir el CTR.

Ahora, cuando queremos medir el desempeño de una campaña digital comparando anuncios entre plataformas distintas (por ejemplo, *display* en Facebook *vs.* Instagram, o video en Facebook *vs.* YouTube), entonces tendremos que lidiar con el hecho de que las diferentes plataformas digitales no siempre usan los mismos indicadores de desempeño. Algunas plataformas te reportarán *views*, otras *impresiones*, otras interacciones, *conversiones* y/o clics. Aquí lo más práctico entonces es concentrarse nuevamente en comparar solo un par de indicadores clave, como CTR, para anuncios de *display banner* o VTR, para anuncios en video.

En caso de contar con el apoyo de una agencia de medios ellos te podrán ayudar a realizar este tipo de análisis, además de sugerirte alguna forma para optimizar los anuncios.

Considera entonces que, debido al desempeño de los anuncios y a las constantes evaluaciones y optimizaciones que necesitamos realizar, la pauta en medios que originalmente habías desarrollado sufrirá ajustes durante la campaña, lo cual es normal.

8.4 **Después de la campaña**

Cuando la campaña concluye, todavía hay algunas cosas que hacer, como información por analizar y reportes que se deben preparar.

1) **Resultados contra objetivos:** Probablemente lo más importante es determinar si la campaña ha funcionado, para lo cual necesitas comparar los resultados obtenidos contra los objetivos que definiste, incluyendo los objetivos del plan de medios, los objetivos de campaña, los objetivos de *marketing* e incluso los objetivos de negocio. Para poder realizar dicha comparación necesitas recabar datos en dos niveles: a) Desempeño de las ventas (o *conversiones*) y b) Desempeño de los medios y *colateral*.

   a) **Desempeño de las ventas:** Obviamente lo que interesa es analizar el periodo específico de ventas que cubrió la campaña, el cual puedes comparar contra el mismo periodo en años anteriores para intentar determinar si hubo un impacto. En esto también es importante evaluar las condiciones bajo las cuales se desempeñó la campaña actual, es decir; ¿la campaña fue lanzada en tiempo y forma?, ¿el producto estaba disponible en el canal y en la fecha de lanzamiento?, ¿hubo inventario suficiente de producto?, ¿hubo retrasos en la entrega de los pedidos?, ¿el *colateral* estaba disponible conforme al plan?, ¿los productos y/o servicios cumplieron las expectativas de los clientes?

   Entonces, con base en los objetivos de campaña que planteaste, **¿la campaña tuvo alguna contribución en ventas o conversiones?**

b) **Desempeño de los medios y el colateral:** En esta evaluación la idea es determinar si los medios contratados estuvieron a la altura de las expectativas, no en términos de venta sino en términos de comunicación. Es decir, además de objetivos comerciales también estableciste (en los capítulos 4 y 6) metas con relación a la cantidad de *impactos, Brand Awareness, Top of Mind,* tráfico web, clics, *impresiones,* CTR, VTR o *views* que querías lograr. ¿Cómo se comparan, entonces, tus objetivos con los resultados que obtuviste al concluir la campaña?, ¿qué medios lograron o superaron los objetivos?, ¿qué medios no se desempeñaron adecuadamente?, ¿qué medios contribuyeron con mayor tráfico al *landing page*?, ¿qué medios contribuyeron para generar un mayor número de *conversiones* o ventas?

2) **Retorno a la inversión (ROI):** Al concluir la campaña tenemos otro importante ejercicio que realizar para entender cuánto dinero lograste ganar en comparación con la cantidad invertida en la campaña.

Esto lo podemos calcular a través de una simple fórmula que se conoce como 'Retorno a la inversión' (ROI o *'Return of Investment'* en inglés).

Fórmula:

$$ROI = \left[\frac{\text{Ingresos atribuibles a la campaña} - \text{Inversión publicitaria}}{\text{Inversión publicitaria}} \right] \times 100$$

Sin embargo, aquí resulta esencial aclarar a qué me refiero con 'atribuibles'.

Por ejemplo: Supongamos que realizamos una campaña de junio a agosto de 2020 para el producto X la cual produjo $100,000 en ingresos durante ese periodo y en ese producto específico.

Sin embargo, el año anterior ganamos $70,000 en esa misma línea de productos y durante un periodo similar. Además, supongamos que en nuestro negocio los ingresos crecen orgánicamente y en promedio 3% cada año. Con esto podemos deducir que entre junio y agosto del 2020 podríamos haber ganado $72,100 sin hacer campaña (i.e. $70,000 + 3%), ya considerando el incremento natural en ventas de cada año.

Esto significa que la cantidad atribuible de ingresos que generó la campaña 2020 fue más bien de $27,900 y no de $100,000. Es decir $100,000 - $72,100 = $27,900.

Teniendo en cuenta estas consideraciones y suponiendo que invertimos $9,000 en la campaña 2020, entonces el ROI fue de 210%. Es decir *($27,900 - $9,000) / $9,000 x 100 = 210%*.

Sin embargo, antes de calcular el ROI, debes esperar un poco para que los esfuerzos publicitarios y comerciales se consoliden, por lo que podría ser necesario dejar pasar unas semanas, una vez concluida la campaña.

También hay que considerar que en algunos casos nos podríamos encontrar realizando campañas para revertir tendencias negativas en las ventas. En este tipo de situaciones ten en cuenta que si tu campaña logró frenar o al menos reducir una tendencia negativa esto ya debe considerarse un logro.

Recuerda que en el capítulo 4 hemos presentado una batería de fórmulas que pueden ayudarte a estimar el desempeño de tus campañas bajo otros ángulos, como: costo por cliente, tasa de retención de clientes, tasa de prospectos a clientes, costo por prospecto, etc.

3) **Aprendizajes clave:** Una vez analizada toda la información respecto al impacto en las ventas, el desempeño de los medios y de la campaña en general, es inevitable comenzar a identificar aquellas acciones y tácticas que nos dieron mejores resultados que otras, así como otros aspectos o procesos que se pudieron mejorar. De todo esto es importante mantener un registro a través de un documento conocido como 'Key Learnings' o 'aprendizajes clave' el cual responde un par de preguntas fundamentales: ¿qué hemos aprendido de esta campaña?, y ¿qué cosas podemos mejorar para futuras campañas?

Además de la información que has recopilado, también considera intercambiar opiniones con colegas que tuvieron participación en la campaña, ya sean del área de ventas, servicio a clientes o incluso con distribuidores u otros colaboradores inmediatos. La próxima vez que vayas a realizar una campaña integra ese documento de 'aprendizajes clave' como parte de tu análisis situacional cuando te encuentres definiendo el contexto de tu campaña.

4) **Reporte:** Nuestro proceso concluye con el desarrollo de un reporte que informa sobre los aspectos básicos de la campaña, así como sus resultados. En dicho reporte puedes integrar los siguientes elementos:

- **Antecedentes**: ¿Cuál fue el propósito y la razón de realizar la campaña?
- **Objetivos**: De negocio, de *marketing* y de campaña.
- **Audiencia objetivo**: ¿Quién fue el *target* de la campaña?
- **Definición de producto:** ¿Cómo describimos el producto que anunciamos?
- **Atributos**: ¿Cuáles son las principales cualidades del producto que anunciamos?
- **Concepto creativo:** Muy brevemente explica y justifica el concepto creativo que empleaste para promover el producto.
- *Mezcla de medios:* En un simple diagrama (y sin detalles) muestra cuáles fueron las principales plataformas, medios y tácticas empleadas, y cuáles se desempeñaron mejor.
- **Resultados**: ¿Cuál fue la contribución de la campaña en los objetivos? Puedes desglosarlo entre objetivos de negocio, de *marketing* y de campaña, incluyendo indicadores estratégicos como ROI.
- **Aprendizajes clave:** ¿Qué aprendimos y que podemos mejorar para futuras campañas?
- **Ejemplos de anuncios:** Muestra imágenes o capturas de pantalla con ejemplos de los anuncios más representativos que publicaste, así como ejemplos del colateral.

Una vez que tengas tu reporte podrás compartirlo internamente con aquellas personas que formaron parte de la campaña, incluyendo a colaboradores, directores o socios.

8.5 *Checklist:* El lanzamiento y control de la campaña

Contexto · Target · Objetivos · Mensaje · Medios · Producción · **Lanzamiento**

Autorizaciones ✓
Procesos y notificaciones ✓
Llenado de canal ✓
Tráfico de activos ✓
Monitoreo y optimización ✓
Reporte ✓

Para concluir el capítulo, resumamos todas las actividades por realizar en esta última etapa de la campaña.

1) **Antes del lanzamiento:**
   - Conseguir autorizaciones finales y permisos de los anuncios por publicar.
   - Si es necesario, desarrollar procesos de venta y servicio.
   - Notificar internamente sobre el lanzamiento.
   - Asegurarse que el *colateral* esté listo.
   - *Llenar el canal* y distribuir *materiales POP* y colateral, si aplica.
   - Asegurarse que los medios de contacto funcionen.
   - Definir criterios para evaluar el desempeño de los medios.
   - Entregar los activos (tráfico) a los medios en base a las fechas requeridas.

2) **Durante los días de campaña:**
   - Distribuir los boletines de prensa, si aplica.
   - Monitorear la publicación de anuncios y distribución de colateral.
   - Atender las interacciones en redes sociales.
   - Recolectar evidencia de los anuncios publicados.
   - Optimizar los anuncios.

3) **Después de la campaña:**
   - Medir los resultados contra los objetivos.
   - Documentar los aprendizajes clave.
   - Reportar los resultados.

CONCLUSIONES

CONCLUSIONES

Las 10 reglas de oro

Para concluir este libro, quisiera primero ofrecerte una lista de lo que personalmente considero son 'Las 10 Reglas de Oro de la Publicidad Estratégica', las cuales resumen algunos de los fundamentos más importantes que hemos aprendido aquí:

- Regla #1: **Planeación, no improvisación**
  Las buenas campañas publicitarias no son producto de la suerte, el *feeling*, o la casualidad. Dejemos la improvisación a los comediantes; mejor planea tus campañas de la mejor forma posible, usando herramientas informáticas y métodos que te permitan mantener la organización, el orden y el control.

- Regla #2: **Hazlo con propósito**
  Siempre establece objetivos claros, medibles y realizables, pero también aclara y establece cuáles son los motivos detrás que impulsan tu deseo por desarrollar una campaña.

- Regla #3: **Nadie es todo para todos**
  No hay forma de satisfacer a todo el mundo ni de ser universalmente relevante; recuerda que la diferenciación es la base más importante de la mercadotecnia, lo cual aplica tanto a nivel de producto, como a nivel de comunicación.

- Regla #4: **Crea un contexto**
  El contexto son los cimientos de la campaña, y para crearlo hay que investigar el mercado. No promuevas productos que no entiendes o de los que no hay certeza de su funcionamiento. Establece claramente cuáles son los recursos con los que cuentas, así como los antecedentes, las tendencias y las prioridades del mercado.

- Regla #5: **Identifica a tu audiencia**

A través de la investigación identifica claramente cuál es el segmento del mercado al que vas a dirigirte y enfoca tus recursos en él. La campaña debe estar diseñada para una audiencia específica, compuesta por personas u organizaciones que comparten ciertas cualidades en común, que necesitan tu producto y que además tienen la capacidad de compra y en un volumen suficiente para ser un mercado rentable.

- Regla #6: **Obtén *insights* de calidad**

Los *clichés* publicitarios son la consecuencia de una mala o una ausente investigación. El concepto creativo de la campaña siempre debe provenir de un poderoso *insight* que has obtenido de tu audiencia objetivo.

- Regla #7: **Desarrolla el lado intangible de tu marca**

Las marcas deben ser un justo balance entre funcionalidad y emoción, entre el plano físico y el plano conceptual. Los *insights* de mercado, en combinación con los atributos de producto, deben sintetizarse en una esencia y valores que dan una fuerte identidad a tu marca, la cual resulte identificable, cercana e inspiradora para el *target*. La identidad de tu marca debe regir sobre todas las decisiones creativas de tu publicidad y comunicación en general.

- Regla #8: **Construye un mensaje auténtico, relevante y sostenible**

La publicidad debe ser única y debe tener una deliberada intención de impactar, sin timidez. Debe además ser relevante para el *target*, donde la combinación de los beneficios de producto con los *valores de marca*, deben poder sostenerse a través del tiempo; es decir, no son fáciles de copiar o imitar por los competidores. La mejor publicidad es aquella que agrega valor porque informa sobre cosas que son muy importantes o porque es muy entretenida para el *target*.

- Regla #9: **Balancea tus medios**

Procura siempre alcanzar un balance entre los medios pagados, propios y ganados, solo seleccionando aquellos que tienen alcance y afinidad en la audiencia objetivo. En general los medios de comunicación empleados deben ser estratégicos, efectivos, eficientes, creativos, neutrales, medibles y realizables.

- Regla #10: **Mantén la sensatez**

Procura hacer campañas que tengan altos valores y buenos propósitos y que promuevan productos, servicios o iniciativas que realmente ayuden a mejorar la vida de las personas.

Consideraciones finales: La Ruta de la Campaña

Llegamos al final del recorrido. Ahora ya debes tener bases sólidas para comenzar a planear, crear e implementar tus primeras campañas publicitarias bajo un enfoque estratégico, por lo que espero que hayas disfrutado la lectura de este libro tanto como yo he disfrutado en desarrollarlo.

La finalidad última de este material es contribuir en mejorar los proyectos de vida de personas y organizaciones con diferentes niveles de experiencia. Especialmente ahora, y en particular en América Latina; en estos tiempos tan extraños e impredecibles en los que vivimos y donde más que nunca necesitamos desarrollar nuestra resiliencia; emprendiendo y aprendiendo nuevas capacidades.

Espero en todo caso que no sea la última vez que abras este libro, pues también lo he diseñado para que sea una herramienta de consulta, un compañero en tus aventuras publicitarias donde siempre podrás encontrar referencias.

Antes de despedirme quisiera agradecer tu esfuerzo, confianza y preferencia, esperando que nos podamos mantener en contacto.

En nuestro sitio web Alferatz.com, específicamente en la sección 'Recursos', estaré publicando algunos formatos, referencias y materiales complementarios, incluyendo aquellos diagramas del libro con letras pequeñas, para que puedas consultarlos con mayor comodidad. **En la última página de este libro** encontrarás instrucciones y un *password* de seis dígitos para acceder a esta sección.

Adicionalmente, en un futuro cercano, estaremos publicando algunos cursos en línea que te permitirán reforzar lo aprendido, por lo que te invito a suscribirte a nuestra lista de contactos, en la sección 'Contacto' de nuestro sitio web.

Para concluir te ofrezco una compilación de los siete fragmentos del "mapa" de 'La Ruta de la Campaña', que incluyen el *checklist* de cada una de las etapas que ya hemos recorrido.

Por lo pronto, te deseo muy buen viaje y ¡muchas campañas exitosas!

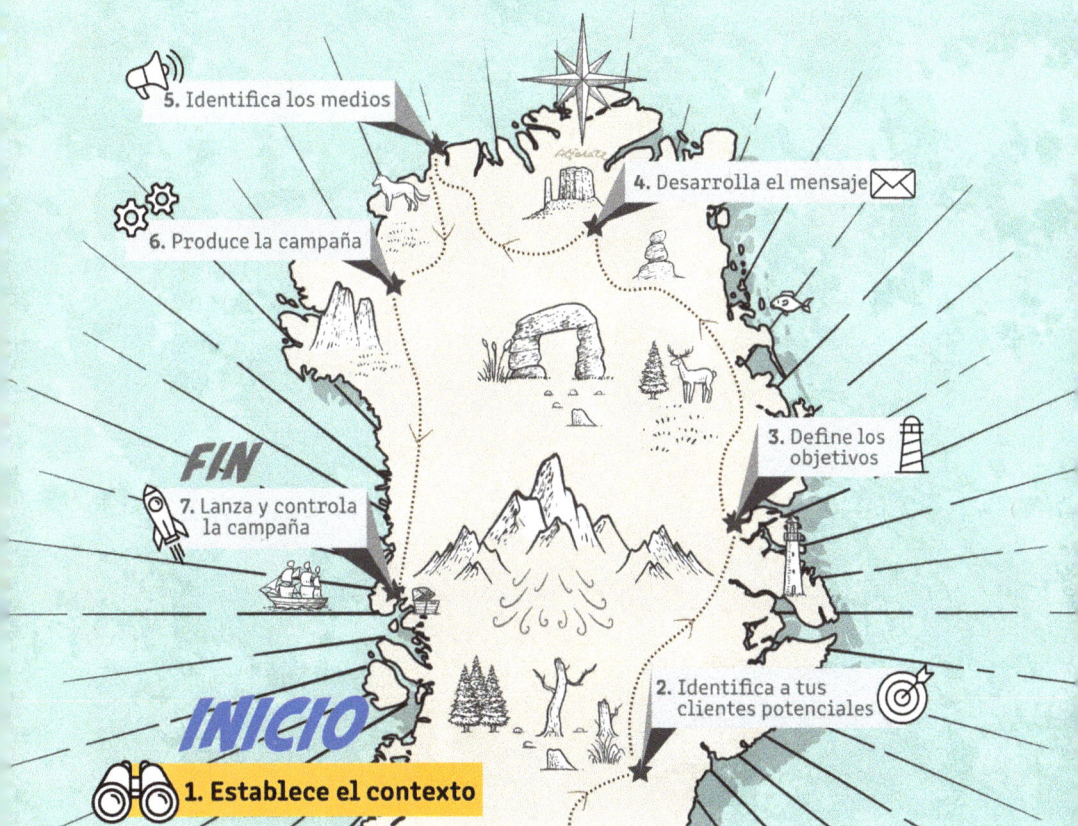

5. Identifica los medios

4. Desarrolla el mensaje

6. Produce la campaña

3. Define los objetivos

FIN

7. Lanza y controla la campaña

2. Identifica a tus clientes potenciales

INICIO

1. Establece el contexto

Define los parámetros básicos de la campaña:
- Define el *propósito*.
- Define el producto.
- Define al *target* preliminar.
- Identifica los recursos disponibles (tiempo y dinero) para la campaña.

Investiga el mercado para obtener *insights*:
- Define el *problema de investigación*.
- Define los objetivos de investigación.
- Identifica a los sujetos de estudio.
- Define las variables de investigación.
- Identifica las fuentes secundarias y primarias.
- Realiza el análisis de contenidos.
- Realiza las entrevistas a profundidad.
- Documenta los hallazgos.

5. Identifica los medios

4. Desarrolla el mensaje

6. Produce la campaña

3. Define los objetivos

FIN

7. Lanza y controla la campaña

2. Identifica a tus clientes potenciales

☑ Mejora o expande la definición preliminar del *target*.

☑ Identifica el tipo de variables de segmentación a emplear.

☑ Define tu *target*.

☑ Selecciona una estrategia de *targeting* (múltiple, concentrada o personalizada).

☑ Define tu *customer avatar*.

INICIO

1. Establece el contexto

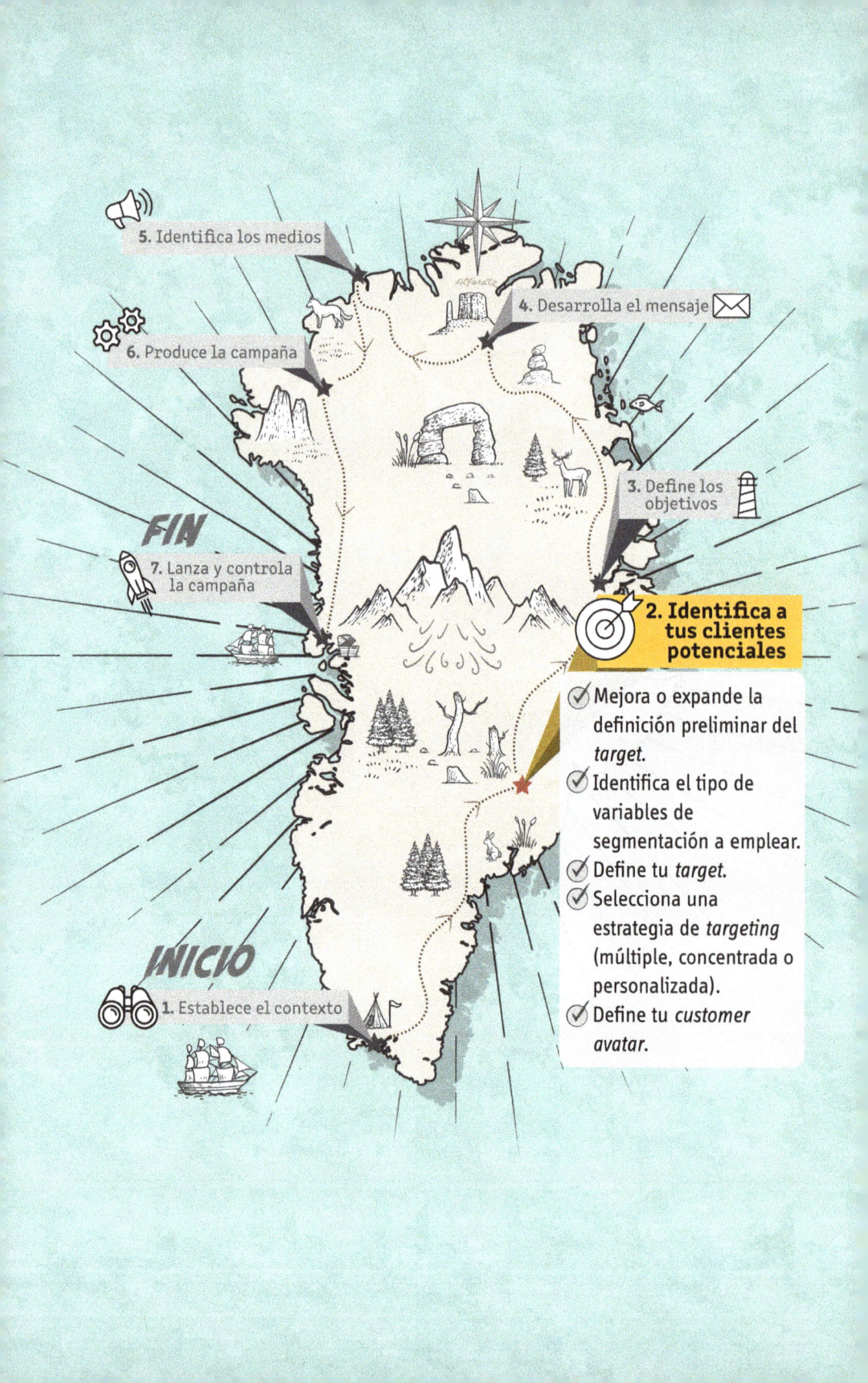

5. Identifica los medios

6. Produce la campaña

4. Desarrolla el mensaje

3. Define los objetivos

- ✓ Establece tu objetivo de *marketing*.
- ✓ Determina si necesitas una campaña de *conocimiento*, *conversión* o integral.
- ✓ Identifica el tipo de indicadores que puedes emplear.
- ✓ Establece las fechas preliminares de inicio y finalización de la campaña.
- ✓ Redacta los objetivos estratégicos de la campaña.
- ✓ Anticipa algunos objetivos tácticos para el plan de medios.

FIN

7. Lanza y controla la campaña

2. Identifica a tus clientes potenciales

INICIO

1. Establece el contexto

5. Identifica los medios

6. Produce la campaña

4. Desarrolla el mensaje

- ☑ Decide si contratarás una agencia creativa.
- ☑ Desarrolla la *arquitectura de marca*.
- ☑ Desarrolla el *brief creativo*.
- ☑ Identifica el tipo de anuncio que necesitas: funcional, emocional o basado en contenido.
- ☑ Desarrolla una *tormenta de ideas* y genera al menos un *concept board*.
- ☑ Convierte el *concept board* autorizado en un *mock-up* del anuncio; integrando *copy*, *arte* y elementos de apoyo.

FIN

7. Lanza y controla la campaña

2. Identifica a tus clientes potenciales

3. Define los objetivos

INICIO

1. Establece el contexto

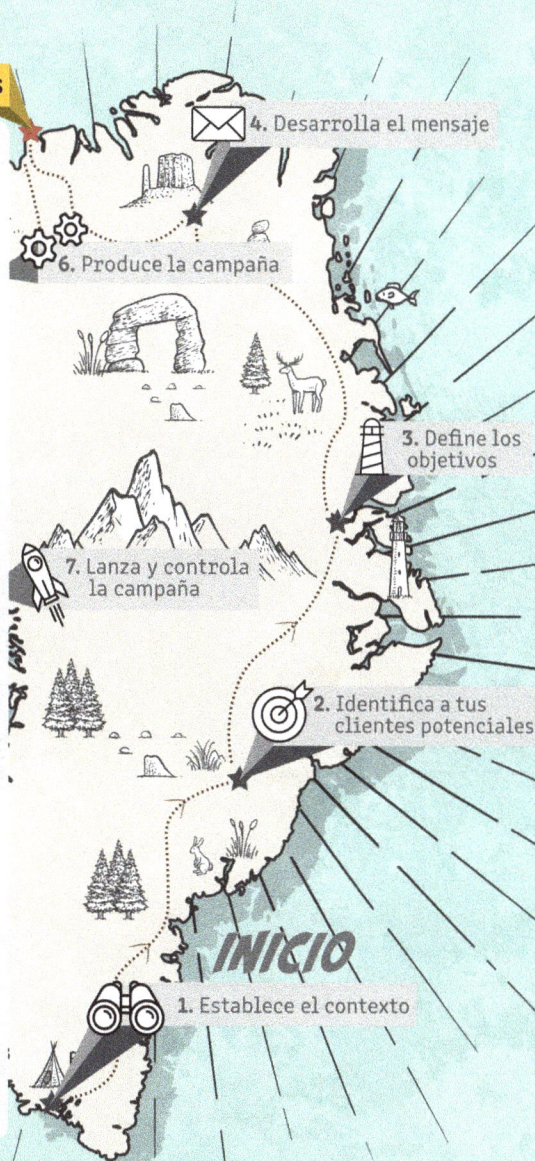

5. Identifica los medios

- Decide si contratarás una agencia de medios.
- Retoma y afina los objetivos tácticos que ya habías definido.
- Desarrolla el análisis de audiencias.
- Desarrolla la *mezcla de medios*.
- Identifica cuántas versiones de anuncios necesitas.
- Define cuáles son los medios de contacto y estima el tiempo de producción del *landing page*.
- Decide cuál será el presupuesto para producción y medios.
- Enlista los medios a emplear y compila la información relevante por cada uno (CPM, *reach*, tarifas, etc.).
- Desarrolla la pauta en medios.

4. Desarrolla el mensaje

6. Produce la campaña

3. Define los objetivos

7. Lanza y controla la campaña

2. Identifica a tus clientes potenciales

INICIO

1. Establece el contexto

5. Identifica los medios

4. Desarrolla el mensaje

6. Produce la campaña

- Identifica los activos que necesitas producir.
- Decide sobre el tipo de producción en base a tu presupuesto.
- Elabora y presenta un plan de producción y tráfico.
- Obtén propuestas y cotizaciones de diferentes proveedores.
- Produce el *original*.
- Produce las adaptaciones.

3. Define los objetivos

7. Lanza y controla la campaña

2. Identifica a tus clientes potenciales

INICIO

1. Establece el contexto

5. Identifica los medios

6. Produce la campaña

FIN

7. Lanza y controla la campaña

4. Desarrolla el mensaje

3. Define los objetivos

2. Identifica a tus clientes potenciales

INICIO

1. Establece el contexto

✔ **Antes de lanzar:**
- Obtén las autorizaciones correspondientes.
- Confirma que hay procesos de venta y servicio para atender a los nuevos clientes.
- Confirma que el colateral de *marketing* está listo.
- Confirma que se ha *llenado el canal*.
- Entrega los activos a los medios (*tráfico*).

✔ **Durante la campaña:**
- Monitorea y optimiza los anuncios.
- Atiende las publicaciones en redes sociales.

✔ **Después de la campaña:**
- Compara y reporta resultados contra objetivos.

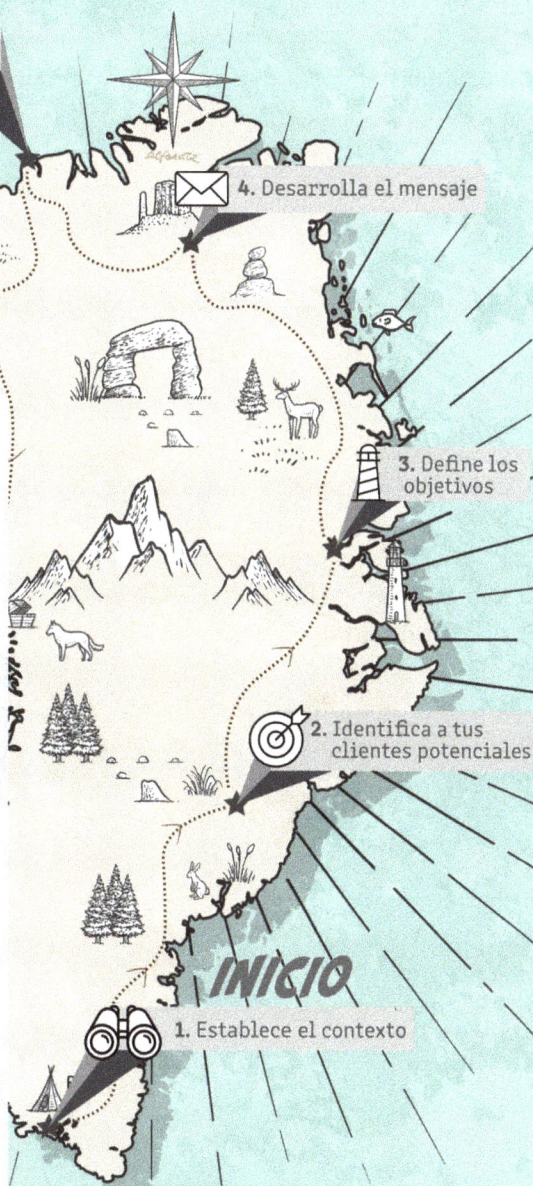

ACERCA DEL AUTOR

Julián S. Neumann es Licenciado en Administración de Empresas (LAE) egresado de la Universidad de las Américas y Maestro en Ciencias de la Mercadotecnia (MScM) por parte de la Universidad de Birmingham, en Reino Unido.

Durante más de 20 años de carrera profesional, Julián ha trabajado como mercadólogo para diversas multinacionales y marcas, entre las que destacan; José Cuervo, Quaker State, Duracell y BTicino, además de colaborar como catedrático y conferencista en mercadotecnia internacional y *branding* en la Universidad Iberoamericana y en la Universidad Anáhuac, en México.

Después de mudarse a Canadá, Julián expandió su experiencia profesional en el área de mercadotecnia social, y colaboró como consultor independiente para diversas organizaciones no gubernamentales y posteriormente como estratega de *marketing*, en el gobierno de la ciudad de Calgary, y como director asistente de comunicación estratégica en el gobierno de Alberta, tiempo en el que también participó como invitado experto en diferentes programas de radio y televisión.

En 2017, Julián desarrolló un modelo de mercadotecnia multicultural que ganó el prestigioso premio internacional Gold Quill Award of Excellence, otorgado por la Asociación Internacional de Comunicadores de Negocios (IABC), en San Francisco, California.

En la actualidad, Julián Neumann se desempeña como consultor.

LISTA DE REFERENCIAS

1. Ad Standards. (2019). *Advertising to children [Publicidad dirigida a infantes]*. The Canadian Code of Advertising Standards. https://adstandards.ca/code/the-code-online/

2. Aguilar, F.J. (1967). *Economical, Technical, Political and Social Analysis [Análisis Económico, Tecnológico, Político y Social]*. Scanning the business environment. Mcmillan.

3. Andrew, H., Ocean Outdoor UK Ltd, Neuro-Insight UK Ltd. (2015). *Results. Beyond out of home, the science behind the art of outdoor: Investigating the specific priming impacts of television and digital OOH [Más allá de la publicidad exterior, la ciencia detrás del arte en la publicidad exterior: Investigando los impactos preparatorios de la televisión y la publicidad exterior digital]*. 4-5. https://oceanoutdoor.com/website/wp-content/themes/Ocean2020/img/neuroscience/OceanBeyondOutofHomeNeuroscienceResearchPaper.pdf

4. Arc'Teryx. (2020). *New Nuclei FL Jacket [Nueva chamarra Nuclei FL]* [Anuncio gráfico].

5. Arc'teryx. (2020). *Arc'teryx specializes in technical, high-performance apparel, outwear and equipment. [Arc'teryx se especializa en equipo y ropa técnica de alto desempeño]* [Anuncio gráfico].

6. Asociación Mexicana de Agencias de Inteligencia de Mercado y Opinión A.C. (AMAI). (Octubre 2020). *¿Cuántos Niveles Socioeconómicos hay y cuáles son sus principales características?* http://nse.amai.org/uncategorized/cuantos-niveles-socioeconomicos-hay-y-cuales-son-sus-principales-caracteristicas/

7. Asociación Mexicana de Agencias de Inteligencia de Mercado y Opinión A.C. (AMAI). (Octubre 2020). *Figura 1. Distribución Nacional de Hogares por Nivel Socio Económico usando la regla AMAI 2018 aplicada a los datos de ENIGH 2018*. Revisión Nivel Socioeconómico AMAI 2018. 4. http://www.amai.org/nse/wpcontent/uploads/2018/04/REVISION_AMAI_2018_v2.pdf

8. Committee of Advertising Practice, Advertising Standards Authority. (Octubre 2020). *Influencers' guide to making clear that ads are ads [Guía de 'influencers' para dejar claro que los anuncios son anuncios]*. https://www.asa.org.uk/uploads/assets/9cc1fb3f-1288-405d-af3468ff18277299/INFLUENCERGuidanceupdatev6HR.pdf

9. Consejo de Autorregulación y Ética Publicitaria, A.C. (CONAR). (Octubre 2020). *Protección a la infancia*. Código de Ética Publicitaria de CONAR. 1. http://www.conar.org.mx/pdf/Codigo_etica_publicitaria_Conar.pdf

10. Gleit, N. (Junio 16, 2020). *Launching the largest voting information effort in US history [Lanzando el más grande esfuerzo de información electoral en la historia de los Estados Unidos].* Facebook Newsroom. https://about.fb.com/news/2020/06/voting-information-center/

11. Gutman, J (1982). *A Means-End Chain Model Based on Consumer Categorization Processes [Un modelo de cadena de medios-fin basado en procesos de categorización de consumidores].* Journal of Marketing, 46(2), 60-72 copyright © 1982. Reproducido con permiso de SAGE Publications, Inc. https://doi.org/10.1177/002224298204600207

12. He, A. (Junio 4, 2019). *Average US time spent with mobile in 2019 has increased [El tiempo promedio de uso de los dispositivos móviles en Estados Unidos ha incrementado].* eMarketer. https://www.emarketer.com/content/average-us-time-spent-with-mobile-in-2019-has-increased

13. Incorporated Society of British Advertisers (ISBA). (Mayo 2020). *Supply chain findings. ISBA Programmatic supply chain transparency study - Executive summary [Estudio de transparencia sobre la cadena de suministro programático, de ISBA – Reporte Ejecutivo].* 8. https://www.isba.org.uk/media/2424/executive-summary-programmatic-supply-chain-transparency-study.pdf

14. Instituto Federal de Telecomunicaciones (IFT). (2018). *Principales hallazgos [porcentaje de hogares con televisión].* Encuesta Nacional de Consumo de Contenidos Audiovisuales 2018. 9. http://www.ift.org.mx/sites/default/files/contenidogeneral/medios-y-contenidos-audiovisuales/encca18nacional.pdf

15. Instituto Federal de Telecomunicaciones (IFT). (2018). *Principales hallazgos [porcentaje de hogares con televisión de paga].* Encuesta Nacional de Consumo de Contenidos Audiovisuales 2018. 9. http://www.ift.org.mx/sites/default/files/contenidogeneral/medios-y-contenidos-audiovisuales/encca18nacional.pdf

16. Instituto Federal de Telecomunicaciones (IFT). (2018). *Contenidos por internet; Dispositivos más utilizados para ver contenidos por internet.* Encuesta Nacional de Consumo de Contenidos Audiovisuales 2018. 42. http://www.ift.org.mx/sites/default/files/contenidogeneral/medios-y-contenidos-audiovisuales/encca18nacional.pdf

17. Instituto Nacional de Estadística y Geografía (INEGI), Instituto Federal de Telecomunicaciones (IFT), Secretaría de Comunicaciones y Transportes (SCT). (Febrero 17, 2020). *Internet [porcentaje de hogares con internet].* Comunicado de prensa núm. 103/20. 1. https://www.inegi.org.mx/contenidos/saladeprensa/boletines/2020/OtrTemEcon/ENDUTIH_2019.pdf

18. Kemp, S. (Enero 30, 2020). *Use of Ad Blockers [Uso de bloqueadores de anuncios]* [Infografía]. Digital 2020 Global Digital Overview. Hootsuite, We Are Social. 68. Extraído de https://datareportal.com/reports/digital-2020-global-digital-overview

19. Kemp, S. (Enero 30, 2020). *Daily time spent using social media [Tiempo diario en redes sociales]* [Infografía]. Digital 2020 Global Digital Overview. Hootsuite, We Are Social. 92. Extraído de https://datareportal.com/reports/digital-2020-global-digital-overview

20. Kemp, S. (Febrero 11, 2020). *Most-used social media platforms [Las redes sociales más usadas]* [Infografía]. Digital 2020 Mexico. Hootsuite, We Are Social. 43. Extraído de https://datareportal.com/reports/digital-2020-mexico

21. Kemp, S. (Febrero 11, 2020). *Sources of new brand discovery [Fuentes para descubrir nuevas marcas]* [Infografía]. Digital 2020 Mexico. Hootsuite, We Are Social. 73. Extraído de https://datareportal.com/reports/digital-2020-mexico

22. Kemp, S. (Febrero 17, 2020). *Sources of new brand discovery [Fuentes para descubrir nuevas marcas]* [Infografía]. Digital 2020 Argentina. Hootsuite, We Are Social. 73. Extraído de https://datareportal.com/reports/digital-2020-argentina

23. Kemp, S. (Febrero 17, 2020). *Sources of new brand discovery [Fuentes para descubrir nuevas marcas]* [Infografía]. Digital 2020 Colombia. Hootsuite, We Are Social. 70. Extraído de https://datareportal.com/reports/digital-2020-colombia

24. Lewis, E.E.St (1898). *AIDA Model [Modelo AIDA].* https://www.oxfordreference.com/view/10.1093/oi/authority.20110803095432783

25. Librerías Gandhi. (2020). *Menos face y más book* [Anuncio gráfico].

26. Limar. (2020). *Italian design & performance shipped directly to you. [Diseño y performance italiano enviado directamente a usted]* [Anuncio gráfico].

27. McCarthy, E.J., Perrault, W.Jr., McCann, J.P. (1960). *4 Ps. Basic marketing: A managerial approach [Las 4 pes, mercadotecnia básica: Un enfoque gerencial].* R.D. Irwin

28. Metro Trains Melbourne Pty Ltd. (2020). *Dumb ways to die – The PSA [Formas tontas de morir – El anuncio de servicio público].* https://www.dumbwaystodie.com/psa

29. Metro Trains Melbourne Pty Ltd. (2020). *Dumb ways to die [Formas tontas de morir]* [Anuncios gráficos].

30. Pardo, P. (Octubre 19, 2016). *Trump y Clinton, a por el 14% de los indecisos.* El Mundo. https://www.elmundo.es/internacional/2016/10/19/5807c4c9268e3ec8608b4803.html

31. Reality Mine. (Junio 1ero, 2015). *Myth Busting: Mobile Gaming Demographics [Derribando Mitos: Los Demográficos de los Video Juegos]* http://www.realitymine.com/myth-busting-mobile-gaming-demographics/

32. Ries, A., Trout, J. (1980). *Positioning: The battle for your mind [Posicionamiento: La batalla por tu mente].* McGraw-Hill Education.

33. Shannon, C.E., Weaver, W. (1949). *Shannon-Waver Communication Model [Modelo de comunicación Shannon-Waver].* The mathematical theory of communication. University of Illinois Press. 5.

34. Spencer, S. (Noviembre 20, 2019). *An update on our political ads policy [Una actualización en nuestras reglas de publicidad política].* Google Ads Blog. https://blog.google/technology/ads/update-our-political-ads-policy

35. The Development, Concepts and Doctrine Centre, UK Ministry of Defence. (Noviembre 2014). *The Economy of Force [Economía de Fuerzas].* Joint Doctrine Publication 0-01, UK Defence Doctrine. 31. UK Ministry of Defence © Crown copyright 2014. https://assets.publishing.service.gov.uk/government/uploads/system/uploads/attachment_data/file/389755/20141208-JDP_0_01_Ed_5_UK_Defence_Doctrine.pdf

36. The Development, Concepts and Doctrine Centre, UK Ministry of Defence. (Noviembre 2014). *Force Concentration [Concentración de Fuerzas].* Joint Doctrine Publication 0-01, UK Defence Doctrine. 31. UK Ministry of Defence © Crown copyright 2014. https://assets.publishing.service.gov.uk/government/uploads/system/uploads/attachment_data/file/389755/20141208-JDP_0_01_Ed_5_UK_Defence_Doctrine.pdf

37. Twitter Business. (2020). *Political content [Contenido Político].* Ads policies. Twitter. https://business.twitter.com/en/help/ads-policies/ads-content-policies/political-content.html

38. Van Vliet, V. (2014). *Sakichi Toyoda.* Extraído el 7 de Octubre del 2020 de ToolsHero: https://www.toolshero.com/toolsheroes/sakichi-toyoda/

39. Wells, W.D., Gubbar G. (1966). Life cycle concept in marketing research [Ciclo de vida como concepto en investigación de mercados]. Journal of Marketing Research, American Marketing Association. Vol III. 63-355.

40. World Federation of Advertisers. (Septiembre 23, 2020). *WFA and platforms make major progress to address harmful content [La WFA y plataformas digitales hacen un gran progreso para atender el contenido dañino].* https://wfanet.org/knowledge/item/2020/09/23/WFA-and-platforms-make-major-progress-to-address-harmful-content

FIGURAS, GRÁFICOS Y TABLAS

En orden de aparición:

Capítulo 6: Identifica los medios

MATERIAL COMPLEMENTARIO

Para acceder a material complementario, incluyendo aquellos diagramas del libro con letras pequeñas, visita Alferatz.com y da clic en la sección del menú superior titulada **'Recursos'**, o directamente visitando:

Alferatz.com/recursos

Y cuando se te solicite, ingresa la siguiente contraseña: **X9A3B7**

EJEMPLO

1

Vista **Alferatz.com** y da clic en la **sección 'Recursos'** que aparece en el menú superior

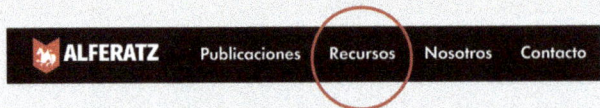

ALFERATZ Publicaciones Recursos Nosotros Contacto

Solo para invitados
Por favor ingresa la contraseña a continuación.

2

Ingresa la *contraseña*

Contraseña **X9A3B7**

Listo

www.ingramcontent.com/pod-product-compliance
Lightning Source LLC
Chambersburg PA
CBHW041206220326
41597CB00030BA/5059